鹰胆鸽魂

罗援将军论国防

罗援 著

中国友谊出版公司

图书在版编目（ＣＩＰ）数据

鹰胆鸽魂：罗援将军论国防 / 罗援 . —北京：
中国友谊出版公司 , 2015.4（2017.3 重印）
ISBN 978-7-5057-3478-4

Ⅰ . 鹰… Ⅱ .① 罗… Ⅲ .① 国防建设－中国－文集
Ⅳ .① E25-53

中国版本图书馆 CIP 数据核字（2015）第 020120 号

书名	**鹰胆鸽魂：罗援将军论国防**
著者	罗援
出版	中国友谊出版公司
发行	中国友谊出版公司
经销	新华书店
印刷	北京鹏润伟业印刷有限公司
规格	710×1000 毫米 16 开
	37 印张 545 千字
版次	2015 年 6 月第 1 版
印次	2017 年 3 月第 5 次印刷
书号	ISBN 978-7-5057-3478-4
定价	58.00 元
地址	北京市朝阳区西坝河南里 17 号楼
邮编	100028
电话	（010）64668676

序

罗援的力著《鹰胆鸽魂》即将问世，他邀我作序，我欣然允诺。

为什么？志同道合，投脾气。

罗援的文章是铁血之作，罗援的为人是铁血之人。

罗援的文章大家喜欢读，为什么？其间彰显着血性、激情，但又不乏智慧、大爱。正如他所说，军人都应该是"鹰派"，这是使命使然，军人不是"鹰派"不如解甲归田。但我们不是莽撞的"鹰派"，而是理性的"鹰派"。我们长着鹰的眼睛和爪子，又长着鸽子的头脑和心脏。也就是我们在内心里是崇尚和平的，但在行动上必须敢于亮剑、善于亮剑，该出手时就出手，该发声时就发声。只有有备才能无患，只有敢战方能言和。"好战必亡"、"忘战必危"，这就是和平与战争问题的辩证法。军人不言战，谁再来言战，言战并不等于好战，而是为了备战、慎战、止战。战争的最高境界是"不战而屈人之兵"，军人的最高境界是"首战用我，用我必胜"。打不赢，一切归于零。战争对于国家来讲是最后选项，但对于军人来讲，那是我们唯一的选项，军人就是要天天想打仗、谋打仗、闻战则喜。更要会打仗、敢打仗，出手必胜。军人建功立业在战场上，这个战场岂止是硝烟弥漫的战争，谋略场、训练场、推演场、情报场、试验场都是没有硝烟的战场；这个战场岂止在战时，平时的训练、学习、非战争军事行动都是为战争预热的战场。一切向能打仗、打胜仗聚焦，从难从严从实战需要出发摔打部队，才能把部队锤炼成精锐之师。才能在祖国需要我们的时候，招之即来，来之能战，战之必胜。这就是罗援发自肺腑的呼唤。

罗援为什么敢说硬话？因为他对祖国、对人民、对党、对军队一片赤诚，他经常挂在嘴边的一句座右铭就是"精忠报国"。因此，他虽在网络上遭人诽谤攻击，仍然心地坦然。他书写郑板桥的诗以自勉自励，"咬定青山不放松，立根原在破岩中。千磨万击还坚劲，任尔东西南北风"。他敢于说硬话，还来自于他的为人、阅历。无欲则刚。他说，我一不贪，二不腐，三上过战场，四不是裸官，何惧之有！因此，在某些大人物贪腐嚣张之时，他这个小人物敢于旗帜鲜明地支持刘源政委反腐，大声疾呼，"腐败不除，未战先败"，"腐败是军队战斗力的第一杀手"。当一些网络大V在网上散布一些攻击我们党、我们军队、我们老一辈革命家的言论时，他挺身而出，仗义执言，高呼"外捍国权，内惩国贼，涤荡腐败，振兴中华"。他敢于说硬话，还来自于父辈的传承，他说，我们继承的不应该只是父辈的血统，更应该是他们的传统。他们的铮铮铁骨、赤胆忠心，永远是我们学习的榜样。他敢于说硬话，也来自于平时的学术积累，厚积才能薄发。你看他的文章，不乏味，硬气中透露着睿智，历史、战史、名人典故信手拈来。他的文章不落俗套，绝无那些官话、套话、空话的"八股味"，通古今之变，成一家之言，一看就知道是罗援的手笔、风格。他写作的信条是，"写人人心中皆有，人人笔下皆无之事；道人所未言之理，或者言所未尽之意"。他的"理性"更表现在摆事实讲道理，好一个"理"字，只有"有理"才能做到"有力"，只有"有理"才能让人信服，这也是军人学者有别于所谓"愤青"的可贵之处。他们敢于直面问题，针砭时弊，但不是牢骚满腹、愤世嫉俗、怨天尤人，而是拿出对策，开出药方，供决策者参考。

罗援的硬气、理性、大爱更表现在他作为政协委员的履职尽责、献计献策方面。我认为，他是最称职的军队政协委员。他在担任第十一届全国政协委员期间，一共递交了25个提案，这在军队政协委员中是绝无仅有的，更难能可贵的是，居然有10个提案进入决策层，被国家所采纳。比如，建议设立国家安全委员会，设立航空识别区，在南海设立特别行政区，组建国家海岸警卫队，设立中华民族英烈纪念日，在游行的行列中增加老兵方队，促请韩朝归葬志愿军烈士遗骸等。他也在关注着国计民生，他认为自己最有价值的提案是建议在各级党委设立人民群众工作部，把听取人民群众的呼声、解决群众的疾苦作为党委的中心工作，从组织上加以落实。他建议筹措革命老区扶贫基金，吃水不忘打井人。他还不遗余力地为参战老兵和复转军人们鼓与呼，建议尽快制定《军人地位及福利待遇法》《退役军人安置法》。他大声疾呼，现在一些地方把复转军人当做维稳对象，是犯了方向性的错误，绝大多数复转军人对党忠诚，识大体、顾大局，帮助他们解决一些实际问题，胜抵雄兵百万。他这些掷地有声的真知灼见，透露出他的拳拳爱国之心，烈烈报国之志。习近平主席号召全军指战员要"争当有灵魂、有本事、有血性、有品德的革命军人"，我想罗援正是这样的铁血军人。

相信读者们在读过这本书后，会有与我同样的感受。是为序。

军事科学院原院长、上将 刘精松

2015年2月1日

目录
Contents

·序·   刘精松

·国防篇·捍卫南海和东海的国家主权

·国际篇·为世界和平而不懈努力

·台海篇·两岸和平统一的历史潮流不可阻挡

·忠诚篇·我和那些人那些事

·附录篇·诗言志　词抒怀

·国防篇·

捍卫南海和东海的国家主权

HAN WEI NAN HAI HE DONG HAI DE GUO JIA ZHU QUAN

题记

欲国家富强，不可置海洋于不顾。财富取之于海洋，危险亦来自海上……一旦他国之君夺得海洋，华夏危矣。

——郑和

惟今后之太平洋问题，则实关我中华民族之生存，中华国家之命运也……太平洋之重心，即中国也，争太平洋之海权，即中国之门户权。

——孙中山

未来世界的中心在亚洲，21世纪将回归到龙的世纪。中国必然会成为一个世界强国，这将是一个前所未有的崛起。

——约翰·奈斯比特

启示

为了体现"主权归我"，必须凸显"六个存在"，即行政存在、法律存在、国防存在、执法存在、经济存在和舆论存在。

——罗援

导弹的威力将大于口水的威力。

——罗援

保障国家发展利益的蓝色呼唤

国际上，按照海军的活动能力范围，对海军有一种形象的分类方法，把只能在近海活动的海军称作"黄水海军"或"褐水海军"（因为近海的水一般是黄褐色的），把能够到远洋执行作战任务的海军称作"蓝水海军"（因为远洋的水是蓝色的）。长期以来，我国海军基本上限于近海活动，而次数不多的远海活动，往往是出访或联合演练等非作战行动，并且规模都很有限。因此，可以说，我国海军是典型的黄水海军。

改革开放以来，我国向世界敞开了大门，同时也大踏步走向世界。以维护国家主权、安全、领土完整，保障国家发展利益和人民利益为根本出发点，维护我国在海外，尤其是海上的合法权益，是新时期人民海军的重要使命。去年年底我海军编队开始的索马里海域护航行动，是我军第一次执行在实战背景下突破近海，走向远洋的作战任务。这次得到联合国授权和有关国家欢迎的行动，自然而然唤起了我们新的海权观和建设我国蓝水海军的梦想。

保障国家发展利益需要蓝水海军

我国是一个传统的陆权主义国家。由于特殊的地理、历史、社会情况，中国长期以来形成了重陆轻海的观念。历代中央王朝的主要防御方向始终是北方，万里长城就是这种防御政策的结果和象征。直到近代西方列强用坚船利炮从海上大举入侵，才迫使中国重视对海上的防御和海军力量的建设。当前随着经济全球化的快速发展和陆地资源的日趋紧张，海洋权益越来越受到世界各国的重视，没有制海权就不可能在全球一体化的时代掌握战略主动权。为了有效保障国家的发展利益、保护我国的海洋权益，推进经济社会的持续发展，实现中华民族的伟大复兴，我们需要建设一支强大的蓝水海军。

蓝水海军是国家强盛的重要标志。纵观历史，国家兴衰与海军力量息息相关，海兴则国强，海衰则国弱。从 15 世纪到 20 世纪的 500 年里，欧洲主要国家实力的消长、国家竞争的胜负，非常明显地体现在海军力量的强弱上。15、16 世纪的葡萄牙和西班牙，17 世纪的荷兰，18 世纪的法国，19 世纪到第一次世界大战前的英国，以及一战以来的美国等，这些国家轮番执海权牛耳，成为当时的世界霸主，主要靠的就是强大的海军力量。

我国历史上，由于海军衰败和海权沦丧而导致落后挨打的教训锥心刺骨。明朝后期至清朝前期，统治者推行禁海锁国政策，规定"片板不许下海"，甚至进行大规模的迁海行动，既错过了海军发展的历史机遇，又致使多个沿海岛屿被西方殖民者占领。清朝后期，更由于慈禧太后昏庸腐败，挪用挥霍海军建设经费，导致中日甲午战争的惨败，落了个割地赔款的百年屈辱。海军力量的羸弱，导致海防门户洞开。明清时，外国列强对中国的侵略，大部分是经由海路，据统计，1840 年至 1940 年的 100 年间，列强对中国的海上入侵达 470 多次。

历史上的落后给后来的发展造成了非常大的被动。比如，由于战败，原属我国的日本海沿海地区被割让，从此，我们在这个方向就失去了出海口。在我们东南、东北当面，美日等国构成了严密的封锁，中国海军进出第一岛链尚困难重重，更遑论第二、第三岛链，对我们这样一个陆海兼备的泱泱大国来说，中华龙如果被困在"黄水水域"，无疑是奇耻大辱。

明朝航海家郑和曾深刻指出："欲国家富强，不可置海洋于不顾。财富取之于海洋，危险亦来自海上。"这是其对海洋的毕生感悟，更是对我们后人的警世恒言。如果没有一支强大的海军力量作后盾，就很难真正成为一个强国。

蓝水海军是海上主权的根本保障。我国有 1.8 万多公里漫长的海岸线，面积在 500 平方米以上的岛屿有 5000 多个，按照《联合国海洋法公约》规定及我国主张，还拥有包括领海、毗连区、专属经济区和大陆架等在内的300 万平方公里管辖海域，约相当于我国陆地面积的 1/3。

然而，对于如此广袤的蓝色国土，我们却未能完全实施有效管控，造成了海洋国土的安全隐患。主要体现在三个方面：一是台湾岛内还有一些"台独"分子顽固坚持分裂立场，千方百计阻挠祖国和平统一。台湾一旦从祖国的版图中分裂出去，它周边近一百万平方公里的"海洋国土"将随之丧失；二是由于我国的海洋防卫能力不强，海上执法和维权力度不够，在相对远的海域，尤其是南沙的一些海域，未能实际行使管辖权；三是有近一半的海域与有关国家存在争议，其中数十万平方公里已成为某些国家的实际开发区，我国出于和平外交的考虑，在海域专属经济区问题上采取克制态度，而周边国家却在积极强化"实际控制"，有的国家采取组织旅游、鼓励移民、建造灯塔，甚至设置行政区划等方式，显示其主权，蚕食我方权益。

在主权问题上，我们不能有丝毫含糊，不能让步。当然，要解决这些问题，不能光靠军事力量，然而，军事力量却具有不可替代的重要作用。对有争议的海域，我们仍然坚持搁置争议、共同开发的原则。我们发展蓝水海军的目的，也正是为了有效地贯彻这一原则，而不是为了搞摩擦和对抗。然而，在相关争议方纷纷加大宣示主权力度的情况下，我们的海军假如不能到距离较远的主权海域和利益攸关的海域正常巡航，那么时间一久，我们"搁置"的就不再是"争议"了，而很可能是"主权"，"共同开发"也就变成了"排我"的"单独开发"。蓝水海军是履行新使命的必然要求。随着经济全球化的推进和我国对外开放的深化，我国与世界各国的海上贸易往来越来越频繁，同时，大量的石油等资源需要经由海上进口。据统计，我国有 70% 的进出口商品和 90% 的进口石油是经由海上通道运输的，而其中的大部分要经过马六甲海峡、霍尔木兹海峡、亚丁湾等海盗多发的海域，海上运输安全存在着很大风险。

1998 年 11 月 13 日，香港船务公司一艘在巴拿马注册的"长胜号"万吨货轮，经台湾海峡南口水域时被一海盗集团劫持，货轮上 23 名中国外派船员全部被杀害，货轮被海盗们抢走并以 35 万美元卖掉。2003 年 3

月20日，我国"福远渔225号"在斯里兰卡东北水域遭到全副武装的8条海盗船攻击，包括15名我国船员在内的17名船员被害或失踪，船只被击沉。同年7月，在也门水域的5艘中国渔船遭到袭击，钱财被抢劫一空。在亚丁湾，近年来的海盗活动更是十分猖獗，给国际航运和国际贸易带来巨大威胁。2008年1月至11月，有40余艘船被索马里海盗劫持，中国过往船只中有20%受到海盗袭击，涉华劫持案7起，目前仍有中国的1艘渔船和18名船员被劫持。

海上通道安全直接关系到我国的发展利益。维护国家海上通道和公民生命财产安全，是新时期我国海军的重要历史使命。经联合国授权，我国派出3艘军舰前往索马里海域护航。这既是顺应国际形势需要、维护世界海上和平与安全的积极作为，也是我国海军认真履行新时期历史使命的重要尝试。今后，类似的军事行动还会越来越多。我国海军会越来越多地走出国门，走向远洋。这就需要我们抓紧建设一支能够保障国家发展利益要求的强大的蓝水海军，正确认识我国未来的蓝水海军。

境外有些别有用心的人一听到蓝水海军这个词，马上会把它跟扩张和霸权联系起来。这是对蓝水海军概念的曲解。事实上，蓝水海军只是对具有远洋作战能力的海军的形象比喻。具有远洋作战能力并不就意味着扩张和侵略，远洋护航、打击海盗、海上反恐、海上缉私、联合军演等非战争军事行动也同样需要有远洋作战能力。我们判断一支海军的性质，不能简单地看它出现在哪里、离本土有多远，关键要看它在那里干什么、是不是合法。对于推行霸权的国家，蓝水海军很可能会成为强权的工具。而对于追求和平的国家，蓝水海军则是维护世界和平的重要力量。

我国的蓝水海军将是一支文明之师、和平劲旅。这是由我国的军队性质所决定的。我们的军队是人民的军队，是文明守法的军队，在执行海外军事任务时，始终严格遵守联合国和相关国家或地区的法律法规。比如，近年来，根据联合国的要求，我国连续派出多批维和部队，每次不仅圆满完成维和任务，并且因为严格遵守各项纪律，尊重当地法律和风俗等，给当地政府和人民留下了良好的印象，受到有关国际组织的表彰。再比如，我国此次派军舰赴索马里海域执行护航任务，是按照联合国安理会去年下半年做出的四项决议，根据《联合国宪章》第七章规定而采取的行动，并且受到索马里过渡联邦政府和过渡议会议长的邀请和欢迎。在执行任务期间，我国军舰严格按照国际法有关规定，认真履行各项权利和义务，自觉维护我军威武之师、文明之师的良好形象。

我国的蓝水海军将依然是防御型武装，这是由我国的军事战略所决定的。我国坚定不移地奉行防御性战略，将来我们发展成为蓝水海军，也将依然是防御型而不是进攻型的军事力量。我们不能因为中国海军出去执行远洋军事任务就简单地认为中国军队抛弃了防御战略，改行远洋进攻战略，这是没有根据的。就像我们不能因为中国军人赴海外执行维和任务，就说中国军队实行全球军事战略一样。

走向远海护航，并没有改变我国国防政策的防御性质，没有改变我军防御型的海军战略。即使将来有了航空母舰，它也还是一支地区性防御力量，绝不会像某些军事强国那样到全球巡弋，炫耀武力。从历史上看，我国即使在古代国力比较强盛的时候，也基本上奉行防御性的战略。最典型的是郑和七下西洋，带去了中华民族的文化、文明和礼仪。与历史上所有强权政治和霸权主义者不同，中国在维护海外合法利益的同时，始终坚持尊重其他相关国家的主权与领土完整，尊重其他相关国家的合法权益，始终坚持不干涉其他相关国家内政的原则。中国决不会超越国际法，把手伸到别人的篱笆之内，干一些谋求额外利益和不法利益的事。

"中国威胁论"是强盗逻辑

有人担心，如果我国公开提出建设蓝水海军，会刺激有关国家的神经，可能引发新一轮的"中国威胁论"。的确，每当我们的改革发展取得重要成就，或者将要实施重大发展战略的时候，个别别有用心的国家或个人往往会危言耸听地鼓噪所谓的"中国威胁论"。对于这一论调，我们需要有清醒的认识，作合理的应对。

"中国威胁论"是欺世诬人的栽赃捏造。中国的发展，是和平的发展，是有助于世界稳定与繁荣的发展。始终不渝走和平发展道路，是中国必须长期坚持的战略抉择，这是由我们的根本利益、民族特点和国家性质等决定的。

从根本利益上看，我国是发展中大国，人口多，底子薄，发展不平衡，聚精会神搞建设，一心一意谋发展，不断改善人民生活水平，始终是国家的中心任务。从民族特点上看，中华民族历来崇尚和平、合作、和谐，主张"以和为贵"，追求和谐共处。从国家性质上看，中国是社会主义国家，追求世界和平是社会主义国家的本质属性之一，中国不输出意识形态，也不搞军事扩张。

新中国成立以来，我国政府和人民秉持和平理念，坚持独立自主的和平外交政策。在周边关系上，我们奉行"以邻为伴、与邻为善"的睦邻、安邻、富邻政策。在对外合作上，我们坚持尊重对方主权和国家利益、不附带政治条件的互利共赢原则。我们党把走和平发展道路、实施互利共赢的开放战略、推动建设持久和平共同繁荣的和谐世界等重大战略思想正式写入十七大报告和党章。我们庄严承诺，中国反对扩大军事同盟，反对侵略扩张，无论现在和将来，不管发展到什么程度，中国都永远不称霸，不搞军事扩张。积极争取和平的国际环境发展自己，又以自身的发展更好地维护世界和平、促进共同发展，已成为中国坚定不移的国家意志。妄说中国的发展强大会对别国造成威胁，这是毫无根据的主观捏造，是根本站不住脚的。

多年来，中国通过和平发展赢得了世界上绝大多数国家，尤其是广大发展中国家的赞赏、合作和友谊，世界上没有哪个大国能像我们这样有广泛而持久的朋友，这一铁的事实，凸显出个别人所鼓噪的"中国威胁论"是多么的荒唐和虚伪，"中国威胁论"是毫无道理的强盗逻辑。

"中国威胁论"的始作俑者及鼓吹者，往往是经济和军事实力都比较强大的发达国家。它们可以大摇大摆地开着航空母舰环球巡弋，甚至可以制造出冠冕堂皇的借口对弱小的主权国家发动战争，但是，对我们国家正当的国防建设却指手画脚、乱泼脏水。它们推行霸权主义可以明目张胆，我们建设和平之师却要偷偷摸摸，这岂不是"只许州官放火，不许百姓点灯"？为什么它们进行海上扩张和殖民掠夺长达几个世纪毫不自责，却对中国维护自身合法权益的行动横加指责？为什么别的国家发展国防不是威胁，一到我们中国就成了威胁？为什么联合国五大常任理事国中的四家都可以有航空母舰，唯独中国一家不能有航空母舰？为什么有的国家可以堂而皇之地控制全球16个海上战略通道，中国只希望维护和自己发展利益攸关的几条战略通道的安全反而被指责为"中国威胁"？这是赤裸裸的强盗逻辑。

所谓的"中国威胁论"只不过是用来吓唬老实人的噱头罢了，假如我们真的被该"论"唬住而畏首畏尾，自我设限，那正中了它们的下怀，帮了它们制约我们发展的忙。反过来，假如我们理直气壮、大大方方地追求我们正当的发展权利，不去理会这些毫无道理、居心不良的"忽悠"，那么非但该论日久自消，而且我们正当的国防发展也会赢得他国的理解和尊重。毕竟，国家之间的竞争是靠实力说话的，就像体育竞技一样，越是强者越受尊重，越是懦弱越遭鄙视。我们与其担心他国顾虑而不敢发展蓝水海军，不如先发展起来再说，用与世人共享"和平红利"的硬道理来彻底消除他人的顾虑。

蓝水海军是一个庞大的系统工程，技术难度大，耗资颇多，不可能一蹴而就，需要长期不懈努力。我们既不应顾虑别国的猜忌而瞻前顾后、裹足不前，也不应该妄自尊大、盲目蛮干，而应该不亢不卑、积极稳妥地发展蓝水海军。在发展过程中，不能照搬照抄其他强国的发展模式，而要根据我国的国情国力和战略需要，科学、有度地规划和实施，走出一条具有中国特色的发展之路。随着中国海军走向蓝水远洋，中国将在更广阔的天地为世界和平作出更大的贡献。

(《瞭望》，2009 年第 5 期)

对维护国家海权的战略思考

在人类近代史上有两个普遍被看好但尚未被证实的预言：

一个是，辛亥革命的先驱者孙中山先生曾以洞察世界的战略思维高瞻远瞩地指出："所谓太平洋问题，即世界海权问题也……昔日之地中海问题、大西洋问题，我可付诸不知不问也；惟今后之太平洋问题，则实关我中华民族之生存，中华国家之命运也……太平洋之重心，即中国也，争太平洋之海权，即争中国之门户权。"

无独有偶，上世纪初，美国总统西奥多·罗斯福也曾经说过："地中海时代随着美洲的发现结束了。大西洋时代正处在开发的顶峰，势必很快就要耗尽它所控制的资源。唯有太平洋时代，这个注定成为三者之中最伟大的时代，仅仅初露曙光。"

另一个预言是，美国著名未来学家约翰·奈斯比特曾经预测：未来世界的中心在亚洲，21世纪将回归到龙的世纪。中国必然会成为一个世界强国，这将是一个前所未有的崛起。

前一个预言昭示21世纪将是太平洋世纪，后一个预言呼唤21世纪将是中国世纪。这里有必然的逻辑联系吗？是否太平洋世纪就是中国世纪，或者换言之，中国世纪就是太平洋世纪？一切都在人为，一切都在筹划。筹划好了，机会可以变成现实；筹划不好，机会将会失之交臂。

思考之一：中国和平崛起的路在何方？

"塞防论"抑或"海防论"一直是困扰中国历代决策者的命题，也就是说中国崛起的路径应该是向陆地，还是向海洋？中国防御的重点应该是陆地，还是海洋？中国曾经是一个海洋大国，最先发现美洲大陆的是中国的僧侣，比哥伦布早约1000年。郑和的远航，早于麦哲伦环球航行114年，是举世公认的世界海上远航的先驱。最早具备海洋意识的也是中国的航海家，郑和曾大声疾呼："欲国家富强，不可置海洋于不顾。财富取之于海洋，危险亦来自海上……一旦他国之君夺得海洋，华夏危矣。我国船队战无不胜，可用之扩大经商，制服异域，使其不敢觊觎南洋也……"可惜，郑和的呐喊并没有被当时的统治者所接受。中华民族由于长期受"重农抑商"思想的影响，对海洋的价值取向始终定位于"兴渔盐之利，行舟楫之便"，"以海为田"的层次上。特别是明清统治者为了维系封建王朝，实行大规模禁海，造成中国闭关锁国，有海无防，主权旁落，国力每况愈下的大衰败。按理说，中国近代海军的起步并不迟于日本，当时完全具有与日本同等的在亚洲崛起的历史机遇。但中国的悲剧在于，当时的封建统治者没有海权意识，更没有为争夺海权而大力发展海军的意识，结果坐失良机。相反，英、美、俄、日等世界强国无一不是靠发展海上力量，通过控制海洋，掠夺海外财富强大起来的。特别是美国，其海军教官马汉在潜心研究大量的历史资料后，悟出这样一条道理："海权包括凭借海洋或通过海洋能够使一个民族成为伟大民族的一切东西，是国家兴衰的决定性因素。"在海权理论的指导下，美国加强海上力量建设，获得了加勒比海的控制权，从西班牙手中夺得了波多黎各、关岛和菲律宾，并在夏威夷群岛站住了脚，一举跃升为世界强国。古今中外的历史已经验证并且还在证实，向海则盛，逆海则衰，崛起离不开海洋。现在的问题是，西方国家面向海洋是靠掠夺崛起，而中国面向海洋则是要靠和平崛起，同是一个舞台，一个是演武剧，一个是演文剧，这对中国来说无疑是一个前所未有的挑战。

思考之二：海洋能够给予我们什么？或者我们将丢失什么？

海洋的功效无非是两项：一是实现国民经济可持续发展的重要动力源；二是拱卫邻海国的安全门户和获取海外市场和资源以及由此产生的海外利润

回流的战略通道。前者是经济利益，后者是地缘战略利益。

从经济利益来看，21世纪资源问题将困扰整个世界。我国陆地自然资源人均占有量低于世界平均水平，人均占有陆地面积远远低于世界人均水平。淡水资源人均占有量为世界水平的1/4。与国民经济发展密切相关的45种主要矿产将有一半不能满足需要，已经探明的陆地油气资源再过几十年也将近于枯竭。随着时间的推移和经济的快速发展，我国资源矛盾将日益突出。而海洋则是一个巨大的资源宝库，中国海域蕴藏着丰富的生物、化学、能源、矿产、旅游等资源，海洋将为我国的经济发展提供丰厚的资源基础和广阔的活动空间。我国海域的油气资源相当丰富。据初步测算，油气资源量为450多亿吨，天然气资源量约14万亿立方米。中国海底"可燃冰"即天然气水合物蕴藏丰富，1立方米的固定水合物包容有180立方米的甲烷气体，是传统天然气含量的2～5倍。经初步估计，南海的石油地质储量在230亿～300亿吨之间，约占中国总资源量的1/3，属于世界四大海洋油气聚集中心之一，有"第二波斯湾"之称。目前，勘探面积仅有16万平方公里，发现的石油储量已达55.2亿吨，天然气储量有12万亿立方米，油气开发价值超过20万亿元人民币，未来20年只要开发30%，每年可为GDP增长贡献1～2个百分点。在这一海域，还蕴藏着大量其他资源。据估计，仅太平岛一处就蕴藏着10万吨以上的鸟粪、磷矿。更引人注目的是，科考人员在北部圈定了11个"可燃冰"矿体，预测储量约为194亿立方米，这是石油、天然气的最佳替代能源。在东海地区，据有关勘测数据表明，油气储量大约为77亿吨，至少够我国使用80年。日本前国土交通大臣扇千景曾说，这些海域中埋藏着足够日本消耗320年的锰、1300年的钴、100年的镍、100年的天然气，以及其他矿物资源和渔业资源。而这些资源都具有一个特点，就是不可再生性，被掠夺一点就少一点。

从地缘战略利益来看，中国的邻近海域战略地位十分重要。特别是南海，地处太平洋和印度洋之间，素有"亚洲的地中海"之称。这一海域位于越南金兰湾和菲律宾苏比克湾两大海军基地之间，为太平洋和印度洋之间的海上交通要道，是东亚通往南亚、中东、非洲、欧洲必经的重要国际航道。

在我国通往国外的 39 条航线中，有 21 条通过南海，60%的外贸运输需要从南海经过。美国在全球控制的 16 个海上交通咽喉要道中，有 3 个集中在南海附近。作为世界上通航量第二大的海上航道，南海是东盟各国、欧洲各国、美、日、俄、澳等主要经济体的海上航运生命线。经过这一海域的国际贸易量占全球贸易量的 80%左右；日本、韩国 90%的石油进口要经过南海运输；南海地区出产的液化天然气 75%运往日本；美国从亚太地区进口的各种重要原料，90% 左右要走南海航线。显而易见，拥有南海诸岛，可有效控制这一重要水域和国际航线。

这也就是中国对南海、东海地区的海上领土主权必须寸土、寸水必争的原因。

思考之三：中国走向海洋的战略困境

一是西方某些军事大国对我国形成的战略围堵，试图把我国封死在第一岛链以西，将我们这条"中国龙"困死成一条"中国虫"。

二是台湾成为我国走向世界、走向海洋的天然障碍，"台独"分裂主义势力对中国的和平崛起构成巨大挑战。

三是我国部分岛礁被侵占、海域被挤压、海洋资源被掠夺、海上安全受威胁。以南海为例，在南海海域和南沙群岛有岛礁 53 个，其中越南强占最多，控制岛礁 29 个、海域 117 万平方公里；菲律宾次之，控制岛礁 9 个、海域 62 万平方公里；马来西亚占领 3 个岛礁；印度尼西亚占领 2 个岛礁，文莱占领 1 个岛礁。我国连台湾控制的太平岛在内，仅控制了 9 个岛礁。截至 2009 年，南海周边国家已在我断续线内钻井近 1000 口，累计开采油气 5 亿多吨，每年从我南海中南部掠夺油气资源达几千万吨油当量。越南等周边国家还通过公开招标等形式引入美、英、俄、澳等多国石油公司参与南海开发，加剧了南海问题的复杂化，增加了我南海维权工作的难度，我海上安全形势相当严峻。

四是我国海洋事业发展中存在一些亟待解决的问题，比如：海域使用混乱；资源开发"无序、无度、无偿"；海洋管理政出多门，力量分散，形成"九龙治水"的局面；海洋可持续发展问题突出等等。

五是我海军力量建设尚不能完全满足我国日益增长的国家利益需求。

上述问题不解决，将严重影响我国成为海洋强国。

思考之四：中国海权的主要特征

中国海权不同于西方列强海权的最大标志是，前者是防御型的，后者是扩张型的；前者是和平利用型的，后者是资源掠夺型的；前者是互利双赢型的，后者是"零和"独霸型的。

中国正在塑造的新型海权观是中国积极防御战略在海权问题上的体现，具体表现为"六个统一"。一是防御和进攻的统一。整体上奉行防御战略，但不排除局部的进攻手段。二是巩固领土完整与收复失地的统一。巩固国土是自卫行动，收复失地也是自卫行动，能"文收"则"文收"，不能"文收"则"武收"。三是维稳与维权的统一。维稳固然重要，但邓小平同志告诫我们，"要始终把国家的主权和安全放在第一位"，由此可见"维权"更重要。四是"边界安全"与"安全边界"的统一。前者是主权安全或者是领土安全，后者是利益安全。我国的利益到哪里，我们的"安全边界"就应该延伸到哪里，我们的军事力量就应该保护到哪里。"安全边界"越远，"边界安全"就越有保障。五是陆防与海防的统一。陆防、海防必须并重，不可偏废。但在目前，我国海上力量建设相对滞后，而海上威胁又相当严重的情况下，海防建设应该置于更加优先的位置。六是威慑与实战的统一。对犯我中华者，能吓阻则吓阻，不能吓阻则战而胜之。

思考之五：维护中国海权的战略举措

笔者认为应该构建一个"一二三四五"战略框架：

一是设计一个战略规划。国家应该整合各方面的战略资源，成立一个海洋安全和海洋建设工作部，负责规划海洋强国战略，制定相关海洋法律法规，协调各方面的海上力量，确保我国海洋事业和国民经济在安全、稳定的环境中顺利进行。

二是服务于"两个大局"，即国内大局和国际大局。"两个大局"要统筹兼顾，确保国家战略目标的实现。

三是设三支海上骨干力量。其一是以海军为主的海上维权力量。在这当中，航空母舰的建造具有特殊意义，它不仅是大国形象的象征，而且作为一个作战编队，将是集陆海空战斗力为一体的立体作战集群，更重要的是，它可以作为国家的机动打击力量，在相对稳定的一个时间段内，在某一敏感海域较长时间地形成一个强大的威慑力量；其二是以武警、海监为主的海上护法力量；其三是以海洋科研人员为主的海上科研、考察和开发力量。

四是实施四大海洋建设工程。一是实施国家海洋农牧化建设工程。通过海洋捕捞业、海水养殖业、耐盐作物种植业的开发，弥补我国人均耕地资源不足，提高人们生活质量。二是实施国家海洋能源基地建设工程。国家应制定特殊优惠政策，鼓励国有石油骨干企业到南海、东海开发油气和"可燃冰"资源。三是实施港口和海运开发工程。应以港口为龙头，形成港口产业群和区域板块经济带；同时，应确立船舶工业优先发展的产业地位，把船舶工业作为重要的经济增长点，给予政策扶持。四是实施海上旅游开发工程。以此彰显我国的主权存在，并带动海洋第三产业的快速发展。

五是凸显"五个存在"。为了体现"主权归我"，必须有所行动。其一，行政存在。建议设立南海、东海特区，在南海特区要设市、设镇，并任命行政官员，张榜公示，四年一换，以便体现行政管辖权。其二，法律存在。应该尽快确立南海九条断续线的法律地位，并就南海、东海划界问题展开谈判。其三，国防存在。能够驻军的地方一定要驻军，不能驻军的地方，应该悬挂国旗，设置主权碑。国家武装力量象征的军机、军舰要定期或不定期地到南海、东海巡逻。其四，经济存在。要鼓励渔民到附近水域从事渔业活动，设立渔场。鼓励中海油、中石油等国有企业到南海、东海建立勘探平台和辅助设施。鼓励旅游部门开发蓝色旅游项目。其五，舆论存在。不仅官方，而且民间、媒体、学者、网民，要不停地宣示南沙、台湾、钓鱼岛是属于我们的，绝对不允许别国对我国主权染指。

俗话说，人无远虑必有近忧。有了"远虑"，我们就可以对"近忧"应付裕如，确确实实将21世纪变为太平洋世纪，变为有利于中国和平发展的世纪。

鹰胆鸽魂——罗援将军论国防

17

中国应在黄岩岛变危为机

鹰胆鸽魂——罗援将军论国防

核心提示：黄岩岛事件给了中国一个解决问题的机会。正如赤瓜礁之战是联合国给了我们机会，当时联合国授权中国在南海岛礁上设立科学考察站，中国由此拿回6个岛礁。

《国际先驱导报》：菲律宾一些媒体和政治人物指责您提出的建议——"在南海设立特别行政区"，您对此有何回应？

罗援：对此大可不必在意。菲律宾的议员可以去我们的岛礁上宣示主权，我作为中国的全国政协委员，当然有权利和义务为维护国家的主权和领土完整献计献策。

《国际先驱导报》：有菲律宾媒体将您提出的"南海特区"与"香港特区"做比较。

罗援：我提出的设立"南海特别行政区"，跟香港特别行政区，完全是两个不同的概念，没有可比性。我提"南海特区"主要是为了体现我们的主权存在，包括行政存在、法律存在、国防存在、执法存在、经济存在以及舆论存在。如果没有一个行政平台，如何能体现主权与管辖？皮之不存，毛将安附焉？因此，我们应该在南海设立特区，下辖市和镇，任命行政官员，政协委员、人大代表可以定期前往巡视，以体现我们对南海的行政管辖。

《国际先驱导报》：您愿意去南沙争议岛礁宣示主权吗？

罗援：如果有政协或者有关行政部门，甚至军方邀请我前往，我义不容辞，慷慨赴命。

《国际先驱导报》：除了提出设立"南海特区"，您对维护南海主权还有哪些建议？

罗援：我们还需要有一个宏观的国家海洋战略，既要制订中长期的规划，还要有实现战略的途径和手段。比如说，南沙问题是搁置，还是尽快解决？先解决哪个岛礁，后解决哪个岛礁？我们必须有一个明确目标。它国占领的那些岛礁，我们如何拿过来，如何体现那些岛礁是我们的，当下如何遏制周边一些国家蚕食我们岛礁的势头，如何制止他们掠夺我们资源的行径等等，这些都需要有一个长远的规划和战略。

具体谈，我有如下几个设想：

第一，要像当年老一辈革命家抓"两弹一星"和航天事业一样来经略海洋事业。未来中华民族的战略空间拓展有两个方向：一是海洋，一是太空。因此，我们应该有长远规划和顶层设计。

第二，成立国家海洋委员会。在海洋事业上，也需要集全国之力、全党之智，真抓实干。现在的情况是政出多门、内耗较大，海洋力量低层次重复建设、重复采购。

第三，建立国家海岸警卫队，我们必须整合目前较为分散的海洋力量，形成拳头，比如，可以集中采购上万吨级的巡逻舰，再配上一定数量的巡逻快艇，组成海巡编队，那么我们在南海、东海面对摩擦时就能掌握更多的主动权。海岸警卫队作为一支准军事部队，主要担任近海执法任务，为军事与外交斗争留有回旋余地，在危机失控的情况下，海军作为新锐力量可以打出致命的一拳。

《国际先驱导报》：目前，菲律宾舰只依旧在黄岩岛海域跟中国执法船对峙，黄岩岛事件难道就一直如此耗下去吗？菲律宾一个小国为何如此难缠？

罗援：对中国来说，耗下去未尝不是个办法，这是双方国家意志与实力的较量，中国现在拖得起，菲律宾反而需要找一个体面的台阶下。

菲律宾之所以强硬，我分析可能有四个意图、三个战略试探。四个意图是指：一是拉美国下水；二是转移矛盾，满足国内政治需要；三是攫取南海资源；四是争夺东盟主导权，拉东盟跟中国打群架。

三个战略试探是指：一是投石问路。它对黄岩岛索取主权的依据主要是1982年生效的《海洋法公约》，菲律宾企图以"水管土的模式"索取黄岩岛主权，这显然是歪理，因为《海洋法公约》只解决水的问题，不解决"土"，也就是岛礁的归属问题，岛礁归属仍然由传统国际法的四个要素来决定：谁最先发现，谁最先命名，谁最先管辖，国际社会是否予以承认。在这四个方面，中国都拥有充分的法律依据。

二是试探中国的底线，是否为了赢得战略机遇期可以"以岛礁换和平"。中国主张和平崛起是否就等于挂起了免战牌，韬光养晦是否就是无所作为。因此，中国一定要打破菲律宾的幻想，不能退让，不可撤火，只能增兵。

三是试探它自己跟美国"肩并肩"关系到底能达到什么程度，美国是否会愿意为它的安全提供保单。

《国际先驱导报》：国内有观点认为，可以利用黄岩岛事件一举收复黄岩岛，甚至菲律宾侵占的我们的其他几个南海岛屿。您怎么看？

罗援：黄岩岛事件其实是给了中国一个解决问题的机会。正如1988年的赤瓜礁之战是联合国给了我们机会，当时联合国授权中国在南海岛礁上设立科学考察站，中国由此拿回6个岛礁。这次应该说是菲律宾给了我们一个机会，我们应该就此加强在黄岩岛上的主权存在，设立主权碑、悬挂国旗，条件成熟时，将黄岩岛以及附近海域建成渔业基地，甚至还可以建成军事基地，我们要通过各种方式，宣示自己的主权存在，凡侵犯我主权者都要付出代价。

《国际先驱导报》：很多南沙岛礁被菲律宾、越南等国家实际占有。如今要拿回来，似乎找不到有效的办法。

罗援：宣示主权不能空喊口号，必须有实实在在的动作。在南沙岛礁上，能驻军的要驻军，不能驻军的要建军事设施，或者主权标志，不要担心这些举动会引发国际纠纷，是我们的就是我们的，理直气壮。必要时，我们可以在南海设立军事演习区，导弹试射区，航空兵的靶区，等等。

还有，应该鼓励我们的渔民前往开展正常的渔业作业，鼓励居民到有居住条件的岛上生产生活，并提供必要的补贴；石油公司要前往勘探油气，哪怕开采不出油气来，也要设立勘探平台，因为这是我们浮动的国土；旅游部门要积极开展西沙旅游、南沙旅游，如果暂时解决不了岛礁上的住宿问题，可以将改装的大邮轮停在那里做海上宾馆，甚至可以在南海设中华海葬陵园，鼓励中国公民前往祭奠。

另外，我们应该尽快发表《南海白皮书》，并且明确九段线的法律地位，九段线内哪些是可以自由通行的国际航道，哪些是只能无害通过的专属经济区，哪些是只有经过我们允许才能通过的领海，我们都需要让国际社会明确我们的底线。

（《国际先驱导报》，2012 年 5 月 16 日）

菲与中国军事对抗是以卵击石

菲律宾在黄岩岛上采取强势态度，是一种战略试探，首先试探国际社会的底线，看是否能在菲律宾的诉求框架内解决岛礁归属问题；其次，《海洋法公约》解决岛礁归属能否获认同；试探中国的底线，看中国能否拿岛礁换和平；再次，试探美国的底线，看能否为其买安全保单。

中方会奉陪到底，对峙多长时间，我们奉陪多长时间。此次对峙中，中国有实力，也有国家意志，但菲律宾拖不起，是劳民伤财，而且随时间推移在国际舆论中会越来越占劣势。

如果要和中国发生军事对抗的话，无异于以卵击石。以南海舰队部分力量来对付菲律宾海军，完全不成问题，菲律宾也清楚这一点，因此不会轻易走上军事对抗道路，而意欲"和平攫取"。

我国应当重视海洋事业，尽快发表《南海白皮书》，设立国家海洋委员会，成员由军方、外交、经济、能源、海上执法等各部门组成，协调整个海洋安全和发展问题，并组建国家海洋警卫队，将目前多头管理整合起来，形成拳头力量。为此，可鼓励渔民到南海开展作业，鼓励居民到有生活条件的一些岛礁上生产、生活；在南海建码头，设勘探平台和渔业生产基地；开发西沙、南沙旅游资源。

南海问题是一个系统工程，必须政治、经济、外交、军事多管齐下，综合经略。我们始终坚持"后发制人"、"不打第一枪"的军事战略方针。但是，这一战略方针并不等于被动挨打。"后发"是"立德"，"制人"是"立威"。在黄岩岛事件上，是菲律宾先派军舰侵犯我国领海，骚扰我正在和平生产的渔民，这就应该被视为战略上打了"第一枪"。如果菲律宾不知趣，继续扩大事态、激化矛盾，拒不撤船，那中国在战术上打自卫的"第二枪"绝不手软。

中非综合国力相差悬殊，军事实力更不在一个档次上，不要说倾中国海军之全力，就是南海舰队的部分军力就超过菲律宾海军区区 2.4 万人的实力。据军事科学院出版的《世界军事年鉴 2010》介绍，菲律宾有护卫舰 1 艘，巡逻舰艇 62 艘，两栖舰艇 7 艘，后勤支援舰船 6 艘，海军航空兵有飞机 13 架，其中 7 架直升机。后来，菲律宾又从美国购买了两艘二手"汉密尔顿"级巡逻舰。

就吨位而言，目前菲律宾海军的最大战舰是从美国购得的首艘"汉密尔顿"级巡逻舰"德尔毕拉尔号"。查它的档案，居然是 1965 年为美国海岸警卫队建造的"准军舰"，满载排水量为 3250 吨。在菲律宾海军序列中算得上"战舰"的还有"胡马邦酋长号"炮舰，它堪称世界上服役时间最长的军舰，1943 年建造，经历太平洋战争、朝鲜战争乃至越南战争，中途三易其主，1978 年才由美国免费转让给菲海军。如此实力，如何与拥有"中华神盾"等先进水面舰艇、潜艇和航空兵的中国南海舰队抗衡？《孙子兵法》曰，"小敌之坚，大敌之擒。"菲律宾胆敢与中国动粗，无异于以卵击石。菲律宾应该有自知之明，菲律宾民众不要被阿基诺三世等政客所忽悠。

最近菲律宾策划了全球范围的反华游行，这不啻于火上添油。一小撮反华极端分子从集团利益出发，挑唆不明真相的菲律宾民众掀起反华恶浪，不禁让人想起毛泽东的著名诗词，"小小寰球，有几个苍蝇碰壁。嗡嗡叫，几声凄厉，几声抽泣。蚂蚁缘槐夸大国，蚍蜉撼树谈何易。"不管一小撮菲律宾反华分子玩弄什么样的小伎俩，都改变不了黄岩岛属于中国的事实，更阻挡不了中国崛起的势头。与中国作对，对菲律宾民众来说，不会得到任何好处。

黄岩岛事件是由菲律宾首先挑起来的，解铃还须系铃人，怎么解决要看菲律宾的态度。中国相关外交警告，我想菲律宾应该听懂了吧？如果没听懂，我可以帮你们解读一下言中之意——谈，我们奉陪；拖，我们不怕；

打，我们正好练手，南海舰队可以牛刀小试。军人建功立业主要在战场上，如果菲律宾给我们这个机会，我们绝不会错过。

不管现在菲律宾怎么想，摆在他们面前只剩下三条路：

其一，找借口"体面"下台。比如，以面临台风威胁为理由，主动撤出。这对菲律宾来说，是最佳选项，但对中国来说，未必是最佳结果，因为菲律宾的挑衅没有得到应有的惩罚。

其二，继续与中国缠斗，最终被拖垮。这对菲律宾来说，是一个比较惨的结局，劳民伤财，得不偿失。对中国来说，虽不满意，但尚可接受。

其三，利令智昏，制造摩擦，然后被打垮。这对菲律宾来说，是最惨的结局，鸡飞蛋打。但对中国来说，则可彻底解决问题，标本兼治，一劳永逸，那时解决的就不仅仅是一个黄岩岛的问题了。

三条出路，三个结局，何去何从，望菲律宾三思而行，好自为之。

（2012 年 5 月）

三沙市如何体现国防功能

核心提示：随着三沙市的设立，在行政存在方面已经走出了可喜的一步；随着"海洋勘探981号"的下海，我们在经济存在方面也有了一个好的开端。

2012年6月21日之后，中国领土最南端的地级市将不再是三亚，而是同属海南省的三沙市。这一天民政部网站上刊登了《民政部关于国务院批准设立地级三沙市的公告》，宣布"撤销海南省西沙群岛、南沙群岛、中沙群岛办事处，设立地级三沙市，管辖西沙群岛、中沙群岛、南沙群岛的岛礁及其海域。三沙市人民政府驻西沙永兴岛。"

《瞭望东方周刊》：设立三沙市的决策背景如何？

罗援：这里首先要澄清一个错误的概念，好像我们是最近才在中沙、西沙、南沙（以下简称"三沙"）设立行政区划的。其实，早在1911年和上世纪30年代，中国已经将"四沙"先后置于广东和海南省管辖之下。新中国成立之后，1959年中央政府批准成立了"西南中沙工作委员会、西南中沙办事处"；1969年3月，这个办事处改称为"广东省西、南、中沙群岛革命委员会"；1981年10月又恢复为"广东省西、南、中沙群岛办事处（县级）"。海南建省后，该办事处划归海南省管辖。由此看来，我们最早对"三沙"实施有效管辖，而且是一脉相承的。

最近，越南国会通过《海洋法》，从法律上把西沙群岛、南沙群岛划入其版图。对此，中国政府多次谴责、抗议，宣布其无效、非法。

中国的人大代表、政协委员多次建议提升我们在"三沙"的行政级别，我作为全国政协委员，在今年的两会期间也提出了应该设立"南海特别行政区"的提案，引起有关部门的高度重视。

由此看来，这次在"三沙""撤处设市"是历史的延续，是对行政管理体制的进一步调整和完善，是维护国家主权的需要，是顺乎民心民意的举措，也是对有的国家无理举措的有力反击。

《瞭望东方周刊》：设立三沙市意味着什么变化？对于加强南海岛礁及其海域的管理和开发有何意义？

罗援：我认为，首先我们进一步强化了对南海主权的实际管辖，有了一个"主权归我"的更合理的行政载体，在法理上堵死了有的国家的非分之想。

其次，三沙市将是我们国防的南大门，我们的战略前沿将进一步前移。在一般的情况下，我国的地级市都设有师级以上的军分区、警备区或者水警区等军事单位，"三沙"设市将进一步整合国防战略资源，提升其效能。

此外，"三沙"设市后，可以进一步加强我们对"三沙"的科学管理，因为一旦它成为一个地级的城市，就会纳入每年的政府工作计划，有预算拨款，人、财、物的支持力度都会相应地提高。

三沙市在整体规划方面也会有一个更周到细致的全盘考虑，可以更好地协调各方面的力量，管理南海、治理南海、经略南海。总之，我认为这是我们捍卫南海领土主权、维护海洋权益的一个重要的步骤。

《瞭望东方周刊》：你认为三沙市有哪些工作是必须首先开展的？

罗援：首先是要组织到位、人员到位。要健全各级党政军组织，任命地方党组织和选举行政官员。其次，要观念到位、思想到位。要搞好顶层设计，规划好发展蓝图。再次，要措施到位、设施到位。要跟进各项配套措施，加强各项基础设施建设。配套措施要跟进，比如要任命具体岛礁的行政官员，明确哪个岛礁归谁管，责任到人，任命之前要张榜公示，与其他地级市一样，任期到了举行换届选举，体现我们的行政管辖。重要的是要做到防卫到位。提高警惕，做好应对周边南海声索国挑衅、袭扰的准备。

《瞭望东方周刊》：新三沙市市长应该具备什么素质？

罗援：新的三沙市市长除了要具备一般市长执政为民、勤政廉洁的基本素质之外，还应该具备多个方面的意识和能力。

首先需要有主权意识、国防意识、大局意识和法律意识，另外还要具备危机处理能力、军政协调能力和临机决断能力。这些要求是根据这一敏感地区的特殊情况而决定的。

这个刚刚成立的年轻城市有非常重要的特殊性：位于中国的最南端，虽然辖区面积很大，但人口很少，而且不断面临南海周边少数国家的无端挑衅，在这样的背景下，它的第一任市长应该是一位高素质市长。

《瞭望东方周刊》：三沙市怎样体现国防功能？

罗援：三沙市有国防功能。有国必有防，设市必设防。

一般情况下，中国的地级市都设有相应的军事单位，市委书记兼军事单位的第一书记，军事单位的主要负责人兼市委常委。前一段时间，西沙、南沙、中沙由于特殊的战略地位，一度由海军西沙水警区的政治委员兼任中共海南省委驻西南中沙工作委员会第一书记，副书记由海南省西南中沙办事处主任兼任。

军政一体，守土有责。从某种意义上说，三沙市的国防重任大于它的经济重任，它首先是祖国的大门，是海防重镇。中方应在三沙市的空域设立"空中识别区"、"空中警示区"和"领空防卫区"；同时在周边海域区分出外国舰船可以自由航行的国际海上航道、只能按照《联合国海洋法公约》"无害通过"的中国的专属经济区，以及任何人都不能侵犯的中国领海。

《瞭望东方周刊》：从长远来看，稳定南海局势应该从哪几个方面开始和准备？

罗援：我多次提出，为了在南海地区实现"主权属我"，必须凸显六个"存在"，即行政存在、法律存在、国防存在、执法存在、经济存在和舆论存在。可以考虑组建国家海岸警备队，整合海上执法战略资源。

另外，发表《南海白皮书》，将我们在历史和法律上的依据都公之于众，把少数国家出尔反尔的劣迹大白于天下，占领舆论制高点、法律制高点，夺回话语权。随着三沙市的设立，在行政存在方面已经走出了可喜的一步；随着"海洋勘探981号"的下海，我们在经济存在方面也有了一个好的开端。其他措施都要跟上。

我认为，除了设立三沙市外，还应该有"四大平台"，即大型海上勘探钻井，海上大型浮动或固定的码头，海上大型巡逻舰，海上大型渔业生产基地。这四大平台就是我们在南海的四大战略支撑点。

（《瞭望东方周刊》，2012年第25期）

博弈钓鱼岛

核心提示：面对目前并没有得到缓和的局势，如何证明钓鱼岛属于中国，而不属于日本？日本为什么要提出钓鱼岛属于日本？中国在钓鱼岛问题上应该如何应对？

王鲁湘：自 7 月以来中日钓鱼岛问题争端成为中美日及台湾地区所关注的焦点，近日日本首相野田佳彦又在众议院公开宣称，一旦有必要将考虑出动自卫队维护日本在钓鱼岛及其周边海域的主权，这令国际社会陡然紧张起来，而一直积极推进购岛计划的东京都知事石原慎太郎甚至还将购买钓鱼岛的广告打到了美国，希望美国能支持日本购买钓鱼岛。面对目前并没有得到缓和的局势，我们如何证明钓鱼岛属于中国，而不属于日本？日本为什么要提出钓鱼岛属于日本？中国在钓鱼岛问题上应该如何应对？有关这些问题今天我们有幸邀请到了中国战略文化促进会常务副会长兼秘书长罗援将军。

罗将军因为这些年来在我国周边安全环境问题上一直持一种强硬的立场，而被国际和国内的一些媒体称为我们中国人民解放军的"鹰派"人物，据说您对这个称呼也欣然接受。

罗援：还是要加一个定语，就是"理性的鹰派"。

王鲁湘：我记得您对一个美国的，也是搞战略研究的同行说过，您是鹰的眼睛，鹰的爪子，但是是鸽子的头脑和心脏，是吧？

罗援：对。就是我们还是崇尚和平，热爱和平，但是我们绝对不惧怕威胁，一旦有些国家一定要把战争强压到我们头上，我们也绝对会奋起反击，就是人不犯我，我不犯人，人若犯我，我必犯人。

王鲁湘：中日钓鱼岛的争端现在愈演愈烈，日本方面包括朝野方面好像在达成某种默契，互相呼应得很厉害，它的中央政府和地方政府之间就钓鱼岛的问题好像在演双簧戏，配合得很紧密。对日本在最近的钓鱼岛问题上的这种腔调越来越高，步步升级的做法，您是怎么判断的，为什么会这样？

罗援：我觉得它还是迎合他们日本国内的一些民族主义情绪，野田佳彦一再挑动钓鱼岛问题，这是为什么呢，就是屁股来决定他的大脑，选票来决定他的政策，这是一个非常值得关注的问题，就是现在日本国民情绪集体右转，他为了迎合，提出了自卫队要介入钓鱼岛问题，一些右翼团体还叫嚣要在钓鱼岛上驻军，果真如此，这个问题性质就完全不一样了，那我们就要将它视为一种军事占领。这就是一种战争行为。一旦出现这么一种情况，我们只能以行动对行动，以军事对军事，这就是马列主义非常经典的语录，批判的武器不能代替武器的批判，到那时候你再口头抗议，已经无效了，到那时候我就认为，导弹的威力将大于口水的威力。

解说：日本在钓鱼岛问题上频频挑衅中国，如何驳斥他们在钓鱼岛主权归属问题上的主张？日本又为何强调钓鱼岛是它的？钓鱼岛究竟有何战略意义，为什么对钓鱼岛我们要寸土寸水必争？

罗援：关于钓鱼岛问题，中日双方现在存有争议，中国认为钓鱼岛自古以来是属于中国的，而日本也认为它对钓鱼岛拥有无可争议的主权，它是根据1951年美国和日本签订的《旧金山和约》，日本同意把琉球列岛托付给联合国托管，而唯一的托管国就是美国，而美国在1953年，在划定琉球列岛的版图的时候，就把钓鱼岛划入了琉球列岛，到了1972年，美国把琉球列岛的行政管辖权交给日本的时候，就把钓鱼岛一块儿给了日本，这就是日本提出来的拥有钓鱼岛的法理依据。这给我们带来了四个问题。第一个就是《旧金山和约》合法不合法；第二个问题，就是钓鱼岛是不是属于琉球群岛的；第三个问题，就是琉球群岛是不是日本的；第四个问题，就是战后日本的版图到底有多大。我说这四个问题丝丝相扣，但它的核心点还真不是钓鱼岛的归属问题，而是琉球群岛的归属问题。为什么这么说呢？我们现在一个一个把这个扣解出来。

先谈《旧金山和约》合法不合法。1951 年 9 月 4 日美国单方面邀请 52 个国家在旧金山举行了一次旧金山对日和会，这 52 个国家恰恰没有对日作战贡献最大、牺牲最大的中国，不仅没有大陆，也没有台湾。因此，9 月 18 日我们的周恩来总理代表中国政府郑重宣布旧金山（对日）和会是一个片面的会议，中国政府拒绝承认《旧金山和约》的合法性。所以从根上来说，《旧金山和约》就是一个非法的合约。

再谈第二个问题，钓鱼岛是不是属于琉球群岛的。根据《旧金山和约》的第二章第三条款，日本同意把琉球群岛托付给联合国托管，而唯一的托管国是美国，这里我们注意到，它根本就没有谈到钓鱼岛，或者日本自称的尖阁（诸）岛。琉球群岛的地理位置在哪？北纬 29°以南。钓鱼岛的地理位置在哪？钓鱼岛在北纬 25°到 25°50'，根本就不在琉球群岛范围之内，所以说就是根据《旧金山和约》钓鱼岛也没有托付给美国。但是美国在 1953 年的 12 月 25 日，公布了一个琉球列岛的地理境界，它把琉球群岛的版图私自扩大到北纬 24°到 28°，钓鱼岛正好在北纬 25°到 25°50'，这样就把钓鱼岛划入了琉球群岛，所以在 1972 年美国把琉球群岛的行政管辖权交付给日本的时候，就把钓鱼岛一块儿给了日本。这里带了一个问题，钓鱼岛自古以来是属于中国的，你美国有什么权力把中国的钓鱼岛划入琉球，又把琉球交还给日本？所以它这个本身也是非法的，这里有一个岛礁的归属问题，根据国际法，岛礁的归属有这么几个要素：首先是谁最先发现；第二，谁最先命名；第三，谁最先管辖。那么在这三方面，中国都有充足的历史法理依据。首先，我们在明朝的永乐年间，也就是 1403 年到 1424 年，我们出版了一个古籍，叫《顺风相送》，其中就谈到了钓鱼屿，也就是说我们起码在这个时间已经发现了钓鱼岛。在嘉靖四十一年，也就是 1562 年的时候，我们还出版了一个古籍叫《筹海图编》，其中明确记载把钓鱼岛划入了福建的行政管辖，而且纳入中国军事防卫区域，也就是说我们最早对它实施管辖。从命名来看，我们在 1933 年、1947 年两次对钓鱼岛及其附近的一些岛礁进行了命名，也就是说，我们最早发现、最早管辖、最早命名。那日本是怎么回事？

日本说它最早发现是 1884 年，你想想，整整差了 400 多年，所以说我们是有充足的历史和法理依据证明，钓鱼岛它不是琉球群岛的。

第三个问题，再来谈谈琉球群岛它是不是日本的。琉球群岛它本来是一个独立王国，在 1372 年的时候琉球王国就开始向中国的明朝进贡，它的国王也是由中国的明朝来册封的，所以说这个琉球王国实际上是中国的藩属国。到了 1609 年，日本萨摩藩岛津氏用武力征服了琉球，以后琉球王国既向中国进贡，也向日本进贡，但它的国王仍然是由中国的明朝来册封，这个制度一直延续到了清朝。但是到了 1872 年，日本明治政府未与中国商量，强行把琉球国改成琉球藩，到了 1879 年，日本进一步把琉球藩变成了现在的冲绳县，也就是美国在日本驻军最多的冲绳县，其实它根本就不是日本的，它以前叫琉球国，它的国民很大一部分是来自我们的福建、浙江和台湾的沿岸居民，你到日本去访问，会发现有个非常奇怪的现象，就是你到日本本岛访问，他们讲的都是日语，而唯有到冲绳，也就是说琉球，你会发现那里的许多人会讲中国的闽南话，许多文字是汉字。一些琉球人民还在一直要求独立。所以在这个问题上，我说日本还真别跟中国较真，你再跟我谈钓鱼岛问题，我都不跟你纠缠钓鱼岛问题，我直接刨你的老根，琉球都不属于你，何谈什么钓鱼岛！

我们现在再来谈第四个问题，就是说琉球都不是日本的。那么我们再假设一步，琉球在二战之前属于日本，二战之后它还属于日本吗？即便琉球在二战之前属于日本，在二战之后也不属于日本了，为什么？就是根据《波茨坦公告》第八条的规定，《开罗宣言》之精神必将实施，也就是日本的版图仅限于四国、九州、本州和北海道，以及吾人所指定的一些周边的小岛，这里头就根本没有琉球群岛，更不要说钓鱼岛了。就像日本和俄罗斯关于北方四岛的争论，北方四岛以前它是日本的，但是战后已经割让给前苏联了。不管它战前是不是属于你的，战后它已经不是你日本的了，你日本不服也得遵守，这就叫战后安排。你日本人不服，不服去找你的老祖宗，谁让你的老祖宗当年到处杀人，到处侵略，你既然杀人、侵略，那你就要付出沉重的历史代价，这就叫战后安排，这就叫"雅尔塔体系",所以日本它不要去设法推翻"雅尔塔体系",这就是我讲的钓鱼岛问题,它的核心问题是日本要摆脱二战后国际社会对它的束缚,翻历史旧案。

那么日本为什么在这时候要强调钓鱼岛是它的,我认为还是两大利益的驱动,一个就是经济利益,一个是地缘战略利益。从经济利益来看,根据初步勘探发现,在钓鱼岛附近蕴藏着77亿吨的油气资源。日本的一个前国土交通大臣叫扇千景,她写了一本书,说东海蕴藏着足够日本消耗320年的锰,1300年的钴,100年的镍,100年的天然气,以及其他矿物资源和渔业资源,一旦日本拥有了这些资源,将从一个资源小国变成一个资源大国,这就是它在经济利益上面的考量。还有一个更深层次的战略考虑,就是地缘战略利益,根据1982年的《海洋法公约》,一个邻海国可以有12海里的领海,除了12海里的领海,还有200海里的专属经济区,除了200海里专属经济区,还有不超过350海里的大陆架,就是说你的大陆架可以自然往前延伸,但是最远不能超过350海里,如果大陆架在延伸的过程中出现了破碎,出现了断裂,那你的大陆架就到此为止。我们可以看这个海图,我们和日本相向,但我们不是一个大陆架,为什么?就是我们的大陆架在向日本延伸的时候,突然遇到了冲绳海沟,从北贯到南,一下下沉了2940米,那么根据《国际海洋法公约》,冲绳海沟以西都是中国的大陆架,跟日本一点关系没有,冲绳海沟以东这一溜才是日本的大陆架。但现在问题在什么地方?问题在钓鱼岛在冲绳海沟的上沿,在冲绳海沟以西,那么根据传统海洋法,就是它有一条原则,叫"土来决定水",如果钓鱼岛是属于日本的,那么就以钓鱼岛为圆心,以12海里为半径来画一个圆,在这个圆周之内的就是日本的领海,那么我们就和日本变成了相向而共同拥有这个大陆架,因此,日本人提出来要中间线划分,一旦用中间线划分,我们将丢失大量的海洋国土,海底资源,而一个更严重的后果是美日将把我们封死在中间线以西。这绝不是危言耸听,以前我曾经说过一句话,就是美日试图把我们封死在第一岛链以西。第一岛链就是日本列岛、琉球列岛、台湾、菲律宾这一线,现在我们的海军只要一出第一岛链,美日的军机军舰肯定要进行跟踪骚扰,它就是要把我们围堵在第一岛链以西。如果钓鱼岛属于日本，它现在就不是把我们封死在第一岛链以西，它的前沿要往前推，推到中间线，这样我们的战略空间将被大大的挤压。从这个角度来看，对钓鱼岛我们也要寸土寸水必争。

除这两个利益之外，我觉得还有一个更深层次的战略考虑，就是日本想翻二战的案，历史旧案，要改变"雅尔塔体系"，刚才我已讲到了。像现在日本和俄罗斯争执的北方四岛，俄罗斯管它叫南千（岛）群岛，日本和韩国争执的岛礁，韩国叫独岛，日本叫竹岛，我觉得我们应该策应俄罗斯和韩国，旗帜鲜明地站在俄罗斯和韩国一边，就直接管南千（岛）群岛叫南千（岛）群岛，不要再加上一个括弧，说日本叫北方四岛，关于独岛，我们也策应韩国，管它叫独岛，而不要再加上一个括弧，日本称之为竹岛。为什么？这是一种战后安排。

所以现在日本挑起了钓鱼岛事件，它就是要把战后对它这个安排给推翻掉，现在日本不光是一个钓鱼岛的问题，对于日本现在的国民情绪集体右转，这个倾向我们要引起高度的重视，为什么这么说呢？因为现在日本已经开始改变它的战略，它以前的战略叫专守防卫战略或者叫基础防御战略，但是现在它已经变成了动态威慑战略，或者叫机动防御战略。这个和所谓的专守防御战略已经不一样了，另外日本现在把它的战略重心由北部，原来主要对前苏联和俄罗斯，转向了西南，主要是针对中国，这就从战略上已经发生了一些调整。

解说： 日本国民情绪集体右转，欲借钓鱼岛问题改变战后安排，中国应如何应对？凸显主权我们要做到哪六个存在？保卫钓鱼岛我们要做好什么准备？

罗援： 那么现在怎么来解决钓鱼岛问题？我在南海问题上提出了"六个存在"的建议，这"六个存在"主要的中心点就是要凸显"主权归我"，在钓鱼岛问题上，我觉得我们也要凸显"主权归我"，"主权归我"再也不能变成一个空泛的口号，一定要落实到行动上，也就是"六个存在"。哪"六个存在"呢？第一个就是行政存在。我建议我们要设立中国台湾宜兰县钓鱼岛镇，也就是要把钓鱼岛划入我们的行政规划区，在 1562 年的时候，钓鱼岛就曾经是我们福建的管辖范围，在二战期间，琉球国和台湾关于钓鱼岛的归属问题也是有争议，报到了日本，因为当时的琉球和台湾都归日本管辖，日本政府当时就确认钓鱼岛是属于台湾的宜兰县，这是有白纸黑字历史依据的。那么二战结束以后，根据《开罗宣言》《波茨坦公告》，台湾回归中国，台湾宜兰的钓鱼岛自然也要回归中国，所以说这是有一个历史延续性的，所以我提出要把钓鱼岛作为链接两岸的一个枢纽，变成大陆、台湾、钓鱼岛三位一体的行政共同体、主权共同体。

第二个存在就是法律存在。我们国家在 1996 年 5 月 15 日公布了我们部分领海基线，但我们恰恰没有公布钓鱼岛和南沙的领海基线，我认为现在我们要尽快公布钓鱼岛和南沙的领海基线，哪怕现在一些法律程序还没有走完，我们也要把它列入人大常委会的议事日程，而且对外公布，要抢占法律制高点。

第三个存在，就是军事存在。现在网友都在热议，说解放军少将罗援提出要在钓鱼岛附近设立军事演习区、导弹试射区，必要的时候要把钓鱼岛作为我们海空兵的靶场。我为什么提出这么一个建议？就是美国在托管琉球群岛的时候，它就把钓鱼岛作为美国航空兵的靶场，现在钓鱼岛既然是我们国土的一部分，我们为什么不可以把钓鱼岛作为我们航空兵的靶场？日本它非要强行登岛，那么我们在多次外交警告无效的情况下，就可以对外宣布，某年某月某日我们将在钓鱼岛附近进行导弹试射，一切无关船只和人员不得入内，否则后果自负，这才能体现我的军事存在和军事威慑。

第四个存在就是执法存在。我在两会期间提出，要尽快组建国家海岸警备队，这是一支准军事力量，它将为我们的军事斗争和外交斗争提供更大的回旋余地和有为的空间，现在我们在东海、南海的执法力量，过于单薄，过于分散，我们叫它"九龙治海"。哪九条龙？海事、海警、海监、渔政、海上搜救、海上打捞、海上边防、海上缉私、海上搜救中心，这九个单位分属六大部门，你说谁服谁。所以我觉得现在要尽快整合我们的海上执法力量，"九龙治海"变成"九九归一"。我们现在已经是世界第一造船大国，我们为什么不能集中资金、集中力量，采购和装备一些上万吨级的巡逻舰，再加上一些航速非常快的巡逻艇，组成几个巡航编队，有这么几个巡航编队，我看你日本和菲律宾还再敢在东海、南海这么嚣张。现在日本一些议员频频地要登岛，日本政府说这是个人行为，我们政府管不了。我说你们家的坏孩子你管不了，我们来帮你管。所以我们要尽快组建国家海岸警备队，把我们的弱势执法变成强势维权，不要老让他们来抓我们的渔民，对它的违法分子我们也要把他们捕获，这才能体现我们的主权归我。

第五个存在就是经济存在，我们应该组建钓鱼岛经济开发集团。既然钓鱼岛和东海有这么多的自然资源，我们必须有一个部门把它统管起来，负责钓鱼岛及其附近的油气开发、渔业开发和旅游开发，这是我讲的经济存在的一部分。

另外我还建议，应该发行钓鱼岛主权基金，或者发行主权彩票。日本为了购岛，在全民中募集资金，已经募集了15亿日元，那么我们为什么不可以发行钓鱼岛主权基金，这样也是调动全国人民的积极性，让全国人民不忘国耻。为最后解决钓鱼岛问题筹集资金，这是我讲的经济存在。

第六个存在，就是舆论存在。我们要尽快发表钓鱼岛的白皮书，把我们刚才讲的所有的这些证据全部公布出来，把日本的一些非法行径全部公布出来。我们原来外交有个非常好的传统，就是如果遇到了一些重大外交事件，就召开中外记者招待会。现在虽然我们也在谈钓鱼岛，在谈南海，但是我们这些信息，都散见在我们外交部发言人的例行会议上，它和很多信息混杂在一块儿，重点不突出。我觉得我们要举行专项的中外记者招待会，专门对钓鱼岛问题的来龙去脉向世界作出解释。另外，要到联合国以及我们的各使领馆，散发宣传小册子，我们要占领舆论制高点、法律制高点。另外一个，我觉得我们舆论存在的表现形式，就是要尽快抢占钓鱼岛的冠名权。

为什么提出这个问题呢？刚才给大家介绍了，就是韩国和日本，它们关于竹岛和独岛之争是有分歧的，那么韩国就先声夺人，把他们最大的一艘两栖坦克登陆舰冠名为"独岛号"，我的建议就是把我们第一艘航空母舰冠名为"钓鱼岛号"，这样我们的航空母舰走到世界各地，大家都知道钓鱼岛它是属于中国的，同时也激发全国人民的爱国热情，让我们不忘国耻，我们国家还没有统一，还有很多岛礁是在别人侵占下，所以要激发我们全国人民的爱国热情。

这就是我提出的关于钓鱼岛问题的六个存在。整个的解决途径，我觉得还是《孙子兵法》讲的那句话，"上兵伐谋，其次伐交，其次伐兵，其下攻城"，伐兵攻城是我们迫不得已的最后手段，但也是我们不可或缺和不可替代的手段。现在日本一个劲地把钓鱼岛问题往军事化、往战争边缘化上推，在这种情况下，我们一定要做好应对的准备，就是刚才我讲的，如果日本一定要在钓鱼岛上驻军，一定要挑起一些擦枪走火的事件，那么我们只能以行动对行动，以军事对军事，就是马列主义的经典语录，批判的武器不能代替武器的批判，我们一定要做好事态恶化的准备，只有有备才能无患，只有敢战方能言和。这就是战争与和平问题的辩证法。

解说：一直以来日本实际控制钓鱼岛，中国则是被动应对。随着日本在钓鱼岛问题上的步步紧逼，中日钓鱼岛争端不断激化，钓鱼岛是否会引发中日战争，中国是否有取胜的把握？

现场观众：就我看来，就黄岩岛和钓鱼岛的问题来看的话，我认为钓鱼岛问题对于我们，我国政府来讲，目前处于的这个形势更加不利，或者说更加被动。因为钓鱼岛这么多年一直是被日本实际占有，而且时间已经比较长，最近日本的一连串的组合拳已经打出来了，所以我自己对于钓鱼岛问题的认识就是不外乎三种情况：第一个就是耗时间，第二个就是打官司，第三个就是拼拳头。我想对这三个方面，想请教一下罗将军的看法。我先说一下我的一个很浅显的认识，就耗时间来看的话，我认为目前所谓的国际的一个惯例，即时效性原则，就是如果日本占领钓鱼岛50年之后，可能会实际取得这个岛，目前日本已经实际占领40年了，那么在时间上面对我们来讲，可能对我们不利。第二个，打官司来看的话，先不说国际法庭的庭长现在由日本人担任，我们可能没有打赢的把握，打赢了也可能不会被执行，日本不可能拱手相让。所以最后很有可能的，也许钓鱼岛中日之间必有一战，如果就常规战争的层面，我们的海空军和日本来比较，是一个什么样的形势，我们有没有取胜的把握？

罗援：你这三个解决问题的途径我觉得非常理性，一个是耗时间，一个是打官司，一个是拼拳头。在这方面我就想起了周恩来总理有一句名言，周恩来总理说我们反对实力主义，但要反对实力主义我们必须要有实力，所以说这个钓鱼岛问题包括南海问题，它的最终解决的关键还是实力，也就是你说的拳头，当然这个拳头不一定轻易出，但你的拳头必须要硬，我们必须要做好这个准备。

关于中日双方的军事实力对比，应该说随着综合国力的提升，我们现在的军力也有了很大的发展，我们现在的军事实力，是以四代为牵引，以三代为骨干，以二代为主体这么一个装备体系，就是我们装备已经有了很大的发展，但是现代作战，它已经不是一个单纯的武器平台的对抗，它是一个体系作战，系统作战，在这方面我们中国还是有我们的优势，日本虽然它在某一些方面有它的优势，比如它的扫雷能力，它的反潜能力，在世界上它都是比较领先的，但是它受制于日本和平宪法的限制，不允许它发展一些大型进攻性武器装备，虽然它在悄悄地发展，但它也受到一些限制，特别是日本还有一些短板，比如核的问题，比如太空的问题，所以在这方面，中国有综合的优势。我非常赞同我们海军司令员吴胜利讲的一句非常硬气的话，就是在我们家门口打仗，我们谁也不吝。他的话一是表明了我们高级将领维护国家主权领土完整的坚定的决心和意志，同时也是对我们作战能力的一种自信，这种自信也来自我们的实力。现代作战，它也不只是一个海军的问题，现在是联合作战，我们还有二炮，还有空军。所以在实力对比上，应该不输于日本，当然我们还要继续加强我们的高技术军兵种，加强我们的撒手锏装备建设，但是我们还是有信心有能力，来维护国家的主权和领土完整。

现场观众：罗将军，您好。在节目开始的时候，您也提到了，您是目前军中的理性的"鹰派"。钓鱼岛是我国的固有领土，而钓鱼岛问题又是我们的主权问题，我国的领土和主权完整是神圣而不可侵犯的，那么如果日本一再迫使钓鱼岛事件升级，中日之间或许不可避免的有一战，我想提的问题是，一旦中日之间开战，美国如果介入的话，那么钓鱼岛事件会不会成为第三次世界大战的导火索？谢谢。

罗援：我们不是预言家，我们不敢预言它会不会成为第三次世界大战的导火索，但是现在我觉得双方还是想在一定的范围内来解决钓鱼岛的问题。起码中方是表示了这么一种善意，我们还是要争取用和平手段，通过谈判来解决。但是树欲静而风不止，它的关键点不在中国，而在日本，所以现在应该说是双方在钓鱼岛的问题上博弈，但我认为中日双方还应有一个缓冲阀，现在中日双方已经建立一个海上安全磋商机制，一旦这个问题升级了，双方还有沟通的渠道，当然对这个问题我们不能完全迷信，大家可以看看二战前的日本和二战后它的一些行径，现在我们对日本还不敢说有这种信任，起码它对战争问题没有一个清醒的反省，但是海上安全磋商机制毕竟也是有这么一个沟通渠道，这都是属于危机处理、危机管理，但一旦危机处理、危机管理失效，很可能还会引发一场战争。这种战争我认为可能是一种局部冲突，我们必须做好应对这种局部冲突的准备。

现场观众：我是中国科学院大学的一名在读研究生，我就想以学生的一个身份，称呼您一声罗老师。有一个问题，您刚才也提到钓鱼岛不归属于琉球群岛，就是琉球群岛现在 25% 是日本血统的居民，将来我想如果再过 20 年，再过 40 年，会不会就全部都变成他们的日本血统的居民。这样的话我就想，应该有一个忧患意识，就是再过 37 年，到咱们建国 100 周年的时候，我们这边是 80 后还有 90 后一代成为国民主体，您对我们这一代的青年学生，有什么寄语和期望？

罗援：你讲到的第一个问题是琉球群岛的未来走向，也是刚才那位观众提到的一个问题，就是说日本对钓鱼岛实质控制将达到 50 年。现在日本它为什么一个劲地在钓鱼岛上闹事，而且说，我们和中国没有争议，钓鱼岛自古以来就是我的，这里暗藏玄机。据说国际法上有一个规定，如果一个岛礁被实际占领了 50 年，那么这个岛礁就是它的了，所以如果到了 2022 年，日本就实际控制钓鱼岛 50 年了，因此它就要拖到 2022 年。实际上这完全是一个歪理，国际法上没有这么一条规定。国际法上有一条什么规定呢？有这么一条规定，就是说，如果对这个岛礁双方都没有争议，如果这个岛礁被实际占领 50 年，那它可能就是你的了，所以在这方面，我们一定要反复强调，钓鱼岛是中国的固有领土，这就是要打破日本的所谓 50 年占领的企图。所以在这方面，我们也确实要有一些实际行动出来，表明钓鱼岛我们是有主权诉求的。

现在一些人说，"搁置争议、共同开发"是邓小平同志提出来的，我认为对小平同志提出的这个政策主张，现在有些片面的理解，实际上小平同志当时讲的是三句话，而不是两句话，小平同志讲的叫"主权归我，搁置争议，共同开发"。"搁置争议，共同开发"的前提条件是"主权归我"，所以为什么我现在提出了东海六个存在，南海六个存在，就是要凸显"主权归我"。而且小平同志当时提出这个问题，是有一个特定的历史条件，就是中日要恢复邦交，小平同志在访问日本的时候，日本记者提出来钓鱼岛问题没有解决，你们怎么恢复邦交，小平同志说，把这个问题可以搁置起来，我们先恢复邦交，我们这一代人的智慧不够，我们下一代会比我们聪明。现在不管从我们党的代际划分来看，还是从我们生命延续的代际划分来看，我们也到了下一代，我们这一代要有我们这一代人的历史担当，要有我们这一代的历史责任感，要通过我们的智慧来解决老一代没有解决遗留下的这些问题，我觉得这就是我们这一代人和下一代人的历史担当。湖南卫视搞了一个节目叫《成人礼》，让我去做了一次主讲嘉宾，我当时从我们一家祖孙三代的经历，谈到我们应该有一种什么样的抱负。我的父亲在18岁时打入了敌人的龙潭虎穴，他的志向就是要救国；我18岁的时候参军到了云南边防，我的志向是卫国；我的女儿在18岁的时候，她在日记上摘录了周恩来总理的一句名言，"为中华崛起而读书"，她的志向是要建国。而你们这一代，我的寄语就是责无旁贷，强国。强国是你们这一代不可推卸的历史责任，我们的国家将在你们这一代步入世界强国之林。

王鲁湘：近日中日钓鱼岛之争愈吵愈烈，日本政府和东京都知事石原慎太郎在钓鱼岛问题上配合默契，一心想通过法理手段实现对钓鱼岛的侵占，与此同时日本政府还一直试图以美国为靠山，在东海与中国博弈，因此中日之间的钓鱼岛之争就是斗智斗勇。在钓鱼岛问题上，中国必定要以一贯的坚定立场捍卫主权，日本如果不顾中日关系的大局，恣意使钓鱼岛问题复杂化，由此酿成的苦果只能由日方吞下。

（凤凰卫视《世纪大讲堂》，2012年8月25日）

世纪岛争中的中国海洋战略

2012 年，一场波及亚洲和太平洋地区大小诸国的世纪岛争正在频频告急。中国大陆及台湾与日本、越南、菲律宾之间，俄罗斯与日本之间，日本与韩国之间……围绕岛屿岛礁及其所在海域的争端，频频告急，一波未平，一波又起。而在这些一浪高过一浪的争端中，有一个无所不在的当事国以外的身影——高调重返亚太的美国。

海上风生水起，"陆权论"也再度被提及。地缘政治学的开创者、英国军事理论家哈尔福德·麦金德曾在 1919 年这样论断："谁统治了东欧，就统治了'心脏地带'；谁统治了'心脏地带'，就统治了'世界岛'；谁统治了'世界岛'，就统治了整个世界。"麦金德所说的"心脏地带"是指中亚，"世界岛"是欧亚大陆。

麦金德的理论被人用来类比今天的霸权之争，引发西方分析家的质疑：难道说南中国海真是一片覆盖着海水的心脏地带，以至于称霸南中国海的国家就能统治"世界海"乃至整个世界？毕竟，曾经统治心脏地带的大国——先是俄国后是苏联——最终既没有统治整个欧亚大陆，也没能统治整个世界。

21 世纪注定是海洋世纪吗？这个海洋世纪又是亚太世纪吗？如果是，作为一个正在崛起的亚太大国，中国的海洋战略是什么？南海在中国海洋战略中有着怎样的地位？如果说，美国重返亚太，是把太平洋作为 21 世纪霸权争夺战的一个重要领域，而中国为了自身的安全利益和经济利益，不得不与美国去争，去搏，那么在中美较量中，中国需要什么样的大智慧来实现自己的海洋战略目标，维护自己的核心国家利益？

中国未来的发展是朝向海洋

玛雅： 美国高调重返亚太，遏制中国的意图明显，日本、菲律宾和越南也借机加剧了同中国的岛屿及海域之争。面对美国打造的所谓"防范联盟圈"，中国如何处变不惊？需要什么样的大战略来维护自己的国家利益，实现和平崛起的目标？

罗援： 中国要成为一个大国，要有一个战略取向、战略路径，是蜗居在大陆，还是走向太空，走向大洋？蜗居在大陆已经不符合中国崛起的现实了，走向未来，我们的发展空间要向太空和大洋伸展。太空的问题，老一辈革命家高瞻远瞩，深谋远虑。当时陈毅元帅提出，我宁可当了裤子，也要发展原子弹。因为有这样的大战略思考，中国现在在太空有了一席之地。太空上去了，大洋谁来管？当时中央有个专委会，掌管两弹一星和航天航空事业。专委会的主任委员是周恩来总理，军队的高级将领聂荣臻元帅，陈赓、罗瑞卿大将，张爱萍上将都是专委会成员，科技界钱学森等人也是成员。

但是现在大洋谁来管？有没有一个类似当年专委会那样的机构？有没有一个大洋战略？我的看法是，中国要成为一个大国，必须成为一个海洋性大国，而成为海洋性大国，必须冲出第一岛链。要冲出第一岛链，走向大洋，必须有一个海洋战略。这个问题现在越来越紧迫了，特别是我们与周边一些国家的岛屿海域争端，使得这个问题更加凸显。在这种情况下，我们必须要有一个统管海洋的机构，应该设立国家海洋委员会。这个委员会要由主要国家领导人来掌印，把涉海部门都纳入进来，比如海军、渔政、海监等执法部门，还有相关的职能部门。同时要制定一个海洋战略。这个战略的思路是，争夺近海影响力以保证安全稳定的发展环境，保证海上能源供应链，保护中国海外公民的安全。中国的利益正在向外拓展，除了960万平方公里的陆地国土、300万平方公里的海洋国土，联合国还给我们一片海域作为海底探测区域，这也算是我们的海外国土。再有，中国对外开放后，市场拓展到国外，有大量的海外投资、海外利益，大量的劳工在国外。这些人的生命财产安全谁来保护？这要有一个统一的考量。

还有我们的海上通道，谁来管？现在中国的海上防御还是近海防御，但是有那么多还没划清归属的海域和岛屿岛礁。那些岛屿岛礁要不要收回？什么时候收回？有些人认为，现在收回实力不济，或者时机不成熟。如果现在不成熟，那什么时候成熟？如果以后再解决，现在有没有一个长期规划？有没有一个中短期目标？解决的手段是什么？完全靠和平谈判能不能解决？比如南海，越南现在占了我们 29 个岛礁、117 万平方公里海域，完全靠谈判能不能谈得回来？这些问题要非常现实地来看待，不能太理想主义。解决这些问题涉及我们的外交、国防、经济以及法制建设，需要有一个长远的考虑。

玛雅：你认为，中国必须成为一个海洋性大国，你的主要考量是什么？中国是世代相传的农业国家，是个"守土"的民族，而非"抢水"的民族。

罗援：中华民族的发展方向是朝向内陆，还是朝向海洋？是往西北拓展，还是往东南拓展？国防大学刘亚洲政委写了一篇《西部论》，他认为发展方向应该朝向西北，而我觉得应该朝向东南，朝向海洋。

美国学者威廉·恩道尔写了一本书，《石油大棋局：下一个目标中国》，我看了以后非常震惊。他的结论是，美国现在针对的目标是伊拉克、利比亚、叙利亚、伊朗，而下一个目标就是中国。他说，中国的能源对外依存度现在已经达到 50%，到 2020 年将达到 70%，甚至 80%。他做了一个详细统计，中国现在每天进口石油多少万桶，2020 年将达到多少万桶。到那个时候，美国如果把中国的能源供应地打掉，中国就瘫痪了。中国现在主要的能源供应地一个是中东，一个是北非，中东把伊拉克打掉，北非把利比亚打掉，然后再卡住我们的海上能源通道，就是南海。我们现在 80% 的石油都从南海经过，美国把这条运输生命线给卡住，那中国崛起的目标还怎么实现？

中华民族下一步怎么发展，怎么崛起？这是一个大的战略思考。我认为，我们的发展方向应该更多是向大洋，向海外，特别要保护我们的海外利益和海上能源通道的安全。郑和当年说过一句话，我们的财富取之于海洋，我们的危险也来自海上。我虽然是一名陆军军人，但我有蔚蓝色海洋情结，因为中国的开放实际上是向大洋开放，向海外开放。

美国是东海、南海争端的幕后推手

玛雅：美国认为，中国的西太平洋战略是在推行"反介入"，有意阻止美国进入该地区，以在不对称的冲突中占据优势地位，把美国赶出西太平洋。美国这是战略误判，还是基于事实？

罗援：这个问题，美国用的是"反介入"和"区域拒止"两个词，我们解放军的军语里没有这两个词，我们的军语就是"反侵略"。你如果侵略我，我当然要反侵略。我们不是要阻止美国干什么，美国要是怕我们反介入，那就不要介入。这本来是中国自己的事情，或者是中国和一些周边国家之间的事，美国要是不介入，也就没有反介入。这个问题，首先是美国要搞清楚，为什么要介入？介入的理由是什么？台湾问题，美国没有权利介入；中国和周边国家之间的海域岛屿争端，美国也没有权利介入。希拉里 2010 年在香格里拉峰会上说，美国在南海有其国家利益。那我们要问，南海哪一个岛屿是美国的？哪一个海域是美国的？有你什么国家利益？

现在美国人说，要保护美国的战略通道安全。战略通道安全是海权问题，而中国和周边国家的岛屿争端是主权问题。主权问题和海权问题是两码事，美国别在这里搅浑水，你的海上安全没有受到任何危害。美国现在拿 2008 年的"无暇号"事件说事。"无暇号"事件是美国的军用侦察船非法停在中国的专属经济区进行侦察，中国采取了一些驱赶行动，并不存在危害美国海上通道安全的问题。

这也涉及我们的海洋战略。现在一个很重要的问题是南海九段线的法律地位，它到底是国境线，还是传统的海疆线？传统海疆线似乎在国际法上是没有什么地位的。目前九段线不是我们的国境线，一般地图上的国境线，段线中间都有圆点，九段线没有圆点。那它的法律地位到底如何？这个需要尽快明确。

还有一个问题，南海海域并不都是中国的领海，否则其他国家的舰船要从太平洋到印度洋就无法通过了。那么我们从法律上就要明确，要在南海划出三个海域。一个是所有国家的舰船都可以自由通行的国际通道，这样就把美国的话堵回去——国际通道我给你留着呢，你可以过，但是不可越雷池一步。第二个是所有国家的舰船都可以无害通过的 200 海里专属经济区。就是说，别的国家的舰船可以过，但必须是无害通过。比如，潜水艇不能从水下偷偷摸摸过，必须浮上水面，挂上国旗；水面舰艇通过时不能停留，不能对周边国家进行侦察，构成危害。第三个是我们的 12 海里领海，任何国家的舰船未经允许都不能通过。

现在我们和美国的一个争论是，我们说我们的 200 海里专属经济区你的舰船只能无害通过。但是美国说，它没签署 1982 年的《海洋法公约》，所以不执行这个规定。这就看出了美国的霸权心态，符合美国利益的国际公约它就签署，而且逼迫别人签署，不符合美国利益的国际公约它就不签署，也不遵守。所以，美国的海上通道安全并没有受到威胁。所谓受到威胁，是它没签署《海洋法公约》，不遵守无害通过规定造成的。但是我们为了做到有理有利有节，要划出三个海域来。

玛雅： 也就是说，所谓的"反介入"和"区域拒止"，是美国在制造议题，为遏制中国找借口。

罗援： 美国总统奥巴马、国务卿希拉里、国防部长帕内塔都说，美国战略重心东移不是针对中国。说是不针对中国，但也没见他们对中国友好呀。中国和周边国家产生主权争端，美国总是偏袒另一方。美国说，在南海问题上"不持立场"，"不选边站"，这完全不是事实。

首先，在南海问题上美国曾经是持有立场的，承认南沙是在中国的传统海疆线之内。美国 1963 年出版的《维尔德麦克各国百科全书》，清楚地把南沙及其附近海域划入中国南海传统海疆之内。在黄岩岛问题上，美国当初也是持有立场的。菲律宾曾经是美国的殖民地，它的版图是由美国根据三个条约确定的，即 1898 年美国和西班牙签署的《巴黎协议》、1900 年美国和西班牙签署的《华盛顿条约》和 1930 年美国和英国签署的《英美条约》。这三个条约界定的菲律宾版图，最西端从来没超过东经 118°以西，而黄岩岛、礼乐滩、中业岛全都在 118°以西，根本就不是菲律宾的，这件事美国人最清楚！美国在 1951 年和菲律宾签署了《共同防御条约》，也没有把黄岩岛和南沙群岛划入美菲共同防御范围。而现在，美国却假装公允，说什么不持立场、不选边站。有人评论说，这是美国立场的进步，我说这是一个倒退。

钓鱼岛问题更是美国一手造成的。如果没有 1951 年的《旧金山合约》，没有 1953 年美国在托管琉球群岛时，把钓鱼岛纳入琉球群岛，今天就没有这个问题。琉球列岛美国民政府在 1953 年公布了《琉球列岛地理疆域》，也就是 27 号公报，将琉球的范围扩大到北纬 24°至 28°。钓鱼岛正好在北纬 25°，就被纳入了琉球。如果不是这样，不是美国在 1971 年把琉球群岛连同钓鱼岛一块儿交给日本，那么钓鱼岛今天就没有争议问题了。历史上钓鱼岛是属于中国的，二战以后《波茨坦公告》确立，把日本占领的所有中国领土，包括台湾，都归还中国。为什么现在钓鱼岛反而成了问题？始作俑者还是美国。

所谓的介入反介入，其实很多麻烦都是美国自己制造的。美国一再说战略重心东移不是针对中国，谁相信？有哪一个亚太国家值得你这么兴师动众、劳师伐远，把 2/3 的舰艇移向亚太？ 11 艘航空母舰 6 艘移向亚太，60%的核潜艇移向亚太，你说你是针对谁？拿一个朝鲜来说事，谁也不相信。说中国有"反介入"能力、"拒止战略"，那么世界人民要了解，这到底是谁造成的？美国指责中国拥有的"反介入"战略，实际上是中国正当的自我防卫，完全不带有进攻性。如果中国有什么介入战略，要到美国去，那你可以拿来说事。但是现在，中国是近海防御，美国的说法根本不占理。

玛雅：美国 1971 年把琉球群岛连同钓鱼岛交给日本时，只是因为与日本是盟友，与中国是敌手，还是早有战略企图，为了造成日后中日之间鹬蚌相争，可以坐收渔翁之利？

罗援：美国就是要留下一个火种。当时美国有这方面考量，1971 年基辛格预期在 7 月访华，中美关系开始缓和，有建交的可能。美国怕中美建交后，中国提出对琉球群岛的主权要求，如果把琉球给了中国，美国在冲绳的军事基地将会丢失。所以在同中国建交之前，匆匆忙忙把琉球给了日本。当时美国和台湾还没断交，就跟台湾当局一再解释：我们把琉球的行政管辖权给了日本，并不是把主权给了日本，主权问题你们两家自行解决。这就留下了一个火种，现在我们说对钓鱼岛拥有主权，日本说它拥有主权，始作俑者还是美国。东海、南海问题今天出现这么混杂的局面，有历史原因，但幕后推手是美国。

把中国作为假想敌是美国的战略误判

玛雅：没有美国的搅和，问题要好办得多。

罗援：我们不是没解决过这类问题，西沙群岛的问题、南沙美济礁的问题，都解决了。现在美国一介入，问题复杂了。当然这里面有方方面面的原因，一个能源问题，一个国家利益问题，再一个就是美国重返亚太的问题。现在有一个很明显的现象，就是什么地方有动乱，什么地方就有美国的身影。美国人到哪儿，哪儿就更乱。本来是小乱，就变成大乱，本来是内乱，就变成内战。你想，和平示威游行哪儿没有呀？法国民众也有极端行为，上街烧车，英国也有骚乱事件，澳大利亚也有，怎么都没变成内战？怎么到了伊拉克、利比亚就不可控了？利比亚开始是一些居民上街游行，怎么后来就变成内战了？反对派的武器装备是谁提供的？如果没有美国和西方的支持，中东、北非局势能演变成这个样子？不可想象。

美国这么干，对这些国家不是福音，而是灾难，比如伊拉克，战后死的人比战前死的多多了。你再说萨达姆是独裁专制恶魔，犯了反人类罪，他那时死的人也没现在多，那你现在是不是反人类罪呢？

玛雅：报道说，伊拉克各地 9 月 8 日、9 日两天就发生 20 多起袭击事件，造成 56 人死亡，250 多人受伤。这就是美国带给伊拉克人民的福祉，这就是美国造就的"自由民主"的伊拉克。

罗援：所以，很多问题是需要美国人认真反省的。现在美国又来亚太，指责中国有"反介入"能力、"拒止"能力。中国发展的都是自卫性的装备，我们执行积极防御的战略方针。积极防御的战略方针一个最简单、通俗易懂的表述就是，人不犯我，我不犯人，人若犯我，我必犯人。

玛雅：美国国防部最近提出"空海一体战"学说，称之为反制解放军"反介入"、"区域拒止"能力的穿透防御技术和战术。美国军方有人公开鼓吹，做好"与中国开战"的准备，毫不隐晦把中国当作假想敌。

罗援：没有假想敌，美国这个民族似乎就没有发展动力。以前把前苏联当作假想敌，前苏联解体后，它就没了方向，又把中国当作假想敌。小布什刚上台的时候，就把中国作为最大的潜在对手。"9·11"事件给了他一嘴巴，他发现对美国构成威胁的不是中国，而是恐怖主义分子。现在反恐告一段落了，美国又回过头来针对中国。空海一体战和网空作战，美国说是针对某些国家的"反介入"能力和"区域拒止"能力，捅破那层纸，指的就是中国。美国有意无意把中国作为潜在对手和现实对手，从它搞的联合军事演习就可以看出。比如钓鱼岛，本来局势已经挺紧张，美国还和日本一起搞登岛演习，明显是支持日本，针对中国。对于美国的战略动向，我们要引起高度重视和警惕。树欲静而风不止，中国想和平发展，美国却在想方设法干扰中国和平发展，而且确确实实以我们为假想敌。

玛雅：美国大选在即，在钓鱼岛和南海问题上拉偏架是必然的，这与美国长远的战略利益和奥巴马眼下的政治利益是一致的。奥巴马日前声称，华盛顿对中国很强硬，"向太平洋彼岸再次宣示了实力"。美国不但把中国当作假想敌，而且要把这个假想敌做成真的。

罗援：美国把中国作为假想敌完全是一种战略误判。并不是中国不和美国友好，而是美国现在没有做出任何姿态让我们感到友好。每当中国和别的国家出现摩擦，美国都站在中国的对立面，而且火上浇油，不降温反升温。

美国一再说要和中国军事合作，那它首先应该放弃对台军售，在这个问题上它对中国是有承诺的。《八一七公报》明确讲了三条。第一，美国不寻求长期对台军售的政策。《八一七公报》1982 年签署，到现在多少年了？30 年了，美国还在向台湾出售武器。第二，对台军售的数量和品质不能超过 1979 年中美建交时的水平。中美建交时美国对台军售只有 4.2 亿美元，卖给台湾的是"霍克"导弹；现在增加到 64 亿美元，卖的是"爱国者"-3 型导弹。第三，美国逐渐减少并最终停止对台军售。现在不但没逐渐减少，反而在不断增加。

玛雅：基辛格曾经指责说，在战略利益的驱使下，美国始终在以出售武器的方式向台湾表示某种承诺。而且从老布什开始，每位新总统上台，美国对台军售不论在数量上还是质量上都在不断升级。

罗援：确实都在升级，最近又是 66 架 F-16C/D 战机。《八一七公报》形同虚设，美国人说话到底算话不算话？美国现在说，当时有个前提条件，就是"叶九条"和《告台湾同胞书》。可现在两岸交往日益紧密，形势远远好于"叶九条"的时候，美国还有什么理由对台军售？而且，虽然现在两岸关系已经缓和，但是并没有签署和平协议，从理论上说，还没有结束敌对状态，那你美国向台湾出售武器，不是在和中国大陆作对吗？起码说明你是不友好的。

再一个，美国要是对中国友好，为什么军机军舰频繁到中国东海、南海进行侦察？为什么通过 2000 年《国防授权法》和《迪莱修正案》，在 12 个领域限制与中国的军事交流？所以，不是中国不和美国军事交流，我们愿意交流，愿意透明，二炮司令部都让它看了，但是它限制我们，不和我们进行更深度的军事交流。特别是一些高精尖武器装备，相关技术都禁止向中国出售。不仅美国自己不把高精尖武器装备卖给中国，也不允许欧洲国家卖给中国，这绝不是一个友好的姿态。

凸显主权归我的"六个存在"

玛雅：从中国来说，我们的海洋战略是什么？南海在中国海洋战略中处于什么地位？

罗援：南海问题凸显主要有两个原因，一个是经济利益，一个是地缘战略利益。经济利益方面，上世纪六七十年代以前，我们没有听到过南海问题。那时有台湾问题、新疆问题、西藏问题，但是没有南海问题。南海问题凸显是 60 年代末 70 年代初，联合国开发计划署宣布，南海有大量的油气资源。南海石油地质储备在 230 亿～300 亿吨之间，占中国能源储藏量的 1/3。

南海是世界四大油气聚集中心之一，有"第二波斯湾"之称。从此以后南海问题就凸显了，周边国家开始争占我们的岛屿，掠夺我们的资源。

再一个是地缘战略利益。南海是连接太平洋和印度洋的咽喉要道，目前是世界通航量第二大的航道。中国有 39 条对外通道，其中 21 条通过南海。美国说要控制全球 16 个咽喉要道，其中 3 个在南海。日本、韩国 90% 的能源要通过南海，南海出产的液化天然气 75% 是运往日本。所以说，谁要是控制了南海，控制了南沙群岛，谁就能控制这些海上通道。

玛雅： 关于南海问题，中国如何打破目前这种众狗群咬的局面？

罗援： 南海是历史遗留问题。邓小平当时说，在东海、南海问题上要"搁置争议、共同开发"。他其实是有前提条件的，就是"主权归我"。最早提出这个政策主张是 1978 年小平访问日本，当时日本记者提问，钓鱼岛问题还没解决，怎么签署和平协议？小平说，这个问题可以先放一放，不要紧，我们这一代的智慧不够，我们的下一代会比我们聪明。我觉得，现在不管从党的代际划分来看，还是从生命延续的代际划分来看，都到了小平说的"下一代"的时候。我们这代人要有我们的历史担当和政治智慧，来解决老一辈没有解决的历史遗留问题。这个问题不能再搁置了，因为你想搁置，人家不搁置；你想共同开发，人家不和你共同开发。现在在南海地区有 1000 多口油井，没有一口是和中国共同开发的。

所以我认为，对小平 30 年前的政策主张，我们不能 30 年一贯制，也要与时俱进。应该在凸显"主权归我"的前提下做一些调整，变为"积极解决争议，以我为主，共同开发"。这个争议现在必须解决了，不能再搁置，也搁置不起了。现在南海有争议的岛屿能住人的已经基本被瓜分完毕；越南每年以 3000 万～5000 万吨的油气开发当量在开发南海石油，几乎相当于大庆油田一年的产量。等到我们的资源被人瓜分完了，我们在谈判中就没有主动权了。而且，我们愿意共同开发，人家不和你共同开发，越南要和印度、俄罗斯共同开发，菲律宾要和日本共同开发。所以，一定要凸显"主权归我"，"主权归我"不能变成一句空话。既然主权归我，那你开发就要首先征得我的同意，就要首先和我共同开发，开发获得的红利也要与我分成，你不能把我的财产私相授受，使我蒙受巨大的资源损失。在这一点上，我们这代人要对子孙后代负责。

玛雅： 具体说，如何凸显"主权归我"？

罗援： 如何凸显"主权归我"，打破南海僵局？我提出"六个存在"。第一是行政存在，要在南海地区设立特别行政区，同时在东沙、西沙、南沙设县，任命行政官员。最近中央决定设立三沙市，这是一个体现。另外，设立三沙市，也要有国防功能。还有我们的全国人大代表、政协委员要到属于中国的海域巡视，宣示主权。日本议员可以登钓鱼岛，菲律宾议员可以登中业岛，我们的人大代表、政协委员为什么不可以到属于我们的海域去巡视？这种活动我们其实也有，但都是不出声在做，应该把它公布出来，理直气壮宣示主权，这样来体现我们的行政管辖权。

第二是法律存在，要尽快确立南海九条断续线的法律地位。这次为了反制日本"购买"钓鱼岛，中国发表声明，宣布钓鱼岛及其附属岛屿的领海基线，从法理上确立钓鱼岛是中国领土。对南海九段线，我们也要尽快确立其法律地位。要在海上、空中设置三个海域、三个空域。三个海域前面已经说了，三个空域：一个是空中识别区，别国的飞机来了，识别它是军用的还是民用的，是友军的还是敌方的；第二是空中警告区；第三是空中防卫区，就是我们的领空，有来犯者，坚决击落。

第三是军事存在，要在能够驻军的地方驻军，不能驻军的地方要设立军事设施，不能设立军事设施的要设立主权标志，比如挂国旗、立主权碑等。我们的"蛟龙号"应该把用特殊材料制成的中国国旗插到南海海底，这方面国际上有先例。俄罗斯和挪威的北极争端，俄罗斯杜马主席亲自坐潜水艇把俄罗斯国旗插到北极的海底。南海水深 3000 ~ 5000 米，"蛟龙号"可以下沉 7000 多米，完全可以到南海把用特殊材料制作的五星红旗插上。越南、菲律宾没有这种技术，这样我们就抢占了先机之利。我们的科研和国防要结合在一起。

另外，我们的军机军舰要到东海、南海巡逻警戒，这是中国的边疆领土，应该有国防存在。光去渔政船、海监船不是国防力量的象征，它只是执法力量。必要的时候，东海、南海要设军事演习区、导弹试射区，把钓鱼岛和黄岩岛作为我们航空兵的靶场。美国占领琉球群岛时就把钓鱼岛作为航空兵的靶场，也曾经把黄岩岛作为航空兵的靶场，我们也可以这么做。既然是中国的领土，我们为什么不可以这么做？

第四是执法存在，应该尽快组建国家海岸警备队。现在我们是"九龙治海"，没有一个统管机构，应该尽快"九九归一"，整合海上执法力量，形成一个拳头。我们现在用渔政船、海监船去和别的国家准军事力量对抗，这是不对称的。要建造几艘上万吨的巡逻舰，再加上一些巡逻艇，组成几个巡航编队，这样一来，我看日本和菲律宾还敢不敢在东海、南海那么猖獗。

第五是经济存在，要鼓励我们的渔民到有争议的海域去开展渔业作业，国家要给他们风险补贴。越南就有这方面的补贴，鼓励居民到一些岛礁去生产生活。越南军官在岛上日子过得很安逸，住着小别墅。

玛雅： 越南军民"共建"，真把中国领土变成自己的家了。分析认为，越南这是在"阳谋南海"。

罗援： 越南现在又在岛上修寺庙，要把僧人弄过去，菲律宾还要把幼儿园搬到岛上去。他们这么一来，你如果真要使用武力解决问题都很难下手。岛上都是些平民，还有和尚、小孩，你怎么动武？这方面，我们也要做，鼓励渔民去南海生活生产。有条件移民的地方，要抓紧时间移民。没有条件的要创造条件，就是用水泥建造一些人工岛礁，也要移民。

再一个，中海油和中石油要有国家的全局观念，搞一些大型的勘探平台，形成海上浮动国土。我们对领土的概念需要扩展，现在领土的内涵外延都在扩大，不光是固有领土，包括海上勘探平台，以及联合国给的资源科考区都是我们的海上国土。甚至海上航线，也是我们的海上安全利益。如果在南海建立一些勘探平台，挂上五星红旗，整个南海的局面会大不一样。现在南海1000多口油井没有一个是中国的，最近有了一个"勘探981号"，这是非常好的开端。不必在乎"981号"能不能打出油来，它往那里一立，就是中国主权的体现。南海要是有几十个这样的大型平台，局面将会大大改观。现在国家要拉动内需，4万亿元全部投在陆地上，我觉得这是值得商榷的。

为什么不往海上投一部分？拿出一些资金，建几个大的勘探平台，既能打出石油，又能体现主权，名利双收。

另外，要开发西沙、南沙的旅游资源。世界闻名的马尔代夫旅游胜地，就是在岛礁上搭建高脚屋，从上面可以看见海底，非常漂亮。我们把西沙、南沙变成国际旅游胜地，谁也没话说。不是让中国提供国际公共产品吗？这就是国际公共产品，但主权是我的。这也是中国智慧的一个表现。如果现在条件不具备，不能建造高脚屋，就用船。中国现在是世界第一造船大国，我们可以把已经报废的或即将报废的大邮轮停靠在西沙、南沙，变成海上豪华浮动宾馆，这不也解决了淡水和居住的问题？如果这个也做不到，就用大邮轮拉上一些国际友人，拉上两岸三地的人到那片海域转一圈，不也是主权宣示吗？

第六是舆论存在，这是非常重要的。中国是南海问题最大的受害国，南沙群岛53个岛礁被人占了44个，可是现在我们反而成了众矢之的。所以，应该尽快发布一个南海白皮书，把"主权归我"的证据都公布出来。国际法明确规定，一个岛屿的归属要具备四大要素：谁最先发现，谁最先命名，谁最先管辖，国际上是否予以承认。最先发现方面，中国有历史记载，早在汉朝《异物志》上就有"千里长沙"的字句。最先命名方面，中国在1932年、1935年，先后对南海的132个岛礁给予命名。实施管辖方面，抗战结束后，根据《开罗宣言》等国际条约，中国有高级官员去南海巡视，这个人就是林则徐的后代。国际认可方面，从统计数据来看，国际社会有200多个权威百科全书和地图都把南海南沙划入中国的疆土之内。所以，我们有充分的把握和依据，证明南海是中国的领土。把所有的证据都公布出来，包括当初越南怎么说的，菲律宾怎么说的，美国大百科全书怎么写的，地图怎么画的，日本战败后有关国际条约怎么规定的，都公布出来，占领舆论阵地和法律阵地。

原来我们有个很好的外交传统，发生了重大事件，就举行专场记者会申明立场。现在黄岩岛、钓鱼岛事件发生后，有关表态只是在每周的外交部例行新闻发布会上，散见在一些新闻阐述中。为什么不能集中起来，举行钓鱼岛问题中外记者会，把我们所有的证据全都公布出来？

另外，这次钓鱼岛争端，我还提出，要抢占冠名权，我们的第一艘航空母舰就应该冠名为"钓鱼岛号"。

玛雅： 最近韩国和日本的岛屿争端也在升温，韩国要建造第二艘"独岛号"大型水面舰艇，捍卫主权。

罗援： 抢占先机之利，就能有一个品牌效应。中国第一艘航母服役，世界各大媒体都会争相报道：中国航空母舰"钓鱼岛号"服役。那世界就知道，钓鱼岛是中国的。现在美国、日本要求我们军事透明，加强对外军事开放，我们就让"钓鱼岛号"到世界各国友好访问。这是在和他们斗智斗勇。

玛雅： 斗智斗勇不斗气。

罗援： 对。客观讲，现在用武力彻底收复东海、南海岛礁，条件还不成熟。这毕竟是一种实力的较量，而且有一个大的国际背景。狭路相逢勇者胜，狭路相逢智者胜，现在就是要斗智斗勇。首先要有维护国家主权和领土的坚定意志，同时要有很多谋略。

北京有位企业家提出，要在南海建一些中华海葬陵园，在那里抛撒骨灰，在岛礁上立碑，上面写着某年某月某人葬身于此。这是很智慧的想法。这就是我们的祖坟啊，按照东方的传统文化，你不能挖人家的祖坟呀。到清明节我们去扫墓，这就体现了主权。所以，除了坚定的意志，还要拿出一些可以操作的建议。现在很多网友有极高的爱国主义热情，但是忧国忧民不能光停留在口头上，也不能光发牢骚，要提出一些具体的政策建议，哪怕这些建议不太成熟。

我们还应该发行宣传小册子，到各国使领馆发，到联合国发，这样来造舆论。中国现在似乎变得很被疏离，成了众矢之的，这不行。我们要抢占舆论制高点，抢占法律制高点，夺回东海、南海问题的话语权。中央说要提升软实力，这些都是软实力，包括战略制定、对外舆论导向，以及一些抢占先机的手段。总之，在东海、南海问题上，我们现在过于被动，穷于应对。就像下棋，人家走一步，我们跟一步。我们要变被动为主动，设置一些议题，多下先手棋，让对手跟我们走。比如钓鱼岛，现在老是我们的人被别人抓，既然是中国的领土，我们为什么不去拘捕他们的违法分子？所以，一定要变被动为主动，变疲于应对为下先手棋，主动设置议题，这是一个大的战略上的思考。

在家门口打仗，我们谁也不怕

玛雅：日本一向是依仗美国之势行事，解决中日争端的关键其实在美国，正所谓"功夫在岛外"。在钓鱼岛问题上中国需要"巧博弈"，比如，中俄韩都与日本有岛屿争端，中国应该有效利用这种"三对一"的局面，不仅逼迫日本，也给美国出难题。美国有意在中日之间搅浑水，但却不愿意在日韩之间蹚浑水。

罗援：你说得对。在钓鱼岛问题上，我们要从更深层次的战略来考虑。现在日本说要变为一个"正常国家"，实际上是想翻历史旧案。在这个问题上，中国要和俄罗斯、韩国，甚至美国，结成一个维护二战胜利果实的统一战线。俄罗斯和日本的争议岛屿，俄罗斯叫南千岛群岛，日本叫北方四岛；韩国和日本的争议岛屿，韩国叫独岛，日本叫竹岛。我们要策应俄罗斯和韩国，以后所有对外称谓，不要再采取那种貌似公允的提法，俄罗斯叫什么，韩国叫什么，日本叫什么，就明确站在俄罗斯和韩国一边，叫南千岛群岛和独岛。

为什么这样？因为这是一种战后安排。俄罗斯说得非常明确，我是为了维护二战胜利果实。不管北方四岛战前是属于谁的，但是战后，日本作为一个战败国，已经把它割让给了苏联。所以俄罗斯说，这是我的二战胜利果实，是二战战后安排，你日本不服也得遵守。谁让你曾经是战争策源地？谁让你曾经是战败国？作为一个战争策源地、一个战败国，你必须付出沉重的历史代价，这个代价就是把部分领土割让给别人。

琉球群岛也一样，即便它在战前属于日本，战后也不是了。《波茨坦公告》第八条款就讲到，《开罗宣言》必将实施。而日本的主权只限于四国、九州、本州和北海道以及战胜国所指定的几个小岛内，根本就不包括琉球，更不包括钓鱼岛，也不包括俄罗斯说的南千岛群岛和韩国说的独岛。所以，我们要策应俄罗斯和韩国，与他们结成一个统一战线。这个统一战线是为了维护二战胜利果实，维护"雅尔塔体系"。而日本现在是想翻历史旧案，摘掉战争策源地和战败国的紧箍咒。而且我们要对美国人说，不要放虎归山。你把日本放出来，日本绝对不会轻易饶了你。你那两颗原子弹人家不会白受的，肯定要报那两弹之仇。所以说，在维护二战体系方面，亚太国家还是有一些共同利益的。

玛雅：台湾呢，有没有可能结成统一战线？蔡英文曾经说，与大陆对抗，将延长台湾的战略纵深。而实际上，这样只能延长美国的战略纵深。两岸关系越好，对中国越有利，对美国越不利。解决东海、南海问题，两岸有没有合作的可能？

罗援：这种可能是有的。马英九在美国哈佛大学的博士论文就是有关保钓的海洋法公约问题。马英九说，在钓鱼岛问题上要寸土不让，还亲自到彭佳屿去遥望钓鱼岛，宣示保钓决心。在这个问题上，两岸是有共同利益的。但也存在分歧，台湾官方还没有表示与大陆合作的意愿。

我多次在与台湾媒体和一些退役将领的交流中呼吁，两岸军人要携起手来，共同捍卫"祖"权。我说的不是主权，是祖权，老祖宗的"祖"。就是说，两岸军人要共同携手，捍卫老祖宗给我们留下的权益。这个提法他们是可以接受的，但是他们还有一些顾虑，觉得两岸军人共同携手，现在时机还不成熟。他们提出一个口号，叫"兄弟爬山，各自努力"。我说这也很好，你哪怕不能同心，也要协力。只要你认为钓鱼岛是中国的祖产、祖权，两岸虽然有分歧，但是可以共同捍卫。

这在客观上可能产生非常好的结果，就是东西对进、南北夹击。保钓，先是香港去了，然后大陆去了，然后台湾又去了。特别是台湾去，日本是非常棘手的，毕竟他们和美国都有特殊的关系，台湾和日本也有一些特殊关系。所以，如果两岸三方携起手来，轮番出击，日本会疲于奔命，它不能一年365天在那里守着呀。我们可以真真假假，虚虚实实，声东击西，一会儿从东边去了，一会儿从西边去了，说去又不去了，说不去又去了。这就是打海上游击战，让日本应接不暇，无法应对。

另外在钓鱼岛问题上，还可以打人民战争。日本海上保安厅能搭载飞机的巡视船有 13 艘，大型巡视舰 40 艘，中型的 42 艘，小型的大约 20 艘，加起来 100 多艘。我们如果去 150 艘保钓船，它怎么抓？抓谁？它动用所有的力量也抓不过来呀。日本现在基本是两艘舰对撞我们一条船，我们过去几百条，甚至上千条船去宣示主权，日本怎么对付我们？

玛雅： 美国有媒体评论，"中国显然想要投射蓝水海军力量，这从它发展了一支由多艘潜艇组成的舰队并让其首艘航母下水中显现出来……空军与陆军和海军部队联合行动，可以到达南中国海大部分有争议的岛屿。此外，反舰弹道导弹"东风"-21 也许能够对付美国的航母。"

另有美国媒体评论，"近期而言，中国的蓝海野心很可能仍无法实现。一艘经过翻修的苏联时期的航母、反舰弹道导弹和几艘不具备隐形能力的核潜艇并不能让解放军海军在远离本国海岸的海域执行复杂的作战任务。"

以上对中国军力的评价，哪个更接近事实？

罗援： 西方媒体有自己的情报来源和分析，有些比较客观，有些有所夸大。非常明显的是，在平时，美国和日本都夸大中国的军事力量，叫嚣"中国军事威胁论"。可是一旦真出现什么情况，比如钓鱼岛争端，日本就开始贬低中国的军事力量，说日本海军能够在多长时间内将中国海军打败。可见，他们有很多主观臆断的色彩在里头，不能完全相信。

你这里引述的评论说了一个意思，中国争夺的是地区的优势地位，不是在争夺全球的优势地位。事实上，中国从来不称霸，在地区也不称霸。我们在周边维护自己国家的和平与稳定，这是我们的目的之一。我特别赞同海军司令员吴胜利说的一句话：在我们家门口打仗，我们谁也不杲。现在到远洋去，我们还缺少大型的投送工具，比如航母，比如远程运输机、轰炸机。如果在远海打仗，我们的空军、二炮中近程导弹可能够不着。但是在近海打仗，在家门口打仗，那我就谁也不杲了。近年来，中国海军的水面舰艇、潜艇、海军航空兵、海军陆战队都有长足的发展。而且现在作战不是单一的军种作战，而是联合作战，除了海军，我们还有空军，还有二炮。所以，在家门口打仗，我们不怕，我们是有优势的。

现代战争的发展方向是导弹战

玛雅：中国的国防发展战略，是以海军主导，还是空军主导，还是陆军？

罗援：在我的军事科研生涯中，给我头脑打下最深烙印的，是刚到军事科学院工作时，我们政委粟裕大将讲的一堂课。他讲了从古到今作战模式的演变、兵器的演变。他说，石器时代作战，主要是用石矛、石斧等冷兵器。后来发展到火器时代，由石头战变成了枪战。枪战延伸变成了炮战，再延伸又变成了坦克战。再往后延伸，他认为是导弹战。当时是 1979 年，导弹在整个军事中还不是特别突出，但是他说，大刀长矛是人类手的延伸，骑马是腿的延伸，以后有了望远镜是眼睛的延伸，计算机的出现是大脑的延伸。所以他认为，未来战争形态将是导弹战。我当时对粟裕大将这个预测感到非常钦佩。现在我认为，现代战争的发展就是朝着导弹战的方向发展，也就是我们说的远距离精确打击武器。不管是飞机还是军舰，都是导弹的发射平台。飞机是用来发射导弹的，军舰也可以发射舰对舰导弹、舰对空导弹，有的可以发射巡航导弹。而且这种导弹是智能的，是智能化的导弹战。中国现在发展航空母舰，我当然非常赞成，这是一个大国国防实力的象征。但是也还有另一种发展思路，就是航母不一定是载飞机，如果把它变成一种武库舰，上面都是导弹，这也有一定的威力，成本可能比航空母舰还小。

我们的几个军兵种，要朝着远距离精确打击武器的方向发展。现在老说信息化，信息化是非常必要的。但是对信息不能过于迷信，信息只是战斗力的一个倍增器，不是战斗力的全部。最终解决战斗还是要信息加火力战，也就是软杀伤和硬杀伤相结合。有些书上说，今后战争一按电钮就能解决胜负，完全靠信息就能让对方的指挥机关瘫痪了，这是不可能的。从军兵种发展来说，现在我们海上的问题比较突出，首先要建设强大的海军。但是从整个军事系统来看，我认为，还是要发展智能远程精确打击武器。这个陆海空军都包括，特别是二炮。二炮不用更多依托其他平台，自己就能从阵地和发射车上发射，本身就是作战单元。

玛雅：中国的军事科技发展、武器装备水平，能否满足越来越大的远程投送兵力的需求？

罗援：现代作战，特别是在我们这样一个幅员辽阔的国家，边界线这么长，周边邻国这么多，应该保持一定规模的兵力。但是一定的规模会影响质量，特别是军费投入，有一部分可能被人头费吃掉，这和发展武器装备是个矛盾。要解决这个矛盾，非常重要的一点就是你提到的远程机动，要把部队变成一个具有机动能力的部队。这样的部队非常精干，它在一个中心枢纽的地方聚集，一旦出现情况，可以马上快速机动。这个快速机动应该是立体的，有空运，有铁路，有公路，在靠海的地方有海路。这是非常重要的。远程机动能力是提高我军作战效能的一个重要手段和重要组成部分。

现在我们的投送能力还有一定的缺陷，比如大型运输机还没有完全国产化，大型水面舰艇，也就是航空母舰，才刚开始发展，大型的运输平台也有限。这方面需要加强。我曾经做过一项军事交通战略研究，提出要建立立体交通、立体运输、立体机动。这是非常必要的。当然现在在这方面已经有了一些提高，可以部分地依靠民用运输，比如高铁、动车、高速路、支线飞机等。除了军队自己的投送能力之外，还可以搞军地结合，军民两用，既可以军用，也可以民用。

玛雅：解放军未来投送兵力的方向，除了台海及东海、南海，还有哪些方向？在"历史权益"范畴，除了南海外，主要就是中印边境，目前是什么情况？

罗援：中印边境的问题也是一个潜在的危险，现在真正明目张胆把中国当成威胁的就是印度。连美国都没有公开说是针对中国，只说中国是个潜在对手。印度把中国作为假想敌，把"中国威胁"作为发展国防的一个借口。它是不是虚张声势，就这么说说？我觉得，宁可信其有，不可信其无。毕竟，我们和它有利益上的争夺。印度要控制印度洋，控制南亚地区，中国虽然不和它争印度洋、南亚的主控权，但是我们在这些地区有利益。中印之间还存在领土纠纷，12 万平方公里的土地，我们占了西线 3 万平方公里，他们占了东线 9 万平方公里。印度在我们的藏南地区不断移民，这些都是潜在危险。所以，我们要有备无患，蓄而不发，现在还没有到最终解决问题的时候。

包括东海、南海，现在问题还没有解决，我们就要造势。《孙子兵法》说，何为势？势者，就是击水漂石。造成的势可以令石头都漂起来，这比硬去碰撞可能威力更大。所以在中印边境，在东海、南海，包括台湾，现在还没有到最后摊牌的时候，我们必须要造势，塑造有利最终解决问题的态势。

以中国国家利益为重中之重

玛雅：中国发展军力，发展航母，为了保卫海洋通道顺畅，确保海上能源通道安全。所谓硬实力的软使用，发展军力是为了地区的和平与繁荣。但在国际上却被称为"中国威胁"、"中国军事威胁"。美国和俄罗斯作为世界第一、第二大军事强国，反而不是威胁，因为其地位已经被认可。中国如何应对种种流言蜚语和遏制行为，取得国际社会的认可？

罗援：拥有航空母舰是大国的象征，是国防力量的体现。世界上将近 10 个国家拥有航母，为什么中国不能拥有？美国拥有航母已经将近百年时间，现在有 11 艘航母，中国才刚刚开始起步。中国发展军力，建造航母，别的国家没有理由说三道四，不管它是进攻性装备还是防御性装备。

其实现在很多装备已经很难分清到底是进攻性的还是防御性的。比如坦克车，你放在一个火力点上，它就是防御性的，参加一个突击集团，它就是进攻性的。很多装备可以攻防转换，已经模块化了，你把某个部件拿下来，它就是防御性的，加上某个部件，它就变成了进攻性的。西方现在拿航母来分进攻性和防御性，这是不准确的。关键的问题不是你的装备是什么性质的，而是你的战略是什么性质的。你是进攻性战略，航母可能就是一个进攻性装备，你是防卫性战略，它可能就是一个防卫性装备。能力和意图，这两个要分清楚。西方国家对"威胁"有个公式，叫威胁＝意图 × 能力。你有这个能力，但是没这个意图，那就构不成威胁。中国的航空母舰不管是什么性质的，我们没有称霸世界的意图，它就不会对任何国家构成威胁。但是如果有这个意图，即使没有航空母舰，仍然可以对别的国家构成威胁。日本没有航空母舰，但它建造了直升机驱逐舰，具备航母的性能，只不过不叫航母，也仍然能对别的国家构成威胁。

玛雅：有评论认为，美国重返亚太，是因为中国重返世界。希拉里去年在美国国会指称，中国不光在太平洋，而且在非洲和拉美也和美国展开了竞争。对此如何评价？

罗援：这是叶公好龙，又让中国对外开放，又怕中国走向世界。中国崛起不是重返世界的问题，我们叫伟大复兴。中国在世界上曾经辉煌过一段时间，又曾经沉沦了一段时间，现在要实现伟大复兴，走向世界，这是势不可当。这是一个历史发展趋势，美国和西方只能适应。怎么与中国合作，共同建造一个和谐世界，而不是以中国为敌，阻碍中国的发展。那样做，最后只能是损害他们自己的利益。

玛雅：如果说，美国的霸权心态是不可改变的，中国如何才能走活中美关系这盘棋？如何建立"健康、稳定、可靠"的中美两军关系，避免由于误判带来的风险？

罗援：中美两军关系还有一个提法，叫建立互相尊重、平等互利基础上的两军关系。它的前提是互相尊重，我尊重你，你也尊重我。在此基础上，双方彼此了解对方的核心利益和重大安全关切。现在的问题是，中国对美国没有任何干涉，美国却总是对中国横加干涉，这本身就不是一种相互平等尊重的关系。那我们怎么对待？我认为，当年周恩来总理和印度尼赫鲁总统提出的和平共处五项原则，今天仍然有强大的生命力，仍然可以指导我们和其他国家进行交往，包括和美国交往。美国不能干涉中国内政，彼此间要平等，要尊重，只有这样，才能有一个健康、稳定、可靠的两军关系。健康稳定可靠是结果，前提条件是尊重，首先你要尊重我。

现在类似"以美国为重中之重"的提法，造成了美国人更多的想法。我们不是说以谁为重中之重，我们是以国家利益为重中之重。凡是损害中国利益的，我们就坚决针锋相对。美国也是弹簧，你一压它就软，一松它就硬。对美国，我们要维护中美关系大局，但前提条件是要相互尊重。你不尊重我，那我也要还以颜色。在这方面，可以开展一些对话交流，但是对话交流的目的是促进双方的关系向健康稳定可靠的方向发展，而不是给猜忌对方、敌视对方提供更多的炮弹。现在对两军关系，美国更强调稳定可靠，我们更强调健康，而健康的要素就是要互相尊重、平等互利。美国强调稳定可靠是说，中美之间不管发生什么事，都不能中断军事交流，你不能以此要挟我，两军交流要常态化。这个不行，稳定可靠的关系要建立在尊重对方的基础之上，不能损害对方的利益。

玛雅：我觉得，我们对美国太客气了。美国在亚太打造所谓的 C 型陆海包围圈，在东海、南海问题上拉偏架，明摆着是在捣乱，试图阻碍中国发展。而且美国说一套做一套，谈的时候，什么都好——战略伙伴、共同利益、互利共赢；刚一谈完，马上就来找茬儿，让中国不得安生。美国为了继续称霸全球，不能容忍中国崛起，中国应该丢掉幻想，积极应对。

罗援：这与这个民族的特性有关，他们的哲学就是天定命论。美国最大的问题是老大思想，认为它的制度是最好的，别的国家都要效仿，所以它要输出民主价值观。美国与我们的分歧，根子是杜鲁门主义。冷战刚开始时，杜鲁门在国情咨文中推出杜鲁门主义，主要是两大要点：第一，美国要当全球自由世界的领袖；第二，要遏制共产主义的蔓延。美国今天对中国的歧视、敌视、成见、偏见，这两点是症结所在，就是延续至今的冷战思维。只要中国共产党继续执政，美国就要想方设法除去你而后快。陈炳德总长说了一句很经典的话：美国总说反恐，但是你们反恐采取一种双重标准。凡是反对美国政府的人，你们就视为恐怖主义分子，但是对反对中国政府的人，你们却授予诺贝尔和平奖。

美国现在，第一，想继续当世界老大。奥巴马说了，美国只当老大，绝不当老二。中国现在经济总量世界第二，美国一定要打压你，绝对不让你觊觎它的世界老大地位。第二，就是要把中国共产党除去而后快。这是中美之间一种结构性的矛盾，难以调和。我们很多人天真地说，要淡化意识形态。但是美国对中国从来没有淡化意识形态，从来没有放弃冷战思维。

玛雅： 无论如何，中国正在崛起。中国的一举一动都受到国际社会的关注，甚至怀疑。对此，中国应该保持怎样的心态？

罗援： 现在主要是西方对中国崛起还不适应。比如我们的海军编队一出第一岛链，驶入太平洋，美国、日本就对我们进行侦察、跟踪，甚至骚扰。但是这阻挡不了我们，没有人能够阻挡中国驶向大洋，走向世界。相反，以后我们出去多了，常态化了，他们也就适应了。我觉得，中国崛起的过程中不能老是我们去抗议别人，也要习惯别人来抗议我们。全都说中国好话，这样的崛起是不正常的，肯定会有人说三道四，只要不变成主流声音。全世界都攻击你，那种环境下崛起肯定是不行的。但是有人抗议这很正常，毕竟是分割一块蛋糕。虽说我们在发展中不去侵犯别人的利益，但这不可能，你不侵犯他的本土利益是可以做到的，但人家还有扩张利益呢。在公共领域这部分你肯定会"侵犯"别人，那他要抗议就抗议吧，我们也要学会在叫骂声中成长。不必什么事情都当老好人，都投弃权票，就是要支持一些人，得罪一些人。只要把我们自己的国家利益放在第一位，走自己的路，让别人说去吧。这个时候，必须有一个非常淡定的心态。

党指挥枪的原则不能变

玛雅： 现在有人呼吁军队国家化。他们认为，只有实现军队国家化，才能实现国家民主化。你对这种观点有何回应？中国为什么要坚持党指挥枪？这个问题，军队内部有没有不同认识？

罗援： 我认为，中国军队不能走西方的国防发展道路和军队建设发展道路，而要坚持走具有中国特色的发展道路。中国特色道路一个非常重要的体现就是党管军队，也就是党指挥枪的原则。这个原则是不能变的。为什么？中国共产党是执政党，军队必须维护共产党的执政地位。西方国家总说，中国的发展模式这不好那不行，但是我们就这样发展起来了，而且很成功，包括我们的军队。

每当中国出现社会动乱的时候，西方总有一些学者推测说，中国军队是一个独立的政治力量，可能要发生军事政变。但是他们每次的推测都错了。

为什么呢？因为他们不了解我们军队的性质。中国军队第一是人民的军队，第二，毛泽东给中国军队树立了一些非常好的传统，比如支部建在连上，比如营以上建制要设立党委，比如各级党委要实行民主集中制，个人服从组织、少数服从多数、下级服从上级、全党服从中央。军队长期坚持党指挥枪的原则，凡是遇到重大政治风险的时候，军队都坚定地站在党中央一边。这已经形成了一个传统，比如 1989 年政治风波，军队中有没有不同看法？也有，但是成不了气候。为什么？就是有民主集中制，一个人决定不了，党委来决定，下级服从上级，全党服从中央。西方国家为什么频频出现动乱？就是因为军队是一个独立的力量。所以，党指挥枪这条原则不能变，在共产党执政的国家，军队就是要维护党的执政地位。

玛雅：很多人批评军队腐败严重，你怎么看这个问题？

罗援：我对军队的腐败深恶痛绝，这是军队战斗力的最大腐蚀剂，是成功的第一杀手。尤其现在有人跑官、买官、要官，这种现象如果不制止，那就和清朝八旗子弟、和国民党军队一样，他们最后的溃败都与腐败有关。社会上对军队有一些非议，比如今年"两会"政协小组会上大家就提了很多问题，问我什么看法，我只能说两个字：耻辱。腐败是我们军队的耻辱。

但是我也看到了军队中的健康力量，毕竟我们的军魂未散，正气还在。我特别赞赏总后勤部廖锡龙部长和刘源政委在总后系统大张旗鼓反腐倡廉，从中我看到了军队的希望。廖部长说，我廖锡龙上过战场，我死都不怕，还怕几个贪官？刘源政委说，我虽然没上过战场，但是我也死过几回，活过几回。我跟廖部长绑在一起了，宁可乌纱帽不要，也要把贪官整下来。我们军队有这样一股健康力量，我相信，军队是有希望的。我也希望人民群众对军队要给予信任，在关键时刻，这支军队还是党和人民可以放心的一支队伍。

军队一定要清正廉洁，党风正首先军风要正。军队是全国的一面旗帜，当年全国学习解放军，解放军必须要带好头。现在军队中有一些阴暗面，但是通过党纪国法，是可以整肃的。

玛雅：毛主席 1954 年在一届人大开幕词中说："我们有充分的信心，克服一切艰难困苦，将我国建设成为一个伟大的社会主义共和国！"他还说：

"我们的目的一定要达到！我们的目的一定能够达到！"现在很多人说，中国如今比资本主义国家还要资本主义，社会主义在中国已经名存实亡。作为一名解放军将军，你对"保卫红色江山永不变色"有怎样的信念？你认为红二代对党领导的社会主义事业的忠诚度如何？

罗援：保卫红色江山永不变色，这个信念是不可动摇的。这个江山是老一辈用鲜血和生命打下来的，我们这代人有责任来传继这个社稷。

关于红二代，我不太赞成"红二代"这个提法，因为都是人民的子弟兵。我们的父辈来自人民，都是泥腿子，我的父辈是从四川老根据地走出来的。老一辈来自人民，对我们这一代的教育也是要和人民群众紧密联系在一起。我看过将军后代合唱团的演出，其中有个诗朗诵叫《乳娘》，是说当年太行山的老百姓养育了他们。在革命战争年代，很多今天的红二代都是寄养在老百姓家里，老百姓把他们抚养大，他们至今对老百姓还有非常深厚的感情。

我不知道为什么要把干部子弟称为太子党、官二代或者红二代，这是人为地割裂革命后代和人民群众的关系。革命后代第一来自人民，第二长期受的是党和人民鱼水情深、要服务于人民的教育，我们所从事的工作本身就是为人民服务。虽然别人说我是红二代我不回避——这确实是不可回避的，不能说红二代今天变成一个政治负担了，变成一个负面资产了。这是我的光荣出身，我的父母为打江山做出过贡献，我为有这样的父母感到骄傲，感到自豪。但是人为地去分什么红二代，这就不对了，我们仍然是人民群众的一分子，始终与人民群众血肉相连。

我小的时候，父母对我的教育是坚决反对自来红思想，反对特殊化。父母不让我们上干部子弟学校，而是和普通老百姓的孩子一起上（北京）西苑小学，过普通老百姓的生活。我们在外头也不说自己父母是谁，就说是国家工作人员。寒暑假期，我父亲让我去时传祥清洁队掏大粪，到东北旺公社参加劳动，到北京公安总队去"当兵"。我这样过了三个寒暑假，都是和人民群众在一起。当兵以后，我也没什么高人一等的特殊之处，在部队时，很多人不知道我是高干子弟。对我来说，和人民群众在一起是一种乐趣、一种光荣，也理应如此。

但是确确实实这二三十年来，干部子弟中出现了一些害群之马。人民群众对他们十分愤恨，对干部子弟也产生了一些反感。这个问题不能脱离大环境来看，改革开放后鱼龙混杂，香风毒气都进来了，一些干部子弟利用父母的特权，干了一些让老百姓不满的事，这是值得红二代认真反思的。但是不能以偏概全，这种人并不是干部子弟的主流。你看将军后代合唱团的人，有些你一眼就能猜出是哪位大将、哪位上将的子女，他们的父辈都是战功赫赫，可是他们到外地演出，很多人都说以前从来没坐过飞机。这些人，当年家庭条件多优越啊，竟然没坐过飞机，那你想，那时他们父母对他们要求有多严。而且他们很多人现在已经失去原来那种优越待遇了，就是默默无闻地和普通老百姓生活在一起。在"文革"中很多人家里受迫害，问题迟迟没有解决，最后就当了工人农民，现在生活非常清贫。如果把他们统一划入官二代，我觉得这不公平。

玛雅：整体而言，你觉得红二代对党的事业的忠诚度比一般人高吗?

罗援：我觉得有两部分人，一部分是真正苦大仇深的人，他们对共产党是感恩戴德、忠心耿耿的。我曾经在博客上转过一篇文章，一个从老根据地来的老太太带着小孙女到纪念堂瞻仰毛主席遗容。因为穿得破烂，人家不让她进入排队等候的行列。后来有个工作人员把她引进去，她拿出自己积蓄的一些零钱买了鲜花向毛主席敬献，痛哭流涕地说，她是土改时期的一名妇女干部。这个故事令我非常感动。像这样的人在底层民众中有很多，他们对党有非常纯朴的感情，只不过没有机会在媒体上表达。为什么现在一提贫富差距，很多基层的人都怀念毛泽东时代，怀念那时候的共产党? 那时候共产党里有很多像周恩来这样的人，人民群众对他们有非常深厚的感情。

再就是你说的红二代，他们对党的忠诚度也是非常高的。你很难想象，刘少奇的后代可以和毛泽东的后代和睦相处，毛泽东外孙的婚姻大事都是刘源一手操办的。有件事让我非常感动，将军后代合唱团演出时，我看到其中有林彪集团成员的子弟。按理说他们有不同的经历，但是仍然高唱"毛泽东的旗帜高高飘扬"。我说，这就是一种信仰、一种理念。不管家庭经历怎样，他们对共产党都非常忠诚，一旦国家有难的时候，这些子弟是可以聚集起来为国尽忠的。在几次对外作战中，有很多干部子弟献出了自己的生命。当年红卫兵里就有人到越南去参加抗美援越作战，有的牺牲在越南了。中越自卫反击战中也有一些干部子弟在战场上表现得非常勇敢。我本人也参加过抗美援老（挝）作战，所以我现在说硬话底气足。我上过战场，不贪不腐，一心想精忠报国，何惧之有？

玛雅：党内有些人，他们在体制内寻求个人利益最大化，但骨子里认同的其实是所谓的"普世价值"。在军队中，这种人有没有市场？军队如何防止国家和平演变？

罗援：关于普世价值的问题，我有一次参加《环球时报》一个讨论会，到场的都是各个高校的知名学者，是些大腕，我属于少数派。当时讨论中国有没有主流社会，他们的观点是，中国有主流社会。什么是主流社会呢？就是曾经出过国，在国外获得学位，年薪多少，有房有车的人。他们说这叫中产阶级，这样的人就是中国未来的发展方向，要引导我们的社会朝着这个方向走，这就是中国的主流社会。当时我就提出，这能叫主流社会吗？共产党是人民群众根本利益的代表，是"三个代表"的忠实践行者，既然我们是人民共和国，是在共产党的领导下，我们的主流社会就是共产党及其所代表的广大人民，你不能把共产党和广大人民给边缘化了。如果共产党不能代表广大人民的利益，只代表中产阶级，中产阶级是中国的主流社会，工人农民成为非主流社会了，那共产党就失职了。

然后讨论什么叫主流价值观。他们的观点就是所谓的"普世价值"——自由、民主、人权、博爱。而我认为，这是西方的民主价值观，中国的主流价值观怎么能和这个一样呢？我们是共产党领导的国家，我们的主流价值观就是"主旋律"，就是爱国主义和革命英雄主义。在我们这个社会，应该有一种蓬勃向上的阳刚之气，提倡一种尚武精神。他们质疑说，提倡尚武精神不是与和平崛起相悖吗？我说不对，泛和平主义跟和平主义是两码事，和平主义跟和平崛起更是两码事。我们现在就是要提倡一种阳刚之气，爱国主义和革命英雄主义必须在我们的社会得到弘扬，这就是我们的主流价值观。

现在很多人都赞同"普世价值"，军队也有。这个问题见仁见智，既然舆论多元化，大家可以各抒己见。但是主流价值观是什么？主流舆论导向是什么？共产党作为一个执政党必须明确。有人说，美国是民主法治国家，中国要向美国学习。一个好制度下，坏人也能变成好人；一个坏制度下，好人也能变成坏人。那我要问，美国制度再好，有些美国总统也是苦出身，应该说是挺好的，可他们上台后怎么变得这么坏呀？美国从中东到亚太，横行霸道于世界，这不也是制度造成的吗？我觉得，一些个人要说"普世价值"，就让他说，这没什么。但是如果某些党员干部对反腐倡廉、提倡光荣传统没兴趣，支持所谓西式民主化改革的人，这才是一个大问题，它最终会动摇共产党的执政根基。

（《决策与信息》，2012 年第 10 期）

中国再不整合海上执法力量早晚要吃亏

核心提示：从中日钓鱼岛之争，中菲黄岩岛之争，中韩、中俄渔业纠纷来看，近年来曾一度有所缓和的东海、南海海上争端，2012 年又陡然升级并有激化趋势。2013 年，中国周边海上争端激化的态势是否仍将继续？中国的海洋政策是否已经或正在调整？中国海军在国家海权维护上将扮演什么角色？

中国周边海上争端进入多发期

《中国青年报》：自 2012 年以来，中国周边的海上争端是否已进入一个矛盾冲突的多发期？

罗援：应当说是的。在 2012 年之前，中国一直在海上争端中保持长期克制与最大限度的忍耐，我们一直坚持"搁置争议、共同开发"的方针。但是，近年来有关国家非但没有搁置争议，反倒凸显争议。共同开发也变成他们单方面的、排华性的开发，并且还伴随着一系列的挑衅性行动，执意使双方矛盾一再激化。目前，黄岩岛问题、钓鱼岛问题都有进一步恶化的趋势。因此可以说，2012 年是中国周边海上摩擦的高危期，各方力量展开了激烈较量。

《中国青年报》：当前中国周边海上摩擦、冲突频发的态势在 2013 年是否仍将持续？

罗援：2012 年诱发海上争端的危机要素总体上讲有三方面：其一，海上争端相关各方都在强调自己的主权诉求；其二，相关各方竞相出台了一些相关的法律；其三，各方还为此采取了一些实质性行动。就目前来看，这些诱发危机的要素非但没有弱化，反而有强化趋势，因而，在2013年内，有关各方发生一些擦枪走火的危险是严重存在的。

《中国青年报》：有学者将中国在中菲黄岩岛对峙中的维权模式概括为"黄岩岛模式"（注：是指中国为保护自己的海洋权益采取的以现场执法为主、外交手段为辅、以军事手段为后盾的行动模式），您认为这种模式对于我国应对未来的海上争端是否有借鉴意义？具体有哪些？

罗援：我认为可以借鉴。"黄岩岛模式"使我们在海上争端中变被动为主动，出现了一个攻防转换。以前是由对方出手，我们来接招，现在转变为我方主动出击，对方被动应对。而且我们也向相关各方表明了自己的底线，告知这些底线是不容触及的，一旦被触及，我们会立即抓住"战机"，化危机为机会。我们也注意到，"黄岩岛模式"涵盖政治、经济、军事、法律多个层面，可以叫综合施压、多管齐下，取得了一些成果。虽然这个模式并没有最终解决问题，但我们逐渐掌握了斗争的主动权，因此，它并不妨碍为其他争端所借鉴，起码向对方表明我们是有原则、有底线的，而且是可以有所作为的，一旦我方底线遭到挑衅，我们将采取强烈的反制措施。

"军事准备不可替代"

《中国青年报》：未来中国在应对海上争端时应如何出招？

罗援：我想还是《孙子兵法》里讲的那句话，"上兵伐谋，其次伐交，其次伐兵，其下攻城"，伐兵攻城应是我们迫不得已的手段，但也是不可或缺的手段。在走到这一步之前，我们应该运用政治智慧与谋略，通过外交斡旋、经济策应以及抢占法律的制高点等手段来解决相关的冲突。当然，这所有的手段都要以国家实力为后盾，因而军事准备也是不可替代的，有备才能无患。

《中国青年报》：日本防卫研究所在2012年《中国安全保障报告》中猜测，中国海军未来有可能介入海上争端，对此您怎么看？

罗援：中国海军保卫自己的领海主权与海疆安全是天经地义的，更是职责所在，否则为何要设立海军？当然在解决海上争端时，我们采取哪些手段取决于我们的国家大局和整体利益的综合考量，但不管采取什么手段，我们的海军始终都是我国维护国家主权的坚强后盾，也是我们海上博弈的坚定底气。

《中国青年报》： 今年，中国海军活动及航母技术取得的某些突破，引发了中国周边国家和地区的密切关注，个别国家甚至借此重弹"中国军事威胁论"的老调，中国应如何看这一切，并做出哪些回应？

罗援： 之前西方国家总要求中国军事透明、与国际接轨，那么，现在我们的海军就是按照国际上的一些行动准则，对一些国家进行正常的友好访问，举行正常的联合演习，到一些相关海域进行正常的训练，何罪之有？这本身就是在与国际接轨，在进行军事透明化，其他国家无权说三道四。在这一问题上，个别国家是典型的"叶公好龙"，一方面要求中国军队和国际接轨，可一旦我军真正与国际接轨了，他们又对我们说三道四。另一方面，个别国家在这一问题上也奉行双重标准。为什么别国的军舰可以在中国周边海域进行一些带有挑衅性色彩的军事行动，甚至对我国进行抵近侦察，而我方军舰只是进行一些和平的军事交往就不被接受？随着中国国力的增强以及利益的拓展，中国海军走向世界势不可当。不论个别国家怎么炒作、怎么阻挡，都是无济于事的。有关国家只能调整心态，接受中国正在崛起的大势，适应中国国防力量适度、合理、合法增长的事实。

"相关国家不要打错算盘"

《中国青年报》： 美国高调推进"重返亚太"尤其是军事重返的战略，是否给相关国家传递"错误"的信号，增加其与中国激化海上争端的风险？

罗援： 美国其实释放的并不是一个"错误"的信号，而是有意向相关国家发出一种明确的信号，即美国会为其撑腰打气，挑唆它们与中国对抗。我们奉劝相关国家不要打错算盘，美国是个奉行实用主义的国家，从来不会为了哪个小兄弟去当炮灰。美国真正想要的从来都不是为小兄弟

"拔刀相助"，而是想要当老大、主宰亚太事务。如果说有一个合理的解释的话，那就是将这些中国周边国家绑在美国战车上，让它们充当美国"重返亚太"的垫脚石。

《中国青年报》：面对菲律宾在黄岩岛、日本在钓鱼岛的挑衅，中国采取多种反制措施。这是否预示中国海洋安全政策正由过去的韬光养晦转变为积极主动维权？

罗援：一直以来，中国始终坚持的是"韬光养晦、有所作为"的政策，这是一个整体的考虑，意思是该"韬光养晦"时"韬光养晦"，该"有所作为"时"有所作为"，这两者相辅相成，是个有机的整体，不可片面偏重任何一方。如果现在的形势发展需要我们有所作为，那么我们当然就应当有所作为。

《中国青年报》：海权纷争是否已成为中国国家安全的重大威胁？

罗援：中国目前面临的是来自陆、海、空、天、电（子）的多元化的威胁，郑和曾经说过，"中国的财富来自海洋，中国的威胁也来自海洋。"从今年的情况来看，海洋安全是我们目前非常关注的重点问题。

《中国青年报》：在保障自身海洋权益的前提下，中国应如何平衡海上主权维护与相关海域的资源开发的关系？

罗援：对于中国的海洋权益，我们应当采取综合治理。虽然我们的视野常常聚焦在相关岛礁的"主权存在"上，但"主权存在"不应是一个空泛的口号，必须落实到具体行动上，而这就要凸显六个存在，即行政存在、法律存在、军事存在、执法存在、经济存在与舆论存在。在经济存在方面，我们既要开发相关海域的油气资源，也要开发其旅游、文化资源，要将"开发"纳入综合考虑；在法律存在方面，我们虽已公布钓鱼岛和西沙的领海基线，但南沙的领海基线至今还未公布，应尽快抢占这个法律制高点。在执法存在方面，我一直主张应尽快组建自己的海岸警卫队，整合我国的海上执法力量，形成一个统一的拳头力量。否则，我们以非武装的和平执法应对对方的武装执法，早晚是要吃亏的，到时候亡羊补牢为时晚矣！

（《中国青年报》，2012 年 12 月 29 日）

在东海要给日本人立规矩

最近，日本恶人先告状，将火控雷达照射事件愈炒愈烈，带来了三个方面的问题。

其一，反映了日本军政要员军事常识的无知。日本防卫大臣小野寺五典召开紧急记者会，称"1月30日10时日本'夕立号'护卫舰在东海公海海域遭中国护卫舰火控雷达瞄准，当时两舰相距3公里。"3公里意味着什么？这是可视距离，肉眼都能看得见，舰载火炮不用雷达指示目标，直射都可以打得着对方，中方何必要开启火控雷达？如果说雷达是为导弹指示目标的，那么，稍有军事常识的人都会知道，3公里是导弹射击的死角盲区，这么近的距离，导弹发射后，助推装置在1～2公里的距离内刚刚脱落，导弹正处加速阶段，导弹上的翼面和自导头尚未发挥作用，即便火控雷达照射了，导弹也无法有效寻的，怎能构成威胁？谁会干这么傻的事？因此，日本政要即使造谣，也应该找一个专业一点的人来说事。如果美国人也信这套谎言，那么在专业理论界将会贻笑大方。

其二，军机、军舰都这么近距离对峙了，我们的军舰还不进行警戒、警告，那就是失职。须知侦察、警戒雷达和火控雷达是两码事，前者要进行全方位、远距离、大面积的搜索；后者要在前者提供的概略目标的基础上，进行定向、定点的精确锁定。两者的雷达波长、波瓣都是不一样的，日本军方长期对中国进行电子侦察、情报搜集，对此应该心知肚明。再说了，日本的军机、军舰在我舰艇编队附近进行抵近侦察，我们的军舰难道只能听之任之，束手待毙吗？如果连搜索、警戒雷达都不能开启，那不是光等着挨打吗？须知日本刚刚扬言要对我进行警告射击，谁知道你打过来的是实弹还是警告弹？我们不能不防。你的警告弹，好歹也是个物理威胁；即便我们用搜索雷达对你进行了照射，那也只是一个光电警告，谁的危险性更大一些？明眼人一看便知。

其三，如果发生了擦枪走火事件，责任到底在哪一方？毫无疑问，肯定在日方。我们的舰艇编队在国际水域进行正常的训练，你日本凭什么要对我进行抵近侦察，凭什么要对我们正常的航行进行干扰？而且这种干扰已经不是一次两次了，据不完全统计，日本飞机对我的抵近侦察，每年都在 500 多架次左右，对我的训练干扰更是家常便饭，日本的军舰经常在我编队航线上进行尾随跟踪，采取蛇形干扰，甚至纵向干扰，任何国家的军队都会把这种行为视为军事挑衅，日本的军机经常玩一些危险动作，最近它的 F15J 战机距离我运 8 巡逻机翼间距离只有 5 米，稍有差池就会机毁人亡。谁规定只许你日本挑衅，不许我们自卫？告诉你日本，这次我们没用火控雷达照射你，是便宜了你，这次没照射，不等于我们以后永远不照射，只要你对我构成了威胁，在适当的距离内（不会是日本编造的 3 公里死角内），我们就要对你进行警告、驱赶，再不听，我们就要用火控雷达直接锁定，你敢做出危险动作，我们坚决自卫，绝无商量的余地，战场上不是你死就是我活，被动就意味着挨打。凭什么东海的游戏规则只能你日本一家说了算，又要设防空识别区，又要打警告弹，告诉你日本，设防空识别区不是你日本人的专利，打警告弹也不是你日本人的特权，我们也可设防空识别区，我们也可打警告弹。

在东海，我们要给日本人立规矩——远离中国的安全范围！

（2013 年 2 月 17 日）

对钓鱼岛必须寸水必争、寸土必争

核心提示：今日之中华大地，看似国泰平安繁荣昌盛，可实质上，在和平的背后，却依然风险浪急，暗流涌动。中国人民需要安宁，中国需要和平环境，世界需要平等共荣，可是对于中国的渗透侵略却无处不在，亡我中华之心未死。虽然没有了震耳欲聋的枪炮声，没有了血肉横飞的厮杀战场，但是一场无形的被迫保卫战却在悄然打响。

十年前，某国就启动了庞大的黑客帝国，以渗透思想的方式，试图趁机绑架与利用他们所设想的"中国民众的浮躁与不信任感"，去左右中国的政治格局，让当今的中国社会产生动荡，以便达到从内部瓦解中国的目的。

当境外阴谋逐渐被识破之时，敌对势力就更加显得疯狂，并联合国内一些反党反社会分子，采取分化离间的舆论战术，不断挑拨党群关系、军民关系，肆意丑化与抨击我国开国领袖与社会主义道路，污蔑抹黑爱国将领与爱国人士的正义形象。在如此强大的攻势之下，一方面广大民众强烈呼吁英雄将士的出现，以期瓦解敌对势力的图谋；一方面我国将领们纷纷请缨出击，顶着强大的压力，与之斗争到底，以维护国家的最高利益不受侵害。

网友：中国历来奉行的都是和平共处原则，但是近年来，我国在捍卫领土主权方面却处处受到挑战，中国在外交上总是发出和平的声音，可是他国却屡屡挑起事端，时刻令中国民众感到不安。为此，相当数量的中国民众，对于这种挑衅，不得不呼吁"但使龙城飞将在，不教胡马度阴山"中的"飞将"能现身，请问，罗将军对于民众的这种呼吁如何看待？

罗援：这是国民对中国军人的期盼，也是国民对英雄主义情怀的呼唤，更是国民对我党我军那段苦难辉煌历史的追忆，同时也表现出国民强烈的忧患意识。天下兴亡，匹夫有责。军民同心，上下同欲，力可断金。军民团结如一人，试看天下谁能敌。"不教胡马度阴山"是我们中国军人责无旁贷的义务和使命。南北朝时期的丘迟在《与陈伯之书》中写道："闻鼙鼓而思良将。"民众的呼吁对我们军人来说既是压力更是动力，我们自当以此为鞭策，争当保家卫国的"飞将"、"良将"，不负人民的期望。

网友：我国当前外部形势复杂，我们注意到一个很诡异的现象，那就是有些人认为钓鱼岛毫无价值，并抨击一直把钓鱼岛、南海视为国家最高利益的爱国将领等人捍卫主权的决心与言论。您如何看待这样的现象呢？

罗援：对提出这些观点的人不能一概而论，有些人是认识的问题，极少数人是立场的问题。如果是认识的问题，我们可以各抒己见，取长补短，也许你的观点有合理成分，也许我的观点有合理成分，如果我的观点有问题，那么我闻过则喜，有则改之无则加勉，真理总会越辩越清。如果有些人是立场的问题，那么，我们只能鄙视之，因为这些人连国家都不要了，何谈什么钓鱼岛？他们必将受到法律的制裁，被人民所唾弃。在认识辩论的范畴内，一些人认为我国当务之急是确保战略机遇期，只要再给我十年时间，等国家发展起来了，再收复失地也来得及，这有一定的道理。但问题是，人家会不会再给你十年的战略机遇期。美国重返亚太是干吗来了？你发展，人家也发展，我们前几年的发展在一定程度上是以人口红利为代价，以环保为代价，以市场和土地为代价换来的粗放式发展，以后老本吃得差不多了，还能这么高速发展吗？而且海洋资源的问题时不我待，被别人掠夺一些就少一些，我们要为我们的子孙后代着想，要为他们的可持续发展负责。更重要的是，我们的改革已经进入攻坚阶段，国内国外两个大局如果协调不好，内部矛盾很可能外溢，外部矛盾又有可能引发内部矛盾。这就要求我们在捍卫国家主权和领土完整的基础上，维护周边和平与稳定，始终把国家的主权和安全放在第一位，战略机遇期只能积极争取，不能消极守成，消极守成的结果只能是

"守而不成"。还有一种观点，认为"钓鱼岛是一个荒无人烟的荒岛，既不产生 GDP，又不能给我们纳税，何必为这么一个荒岛与日本人搞得不可开交？"我认为说这样话的人，起码是一种战略上的短视。我们的渔民在钓鱼岛附近海域打捞出那么多高价值的鱼，叫不叫 GDP？我们在东海春晓油田开采出那么多油气，叫不叫 GDP？即便钓鱼岛现在不产生 GDP，你敢担保它以后也不产生 GDP 吗？想想当年左宗棠抬着棺材进新疆，还有许多人指责他是劳师伐远，说新疆是不毛之地，现在看，新疆是我们多么富有的一块领土啊！再退一万步说，即便钓鱼岛现在、将来，以至永远都不产生 GDP，它也是我们的领土，谁也不能把它从我们手中抢走！你说钓鱼岛没有价值，那日本人又不是傻瓜，它为什么把着钓鱼岛、东海不放，因为它认为钓鱼岛有重大经济利益、地缘战略利益，并具有重大军事价值。因此，钓鱼岛绝对不是一个可有可无的荒岛，我们对钓鱼岛必须寸水必争、寸土必争。

网友：据了解，您不顾个人荣誉得失，不为仕途考量，拿出一颗"我自横刀向天笑，去留肝胆两昆仑"的爱国之心，毅然开设了微博，发出正能量声音，但却屡屡遭到围攻，这是不是敌对势力在刻意抹黑我们军方的形象，里应外合迫使我国在领土主权上作出妥协？据坊间传言，只要中国出现一个"鹰派"，那这个人必将会被打压，再结合"钓鱼岛无用论"的声音以及您在微博上被围攻的情况，这种传言说明了一个什么样的问题呢？

罗援：似乎没有那么悲壮，我开微博的动机其实非常单纯，就是为了澄清一个日本右翼团体散布的谣言，他们说我要把"十三万日本在华人员扣作人质"、"要轰炸东京"，一派胡言，我根本没说过这些话。没想到这个谣言竟在微博上传播，我不出来澄清行吗？正是为了及时准确地传播准确信息和正能量，我开了微博。没想到开微博半天，粉丝量超过 7 万。感谢广大网友对我的关注，特别要感谢那些支持我、理解我的网友和对我提出善意批评的网友们！有些网友在未了解真相前说了一些过激的话，我也能理解，人家造谣说你是"逃兵"，谁不对"逃兵"气愤啊？轮到我，我也会义愤填膺。但问题是，我不是"逃兵"，还是那句

在老挝战场

话，"我不贪、不腐，上过战场，不是裸官（妻子、子女、兄弟都在国内——这些问题我已经反复说明过了），有底气说硬话"，清者自清，浊者自浊，我在十一军时的战友们自发起来集体为我辩污，证明我上过战场，在1972年、1973年我作为军工作组成员，参加过抗美援老挝作战。我在1978年1月调入军事科学院时，尚无任何对越作战的信息，而且是和包括我的作训处长在内的5人一起调到军队院校的，如果有作战信息，调谁也不能调作训处长吧！了解历史的人都会知道，当时中央决定惩罚越南的一个重要原因是因为越南侵略柬埔寨，企图称霸东南亚，而越南侵略柬埔寨是1978年年底的事，中央军委召开会议决定惩罚越南也是1978年12月的事，在1979年1月小平同志出访美国，还向美国通了气，1979年2月17日正式打响对越自卫反击作战。而这时，我们几人奉命调到军队院校已经有一年多的时间，怎么能说是临阵脱逃呢？完全是"莫须有"的罪名，通过微博事件，我真正理解到为什么历史上中国的许多爱国将领总被佞臣小人安上"莫须有"的罪名，他们的手段何其相似乃尔。我虽然不能和那些爱国将领相比，但爱国之心是相通的，就是——精忠报国！我非常感谢在自己名誉遭到诬陷的时候，广大网友们给予了我支持和理解，特别是同生死共患难，荣辱与共的战友们纷纷出来为我辩污，他们发帖子说，"十一军的战友们集体为罗援证明，他不是逃兵，他与我们一起上过战场，绝非贪生怕死之辈。他1978年1月调入军事科学院时尚无作战信息，而且是集体调动，我们可以作证"，让我非常感动！他们送给我郑板桥的一首诗，"咬定青山不放松，立根原在破岩中。千磨万击还坚韧，任尔东西南北风"，我会以此自勉。

至于这次微博事件是不是一场网络战、舆论战，大家可以到网上去看一看，造谣污蔑，污言秽语难道是正常的意见交换吗？难道这就是他们说的"言论自由"吗？对党、对社会主义、对老一辈革命家的恶毒攻击难道就是他们说的"遵宪守法"吗？为日本侵华史张目，高呼"大日本帝国万岁！大皇

为了和平，在老挝战场

军万岁！"难道就是他们的"客观史观"吗？公然自称"公开的汉奸和带路党，所有的'五毛'、毛'左'、爱国者、集体主义者、民族主义者们，都是我的敌人"，对这样的人难道不应该共讨之吗？更令人深思的是，当那些诬陷我的谣言一出，境外一些媒体马上出来呼应，说什么"解放军少将，'鹰派'代表人物罗援原来是逃兵，以后他再出来说硬话没人信了"。一语中的，这就是他们编造"逃兵"谎言的真实用意。可是，当真相大白，我的战友们出来为我证明后，他们竟然集体失声。难道这就是他们新闻的"公正性"、"客观性"吗？我可以出示调令，证明我是1978年1月调入军事科学院的，那些攻击我是"逃兵"的人，哪一个人可以拿出证据证明中央军委在1978年1月之前已经决定实施中越反击作战？如果有，我宁可背上这个"骂名"，否则就请他们收回他们的谣言！我的妻子子女一直都在中国国内生活工作，他们单位的同事和我们周围的邻居朋友都可作证，但有些人却无中生有，说他们在美国，这叫不叫造谣？造谣者要不要受到法律的追究？好在人民群

罗援伉俪

众的眼睛是雪亮的，好在法律没有睡觉！最近，我在某网站上看到一位署名为"刘大娘"的网友写的一篇文章，其中披露，"美国 2012 年总统参选人、前驻中国大使洪博培日前在 CBS 辩论节目中曾泄露过美国精英阶层的打算：'我们应该联合我们的盟友和中国国内的支持者，他们是被称为互联网一代的年轻人。中国有 5 亿互联网用户，8000 万博主。他们将带来变化，类似的变化将扳倒中国（take China down）。与此同时我们将获得上升机会，并找回我们的经济生产力量。这就是我作为总统所要做的。'说得更直白些，美国将利用上述'五反'（反国家、反民族、反人民、反社会主义、反开国领袖）军团给中国制造政治动乱，从而扳倒中国、肢解中国，美国借此进一步掠夺中国财富，稳固世界霸权。"

如果该博文所披露的事件属实，这叫不叫网络战、舆论战？

不过，我也赞同一位北大教授在《环球时报》上对我的善意劝告，他说上微博不是单纯来战斗，还可以交朋友，聊家常，了解不同的声音。应该说，对这个新媒体，我正在逐渐熟悉、适应。

网友：您曾多次呼吁要成立海岸警卫队，这次国家海警局设立算对您呼吁的一个回应，对此您一定有很多话要说吧。海警局对于中国未来维护海洋斗争有哪些意义呢？未来的海警局的舰艇将会装备重武器吗？

罗援：整合国家海洋执法力量是多位专家的共识，不是我个人的独到见解，现在得到了落实，我感到非常欣慰。这既体现了国家有关部门对专家学者意见的重视,又使我们的海上维权斗争处于一种更加有利的地位。以前,我们的海上执法力量过于分散、过于单薄,有人形容为"九龙治海",分头管理,只能造成资金分散,重复采购,低层次循环。现在将"九九归一"形成了一个战略铁拳头,提高了海上执法的有效性。另外,以前我们的执法船只对外称为公务船,最多只能配备水炮,而日本巡视船对外称为海警船,配备的是40炮、20多管炮,以我们的水炮对抗别人的火炮,早晚要吃亏。现在,我们重组国家海洋局,对外称海警局,业务指导归公安部,它所隶属的船只就可以装备一些自卫武器,原则上说,我们的对手有什么,我们就可以有什么,而且要比对手强,我们还可以将一些退役的海军舰艇经过改装后转隶给海警局,增强其执法和自卫力度,否则我们不是自己组织一个海上活靶子让对手打吗?

网友:您在 2013 年两会提案中提到了生物安全的问题,并呼吁要警惕敌国以转基因物种等武器打击中国,还建议设立生物安全国家实验室暨鉴定中心。网络最近几年一直都在热议转基因问题,特别是去年的"黄金大米"事件更是将这个问题推向了风口浪尖。您是什么时候开始关注转基因问题的?又是如何看待这个问题的呢?您在接受中国军网访谈中提到了最近刚刚解密的《NSSM-200》,您是否为该报告中的内容感到担心?对此中国应该如何应对?

罗援:关于转基因问题,学术界和网友中分为两派,一派认为应该积极发展和引进转基因,以解决我国农产品的不足;一派认为应该坚决杜绝转基因,因为它有可能危害中华民族的人口安全。我不是生物学家,对此没有更多的发言权。但我是一名军方学者,有义务关注国家的人口安全、生物安全和粮食安全。因此我建议,不管转基因是否有害,都应该立即成立转基因国家实验室暨鉴定中心,口舌之争,徒劳无功,与其坐而论道,不如退而结网,应该尽快加强对转基因的研究,如果转基因无害则大力推广;如果有害则坚决杜绝,并通过研究寻找出应对之策。对于引进国外的转基因农产品应该持谨慎态度,不能由一家发许可证,必须从地方和军队两个独立的系统分别拿到许可证才能放行。

网友:2012 年 12 月,中共中央总书记、中共中央军委主席习近平在视察广州战区时提出"强军梦",要求军队"能打仗、打胜仗"和从严治军。

随后，中央军委下发了《中央军委加强自身作风建设十项规定》的通知，作出严格的规定，给予享乐派沉重的一击。刘亚洲上将指出："和平年代，太平盛世，一个政党、一支军队最难做到的是居安思危，最需要警惕的是腐败、享乐一点点侵蚀我们的优良作风。"这些事件向公众传递了一个什么信号？您认为什么才是有效治理军队腐败的良方？

罗援：习主席主持军委工作以来，大力整饬军纪，要求军队各项工作向"能打仗、打胜仗"聚焦，抓住了军队建设的根本和关键。军队是国家机器的重要组成部分，是特殊的武装集团，生来就是为打仗的，军人不言战，谁再言战？我们备战，并不等于说我们好战。能打仗、打胜仗，是《中华人民共和国宪法》赋予我们军人的神圣职责，如果招之不能来，来之不能战，战之不能胜，那就是最大的违宪、最大的失职。因此，军人必须要天天"想打仗"，想打仗的军人还要"会打仗"，会打仗的军人更要"敢打仗"，这样我们才能成为威武之师、文明之师、胜利之师。

不可否认军队现在存在着一些腐败问题，我认为腐败是军队战斗力的第一杀手，腐败不除，未战先败。惩治腐败问题首先要依法治军，制定看得见、摸得着、记得住的规章制度，任何人不得踩高压线；第二要从严治军，从高级领导干部做起，对违纪违法者实行霹雳手段，绝不姑息迁就；第三要恢复和弘扬军队的光荣传统，艰苦奋斗、勤俭节约，保持和人民群众的鱼水情；第四要加强警示教育，以反面案例为教材，警钟长鸣；第五要从源头抓起，管住钱、管住车、管住房、管住家属子女、管住身边工作人员。我认为现在最大的腐败是吏治腐败，凡买官、卖官者严惩不贷；第六要加强监督，自查、互查，并接受民众和舆论的监督检查。

网友：2013 年 3 月 12 日，美军网络司令部司令基思·亚历山大说，美国国防部正组建多支网络安全部队，任务是打击对美国发动电子攻击的威胁。亚历山大说，美国正组建 40 支网络安全部队，其中 13 支主要专注于"进攻性"行动，另外 27 支负责网络安全监控、相关培训和后勤支持，所有 40 支部队将在 2015 年秋季前全部建成。众所周知，美国是第一个公开宣称要对他国进行网络战并拥有世界规模最大、技术最先进的网络战部队的国家。对此中国应该如何应对，是否应该组建真正意义的网络战部队？网络战的形式有哪些？通过互联网来误导舆论是否也是属于网络战的一种？

罗援： 国家互联网应急中心发布的《2011年中国互联网网络安全态势报告》中提到，2011年，美国以9500多个IP地址控制中国境内近885万台主机，有3300多个IP控制境内3400多家网站。美国还可以通过其控制的IP地址通过机器隐身群发，在两个小时内发送近70万条虚假信息覆盖我国的主要网站。由此可见，现在网络战的大户来自美国，来源地是美国，最先进的技术来自美国，许多IP地址来自美国，连一些电脑的后门、病毒和逻辑炸弹也来自美国，美国也是少数拥有网络战部队的国家之一。因此，世界上众多的网络受到攻击、侵害，不能不让人怀疑是来自美国，而美国又经常恶人先告状，给人以"此地无银三百两"的感觉。我们的应对之策很简单，就是"师夷长技以制夷"，总不能"只许州官放火不许百姓点灯"吧，当然，我们不会走老路，走他人之路，必须搞不对称发展，"照着猫要画出虎来"，在创新中获取后发优势。

网友：《日本经济新闻》3月20日报道称，美日将围绕钓鱼岛问题制定一份"共同防卫计划"，如果中国海军军舰在钓鱼岛领海内使用武力，这份防卫计划将作为美日共同的行动指南。北京权力交接过后还不到一周，美国就急忙作出了这个"反华"步骤。美国此举有何目的？是否意味着中美在钓鱼岛将会有发生直接军事对抗的可能呢？

罗援： 我一直怀疑美国在钓鱼岛问题上别有用意，一是用钓鱼岛问题说事，为美国战略东移寻找借口；二是分散中国的战略注意力，干扰中国的和平崛起；三是离间中日关系，好从中渔利。美国一方面承诺《美日安保条约》第五条款适用于钓鱼岛，一方面扬言要与日本制定一份关于钓鱼岛的"共同防卫计划"，其实质是要吓阻中国，它是想挑逗中日之间"吵架"，但又吓阻中日之间不要"打架"，以免它卷入进来。我们要告诉美日的是，我们不怕！美日之间任何针对中国的条约，只能权当为激励我们斗志的"磨刀石"。当然，我们在战略上藐视敌人的同时，在战术上也要重视敌人，从预案上、战法上、装备上、部署上做好应对之策。

网友： 美国《战略研究》杂志 2 月 12 日刊登军事专家肖恩·米尔斯基的文章，探讨一旦爆发战争美国对中国实施海上封锁的可行性。米尔斯基认为封锁是对华军事行动的最佳方案，能够摧毁中国经济潜力，迫使中国承认失败。您认为美国对中国实施海上封锁的可能性是否存在？一旦美国对华实行海上封锁中国能有效应对吗？中国反制的手段会有哪些呢？

罗援： 美国有没有封锁中国的意图是一回事，有没有封锁中国的能力是另一回事。意图可能有，能力绝对做不到。中国幅员辽阔，东边不亮西边亮，光海岸线就有 1.8 万公里，7～8 个海上邻国，有些与中国友好，有些持中立立场，美国怎么封锁？美国现在采取的封锁政策是"由点连线，由线到面"，就是先把美国在亚太地区的五大军事同盟作为战略支撑点，然后以亚太地区的三个岛链为三道封锁线，最后将美国在亚太地区的五大军事基地群连成一片，对中国构成围堵。我们要破解美国的围堵，首先要提高自身的综合国力，加强海空军建设和远距离投送能力建设。其次，在外交上纵横捭阖，广交朋友，借道出海。第三，另辟蹊径，绕过美国的封锁，寻找新的战略通道。

网友： 凡战者，以正合，以奇胜。故善出奇者，无穷如天地，不竭如江河。"鹰派"和"鸽派"怎么样合作才能有效捍卫中国的国家利益？

罗援： 文武之道，一张一弛。必须搞好顶层设计，在国家总体目标的牵引下，分工合作，有人唱白脸，有人唱红脸，甚至可以虚虚实实，真真假假，该透明的时候就透明，不该透明的时候就保密，一切以国家核心战略利益为最高考量。"鹰派"必须是理性的"鹰派"，"鸽派"必须是剽悍的"鸽派"。最近中国驻美国大使崔天凯关于钓鱼岛问题的表态就很给力。我常说，我不否认自己是"鹰派"，但我长的是鹰的眼睛和爪子，而同时又长着鸽子的头脑和心脏。也就是说，我们尚武，但我们又崇和。

网友： 您一直将国防教育当成一项任务来做，甚至在湖南卫视一档收视率极高的娱乐节目出镜，讲解国防知识，您如何评价中国目前的国防教育现状？一些网友认为最好的国防教育就是搞军营开放日，您认为在中国大陆是否可以搞军营开放日？你认为搞军营开放日的阻力是什么呢？如果从保密方面考虑，我们的一些部队专门向外国人开放，既然可以向外国人开放，为何不可以向国人开放呢？

罗援：国防教育必须走入课堂，走入社区，贴近市民，贴近青年。从我参与湖南卫视几档青年喜闻乐见的娱乐节目来看，孩子们还是挺喜欢军事题材的节目的，还是热爱我们的国防的，特别是有爱国激情，崇尚我们的英雄。现在的问题是，怎么把他们的爱国潜质激发出来，调动出来，这是值得我们思考的问题。简单的说教不行，枯燥的灌输也不行，必须与时俱进，或者寓教于乐；或者将心比心，以心换心；或者深入浅出，以理服人，以情感人；或者用现代传媒手段，吸引人，感召人，引人入胜。总之，国防教育应该有新内容、新形式、新手段。

军营开放日，我觉得是一种很好的国防教育形式，让市民走进军营，贴近军人、贴近装备、贴近军人一日生活制度。但要有前提条件，就是不能影响军队正常的战备、训练，不能泄露军事机密，不能给基层部队增加更多的负担。其实，一些部队利用"军事日"、"空军节"、"海军节"已经向地方官员和民众开放了。我认为以后可以以"对外开放部队"为试点，逐渐摸索经验，在特定时间，有限度有重点地对民众开放。

网友：大国崛起的国防，必当有"飞将"在，否则从何谈崛起。对于我国未来的国防建设，在高科技发展与人才培养方面，您觉得应该如何打造？

罗援：现代战争条件下，人仍然是决定战争胜负的决定性因素，因此必须锻造高素质的军事人才，一方面通过军事院校培养，一方面从地方院校"借鸡孵蛋"，一方面从部队优秀士兵中选拔。同时，要在部队日常训练中加大高科技含量。部队训练一定要贴近实战，仗怎么打，兵就怎么练。必须从难从严从实战需要出发训练部队，要把对抗因素作为训练的主题，在对抗中提高技能和素质。最重要的是，部队一定要恢复和弘扬我军的光荣传统，倡导"一不怕苦，二不怕死"的战斗精神，有了这种精神，再加上高科技的翅膀，我军将如虎添翼。但这里有一个前提条件，就是，你必须是一只虎，而不能是一只猫，如果是一只猫，即便给你插上了高科技的翅膀，你仍然是一只猫，最多是一只飞猫。

（环球网，2013 年 5 月 3 日）

遏制日本右翼应有"武松打虎"的精神

对日本的右翼化倾向，现在有一种观点，认为这是中国采取强硬态度刺激起来的。那我就要问一问了，去年 4 月 16 日石原慎太郎在美国提出要购买钓鱼岛，是谁刺激了他？7 月 4 日日本右翼团体"奋起日本"提出要在钓鱼岛上驻军，是谁刺激了它？7 月 5 日两名日本地方议员登上钓鱼岛的北小岛，是谁刺激了他们？在 APEC 会议上时任中国国家主席的胡锦涛曾警告时任日本首相野田佳彦"中日关系需要中日双方共同维护，日方不要做出错误的决定"，而日方罔顾中国的规劝，野田佳彦归国第二天就召开国会通过将钓鱼岛国有化的方针，是谁刺激了他？今年 4 月 20 日芦山大地震，中国正在集中精力抗震救灾，日本 86 名右翼分子到钓鱼岛海域滋事，又是谁刺激了他们？看问题不能本末倒置，倒果为因。设想一下，面对日本的挑衅行为，如果中国不采取反制措施，一味示好，日本右翼分子就会就此罢手？安倍就会放弃他在竞选纲领中提出的"修宪"主张？这完全是幼稚幻想。想想当年正是在欧洲弥漫着"泛和平主义思潮"和绥靖主义，在中国弥漫着"不抵抗主义"，最后才酿成了二战苦果，历史的教训值得注意。

现在，时代不同了，日本再想走向军国主义道路，恐怕难以逾越民意、法律和国际压力三大障碍，但对日本政客的右翼化倾向，我们要保持高度警惕，他们很可能煽动民意、裹挟民意、绑架民意。毕竟日本曾经是一个战争策源地，到现在为止他们对战争问题仍然没有一个彻底的反省，这次日本 168 名议员参拜靖国神社，就是实证。

国际社会，特别是美国也不要对日本的右翼化倾向视而不见，听之任之，要知道日本右翼分子的战略企图绝不是一个小小的钓鱼岛，他们志在翻第二次世界大战的历史旧案，摆脱二战后国际社会对日本的束缚，要让日本变成一个所谓的"正常国家"。但究竟是谁让日本变得"不正常"？日本的这笔账别算在中国头上，中国免除了你的战争赔款，跟你发展友好关系，是你在恩将仇报。你真要算账，首先要去找你日本在靖国神社供奉的那些甲级战犯。杀人放火就要受到国际社会的制裁，理所应当。你们现在还在对这些刽子手顶礼膜拜，那么，国际社会让你"不正常"就是再"正常"不过的了。日本右翼分子说"不正常"，其一是因为主权不完整，在日本国土上还有美国驻军；二是日本宪法是由美国主导制定的；三是日本没有一个"正常"的军队，"枪"的"扳机"还是掌握在美国手中。日本要"正常化"首先要找美国算账，甚至要报美国两颗原子弹和东京大轰炸之仇。美国不要搬起日本这块石头砸了自己的脚。日本在重新武装的道路上狂奔，如果美国不立即踩刹车，起码中国要给它设置几道拦阻索，这就是为世界和平作贡献。

对日本的右翼化倾向只能斗争，不能听之任之甚至妥协，这将贻害中华民族，贻害日本人民，也贻害国际社会。其实，日本右翼分子就像景阳冈的老虎，你斗它，它要吃人，你不斗它，它也要吃人。但是你若表现出武松打虎的英雄气概，就会在一定程度上遏制它的嚣张气焰。

（2013 年 5 月 6 日）

犯我中华者，虽远必究

　　台湾地区渔船"广大兴 28 号"9 日在台湾屏东县鹅銮鼻东南方遭菲律宾不明船只射击，一名船员死亡。据台湾地区有关方面向菲方了解后，确认进行射击的船只是菲国公务船。

　　这次菲律宾的肇事地点距台湾鹅銮鼻东南方 164 海里，距菲律宾 60 海里，在"护渔暂定执法线南界线"内约 5 海里处，属于交叉管辖捕鱼区，台湾渔民在这里捕鱼合理合法。因为根据《联合国海洋法公约》，邻海国可以享有 12 海里的领海，200 海里的专属经济区。显然，出事地点在中国台湾和菲律宾的 200 海里专属经济区之内，但并不在两者的领海之内。台湾渔民在这里进行渔业作业违反了你菲律宾哪门子的法？

　　根据《联合国海洋法公约》规定，"沿海国在专属经济区内享有对渔业的专属管辖权。它可以规定专属经济区内生物资源的可捕量，以及其他管理和养护措施。关于专属经济区的各国立法一般都规定，外国渔船非经许可不得在区内捕鱼"。请注意，在这里《海洋法公约》只赋予沿海国享有对渔业的专属管辖权，也就是说可以对外国渔船进行监控、管理、警告、登临检查乃至驱赶，从来没有授权可以未经警告就对手无寸铁的渔民开枪射击，因此菲律宾对台湾渔船开枪是粗暴地践踏《海洋法公约》，是违法犯罪行为。

　　菲律宾欲盖弥彰，试图开脱罪责，对这次枪击事件的处理极不老实。先是说"没有船只在出事地点"，后又说是"公务船"，有意回避是"武装船只"（即国家海岸警卫队或海军的舰艇），刻意淡化军事色彩。在难以抵赖的情况下，菲律宾被迫承认是海岸警卫队所为，但拒绝道歉，并以"意外事件"、"相关涉事人员已被暂时停职"的说辞敷衍了事。这是一条人命啊！岂容敷衍了事！现在菲律宾欺负华人华侨打顺手了，前一段刚枪杀香港同胞，现在又枪杀台湾同胞，在菲律宾国内更是经常欺压华人华侨，在南海屡屡抓捕大陆渔民，是可忍孰不可忍，不给它一点教训，它还会得寸进尺。在面临来自大陆和台湾的强大压力之后，菲总统副发言人华尔特 12 日在一份简短书面声明中称，菲方对出现"不幸状况"表示由衷"遗憾"，并"向遇难者家属表达最诚挚最深切的同情及哀悼"。这个声明不是道歉。

菲律宾挑衅的不是一艘台湾渔船，而是我中华民族。海峡两岸应该抛弃前嫌，共御外侮。南沙及其附近海域是我们中华民族的祖产祖权，海峡两岸应该共御"祖权"。海峡两岸渔民都是中华民族的子孙，两岸都应该有责任有义务保护之。现实呼唤两岸应该进行海上合作，这种合作可分四个层面：一是法律层面，两岸法律界应该密切合作，互相提供法律援助，要求菲律宾作出法律解释，并将凶手绳之以法。另外，大陆具有台湾没有的战略资源和优势，也就是我们是联合国五大常任理事国之一，我们可以把菲律宾告上联合国；二是民间层面，两岸渔业协会应该紧急磋商，并建立渔业协作机制；三是执法层面，中国大陆的海警局和台湾地区的海巡署应该启动谈判程序，建立海上安全合作机制；四是军事层面，在时机成熟时，建立军事互信机制，协防"祖权"。两岸军人可以优势互补，台湾有"地利"之便，大陆有"实力"之优，即便不进行实质性的合作，只要达成默契性的呼应，就够菲律宾"喝一壶"的。

当然，考虑到种种因素，这些措施应由易到难，循序渐进，但当务之急是要先做起来，"坐而论道，不如退而结网"。双方应该联合向菲律宾施压，勒令其惩办凶手，向受害人提供赔偿。菲律宾如果继续挑衅，我们应该延续黄岩岛模式，你进一寸，我们就进一尺。你挑衅一次，我们就从你手中夺回一个岛礁，而且事先向国际社会声明，是菲律宾挑衅在先，我们反制在后。直到把菲律宾非法占领的 8 个岛礁统统收回，最终把南海建成和平之海。我们必须要让所有人知道，凡犯我中华者，虽远必究，必无好下场。

（2013 年 5 月 13 日）

警惕日本重蹈军国主义覆辙

核心提示：2013 年 6 月 18 日，《人民日报》刊载了日本政法大学教授五十岚仁的采访稿：《日本搞"军事大国化"是历史倒退》。五十岚仁认为，安倍在政治上推行军事大国化和强化日美军事同盟，是外交政策和安保政策上的倒退。文中指出，安倍通过采取包括 11 年来首次增加军事、修改防卫大纲、加强自卫队应对力等强化其提出的"战略外交"、"价值观外交"、"主张国家利益的外交"和"以日美同盟为基轴外交"。在人事上，安倍政权的内阁组成有明显的"鹰派"色彩，安倍政权 19 名内阁成员中的多数主张修改《日美防卫合作指针》，将自卫队改变为国防军。日本搞"军事大国化"，究竟意欲何为？

网友"枫笛"：日本搞"军事大国化"会对亚洲各国带来什么影响？日本能再回到以前在军事上侵略掠夺他国吗？

罗援：日本搞军事大国化将唤起亚太人民对二战那段悲惨历史的回忆，增强亚太人民对日本的警惕和不信任，在一定程度上加剧地区的不稳定因素。至于日本能不能回到以前军事侵略他国的道路，对于这个问题，第一不能放松警惕，第二，日本要重蹈覆辙，也不是轻而易举的事。

为什么对日本要保持警惕？首先，要从文化传统、历史角度和日本的战略企图来看，日本民族有其优秀的文化传统，比如热爱自然、虔诚、勤劳，但也有民族的劣根性，比如从属性强，派阀影响大，岛国心态，易走极端。对这种民族劣根性，日本缺乏深刻的反省。日本的宗教是比较原始的神道教，与武士道精神相结合，更容易走上军国主义道路。日本明治时期战略文化的代表福泽渝吉曾经说过："自己去压迫他人，可以说是人生最大的愉快。"严格地说，日本是缺乏哲学思想的，日本近代启蒙思想家中江兆民说过，"日本没有哲学。"没有哲学的民族，不论做什么事情，都没有远大的抱负，不免流于肤浅。从日本的文化传统可以追寻到日本现在右翼化倾向的文化根基。

其次从历史上来看，日本法西斯战略文化和皇国史观没有受到认真清理，日本全部战争罪行只有不到 10% 受到起诉，例如细菌战、大规模性奴役等，包括天皇在内，至少有 50 名应当判绞刑的重要战犯受到美国等西方国家的庇护，从而为日本右翼势力抬头埋下了祸根。

日本从 1874 年到 1941 年共发动 9 次侵略战争，从来没有做过反省和检讨，一个没有清算自己历史罪恶的国家对于未来是没有免疫力的。从现实来看，日本想摆脱二战后对它战争罪行的惩罚和束缚，试图成为一个"正常"的国家，但它选择了一条错误的道路，就是煽动保守的民族主义情绪，在重新武装的道路上越走越远。这不能不引起亚太人民的高度警觉，毕竟日本曾经是一个战争的策源地，而且到现在它对战争问题还没有彻底反省。

但是日本要真正走上军国主义道路也不是轻而易举的事，它面临着三个"不同"：一是时代不同，当今时代主题是和平与发展，如果日本重走军国主义道路，是逆时代潮流而动；二是对手不同，毕竟中国现在已不是 1840 年的中国，也不是 1937 年的中国，中国现在的经济总量已达到世界第二位，并且拥有强大的军队和巩固的国防，日本没有能力和胆量与中国打一场必败无疑的全面战争；三是日本国内环境不同，日本人民同样是二战的受害者，他们也绝对不会允许二战的悲剧在日本重演。另外，和平宪法也是日本军国主义分子难以绕过的坎。

网友"枫笛"：日本搞"军事大国化"对我国有哪些影响？在日本军事大国化的背景下，在钓鱼岛问题上我们又该采取什么政策和对策？

罗援：中国是二战最大的受害国之一，我们对那段历史记忆犹新，中国坚决反对日本军国主义死灰复燃。在日本军事大国化的背景下，钓鱼岛之争已经不纯粹是一个岛礁之争，"不谋万世者不足以谋一时，不谋全局者不足以谋一域"，所以我们要把钓鱼岛之争上升到维护二战战后秩序和维护二战胜利果实的高度来看。

日本在钓鱼岛问题上采取的恶劣行径是对《开罗宣言》和《波茨坦公告》的践踏，我们应和二战的受害国和战胜国结成维护第二次世界大战胜利果实的国际统一战线。我们在钓鱼岛问题上应采取稳扎稳打、步步为营的战略，先造势后夺岛，先夺取制海权，再夺取制岛权。这次我们宣布钓鱼岛 12 海里领海基线就抢占了法律的制高点，以领海基线为基点，前推12 海里就是我们的领海，它的垂直上空就是我们的领空，我们就可以根据国际法和国内立法在这个领域实施我们正当的权利与义务。这个海域以前是日本人去，我们不去；现在是日本人去，我们也去；再到以后就是我们去得多，日本人去得少；再到以后就是只许我们去，不许日本人去。夺取了制海权，就在一定程度上夺取了制岛权。这要靠我们综合国力的逐步提升，钓鱼岛主权归我的最终标志就是我们的五星红旗能在钓鱼岛上空高高飘扬，而且永远飘扬。

网友"赵小天"：有外国媒体认为，近日日美举行夺岛军事演习，"针对中国"意味浓，您是如何看待的？日美夺岛军演可否理解为强化日美同盟的举动？美国想通过军演达到什么目的呢？

罗援：美日都说这次夺岛演习不是针对第三国，其实这是"此地无银三百两"。进行夺岛演习绝对不会做亏本的生意，花这么多钱、消耗这么多物力财力，不会是作秀。到底是针对谁，明眼人一看便知。美国一方面说要和中国建立新型大国关系，希望和中国坐在一张红木椅上，一方面又在中日钓鱼岛之争中拉偏架，暴露了美国对华政策的两面性。

美国是想通过钓鱼岛之争达到一石五鸟：一是遏制中国的崛起，干扰中国以经济建设为中心的战略注意力；二是在中日矛盾中火上浇油，好从中渔利；三是为重返亚太寻找借口；四是向日本兜售武器装备；五是防止人民币和日元挑战美元的垄断地位。

网友"活个潇洒"：当前国际形势下，发生战争的可能性已经很大了，因为我国的底线一再被挑战。那么即使不会发生战争，我国也应该在可能发生战争的思考下做好准备。第一，实质性的团结国内大众，清除腐败，同仇敌忾；第二，在情、理、法上想办法争取主动。这样会在战略性上给日美道德压力。

罗援：现在网友们一直在关注钓鱼岛会不会发生战争，我认为如果在钓鱼岛发生战争，会有三个不同层次的战争：第一个层次是擦枪走火事件，第二个层次是中等规模的战争，第三个层次是全面战争。对于第三个层次的战争，基本可以排除，因为正如前面所述，日本现在没有这个能力和胆量。

但对局部战争，我们要有高度警惕，并做好应对准备，毕竟双方在钓鱼岛主权问题上都不妥协，日本首相安倍晋三说连谈判余地都没有，这样就很容易发生擦枪走火事件。因此在今年两会期间我们的政协、人大发言人都强调一旦在钓鱼岛问题上出现擦枪走火事件，责任方肯定是日本，这本身就是一种危机处理、危机预防。

当然，我们还是主张用和平方式通过谈判来解决钓鱼岛问题，但是树欲静而风不止，钓鱼岛问题到底是用和平手段还是用非和平手段来解决，不是中国一家说了算。日本前首相野田佳彦警告日本自卫队"忘战必危"；日本现首相安倍晋三穿上作战服登上日本最先进的 10 坦克，并且在日本主权日高呼"天皇陛下万岁"；日本最近又酝酿通过《十二海里保护法》和修改防卫计划大纲，对这些我们不能视而不见，有备才能无患，敢战方能言和，这就是战争与和平问题的辩证法。

网友"莺歌燕舞"：我们的韬光养晦，使对手误认为是软弱可欺，而得寸进尺，一个菲律宾，一个日本，表现尤为突出，国人看到这些很难受，心中忿忿不平！中国已经释放了足够的善意，而对手买账吗？继续搁置也不是好主意，再搁置就要丢掉了。罗将军，对此您有什么高见？

罗援：关于"韬光养晦"问题，我认为这里有一个误解。这句话是当年邓小平同志在特定的历史条件下的一个内部讲话，当时特殊的历史条件就是"东欧剧变"，有些国家需要中国出来挑头，小平同志在内部讲，我们要"善于守拙，绝不当头，韬光养晦，有所作为"。"韬光养晦"应与"有所作为"

放在一起，才能是一个战略，就像我们的军事战略一样。我们的军事战略是积极防御的军事战略，决不能把"积极"和"防御"两个词割裂开，因此现在说我们的外交战略就是"韬光养晦"，这是片面的。

我们应该站在国家战略的全局来看，该"韬光养晦"的时候"韬光养晦"，该"有所作为"的时候"有所作为"，决不能给人造成一种错觉，误认为我们为保战略机遇期，以土地来换和平，错把我们的和平崛起误认为是挂上了"免战牌"。因此我非常赞同中央现在的提法，就是我们还是争取用和平手段解决国际争端，但是也要做好事态扩大、失控的准备，要在向世界人民表达我们和平诚意的同时，也要表现出中华民族捍卫国家主权和领土完整的坚定决心和意志。

（人民网微博大智汇，2013 年 6 月 26 日）

日本政要拜神是假，求鬼是真

参拜靖国神社的闹剧在今年的 8 月 15 日又鸣锣登场。日本辩称："这是日本的文化，死者无罪，无论好人坏人死后都可以成为神，都要祭拜。"这带来三个问题：一是日本到底有没有荣辱廉耻的是非观；二是日本对被军国主义杀戮的亚太人民有无愧疚感和同情心；三是日本到底是想与邻为伴，还是以邻为壑。归根结底，日本对它上个世纪发动的那场战争到底怎么看？日本下一步将走向何方？

靖国神社供奉自明治维新以来为日本军国侵略主义战死的军人及军属，其中绝大多数是在中日战争及太平洋战争中阵亡的日军官兵及殖民地募集兵。由于靖国神社的祭祀对象包括 14 名甲级战犯，2000 多名乙、丙级战犯，使得该神社被东亚各国视为日本军国主义的象征。

现在日本政要频频参拜靖国神社其实就是在为军国主义招魂。如果日本试图否认这一事实，那么请清理门户，将 14 名甲级战犯以及乙、丙级战犯扫地出门。因为他们血债累累，恶贯满盈，他们不是战争的受害者，而是战争灾难的制造者。如果一个民族是非不辨，荣辱不分，这绝对不能成为其炫耀的文化资本，而应该引起全民族的反省。设想一下，如果德国拜谒纳粹头目希特勒，世界人民对德国会有什么看法？

日本有人狡辩，说日本参拜的是神，神是一个整体，难以将战犯剥离出来。那么请你在"拜好神"之前，先"斥恶鬼"。日本必须将"参拜"仪式变为"赎罪"仪式，对上个世纪发动的那场战争表示忏悔，并严厉谴责包括 14 名甲级战犯在内的军国主义者。这是检验日本政要参拜的是"神"还是

"鬼"的分水岭，借"神"弄"鬼"是绝不允许的。日本不能口头上忏悔侵略战争，行动上为侵略者招魂，这关乎日本最基本的国际信誉。一个不能正确清算自己罪恶历史的民族，对未来是缺乏免疫力的，最终倒霉的还是日本国民。

既然日本一些政要认为"是神就要拜，不管是好神还是坏神"，那为什么不首先来拜拜被你们杀戮的亚太人民？他们也应该是神吧，而且是"好神"，是"冤魂"。日本是不是应该建立一个国家级的"神社"，在"8·15"这天举行全国大祭，向二战死难者道歉、忏悔、谢罪，祈祷亡灵，像前首相村山富市所说的，"必须把战争的悲惨告诉年轻一代，以便不再重犯过去的错误。"

以上三条建议可以被归纳为"驱魔"、"斥鬼"、"拜真神"。这是劝日本去恶行善的苦口良药，既兼顾了日本的传统文化，又剔除了文化中的糟粕。日本应该相向而行，采取一些具体措施，尽快走出"参拜"的历史怪圈，求得亚太人民的谅解，不要再继续撕裂亚太受害国人民身上的伤口。如果日本一意孤行，那只能证明日本政要"拜神"是假，"求鬼"是真，日本要走一条什么样的道路，昭然若揭。

同样是战败国的德国，其前总理施罗德曾说，"我们不能改变历史，但是可以从我们历史最羞耻的一页中学到很多东西。"但愿日本能像德国一样，痛定思痛，对战争问题有一个彻底的反省和清算。若如是，实乃亚太之大幸，日本之大幸。

（《环球时报》，2013 年 8 月 15 日）

中国是战胜日本法西斯的决定性力量，日本不服也得服

1945 年 9 月 2 日是日本投降日，可是日本只提 8 月 15 日"终战日"，鲜提"投降日"，骨子里透露着不服，特别是对败在中国军民手下不服。一些日本政客认为是美国的原子弹征服了日本，或者是苏联打败了日本的关东军才迫使日本投降，唯独不提中国军民为打败日本法西斯付出的重大民族牺牲和作出的卓越贡献。让我们以事实来说话：

一是，中国对日作战时间最长。从"九一八"事变到日本投降，中国共抗战 14 年，其中局部抗战 6 年，全面抗战 8 年。美国对日作战从太平洋战争爆发到日本投降，时间不到 4 年；苏联从 1945 年 8 月对日宣战到日本投降，时间不到 1 个月。

二是，中国在对日作战中起了主力军作用。自 1931 年到 1941 年年底太平洋战争爆发前，中国已经独立坚持 6 年局部抗战和 4 年全面抗战。期间，中国在 1938 年抗击了日本陆军的 94%，1940 年抗击了日本陆军的 78%；太平洋战争爆发后，中国在 1942 年和 1943 年，分别抗击了日本陆军的 64% 和 58%。1945 年日本战败时，向中国投降的日军人数达 128.3 万（不含关东军），是日军海外各战区中人数最多的。

三是，中国抗战打破了日本的战争计划，支援了其他反法西斯战场。中国的抗战使日本的陆军主力深陷中国战场，无法实现"北进"计划，令苏联避免了两线作战的致命危险。在苏联卫国战争最危急的时候，苏联先后从远

东地区抽调 54 万兵力、5000 多门火炮、3300 多辆坦克，大大加强了西线对德作战的力量。同时，中国抗战还迟滞了日本的"南进"步伐。太平洋战争爆发后，日本陆军主力有 35 个师团被牵制在中国主战场，派往太平洋战场的仅 10 个师团，这对盟军稳定太平洋战争初期的战局起了重要作用。对于中国抗日战争的地位和作用，当时国际社会基本是肯定的。美国的罗斯福曾说："假如没有中国，假如中国被打垮了，你想有多少个师团的日本兵可以调到其他方面来作战？他们可以马上打下澳洲、打下印度……"苏联的斯大林曾谈到："只有当日本侵略者的手脚被捆住的时候，我们才能在德国侵略者一旦进攻我国的时候，避免两线作战。"英国的丘吉尔说："如果日本进军西印度洋，必然会导致我方在中东的全部阵地崩溃，能防止上述局势出现的只有中国。"

四是，中国在抗战中取得了辉煌战果，付出了巨大的民族牺牲。整个抗战期间，中国军民共毙伤俘日军 155 万余人，自身伤亡 3500 多万人。按 1937 年比值折算，直接经济损失 1000 多亿美元，间接经济损失约 5000 亿美元。而苏军在远东战役中伤亡 3.2 万余人，美军在太平洋战场伤亡 32 万余人。据 1956 年日美联合调查团调查统计，广岛爆炸当天死亡 4.5 万人，伤 9.1 万人，伤亡总计 13.6 万人，到 1945 年年底伤员中又有 1.9 万人死去，死亡总计达 6.4 万人；长崎当天死亡 2.2 万人，伤 6.4 万人，伤亡总计 8.6 万人，到 1945 年年底伤员中又有 1.7 万人死去，死亡总计达 3.9 万人。两地相加，日本伤亡人数达到 22.2 万人（不含以后因后遗症死去的人）。苏军毙伤俘日本关东军 60 余万。

由此可见，中国人民是战胜日本法西斯的主力军，中国是世界反法西斯战争的东方主战场。当然，毋庸讳言，打败日本法西斯是世界反法西斯同盟共同奋斗的结果，苏联的参战和美国使用原子弹在加速日本投降方面起到了催化剂的作用，但是中国的持久抗战也毋庸置疑是战胜日本法西斯的决定性力量。

如果日本不服，重蹈军国主义覆辙，向中国挑衅，只能败得更惨，那时侵略者将被中国打得心服口服，中国军民枕戈以待。

（2013 年 9 月 4 日）

从最坏处准备，争取最好的结果
——谈南海问题

《全球零距离》：菲律宾总统阿基诺不在讨论《南海行为准则》的会场，《人民日报》却点名菲律宾为代表的国家不要借机束缚中国，这是否意味着菲律宾的音量在会上超过了 1/11，得到了其他国家唱和？

罗援：菲律宾会制造出一些噪音，但音量不会高于总音量的十之三四，和者甚寡，许多国家都已认识到，菲律宾是南海问题的麻烦制造者，人家搭台它拆台，人家合作它捣乱，但不会得逞，它的路线图就是捣乱失败，再捣乱再失败……如此循环。

《全球零距离》：菲律宾急于速成《南海行为准则》的目的是拦住中国在南海维权的脚步吗？现在是中国在南海维权和拿回被侵占岛礁的最佳时机吗？

罗援：这里首先要搞清中国关于《南海行为准则》的政策主张是什么。王毅外长指出，制定"准则"要坚持四项原则：一是合理预期，"速成论"不现实；二要协商一致，寻求最广泛共识，照顾各方舒适度；三要排除干扰，我理解这个干扰不仅有来自域外的，也有来自域内的；四要循序渐进。中国一贯主张尽快落实《南海各方行为宣言》，我们在南海问题上保持了极大的克制，主张"搁置争议，共同开发"，但前提是"主权归我"，若不搁置争议，不共同开发，那好吧，你挑衅一次，我们就实际控制一个岛礁，这就是"黄岩岛模式"。

《全球零距离》：有专家估计，要实现菲律宾政府公布的 18 亿美元军事现代化项目，没有外来援助是不可能办到的。谁会为菲律宾埋单？这种埋单需要菲律宾付出什么代价？

罗援：毫无疑问，最大的埋单者，一个是日本，一个是美国。但他们都是有利可图的，绝对不会替别人做嫁衣裳。日本野田佳彦时期，曾答应无偿送给菲律宾 10 艘左右的巡逻艇，安倍政权现在已经不再提"无偿"了。美国卖给了菲律宾两艘"汉密尔顿"级护卫舰，那是美国国家海岸警卫队淘汰下来的二手舰，并拆除了部分武器装备。其实菲律宾得到这些二手装备是以让渡部分主权为条件的。美国觊觎的是苏比克湾、克拉克军事基地；日本图谋的是在南海占有一席之地，并分散它在东海的战略压力。菲律宾只是充当了美、日遏制中国的马前卒。

《全球零距离》：有观点认为，菲律宾奉行机会主义，有奶就是娘，随时可以翻脸。阿基诺之所以敢于得罪中国这只大奶牛，是吃定了大陆不会对它断奶，大陆和菲律宾的经贸额在去年再创新高。像枪杀台湾渔民时，台湾以制裁为武器，菲律宾方面立即就作出了让步。您怎么看这种观点？对菲律宾，是否也应该使用经济武器？

罗援：对这个问题要说两句话。第一句话是，南海问题不是中菲关系的全部。例如，2012 年中菲两国双边贸易额达到 364 亿美元，增长了 12.8%，创历史新高。第二句话是，南海问题又对中菲关系杀伤最大，不仅影响互信互利，而且影响国家关系的质量。我认为，经济手段可以适当使用，但要慎用，因为它是一把双刃剑，中国是菲律宾第六大贸易伙伴国，第三大旅游国，游客将超过 100 万，中国又是菲律宾水果最大出口地，菲律宾的日用品则主要来自中国。合则两利，斗则俱伤。如果使用经济手段，应该是一个国家行为，而不应该是盲目的自发行为，应根据国际通行规则进行制裁，让它知道痛，又无可奈何。

《全球零距离》：许多观点认为，美国不会替菲律宾打仗。但同时，菲律宾人却相信美军能够成为他们的盾牌，威慑中国，这中间是否存在矛盾？如果美国不准备打仗，菲律宾为什么认为中国会受到牵制？是谁判断错误？

罗援：美国国家利益有三个层次：核心战略利益、重要战略利益、一般性战略利益。核心战略利益是指美国本土安全，重要战略利益是指盟友安全，一般性战略利益是指诸如人道主义等安全。菲律宾只是美国的重要战略利益，并不是核心利益，而且在美国亚太的五大战略盟友中菲律宾最多算是一个三流盟友，菲律宾要清楚自己的斤两，不要打错算盘。当然，我们要做好强敌介入的准备，只有从最坏处准备，才能争取最好的结果。

《全球零距离》：南海的不稳定是因为缺少行为准则，还是因为中国在南海的军力不够强大，不足以稳定局势？中国在南海的军力越强，越有利于南海稳定吗？

罗援：国际秩序的维护，一靠规则，二靠实力。规则是外因，实力是内因。从地理大发现到今天的600余年间，西方国家几乎主导了整个世界秩序规则的制定，现在摆在我们面前的也是一个主动参与并影响规则制定的机会。中国作为后发崛起之国，当然要学习人类文明的一切成果和先进的经验，学会运用规则的力量，学会掌握制度的权力。但外因是条件，内因是根据，外因通过内因起作用。随着我国在南海军事实力的增强，特别是新型舰艇、新型飞机的入列，以及在南海战略支撑点的布局完善，我国在南海将有更多的话语权和管控权。

（广东卫视《全球零距离》，2013 年 9 月 24 日）

日本胆敢击落中国无人机，其付出的代价将不止是一架无人机

核心提示：日本政府相关人士 2013 年 10 月 20 日透露，针对"侵犯日本领空"的外国无人机，如果其无视日方警告，日方可以将它击落。日前，日本防卫大臣小野寺五典已将这种处理办法上报首相安倍晋三，并已经获得认可。日本的所谓"击落外国无人机"到底是虚张声势还是玩真的？日本这番言论和举动究竟意味着什么？

网友"倒影刃"：日本政府相关人士 20 日透露称，针对"侵犯日本领空"的外国无人机，如果其无视日方警告，日方将采取与有人驾驶飞机同样的强制措施，可将其击落。本月 11 日，日本防卫大臣小野寺五典已将上述处理办法上报首相安倍晋三，并已经获得认可。请问罗援将军，您认为日本的叫嚣是对中国实施的心理战还是要玩真的？如果日本做出击落中国无人机的挑衅行为，将触发哪些严重后果？

罗援：日本军政要人的这些话可能更多的是说给日本民众听的，我觉得他们还是在虚张声势。因为他们现在说的要击落"入侵日本领空的无人机"是有前提条件的。第一，"入侵日本领空"。日本领空到底有多大？难道它的领空无限大？我们中国的无人机在国际空域航线上飞行，怎么会侵犯日本领空？所以日本提出的第一个假设条件就是个伪命题。第二，"无人机对日本国民构成伤害"，众所周知，无人机实际上分为军用无人机和民用无人机。如果是军用无人机进入日本领空被击落，日本或可以此惑众；如果是民用

无人机，你凭什么要击落？即便是军用无人机也分武装无人机和非武装无人机，有些无人机只用于侦察，并不会直接对人员造成危害。所以他们提出的"进入日本领空"、"对日本公民造成伤害"这两个条件实际上都是不存在的。由此看来，日本用"无人机"说事，是为了制造一种战争的紧张气氛，蛊惑民心、煽动民意，为日本发展军力、修改和平宪法做舆论铺垫。

由此可见，日本假设的这个前提条件是不存在的，我们的无人机不会无缘无故进入日本的领空。如果我们的无人机在国际航线上，或者在中国领空飞行被击落，那无疑是一种军事挑衅行为，根据国际上通用的交战规则，这就是战争行动，中国一定会根据国内法和国际法行使正当的自卫权利，给予严厉反击，日本付出的代价将不止是一架无人机。

网友"沧的海"：美国前助理国务卿坎贝尔曾表示，"在钓鱼岛的主权问题上，美国政府不表示立场。希望日中两国采取和平友好的方法予以解决"，但"万一钓鱼岛发生军事危机，美国政府将依照《日美安保条约》的相关内容予以对应"。有人说钓鱼岛实际上是中日美三方的政治博弈。随着南海形势的紧张化，美菲同盟是否有"复活"迹象？日美菲是否会组建三国同盟制衡中国？

罗援：是，钓鱼岛问题的始作俑者其实就是美国。如果没有美国在1951年和日本签署的《旧金山和约》，如果没有美国在1953年把中国的钓鱼岛纳入琉球的管辖范围之内，如果没有1971年美国违反联合国规定将琉球连同钓鱼岛一起交给日本，如果没有美国提出将钓鱼岛纳入《日美安保条约》第五条款适用范围，钓鱼岛问题就根本不会出现现在的这种局面。美国的动作实际上是拉偏架，就是在偏袒日本，为日本的嚣张气焰撑腰打气。

实际上日美菲三国是貌合神离。这三国有利益的共同点，但也有利益分歧点。共同点就是要在中国周边制造一些麻烦，来遏制中国的和平崛起。但他们也有各自的利益需求：美国主要还是想重返亚太，独自掌握对亚太事务的主导权，维护自家的安全利益和经济利益；日本虽然貌似和美国、菲律宾在加强合作，但实质是有自己的小算盘，即想在亚太地区挑起一些事端，为日本摆脱二战后的束缚做舆论准备，最终目的是想修改和平宪法，走上重新武装的道路；菲律宾的主要考虑除了国内的政治需求外，还想拉大旗作虎皮，把美国和日本绑在其战车上，狐假虎威，弥补自己的国防短板和小国弱势。

网友"江河儿女"：钓鱼岛局势紧张以来，很多人关心中国和日本军事力量对比如何。有人认为日本的海军实力和空军实力远胜于中国，背后又有美国的支持，中日开战中方没有获胜可能。也有人认为，中国空军数量和远程空战有优势可夺取制空权，失去制空权的日本海军将无法抵抗中国的海空军突袭。您怎样看待中日针对钓鱼岛海域乃至整个海空军力量对比？

罗援：现在网民经常议论，中日是否必有一战。但是我想问这"一战"的具体概念是什么。是全面战争、中等规模的战争还是局部武装冲突？从现在情况看，中日发生全面战争的可能性基本可以排除。日本既没有能力，也没有这个胆量。毕竟现在的中国不是1840年、1894年的中国，也不是1937年的中国。中国现在的GDP总量已达到世界第二位，而且我们有强大的国防力量，特别是战略威慑能力。日本如果要向中国发动全面战争，将面临民族的灾难。如果是一种局部战争，特别是目的有限、规模有限的擦枪走火事件，中国在这方面是有局部优势的。拿空军来说，虽然现在钓鱼岛附近双方亮相的飞机都是第三代军机，但是我们的是新三代机，日本的是老三代机，而且数量不如中国多，机场条件也不如中国好；海军方面虽然互有优劣，但现在中国海军的发展速度是惊人的；另外我们还有日本所不具备的二炮部队，战略导弹部队。日本的国防是残缺不全的国防，有些方面，如海军的扫雷能力、反潜能力，在世界上处于领先地位，但也有短板：没有海军陆战队、核潜艇和战略打击兵器，预警和侦察系统更多还仰赖于美国。但是我们也要做好最坏的准备，我们在某些方面有优势，但是也要常备不懈，因为日本经常搞一些偷袭行动以图扭转其被动局面。总的来说，我们在这个问题上需要在战略上藐视，在战术上重视。

结束语：针对日本政府打算击落侵犯其领空的外国无人机一事，中国外交部发言人华春莹在 10 月 22 日表示，日方在一段时间以来人为制造紧张对立，并以此为借口不断扩充军备，其真实意图让国际社会感到担忧和警惕。中方将坚决应对外来升级挑衅行为。华春莹强调，钓鱼岛是中国固有领土。中方有决心、有能力捍卫国家领土主权，将坚决应对外来升级挑衅行为。中国国防部发言人耿雁生正告日本：中国飞机从未侵犯他国领空，也决不允许别国飞机侵犯中国领空。我们奉劝有关各方，不要低估中国军队维护国家领土主权的坚定意志和决心。如果像日方所说采取击落等强制措施，就是对我的严重挑衅，是一种战争行为，我们必将采取果断措施予以反击，一切后果由肇事方承担。这也是每个中国人的心声！

（人民网强国军事论坛，2013 年 10 月 27 日）

中国不怕鬼不信邪

——谈中国设防空识别区

核心提示：中国政府 2013 年 11 月 23 日上午发表声明，宣布划设东海防空识别区。这是继中共十八届三中全会决定成立国家安全委员会不久后，中国在军事和国防领域的又一重大战略举措，大振民心士气，体现了中华民族不怕鬼、不信邪的民族浩然正气，体现出我们捍卫国家主权和领土完整的坚定决心和意志。

一、什么是防空识别区？

防空识别区是根据我国国内的相关法规确立的在大于我国领空之外的侦察警戒预警和目标判别的空域，是我国积极防御国防政策的一个体现。

二、中国政府为何要划设东海防空识别区？有何依据？是否与当前地区局势有关？

我们设防空识别区，从我国安全的角度来看，我认为首先是有其重要的政治意义，体现出我们维护国家主权领土完整的坚定决心和意志，是国家意志的体现。第二是现实需要，为保护我们的重要目标以及飞行器和飞行人员生命财产安全，有必要设立这样一个侦察警戒和识别的范围，可以减少误判，增加临机判断和处置的预警时间，减少意外事件。第三，可以说是为形势所迫。最近，日本频频发出挑衅行为，说要击落

我们的无人机，扬言在它所谓的防空识别圈内打警告弹，并且在我们航行的国际海域附近部署88式岸舰导弹，这些对我们正常巡逻、警戒和在我们自己领空领海及国际空域海域通行、训练都造成了严重威胁。在这种情况下我们有必要划明底线，采取自我防护措施，以便更有效地维护

我们的主权领土完整，保证我们军机军舰正常的行动自由。我们必须张开这样一张安全的大网。

三、"防空识别区"的法律效力有多大？

现在的法律依据是《中华人民共和国国防法》《国际民航法》和相关的国际惯例，美国等西方国家在上世纪50年代就设立了防空识别圈，应该说我们是有例可循的，不是我们的独家发明，不能只许州官放火不许百姓点灯。有的国家防空识别区已经距离我们的东南沿海最近130公里，几乎顶到我们家门口了，我们的飞机只要一起飞就有可能进入到他们的防空识别圈。所以我们也要有一个防范范围，不能让别人在我们家门口玩枪舞剑，耀武扬威，而我们自己没有防卫的应对措施。第二，我国国防法的空域划分，以及前一段公布的钓鱼岛领海基线，这些都是我们的法理依据。钓鱼岛领海基线公布以后，以领海基线为基点往前推12海里是我们的领海，再往前推24海里叫毗邻区，再往前推200海里叫专属经济区。领海的垂直上空是我们的领空，在领空的范围之外，我们应该设立防空识别区，在此之外还应有情报搜索区，所以设立防空识别区不是我们一时心血来潮的应景之作。

四、外国航空器进入东海防空识别区后，中方可采取何种处置措施？

在此之前，我们多名军方学者，包括我个人在内，也多次呼吁要设立航空识别区。按我的设想，航空识别区应该分三个空域：第一个空域叫空中识别区，主要识别飞机的性质、种类，是军用机还是民用机，是敌方、友方还是我方的飞机，是作战飞机还是侦察飞机，是固定翼飞机还是旋转翼飞机，这都是要在空中识别区加以研判的；第二空域叫空中警告区，进入空中警告区的飞机，我们要通过声、光、电的手段对其提出警告，必要时也可以打警告弹，如果再无效也可以用我们的雷达对其进行直接锁定；第三空域应该是我们的自卫区，一旦飞机不听警告进入我们的领空和重要目标区，值此千钧一发的时候我们只能进行自卫。到了这个时候就是你死我活了，不是我被击落就是你被击落，在这种情况下我们只能进行正当自卫。我们的三个反应就是对其进行空中识别、空中警告，如果无效，别无选择，只能坚决自卫，这就叫言出法随，有理有利有节，先礼后兵。

五、中国武装力量的"防御性紧急处置措施"都包括哪些？

首先是警告；警告不行要对其进行干扰、迫降甚至武装驱离；再无效，在对我已经构成直接危害的情况下我们也可以采取紧急措施将其击落。

六、中国和日本的防空识别区有所重叠，您怎么看这个问题？由于东海防空识别区涵盖钓鱼岛空域，该防空识别区的设立是否会带来东北亚安全局势的紧张对峙和中日关系的全面对抗？

第一，这是一个防御性措施，可以说是危机预防、危机处置的战略举措，勿谓言之不预也，只有把我们的底线标明才能减少误判、误读、误伤，减少危机事件的发生。我们设立防空识别区是否会激化矛盾？我觉得只要表明了我们的底线，可使危机处理更加明快一些。这也是我们军事透明的一个表现形式。哪些地方你是可以去的，哪些地方你是不能去的，利益边际一定要厘清。其实，设立防空识别区是增加了一段缓冲区、多了一个避免直接发生军事冲突的减震器。中日防空识别区有重合的地方也正是双方利益诉求不一样的体现。我们不容忍一些国家在我们家门口"跑马圈地"，在我们的附近随意划出一些对我们不利的、构成威胁的空域，甚至把我们的领土上空划入他们的防空识别区。我们这样果断地表明政策立场只能是有利于问题的解决，使复杂的问题简单化，使模糊的问题清晰化。

（人民网强国军事论坛，2013 年 11 月 25 日）

识别区是防火墙、减震器

2013 年 11 月 23 日中国国防部正式宣布设立东海防空识别区，是有法可依、有例可循的。

"中华人民共和国的领陆、内水、领海、领空神圣不可侵犯。国家加强边防、海防和空防建设，采取有效的防卫和管理措施，保卫领陆、内水、领海、领空的安全，维护国家海洋权益"，这是国内相关法律赋予中国军队的正当权利和义务。美日在上世纪五六十年代就设立了防空识别区，现在世界上有 20 余国设有防空识别区，美国可以把防空识别区的前沿触及别国境内，日本可以把防空识别区的前沿抵近距离中国 130 公里的空域，怎么中国就不能在自己家门口筑起一道防火墙呢？

设立防空识别区有利于危机预防。危机预防的一条基本原则是必须厘清利益边际，告诉对方哪些地方是可行的，哪些地方是不可行的，哪些地方是经过允许才可行的，这对贸然闯入者是一个提醒，对蓄意挑衅者是一个警告，对正当防卫者则提供了一个预警时间。因此，防空识别区的设立并不是为了激化矛盾，恰恰相反，它使复杂的问题简单化了，使模糊的界限清晰化了，减少了误判、误伤的概率，是防止意外事件突发的减震器和缓冲阀。

设立防空识别区是形势所迫，确属被逼无奈。日本扬言要在它的防空识别区内打警告弹；要将进入日本领空（需要注意的是日本将中国的钓鱼岛也纳入其领空）的无人机击落；在中国军舰通往西太平洋的宫古海峡附近部署岸对舰导弹；频繁出动战机对我军用、海警飞机进行干扰，仅今年第二季度，日本 F-15J 战机就紧急升空 69 次，而去年同期只有 15 次；最近，日本又派军舰闯入我海军演习区进行抵近侦察……如果我国再不划出警戒线、预警区，将处于被动挨打的境地。为我国飞行员生命安全考虑，为维护国际正常的航空秩序考虑，也有必要设立防空识别区。

对中国设立防空识别区，别国无权说三道四。美国白宫声称中国的举动会影响美国及盟友的利益。这就奇怪了，中美相距十万八千里，中国在自己家门口设立防空识别区，影响你美国哪门子利益？你的手也伸得太长了吧！美国防长哈格尔更声称，划定防空识别区是中方单方面改变现状的做法，同时美军不会改变在东海演习的计划。那我们就要问问美国人啦，日本早在1969年就设立了防空识别区，叫不叫单方面改变现状？日本把中国的钓鱼岛纳入它的防空识别区，叫不叫单方面改变现状？日本将钓鱼岛国有化，叫不叫单方面改变现状？怎么没听到你美国人吱一声呢？

美国也别拿什么"美军不会改变在东海演习的计划"来恫吓我们。首先，我们宣布的是"防空识别区"，不是"禁飞区"，中方一贯尊重各国依国际法享有的飞行自由，东海防空识别区的设立不改变有关空域的法律性质。只要美国服从东海防空识别区管理机构或其授权单位的指令配合识别，飞行应该没有任何安全之忧。但若拒不服从，一意孤行，在我们多次警告无效的情况下，不管是哪国的飞行器，不管出于什么目的，也不管是演习还是挑衅，中国武装力量都将采取防御性紧急处置措施。我们必将言出法随，任何国家都不要存侥幸心理。

恫吓对我们无用，中国人民和军队向来不怕鬼不信邪，别人说什么，不说什么，做什么，不做什么，我们不必过于在意，保家卫国才是我们的硬道理。

（《环球时报》，2013 年 11 月 26 日）

在美国"叫板"中历练中国崛起

中国宣布设立东海防空识别区三日后，美国就派 B-52 战略轰炸机前来"叫板"。毋庸讳言，这对我们是一种羞辱，我们应该正视，并从中有所反思。

首先，要看到自己的不足。打铁还需自身硬，如果我们有令美国望而生畏的综合国力、军事实力，美国自然会望而却步。如果我们有绵密的空防体系，可以提前发现、提前预警、提前警告、提前处置，包括及时向国际社会和我国民众通报，也许会更主动。这是我们第一次设立防空识别区，刚运行就面临挑战。我们绝对不会屈从于压力而放弃防空识别区，只会不断完善它、强化它。美国人来给我们上了一课，我们要把美国的挑衅变为"挑刺儿"，哪里有不足，我们就补哪里，最终强身健骨，以后谁都不敢再来碰我们。

其次，我们认清了美国在亚太地区扮演的角色。在美国右翼势力挖苦"修理了中国一次"的时候，其实是美国最丢分的时候。许多美国对华友好人士多年来的辛勤劳作被打了折扣，一些美国政客扬言美国在钓鱼岛问题上"不选边站"的承诺被打了耳光。美国人耐不住寂寞，从后台跳到了前台。美国人是秀了一次肌肉，但更亮出了他们的虚伪和霸道。这提醒我们，在我们和平崛起的过程中，美国的这种"修理"、"羞辱"将如影相伴，我们应该适应这种阴影，既要有战略上的淡定，更要有意志上的激励，愈挫愈勇，在这种阴影中历练崛起，最终让阴影远离我们。

另外，我们要在斗争中学会斗争。谁都知道，防空识别区是缓冲区、预警区，只要别国飞机不侵犯我国领空，不对我们的重要目标和飞行员生命构成威胁，我们就不会主动打第一枪，也让对手不敢轻易打第一枪。美国战略轰炸机这次来叫板，明显有所顾忌，否则它为什么声称没有带武器，否则它为什么只敢在我识别区边缘擦边而过？对美国的挑衅，我们不必大惊小怪。冷战期间，美苏之间经常玩"猫捉老鼠"的游戏，你来我往，习以为常，双方也不是每一次都出动战机拦截。我们也不必每次都紧急起降战斗机，徒增维权成本。设立防空识别区的初衷是识别，现在初步运行目的已经达到，我们没理由沮丧。

既然各方都无意在中国防空识别区的空域打仗，那么这里就是在进行着一次宣传战。在这方面，我们倒是有改善的余地。同是美机进入中国防空识别区，从不同角度报道，在不同时机报道，就会产生不同的宣传效果。实际情况是，我们对美机进行了精确识别、全程监视，但由于新闻发布的时间晚于西方媒体，影响了舆论走向。再比如，同是进入中国和相关国家宣布的防空识别区重叠部分，别的国家说是没有向中国报备，似乎得意扬扬；那么，我们的飞机进入他们宣称的重叠区不也没有报备吗？我们现在已经设立了多层次的新闻发言人机制，应该将以往定期例行发布的惯例改为随机发布，也可以利用平面媒体、立体媒体、新媒体及时发布，第一时间抢占舆论的制高点。

我们设立防空识别区是合理合法的，别国无权置喙。狭路相逢勇者胜，现在是比拼国家意志、国家实力、国家智慧的时候。只要万众一心、同仇敌忾，我们就一定能够顶住来自方方面面的压力，并将压力变为激发我们民族精神的强大动力，最终实现中国梦。

（2013 年 11 月 30 日）

鹰胆鸽魂——罗援将军论国防

113

日本的战争叫嚣，对我们来说未必是坏事

核心提示：近年来，日本国内所谓"海洋国家论"、"海洋秩序论"充斥着战略学界，对其军事防卫政策的影响越来越大。面对中国海洋经济、海洋活动不断发展，日本右翼势力极力渲染"中国海洋威胁论"，而随着日前安倍参拜靖国神社、日本教科书拟宣称钓鱼岛为其固有领土等事件让中日关系陷入紧张局势，更有日本右翼媒体叫嚣，中日之争是"大陆国家"与"海洋国家"的"世界最终一战"。那么，日本海洋战略的最终目的是什么，又将对中日关系乃至东亚地区局势带来哪些影响？

网友"BB 霜"：您觉得中国 40 余外交官密集发声，动员全球舆论揭批安倍，是否充分评估了其他国与日本的关系，如何将中国立场与这种关系结合，让说服效果最大化？

罗援：中国 40 余外交官密集发声，体现了我们一个新的外交姿态。在钓鱼岛斗争中，采取了新的策略，就是文攻武备，在舆论上要抢占法律制高点、道德制高点，掌控钓鱼岛斗争的话语权。至于别的国家反应如何，也是在我们的预料之中，总的看来效果比较好。

我们打蛇要打七寸，抓住了安倍参拜靖国神社的实质是要翻历史旧案，重走军国主义道路。虽然一些国家在钓鱼岛等问题上跟我们的认识不太一致，但所有二战的受害国对当年日本军国主义制造的血腥屠杀都有共同的记忆，这就是我们文攻的出击点。现在一些国家已经把安倍视为亚洲的希特勒，这本身就说明我们的舆论攻势取得了一定的效果。

网友"BB 霜"：近来中日关系恶化成为关注的焦点，那么在新的一年里，您觉得国际形势上面临的主要的不确定因素还有哪些？我国又该如何应对？

罗援：今年我们需要关注的周边热点问题我认为是两海和三个领域。两海一是东海，一是南海；三个领域，一个是网络领域，一是太空领域，还有就是金融领域。

当前我们的关注重点是东海，要遏制日本军国主义复活，在这个战略方向上我们一定要保持高度警惕，因为日本是一个善于偷袭、不按常理出牌的国家，稍有不慎，就会酿成大祸。但历史的教训值得注意，从新中国成立以来，在我们边境上爆发的几次局部战争或者军事摩擦往往发生在次要方向或者是我们忽略的方向。

所以对南海方向、中印边境方向、黄海和半岛方向也不能掉以轻心，因为有些国家已经做出了对我们不友好的动作。我们也要保持高度警惕。

另外三个领域的安全问题也要引起高度重视，美国中央情报局前雇员斯诺登披露，美国将中国视为重点监控对象，不仅监控我们的政府网站、国防网站，甚至连大学等民间网站也不放过。这就警示我们在我们身边正在演绎着一场没有硝烟的战争。

未来在太空领域的争夺也将愈演愈烈，美国正在研发一些横跨太空的新概念武器，还有一些国家也在试图跻身世界航天俱乐部，在这个高安全边疆的角逐将更加激烈，我们也必须密切关注。

同时，在新的一年里，金融领域的危机也不可忽视，一些现实威胁因素和潜在因素并未消除。一旦发生金融动荡，也会影响我们的整体安全环境。

网友"潘多拉的世界"：香港《南华早报》2013 年 12 月 16 日报道称，一名中国军队的高级将领认为，有关中国海洋领土纠纷的武装冲突将是一个很好的检验军事实力的机会。而日本媒体此前也一直炒作中日 2014 年初必有一战，还假想战争的场面。您觉得会出现这样战争局面吗？

罗援：日本一些媒体和右翼分子频频进行战争叫嚣，这对我们来说未必是一件坏事。他们着实给我们敲响了危机的警钟。我们是要力保战略机遇期，但这个战略机遇期实际上有两层含义，一是经济建设的战略机遇期，一是国防建设的战略机遇期。

经济建设应以市场来牵引，国防建设则应以敌情来牵引。日本右翼分子的战争叫嚣给我们发展国防提供了一个充足的理由和依据，军队是否能打仗、敢打仗、打胜仗，是检验我们军事斗争准备是否落实了的试金石。中国古语有云，"善战者不言战。"当我们面对日本频繁的战争叫嚣，不发声或少发声时，日本就要小心了。

网友"潘多拉的世界"：据日本放送协会电视台日前报道，日本陆上自卫队第一空挺团（降落伞部队）在千叶县船桥市的习志野基地进行了空降演习，并公开了训练录像。报道说，部队成员进行了空降并夺回假想外敌占领离岛的演习。每年 1 月，该部队都会在此进行例行演习。您怎样看待日本的这种行为？

罗援：我认为这是日本在虚张声势，是在做给日本老百姓看，是给右翼分子提虚劲儿。如果事态真发展到这一步，哪里还有你空挺团登岛的份？我们早把目标打成一片火海了，空挺团或者只能望洋兴叹，或者只能飞过来当炮灰。

网友"努力加餐饭"：近年来面对中国海洋经济、海洋活动不断发展，日本右翼势力极力渲染"中国海洋威胁论"，将中国限定为所谓"大陆国家"，压制中国利用海洋资源的经济权利，从根本上否定中国在海洋的安全权利，将中国进入海洋的正常活动全部视为扩张。日本的右翼势力这些举动将对中日关系产生什么影响？

罗援：这让人们想起了日本的"大陆政策"，大陆政策也称为大陆经略政策，是日本自明治维新后"不甘处岛国之境"，力图用战争手段侵略和吞并中国、朝鲜等周边大陆国家的对外扩张政策，是日本近代军国主义的主要特征和表现。日本大陆政策于 19 世纪 80 年代趋于成熟，并在 1894 年至 1895 年的甲午战争中得以实施。因此中日甲午战争本质上不是一个孤立事件，而是日本近代走上军国主义道路的必然产物。今年是甲午战争 120 周年，日本又提大陆政策，不能不引起我们的高度警惕。

网友"努力加餐饭"：近年来，日本国内所谓"海洋国家论"、"海洋秩序论"充斥着战略学界，对其军事防卫政策的影响越来越大。您怎么看待日本国内的这些论断？其最终目的是什么？

罗援：日本国内宣扬的所谓"海洋国家论"其实是反映了日本的岛民心态，其主要表现：一是战略上的短视，没有国际视野、战略眼光，最突出的例子是日本没有哲学家、战略家，它可以取得某些战斗层面的胜利，但它在战略上则会满盘皆输。

二是具有强烈的危机感，甚至是比较过敏的危机感。因为它战略纵深短浅、能源匮乏、自然灾害频繁，因此几乎惶惶不可终日。

三是具有强烈的海洋意识。它是一个传统的海洋大国，辉煌来自海洋，危机也来自海洋，海洋几乎就是它的天然屏障，而这个屏障现在正在被打破，于是它重启"海洋秩序论"，企图控制西太平洋，争得东北亚霸主地位，同时遏制中国崛起，企图把"中国龙"困死成"中国虫"。

网友"宅人"：2014年1月底，日本首相安倍晋三即将展开对南亚大国印度的外交访问。日前日本国际问题研究所研究员小谷哲男发文为即将访印的安倍推行"价值观外交"积极造势。文章中，小谷毫不掩饰地表示，"推进日印海洋伙伴关系就是要遏制中国的海上攻势。"您觉得中国应该采取什么措施应对这一形势？

罗援：安倍晋三上台以来，先后提出了价值观外交、建立自由与繁荣之弧，最近又在搞地球仪外交，无非是在造势，拉拢一些国家和中国"打群架"。我们应在外交上揭露和破解他的阴谋。一是以实破虚，就是有针对性地提高我们的综合国力和军事实力，这样不管日本再兴风作浪，我们也可以任凭风浪起，稳坐钓鱼船。二是以利破局，国与国之间的关系是以利益为基础的，只要我们向相关国家晓以利害，他们是会掂量孰轻孰重的。中国发展离不开周边国家，周边国家发展更离不开中国的大市场和资金、技术。三是要纵横捭阖，把我们的敌人孤立得越少越好，把我们的朋友争取得越多越好。

网友"宅人"：美国提出"战略东移"和"重返亚太"已经有好几年时间，但明确制定并实施"再平衡战略"，则是近一两年的事情，这是美国东亚政治和安全战略的核心，也是影响东亚安全形势的最重大因素。美国要在东亚实施"再平衡战略"是否达到了目标？美国的"再平衡战略"意在"平衡"什么？

罗援：我曾说过，美国的霸权政策不是力量的平衡因素，而是麻烦的制造因素。从亚太地区的安全局势就可以看出，本来不太平的太平洋，现在更加不太平，没有动乱出现了动乱，小乱变成了大乱。在中东地区，内乱还变成了内战。无不与美国的霸权政策相关。所以美国的介入只能使问题更加复杂化、危险化。

网友"一指流砂"：从美国宣称钓鱼岛适用于《美日安保条约》的态度和最近公然挑战中国东海防空识别区的举动看，美国的介入已经不再是猜测中的问题，而是非常现实的问题，中国应该如何对待解决钓鱼岛争端中的"美国因素"？美国的介入对中日关系有何影响？

罗援：中日之间因为钓鱼岛问题发生举国之力进行大规模战争的可能性基本可以排除，但是发生擦枪走火小规模局部冲突的因素严重存在，因此我们小战要有中战的准备，中战要有美军介入的准备，只有有备，才能无患。因此，我们的作战预案要从最坏处着眼，要考虑强敌介入的因素。

但是我们要做好美国人的工作，对美国晓以利害，解释中日围绕历史问题和钓鱼岛问题之争，实际上是维护第二次世界大战战后秩序和胜利果实的斗争。日本是在利用钓鱼岛和参拜靖国神社等问题，借题发挥，企图重走军国主义道路，挑战所有二战的战胜国，其中也包括美国。我们要以维护国家安全主权的坚定决心和维护国际秩序的正义性，提醒美国增强对于日本的警惕和防范，尽量减小美军介入的力度，增大美军介入的顾虑。

网友"一指流砂"：朝鲜 2014 年 1 月 16 日向韩国提议停止相互中伤。事实上，金正恩新年讲话后，朝鲜便多次发文营造改善关系的氛围。韩国也有意展露笑脸，朴槿惠 13 日还向 CNN 表示，随时可与金正恩会晤。您觉得韩朝新年频频示好会对东亚形势有什么影响？

罗援：对朝韩双方释放的善意我们还是要听其言、观其行，双方曾经多次示好，向对方伸出了橄榄枝，例如金日成的民族和解政策、金大中的阳光政策、朴槿惠的信任工程，但最后都是雷声大雨点小。

对双方释放的善意我们当然乐观其成，我们还是希望在半岛问题上促谈、促和、促无核化，最大限度地保持半岛稳定和相关国家的和平与安全。

主持人：罗将军你还有什么补充的吗？

罗援：我看了一下网友最新的提问，几乎都集中在钓鱼岛问题上是否会有一战、中国军队是否有所准备。我可以放心地告诉大家，我们国防部发言人多次宣示的中国军队有决心有能力捍卫国家的主权和领土完整，绝不是一句空话，而是以实力为基础的，从我们最近一些先进武器的亮相、最近频繁的军事演练就可见一斑。

军队连应对钓鱼岛危机的预案都没有，还叫什么国防军？当然，我们在战略上藐视敌人的同时，也要在战术上重视敌人，从难、从严、从实战需要出发，训练我们的部队，从最坏去着眼，争取最好的结果。欢迎网友们献计献策，提供日本方方面面的情况和可能采取的动作，以及我们的应对之策。

（人民网微博大智汇，2014 年 1 月 21 日）

鹰胆鸽魂——罗援将军论国防

119

美国将为对日本战略纵容付出代价

美日关系既有相互利用的一面，也有相互防范的一面。二战后，美国为了建立以它为主导的战后秩序，对日关系以防范的一面为主；冷战中，出于抗衡前苏联的需要，对日关系以利用的一面为主；冷战后，特别是奥巴马政府提出"重返亚洲战略"以来，对日关系转向战略纵容一面为主，试图让日本担当它重返亚洲的垫脚石，充当遏制中国的马前卒。最近，美国国务卿克里在出访亚洲时刻意绕开日本，表达了对日本近期一些做法的不满，但又在出访前的2014年2月7日，对日本外相和媒体表示，美国不承认也决不接受中国设立的东海防空识别区，并将保护日本在包括中国称拥有主权的岛屿上不受任何攻击。似乎玩了个"战略再平衡"，殊不知，此举正中日本下怀，被日本玩了一把，其实是搬起石头砸自己的脚。

美国对日本的战略纵容，在战略上丧失警惕，最终会自食其果。因为，日本的政治右倾化，无疑有针对中国的一面，但又何尝没有针对美国的一面？日本要摆脱的战后秩序是国际社会，包括美国在内的战胜国对日本这个战败国的惩罚和束缚，现在日本要咸鱼大翻身，重翻历史旧案，难道美国能不在它反攻倒算的名单之中吗？

日本打出右倾化的招牌是要"国家正常化"，堂而皇之，似乎别的国家无从反对，哪个国家不需要正常化？美国一些政要就说过，日本是一个民主国家，正常化是它的合理诉求，美国没有理由干预。但恰恰在这一点上，美国正中其奸。我们先要看看，日本怎么不正常化了，为什么不正常。

首先，日本作为一个主权国家，它的宪法却是由别的国家给它制定的。谁制定的？恰恰是美国人麦克阿瑟。为了防止日本军国主义死灰复燃，麦克阿瑟在日本宪法中设定了许多红线，例如不允许日本有正常的国防军，不能行使集体自卫权，不能拥有以国家名义开战的交战权。现在，日本统统要突破，实际上就是要摆脱美国对日本的束缚。

其次，日本作为一个主权国家，在自己的领土上竟然有外国驻军，这是日本长期耿耿于怀的。可以预见，一旦日本实现"正常化"，第一个被下逐客令的肯定是美国。那时，美国将进退失据。

更重要的是，日本一旦复活军国主义，它首先报的一箭之仇，未必是中国、韩国或俄罗斯，肯定是美国。最近，日本 NHK 经营委员百田尚树称，二战中美军实施的东京大轰炸和投放原子弹才是"大屠杀"，远东审判是为了掩盖美国大屠杀的罪行。由此可见，日本已经在为"复仇"进行舆论热身了。

一些美国人认为，安倍晋三参拜靖国神社，是日本的内政和独特的文化传统，与美国无关。殊不知，安倍参拜的甲级战犯，不仅有对中国和亚洲人民犯下滔天罪行的刽子手，还有策划太平洋战争的甲级战犯东条英机，以及签署袭击珍珠港命令的海军大将永野修身等，这些战犯身上都沾满了美国军人的鲜血，难道美国可以听任安倍对美国的仇人顶礼膜拜吗？

日本现在一个劲儿地要推翻远东军事法庭对日本战犯的审判结论，说是战胜国强加给战败国的"屈辱"。但问题的实质是，日本是不是侵略了别的国家？是不是在别的国家制造了惨绝人寰的大屠杀？该不该受到正义力量的惩罚？在这个大是大非问题上，美国不能保持"战略模糊"，否则，美国一贯标榜的所谓"正义"形象将再次被证明完全是虚伪的。

美国放任日本在军国主义的道路上越走越远，无异于为虎作伥，到时候"神风特攻队"零式战机再次偷袭美国，将悔之晚矣。中国现在以独到的战略敏锐性站到了反对日本军国主义复活的第一线，虽然有些国家还不理解，但历史终将会感谢中国，世界也会感谢中国。同时我们也希望，美国不要再次背上"远东慕尼黑"的骂名。

（2014 年 2 月 12 日）

注：本文经编辑发表于《环球时报》。

让菲律宾为挑衅行径负全责

2014 年 3 月 29 日，中菲两国舰船在仁爱礁附近海域对峙，中方向菲方舰船喊话："你们将为自己的行为后果负全责。"然而，菲船置若罔闻，依然向赖在仁爱礁上的人员运送了食品，并实施了换防。那好吧，我们将言出法随，让菲律宾为他们的行径承担后果。为此，作为民间智库我们提出如下十条建议：

建议一，我们应立即公布当年菲律宾 57 号坦克登陆舰遇险请求"坐滩"我仁爱礁的外交备忘录，抢占法律制高点和舆论制高点。

建议二，宣布菲律宾在我仁爱礁上"避难"船只"大限已至"，菲律宾应尽快将其拖走，如若菲方无此能力，我方将给予协助，但菲方应按国际惯例付费。若菲方执意赖着不走，我们将采取多种措施（菲律宾可以发挥它的想象空间）使其军舰解体，让非法占领者无立足之地。

建议三，向菲律宾索取自 1999 年以来，57 号登陆舰搁浅在我仁爱礁上的所有费用，就此知会菲律宾并与其展开外交谈判，同时在外交舆论上造势。

建议四，在重申我对南沙及其附近海域拥有绝对主权的外交表态之外，特别以仁爱礁为圆心，以 12 海里为半径画一个圆，在地图上以红线表明，圆弧以内即为我领海，任何国家的船只未经我国允许，擅自闯入都将视为侵略，我将依《中华人民共和国国防法》行事。

建议五，对外宣布为了保障途径南海海域及空域所有船只和飞行器的安全，我们将筹划在仁爱礁设立观通站或海难、空难救济点，希望得到国际社会的理解和支持。

建议六，在多次外交警告无效的情况下，我们还可以对外宣布仁爱礁将有军事用途，出于人道主义的考虑，提前告知菲律宾当局，尽快撤离在仁爱礁上的人和物，否则后果自负。

建议七，菲律宾若继续在仁爱礁挑事，我们不仅要收复对仁爱礁的实际管控权，还要适时收复其他被菲律宾掠夺走的岛礁的管控权。

建议八，我驻外大使应集体发声，揭露菲律宾破坏南海现状，挑衅中国主权的行径。将当年菲律宾的地图是如何画的，宪法是如何写的，美国作为菲律宾当年的宗主国对它的版图是如何界定的，全部公布出来，将事实昭示于天下。

建议九，我们也组织媒体记者乘我们的海警船到仁爱礁附近海域，搜集菲律宾打破现状，破坏《南海各方行为宣言》的证据。

建议十，在主权归我的前提下，对开发仁爱礁及其附近海域海洋资源进行国际招标，或者海峡两岸进行联合开发。菲律宾若有意愿可以向我投标，条件合适可以优先考虑。

总之，在事关国家主权和领土完整的重大原则问题上，中国不惹事，但也不怕事。既然菲律宾出来惹事了，那它就要付出代价。

（2014 年 4 月 1 日）

注：本文经编辑发表于《环球时报》。

用美日同盟唬人，中国不吃这一套

美国总统奥巴马 2014 年 5 月 11 日表态，称钓鱼岛适用《日美安保条约》，结合美国驻冲绳基地司令威斯勒之前就钓鱼岛的狂言，几乎可以想象安倍听到这些话欣喜若狂的样子。全世界大概只有日本最在乎美国官员的表态，中国对钓鱼岛的既定战略绝不会因为美国谁说了句什么话，而有任何改变。

但奥巴马这番表态出格了！难道他不知道，钓鱼岛的主权属于中国本无争议，争端起因是美国非法私相授受；难道他不知道，中日在钓鱼岛问题上的长期默契，因日本政府的挑衅被打破；难道他没看见，安倍一再就钓鱼岛，以及历史问题口放狂言，刺激包括中国在内的周边国家。安倍做了种种坏事，大概自己也很心虚，否则不会如此迫不及待地想寻求华盛顿的一点点安慰。就算是奥巴马出于地缘战略的需要，想安抚一下焦虑不安的安倍政权，但也不能不顾历史和现实，乱说话。要知道，这样的话是会严重误导安倍的；要知道，这样的话与中美致力于建立的"不对抗、不冲突"的新型大国关系是大相径庭的。

在日本非法"国有化"之前，钓鱼岛在中国舆论场上不是热点话题。在日本挑起钓鱼岛争端后，用武力夺回钓鱼岛也并没有成为中国社会认真讨论的唯一选项。中国一直强调和平解决钓鱼岛争端，但日本人和美国人一再提醒我们"非和平"的解决方式，这是在渲染中国政策的"进攻性"，为"中国威胁论"制造素材。

无论是和平解决，还是武力夺回，中国在钓鱼岛争端上有自己的原则和节奏，节奏可能会因为日本或美国的一些动作而调整，但原则和目标不会变，更不会因为美国人说了句话而变，不会因为有个日美同盟而变。中国对自己命运的掌控力随着国力的增长不断提高，中国人对以自己选择的方式收回钓鱼岛更加充满信心。

奥巴马和安倍显然把美国想得太"举足轻重"了，忘了美国现在到底算老几。虽然还保留着摇摇欲坠的老大地位，但早已今非昔比。美国现在尚未走出经济低谷，恐怖主义的梦魇依旧缠身，中东、中亚硝烟未消，乌克兰又风云再起，美国纵有三头六臂，无奈十指摊开，岂能全力帮携它的日本小伙计。在美国林肯纪念墙旁竖立了两道纪念墙，一道是"韩战纪念墙"，一道是"越战纪念墙"，美国人自我解嘲说，这是美国建国以来，唯一没有打赢的两场战争。其实，他们心知肚明，这两场战争他们真正的对手都是中国军队。当年一贫如洗百废待兴的中国在抗美援朝战场上面对着比八国联军多出一倍的十七国联军，都毫无畏惧，现在岂能被一个比十七国联军"缩水"八倍的美日军事同盟所吓倒？

靠口水无济于事，反而更能激发中国人民和军队捍卫国家主权和领土完整的决心和意志。唬人的把戏只对意志薄弱的人有效，但中国人民不可能吃这一套。我们绝对不会按照你们的思路被动接招，跟你们打什么宋襄公式的堂堂之阵，在我火力射程之内，凭什么我们要按照你们的设计，在一个面积不足五平方公里的弹丸之地搞什么"岛礁攻防战"、"拉锯战"？我们有多种手段、多种能力控制钓鱼岛，我们一贯的战法是，你打你的，我打我的，不按常理出牌。你们本应该是懂的。

中国军人热爱和平，但绝对不惧怕威胁。我们不用你们提醒，就知道战争的残酷性。上战场流血牺牲的首先是我们军人，因此，我们比谁都酷爱和平，但我们更知道国家安全和领土完整的重要性，其价值甚于个人的生命。

（2014 年 4 月 24 日）

注：本文经编辑发表于《环球时报》。

菲要撕破脸，我们只能以牙还牙

2014 年 5 月 9 日，在外交部例行记者会上，发言人华春莹表示，要求菲方立即无条件地放人、放船，中方保留采取进一步措施的权利。或许菲律宾已经司空见惯了，压根儿就不把这句话当回事；或许他根本听不懂这句话的含义。那好吧，我来告诉你，中国对包括半月礁在内的南沙群岛及其附近海域拥有无可争辩的主权。那里发生什么事，不关你菲律宾什么事。先不说你出示的捕猎海龟孤证的可信度，即便中国渔民真捕获了海龟，那也归中国政府按中国法律来管，没你菲律宾什么事，你最多只有举报权，没有批捕权。还先别谈什么"审判"中国渔民的事，最应该接受审判的正是你菲律宾，凭什么你违反《国际海洋法公约》和《南海各方行为宣言》，打破现状，到中国海域抓人？即便是在有争议的海域你也无权抓人！

既然菲律宾非要和中国撕破脸面，那我们也只能以牙还牙，以眼还眼，把我们的"进一步措施"付诸实施。

首先，我们应该拘捕非法占据我国领土的入侵者。仁爱礁不是无主之地，不是避难所，更不是旅游点，它是我们的领土，我们对它有实际管辖权。我们必须勒令菲律宾"坐滩"在那里的军舰立即离开，不要敬酒不吃吃罚酒，你如果再在仁爱礁耍赖，我们会有多种手段"清场"、"拔点"，勿谓言之不预也。如果说，外交斗争要做到有理有利有节，那仁爱礁的"清点"行动最符合这三项原则，既有法理依据，又符合国家利益，更可以有所节制、有所控制，或许能起到事半功倍的效用。我想国际社会对此也应该可以理解和有心理承受力。

其次，我们还应政治、经济、外交、法律多种手段综合施压，其中经济制裁不失为风险度较低、效率较高的有效措施。在外交层面，我们应该夺回话语权，不要总让菲律宾等国恶人先告状，在即将召开的东盟峰会上，我们应该主动出示相关国家在南海制造麻烦的事实，抢占舆论和道德制高点。

美国在半月礁事件上也不要多管闲事，你先查查你在 1898 年、1900 年和 1930 年分别与西班牙和英国签署的条约中确定的菲律宾版图包括不包括仁爱礁等南沙岛礁！你先查查你在上世纪 50 年代初与菲律宾签署的《共同防务条约》中，包括不包括仁爱礁等南沙岛礁！如果没有，你就是出师无名，助纣为虐，破坏南海的和平与稳定。

美国也别假装什么公允，说什么只问"海龟"，不问"主权"。如果别的国家到你的领海内缉拿"犯罪嫌疑人"，你能允许吗？同是世界级海洋保护动物，为什么日本捕鲸你就不管？这不是明显的双重标准吗？

我们已经保持了极大的克制和忍耐，"忍"字是插在我们中国人民和军队心头上的一把"刀"，而且是开过刃的刀。菲律宾侵占了我们 8 个岛礁，这就是在战略上已经打响了第一枪，现在又抓捕我们的渔民，这就是在战术上也打出了第一枪。我们什么时候还第二枪，那将是我们的权利。什么时间还击，在哪里还击，采取什么方式还击，还击到什么程度，完全由我们来定，菲律宾从现在起，就等着为它的挑衅行为付出代价吧！

如果菲律宾到目前为止，仍然对中国"保留的下一步措施"缺乏想象空间，那我可以提醒一下你，比照一下美国、俄罗斯这些大国遇到类似情况后，他们会怎么处理？我们是在与国际接轨，但这种接轨，不是光让人家看到我们"有什么"，还应该让人家知道我们会"干什么"；不但要有能力的透明，还应该有意图的透明。意图透明，不仅应该有我们维护和平的诚意和善意，也应该包括我们捍卫国家主权和领土完整的坚定决心。这种决心的坚定性，在某种意义上是要用行动来体现的。

起码有一点是明确的，我们采取"下一步措施"的题中之意，是拿回原本属于我们自己的东西，如此而已，总不为过吧？

（2014 年 5 月 12 日）

注：本文经编辑发表于《环球时报》。

日本导弹距钓鱼岛越近，距我有效杀伤范围越近

据日本新闻网报道，日本陆上自卫队于近日在距离钓鱼岛最近的宫古岛，完成了地对舰导弹的强化性部署。日方还计划于 2016 年在熊本县部署新式地对舰导弹，旨在通过监视宫古海峡航道，影响进出太平洋的中国军舰。

日本此举一是在挑衅，二是在玩火。

何谓挑衅？中国在钓鱼岛问题上一直采取克制政策，试图用和平手段通过外交途径来谈判解决领土争端。但日本咄咄逼人，先是将钓鱼岛国有化，挑起矛盾；继之，日本地方议员登上钓鱼岛，激化矛盾；接着，日本海警船抓扣中国渔民，冲撞中国船只使矛盾升级；近来又不断捏造事实，恶人先告状，一会儿说什么中国军舰对日本军舰进行了火控雷达照射，一会儿说什么中国军机与日本军机"异常接近"……当这些谎言一一被中国用铁一般的事实粉碎后，日本图穷匕首见，居然用在距离钓鱼岛最近的宫古岛部署导弹和扬言封锁宫古海峡来威胁中国。这完全是一种流氓嘴脸，战争叫嚣。钓鱼岛自古以来是中国的领土，解放军总参谋长房峰辉最近指出，老祖宗给我们留下的领土我们一寸也不会丢。不管你部署导弹也好，不管你拉美国军事介入也好，我们维护国家主权和领土完整的决心和意志都不会动摇。宫古海峡是国际海上通道，属于《联合国海洋法公约》适用范围，我军有自由航行的权利，不管你在陆上封锁也好，还是在海上封锁也好，我们都会照过不误，来去自由，我看你日本敢动中国海军一个手指头！

何谓玩火？日本最近频频挑衅，自鸣得意。殊不知，日本已经把自己推上危险的境地。日本在用自己的行动逐渐挤压和平的空间，关闭和谈的大门，逼迫中国军队做好使用非和平手段应对危机的准备。不要再恶人先告状，动不动就造谣说什么中国军队"好战"。中国军队是世界上最热爱和平的军队，但我们绝对不惧怕威胁。我们总不能在日本的导弹射程内讨生存吧？我们总不能被日本封死在第一岛链之内吧？中国已经提出要建设海洋强国的奋斗目标，这个目标一定要达到，一定能够达到。"中国龙"不能被困死成一条"中国虫"，中国的崛起势不可当，岂是日本几枚导弹所能阻拦的，就是再加上美日军事同盟也无济于事。日本的战争叫嚣和战争部署，只能激发中国人民和军队高昂的斗志，中华民族向来有越磨越利、越挫越勇的传统，面对日本的挑衅我们将奋发图强，研发更先进的武器装备，制定更有效的反封锁预案。日本的战争狂人也不掂量掂量，日本部署在宫古岛或者即将部署在熊本县健军基地的导弹，在数量上和质量上能否与中国军队的"撒手锏"装备相抗衡？你离中国的导弹发射阵地越近，危险性越大，损失将越大。我们可以明白无误地告诉日本右翼势力，你们在一线部署的导弹已经在我军导弹的有效杀伤范围之内。

其实，最应该出来反对日本在宫古岛部署导弹的是日本人民。因为日本右翼分子正在绑架日本国民，以将日本变为正常国家为名，改变和平发展道路，把日本推向危险的深渊。日本政府最近调整和加强军事部署，就是拿宫古岛、熊本县和冲绳县以及西南离岛的居民当人质，一旦日本右翼分子玩火，又无和平宪法约束，战火殃及的将是日本平民。为和平计，不仅中国人民要防止曾经的战争策源地死灰复燃，反对日本重走军国主义老路，日本人民也应该反战、反修宪、反在敏感地区部署导弹。只有中日两国的反战力量形成合力，才能避免战争灾难再次降临亚太和中日两国。

（2014 年 6 月 16 日）

注：本文经编辑发表于《环球时报》。

东海演习凸显我们有能力对钓鱼岛实施火力管控

深圳卫视：这次东海军演是否在钓鱼岛附近海域？解放军是否就钓鱼岛问题正在发力？

罗援：从中国海事部门发布的航行警告显示来看，解放军将在东海举行的军演区域最北端到北纬29°05'最南端到北纬27°28'，应该在钓鱼岛西北处，不包括钓鱼岛，钓鱼岛在北纬25°到北纬25°50'，与演习区域相距一度左右。因此，对钓鱼岛附近正常的渔业作业和航行安全会有一定的影响，但只要遵守相关规定，影响有限。这次演习体现了我们可以有效火力控制钓鱼岛，可以凸显我们的军事存在，有效地维护国家的主权和领土完整。

深圳卫视：您在2012年作为全国政协委员提出提案，主张实现钓鱼岛的军事存在，即以钓鱼岛为军事演习区域。提出这份提案的原因是什么？落实情况怎样？

罗援：我作为第11届全国政协委员，当时曾经建议应在钓鱼岛附近设立军事演习区、导弹试射区，必要时应将钓鱼岛作为我航空兵的靶场。我为什么要提出这么一个提案？因为美国在托管琉球群岛时就把钓鱼岛作为美军航空兵的靶场。现在既然钓鱼岛是我们领土的一部分，我们就应该有权利对钓鱼岛实施有效的管辖。现在，日本右翼分子频频叫嚣要在钓鱼岛上驻军，我认为，我们在多次外交警告无效的情况下，就可以对外宣布，某年某月某日我们将在钓鱼岛附近进行导弹试射，一切无关人员和船只不得入内，否则后果自负。这才能体现我们的军事存在，军事威慑。我感到非常欣慰，我们的建议，与国家的考虑不谋而合。

深圳卫视：未来在钓鱼岛问题上，解放军还应有怎样的应对？

罗援：解放军当然要采用一切手段对钓鱼岛危机进行有效的管控，配合国家的整体战略考虑，为国家和平解决争端提供强有力的军事保障。同时，要制定万一事态扩大、事态失控的应急预案，做好应对突发事件的准备。

（深圳卫视，2014 年 7 月 26 日）

东海、南海问题的核心是要凸显"主权归我"

核心提示：进入 21 世纪之后，海洋权益争端不断升温，各国围绕着海洋的角逐也不断激化。近年来中日钓鱼岛之争发酵，菲律宾、越南等国加剧南海紧张局势，中国的领海主权和海洋权益正在不断地受到威胁，在此背景下，中共十八大提出"建设海洋强国战略"，中国正逐步加快进入"海洋时代"的步伐。那么中国的海洋战略是什么？中国的海洋战略有何目标和任务？如何部署中国的海洋战略的力量和组合？围绕海洋强国战略，中国海军又有什么战略举措？

田桐：罗将军，我们知道现在中国面临着非常复杂的岛屿之争，无论是日本、菲律宾、越南，那我们自己怎么样来处理这样一个纷繁复杂的岛屿之争呢？

罗援：在这么一个复杂多变的环境中，我们要保持战略定力。我觉得现在整个的海洋问题，我们不能头疼医头，脚疼医脚，我们必须要有一个宏观的海洋战略，特别是怎么来整合我们的海洋力量和战略资源，这非常重要。所以我建议应该由国家安全委员会来领导，尽快制订一个海洋战略，来规划、统筹我们的海洋全局，特别是海洋安全方面的一些重大事宜。

田桐：那么您认为我们现在要发展海洋的大战略，应该从哪些方面入手？

罗援：这应该是双管齐下，现在我们已经提出了新型安全观的概念，新型安全观就是综合安全，共同安全，合作安全，还有可持续安全。现在我们提出的海洋战略应该和我们的新安全观相匹配，也就是说现在我们的安全是一种综合安全，不仅有国防安全，军事安全，还应该包括经济安全、文化安全，涵盖方方面面。如果要从军事角度来看，我认为我们现在的海洋战略应该是"近海防御，远海维权"。就是近海要维护我们国家的主权、领土完整，包括我们一些岛屿的安全。远海要保证我们海上战略通道的安全，还有我们国家的一些海外利益，现在我们的海外利益也在不断向外拓展，所以，我们的海洋战略目标应该是叫"近海防御，远海维权"。

如何实现"近海防御，远海维权"呢？我觉得应该是"冲出第一岛链，警戒第二岛链"。要建设一个海洋强国，就不能蜗居在近海，我们必须冲出第一岛链。第一岛链是哪儿？日本列岛、琉球列岛、台湾、菲律宾，这一线叫第一岛链，我们必须要冲出去；与此同时，我们在第二岛链要实行警戒，就是现在我们的安全疆界和自然疆界不能再像以前那样重合在一块儿了，我们现在的安全疆界要前推，因为现在整个国际形势发生变化，包括一些武器装备也出现了新特点，比如，美国现在的飞机已经小型化，隐形化，无人化，强调超视距、远距离精确打击。那么在这种情况下，如果我们还把我们的安全疆界和自然疆界相重合，我们就没有预警时间了，没有缓冲地带了。因此，我们必须把警戒线前推到第二岛链，也就是马里亚纳海沟和关岛一线。

我们如何冲出第一岛链？我觉得应该是"中央突破，两翼迂回"，就是冲出第一岛链的关键核心问题还是台湾问题。台湾问题是我们整个大棋局中的一个战略枢纽，牵一发而动全身，现在一些西方国家把台湾作为遏制中国崛起的不沉的航空母舰，但如果台湾问题解决了，那么台湾就是我们走向海洋、走向世界的不沉的航空母舰，也就是我们的一个战略前沿出发阵地，这就是中间突破。当然，这种"突破"，最好是以和平方式实现两岸的统一，构建一个统一的国防体系。现在应该说，台湾形势比较平稳，两岸关系正在和平发展，我们要保证这么一个战略机遇期的延续，巩固和发展这个局面，防止不测因素的干扰。

但是现在我们的两翼出现了问题，一个是东海，一个是南海，所以我认为在中部稳定的情况下，可以在两翼迂回。而在两翼要采取不同的策略，在东海我们要待机，在南海我们要寻机。什么意思呢？就是在东海我们还是要坚持"不打第一枪"的原则，如果你要敢打第一枪，我绝对不给你打第二枪的机会，而且要让挑衅者知道，它打第一枪所付出的代价，要远远大于它的所得。这样它才不敢贸然打第一枪。但在南海，我们要寻机。因为现在在南海我们完全处于一种有利的态势，在仁爱礁问题上，菲律宾在 1999 年将它的一艘破旧的坦克登陆舰搁浅在我们的仁爱礁上，说是漏水了，需要抢修，一赖就赖了 15 年。不管在道义上，还是在法理上，在各方面它都是失理的，我们现在应该择机勒令菲律宾将这艘破船撤离，否则，我们就将它拖走或者炸沉。在这个问题上，我们可以做到有理有利有节，也就是毛泽东讲的我们可以做到收放有度，是最占理的。美国也没有理由介入。

那么，一旦出手，我们还是要坚持"不打无准备之仗，不打无把握之仗"的原则，要打，就首战必胜，我们必须做好这方面的准备。我们也可以现在就明确警告菲律宾，我们在等着你犯错误，如果你犯错误，我们肯定抓住机会，果断出手。当然，这种"出手"，并不等于是单纯的军事手段，它还将包括"非战争"军事手段和其他一切必要可行手段。总之，我们要把备战、慎战和胜战有机地结合起来。

首先我们要备战，我们一向主张用和平手段来解决国际争端，你如果愿意跟我谈判，我们乐意跟你双边谈判。但如果你一定要挑衅，我们也要做好事态失控、事态扩大的准备，这就是要备战。第二要慎战，就是真要出手的时候，我们一定要不打无把握之仗，打则必胜。最后的目的是要胜战，要想尽办法维护国家主权和领土完整，我觉得维护国家主权领土完整，这才是硬道理。

田桐： 在现在这样一个纷繁复杂的海域之争过程当中，不乏美国的身影，那美国怎么看待中国发展海洋战略？它在其中扮演一个什么样的角色？

罗援： 美国现在提出介入南海问题的理由，说是要维护它在南海地区的海上航行权。那么我们就要问了，美国在南海的海上航行什么时候受过阻拦？受阻拦是有过的，因为你侵犯了别国的专属经济区。美国前一段时间为什么跟我们发生了海上摩擦？就是因为美国的"无暇号"军用侦察船到我们的专属经济区进行抵近侦察，你说这不是完全违反了《海洋法公约》吗？但是美国蛮不讲理，它就是采取一种霸权心态，它说我根本就没有签署这个1982年的《海洋法公约》。这完全暴露了美国的霸权心态，就是凡是符合美国利益的它就要签署，而且强迫别人也必须来签署，如果不符合美国利益的规则，它就不遵守。在对待国际规则方面，美国完全是双重标准。美国前国务卿希拉里说，"南海有美国的国家利益。"那么，我们追问一句，南海有哪一个岛礁是属于你美国的？有哪一片水域是属于你美国的？你航行权什么时候受到了阻挠？现在美国总统奥巴马说，"美国要继续领导世界100年。"我说，你如果真想领导世界100年，起码你得有国际公信力，起码得遵守公认的国际规则，你连国际规则都不遵守，采取双重标准，你就失去了这个资格。

所以说亚太地区、南海地区、东海地区不是你美国的亚太，不是你美国的南海、东海，世界也不是你美国的世界，21世纪更不是你美国的21世纪。世界上没有救世主，美国不要总想当世界警察。

田桐：下面请罗将军做主题演讲。

罗援：在十八大报告中，中央提出了建设海洋强国的目标，这就吹响了我们向远海进军的进军号。现在我们提的中国梦是和我们的强国梦、强军梦、海洋梦和太空梦一体的。我们明朝著名的航海家郑和曾经说过，"欲国家富强，不可置海洋于不顾，财富取之于海洋，危险也来自海上。"纵观世界历史，凡是海兴则国强，海衰则国弱，从15世纪到20世纪来看，将近500年的时间，几乎西方所有强国的崛起都跟海洋有关，15、16世纪的葡萄牙、西班牙，17世纪的荷兰，18世纪的法国，19世纪到一战之前的英国，还有一战以后的美国，它们的崛起都跟海洋相关。

所以海洋实际上关乎一个国家的兴衰存亡，而中国，由于长期作为一个农耕国家，在我们的民族文化中缺乏一种海洋意识。比如，我们在上中小学的时候，老师就告诉我们，中国地大物博，有 960 万平方公里的国土，但是根据 1982 年新的《海洋法公约》，这个概念已经不准确了。我们现在除了有 960 万平方公里的陆地国土，还有 300 万平方公里的海洋国土，是我们整个陆地面积的 1/3。

以前我们画中国地图，大家都说像是一个大公鸡，但现在这个概念也不准确了。我们最近刚公布了完整版的地图，大家可以看看，现在我们的地图已经不像是一个大公鸡了，而是像一把火炬，而这个火炬的火把就是我们的海洋管辖区。所以现在中国实际上是一个陆海兼备的大国，我们除了有 960 万平方公里的陆地国土，还有 300 万平方公里的海洋国土。

因此，我觉得应该在我们全民当中进行海洋国土意识教育，也应该修改我们的教科书。应该让国民知道，我们现在的陆地边界是 2.2 万公里，海疆边界 1.8 万公里，500 平方米以上的岛屿有 5000 多个。而且根据上世纪 70 年代联合国一个能源开发组织的初步调查，发现在南海地区油气资源储量达到 700 多亿吨，每年的渔获量在 650 万～700 万吨，而南海还有更稀有的资源，叫做可燃冰，是在南海深处经过上亿年的沉积形成的，拿火柴一点，它就会燃烧，这将是石油天然气的最佳替代能源，在南海有将近 644 亿～722 亿油气当量的可燃冰。所以说海洋对我们国家的安全和发展来讲，至关重要，海洋是我们的资源宝库和安全门户。

但是，由于长期以来存在一种重陆轻海的思想，所以我们主要的防御方向还是向北，最明显的例子就是长城。长城主要是要抵御北部游牧民族对我们的入侵，直到西方国家用坚船利炮打开了我们的国门，这时候我们才知道海洋的重要性。从 1840 年到 1940 年，这 100 年间，西方国家从海上入侵我们国土达到 470 余次，所以说海上对我们的安危是非常重要的。

更为重要的是，现在我国海上形势并不容乐观，这是由方方面面原因造成的，有我们思想观念方面的问题，有我们历史方面的问题，以及我们对海洋的管控能力有限、手段有限，这样就造成了现在的局面。我给它概括为，岛礁被蚕食，资源被掠夺，海域被瓜分，主权受侵害。因此，我觉得现在我们必须要尽快制订一个海洋战略，和中央提出的"建设海洋强国"相匹配。

关于海洋战略，我觉得我们首先要整合海上资源，海上力量，我提出要"经略海洋"。所谓"经略海洋"就是要对海洋问题文武兼备，多管齐发，综合治理。它不完全是一个单纯的军事问题、国防问题，它还包括经济的问题，包括政治的问题，包括外交的问题，所以应该综合治理。在这些方面，我们首先要整合战略资源。以前我们海上执法力量过于分散，过于单薄，我们叫它"九龙治海"，海事、海警、海监、渔政、海上搜救、海上打捞、海上缉私、海岸边防、海上搜救中心，九个单位分属六大部门，资源过于分散，只能重复采购，低层次循环，买的船都差不多，但谁也买不了大船。让我感到非常欣慰的是，在这次国家大部制改革中，已经提出了要重组国家海洋局，对外称海警局，这就把"九龙治海"变为"九九归一"，形成了一个战略拳头。

对于我们的海上战略力量也要有所分工，就是要形成互为支撑，互为犄角的三条线。

第一条线应该是我们的渔民。你要凸显"主权归我"，首先要有人气，除了有军队的存在，还要有老百姓的存在，所以我觉得第一线应该是我们的渔民，渔民要在那儿进行正常的和平渔业作业。我建议，我们应该尽快恢复渔业合作社，或者成立渔业集团，不能叫我们的渔民单船、单舰去单打独斗。

第二线应该是我们的执法力量，也就是我们现在的海警力量。如果我们现在的渔民可以进行集团作业，我们的海警就可以对他们进行护渔护航，进行有效的防卫。

第三线就是我们的海军，可以为我们的渔民，为我们的海警力量提供坚强的后盾。

这三条线应该成为一个有机的互相策应的体系。

那么怎么来体现东海、南海问题的"主权归我"？"主权归我"，你不能把它变成一句空泛的口号，变成外交辞令。你跟人说多少次"主权归我"，没用！关键是要拿出行动来，我们必须要把"主权归我"落实到行动上。

怎么落实到行动上？我提出了"六个存在"，第一是行政存在，第二是法律存在，第三是国防存在，第四是执法存在，第五是经济存在，第六是舆论存在。我觉得在这方面我们有很多的有为空间，并不是说一提海洋问题，我们就一定要打一仗。按《孙子兵法》讲的，"上兵伐谋，其次伐交，其次伐兵，其下攻城。"在海洋问题上，我们完全可以运用我们中华民族的谋略和智慧来体现"主权归我"。

首先谈谈"行政存在"。你说南沙和钓鱼岛是属于我们的，那就必须把它们纳入我们的行政区划，像设立三沙市一样，我建议要在东海设立中国台湾宜兰县钓鱼岛镇，应该把钓鱼岛纳入我们的行政区划。因为我们在1562年已经把钓鱼岛纳入福建管辖范围之内，而日本在二战中也有官方文件，说钓鱼岛属于台湾的宜兰县。二战结束以后，根据《开罗宣言》《波茨坦公告》，台湾都要回归中国，台湾的宜兰县钓鱼岛自然要回归中国，所以我觉得应以钓鱼岛为枢纽，连结海峡两岸，形成一个大陆、台湾、钓鱼岛三位一体的行政共同体，主权共同体，这就体现了我们的行政存在。另外，我觉得应该在两岸相关的县市设立钓鱼岛事务办事处，来处理钓鱼岛附近的一些渔业管理，甚至海难事故。

在钓鱼岛问题上凸显我们的主权，还可以采取一些主动的姿态，因为日本已经在岛上设立了神庙，设立了灯塔，在这种情况下我们也要凸显我们的主权存在。我们用什么方法来体现主权呢？我建议可以用空投、海漂的方式，在岛上设置一些主权标志。前一段时间我曾经提出过，在钓鱼岛的海底也要凸显我们的主权存在，很多网友不太理解，实际上这是符合国际法的，是有先例的。当年俄罗斯和挪威关于北极的归属问题有争议，俄罗斯的杜马副主席就亲自坐潜水艇把用钛合金制成的俄罗斯国旗插到了北极的海底，这就是抢占先机，国际法也认同这种"先占原则"。在这方面，我们应该说也有我们的优势，我们现在有"蛟龙号"深水探测器，可以下潜几千公尺，我们为什么不去抢占这个先机呢？所以在钓鱼岛我们要立体凸显我们的主权。

第二存在就是"法律存在"。南沙、钓鱼岛到底属不属于你，关键还是一个法律的体现问题。现在我们已经公布了钓鱼岛的领海基线，但是南沙领海基线到目前为止还没有公布，我觉得我们现在应该尽快公布南沙领海基线，起码要到南沙进行测量，进行科学考察。法律上还一个问题，就是应该尽快制定《基本海洋法》，尽快确定九段线的法律地位，而且要在全民中进行教育。

更重要的是要凸显"国防存在"。海洋上的问题关键还是靠实力，周恩来总理有一句名言，就是我们不搞实力主义，但是我们要依靠自己的实力。在海洋问题上关键还是要体现我们的国防存在，也就是能驻军的地方一定要驻军、上人，不能驻军的地方要设立我们的一些主权标志、上物，要设立一些军事设施。如果上人、上物暂时都做不到，我们就要逐渐创造条件，把一些礁石变成小岛，把小岛变成中岛，在中岛上建立我们的前沿哨所，这样就是由点到线，由线再连成片，有了立足点就有了战略支撑点，把这些战略支撑点连起来，就可以连成一大片，最后就能逐渐掌握海洋斗争的主动权。

另外，我觉得在海上应该设立三个空域和三个海域。三个空域是什么呢？一个就是航空识别区，第二个就是警告区，第三个就是自卫区。首先我对你进行空中识别，如果你再要靠近我的领空、领海、领土我就要对你提出警告，最后就是我的自卫区，勿谓言之不预，你既然不听警告，又到了我的自卫区，那么我们肯定要采取自卫手段，维护国家的主权、领土完整，这就是空中要设立的三个空域。

海上要设立三个海域。一个海域就是国际自由航行区，在这个区域，别的国家的任何船只都可以通过。第二个区域就是无害通过区，也就是在专属经济区内，别的国家船只可以无害通过，但必须要向我通告，必须要遵守相关的国际规则。第三部分就是我们的领海，对于别的国家船只来说，这里就是禁航区，你到这儿，不经过我允许，我绝对要进行自卫，维护国家的主权和领土完整。

另外，既然我们说钓鱼岛和南沙、西沙及其附近海域是属于中国的，那我们就要凸显我们的行政管辖权，要凸显我们的使用权。为此，我还是建议在南海、东海设立军事演习区、导弹试射区，必要的时候应按照国际惯例，将一些岛礁作为我们航空兵的靶场。因为钓鱼岛以前就是美军航空兵的靶场，现在既然是我们领土的一部分，我们对钓鱼岛及其周边海域，对南海的一些岛礁就应该有实际管辖权和使用权，在我们保持极大克制忍耐，尽量避免因为登岛而造成肢体冲撞和人员伤亡的情况下，可以通过火力宣示主权，凸显我们国防能力对钓鱼岛，以及南海岛礁的控制权。

第四个存在是"执法存在"。现在我们已经整合了我们的海上执法力量，将渔政、海监力量都组合到海警力量中去。我觉得以后我们的海警船再出去就要挂上海警的符号，而且按照海警的规定，船上可以配备一些自卫性的武器和一些非致命性的武器，另外，要加大我们海警船的吨位，要有冲撞能力，要有缉拿能力，要有登临能力，要有驱赶能力。你必须有这些能力，才能有效地进行执法。

第五个存在是"经济存在"。现在中央已经提出，我们要搞"一路一带"，也就是要搞丝绸之路，包括海上丝绸之路，我觉得这也是建设和平之海、合作之海的一个重大的战略举措。另外，我们在经济上还有许多需要做的事情，比如现在提出了要拉动国内经济内需，我觉得将这笔 4 万亿元人民币全部投向内陆，可能是值得商榷的，是不是可以往海上适当倾斜一些？投一部分资金到海上，既可以宣示我们的主权，也有一定的经济效益，何乐而不为？如果在东海、南海放眼看去，到处都是挂着中国五星红旗的作业平台，那时候才能真正感受到"主权归我"。

另外，我们应该鼓励居民、渔民搬迁到岛上去，要鼓励他们到那里去生产生活，甚至我们可以把一些水泥船开到岛上去，因为水泥船的成本非常低，大家都知道，以前我们在木材、钢材紧张的情况下，也造过水泥船，把水泥船放到那些无人岛上去，在那儿开展网箱作业，既有经济效益，也凸显了我们的主权。我们还可以在一些岛礁上建高脚屋，就像马尔代夫一样，它搞了一个国际旅游点，就是在岛礁上将高脚屋连成一片，你可以通过玻璃房地板观赏下面的珊瑚、热带鱼，景观非常好。我们也可以把我们的高脚屋连成一片，变成国际旅游点。主权归我，资源有偿共享。另外，我还建议将我们即将报废的大邮轮停泊到南沙一些适用岛礁，变成浮动的海上宾馆，这样我们就可以吸引一些游客过来，而且也解决了淡水问题，解决了补给问题。所以我觉得，在"经济存在"方面，我们还有很多的智慧可利用。

另外，我还建议我们应该发行钓鱼岛和南沙的主权基金或债券。日本的石原慎太郎他提出要购买钓鱼岛，实际上是给自己捞取政治资本，并为了刺激日本的民族主义情绪。但在几个月之内，他一个人就募集了十几亿日元的资金。我们为什么不能发行钓鱼岛和南海主权基金，唤起全国人民对钓鱼岛，对海洋问题的关注，激发全国人民的国防意识、忧患意识？我们周边并不是太平无事，我们不要被"暖风熏得游人醉"，更不能采取"鸵鸟政策"，对我们周边的安全隐患视而不见。我们要通过发行钓鱼岛和南沙主权基金激发全国人民的爱国热情，并为最终解决海洋问题提供一些资金的支援。

最后一个存在就是"舆论存在"。现在东海、南海问题上，我们是最大的受害国。但在国际舞台上我们反而很被动。我们为什么不尽快发表相关的白皮书？当然，现在钓鱼岛白皮书已经发布了，但是南海白皮书到目前为止还没有发布。我们有充足的历史法律依据，证明我们对钓鱼岛、西沙、南沙群岛拥有无可置疑的主权。我们为什么不抢占这个舆论制高点？另外我觉得我们也要利用联合国这个舞台，联合国成立的宗旨之一就是防止战争策源地死灰复燃。现在日本正在频频地摆脱二战对它的束缚，它以钓鱼岛问题为借口，在摆脱二战后的国际秩序。最近又给集体自卫权松绑，其实质是，日本作为一个曾经的战争策源地，现在已经堂而皇之地拥有了国家交战权。我们为什么不到联合国去揭露、控告日本？还有一个严重的问题，就是日本政要频繁参拜靖国神社，其实质是不满远东军事法庭对日本战犯的审判。我觉得像这些问题，我们都应该去抢占话语权，去揭露日本。

最近，我觉得我们的外交已经发生了一些变化，叫做文攻武备。前一段时间，我们把日本战犯当年的审判口供全部公布出来，把日本一些作案的现场公布出来，这就是抢占话语权。在海洋问题上，我们必须综合施压，也就是政治、经济、文化、军事、外交综合施压，最后才能有效地维护我们国家的主权和领土完整。我觉得在整个海洋战略的设计上，还是应该坚持"上兵伐谋,其次伐交,其次伐兵,其下攻城"的原则,伐兵攻城是我们最后迫不得已的手段,但也是我们不可或缺和不可替代的手段。在这之前,我们应该用我们中华民族的智慧、用我们的谋略来解决复杂的海洋热点问题。

所以我非常赞同中央现在提出的,我们还是要争取通过和平手段,通过外交谈判来解决这些周边的热点问题,哪怕还有一线和平的可能,我们就要尽百分之百的努力,要以最小的代价来换取最大的战略效益。但是树欲静而风不止,这些海上热点问题怎么解决,是用和平手段来解决还是用非和平手段来解决,不是我们中国一家说了算,现在日本、菲律宾、越南在频频地挑衅,所以我们要做好最坏的准备,要做好事态失控、事态扩大的准备。只有有备才能无患,只有敢战方能言和,这就是和平与战争的辩证法。我们现在的整个国家海洋战略就应该建在这个基点上,要有一种忧患意识,从最坏处着眼,争取最好的结果。

在结束今天的演讲之前,将我以前填的一首词献给大家,作为我今天汇报的结束语:

> 怒火冲天,凭栏眺,惊涛飞泻。
> 舒望眼,倚天拔剑,宇崩石裂。
> 万里海疆孤岛咽,铜墙铁壁谁能越。
> 待号令,收复旧河山,奏军乐。
> 甲午耻,终将雪;失土恨,今朝灭。
> 驾长风横扫,帝国残月。
> 壮士岂容完璧碎,男儿拼洒一腔血。
> 剑指向,虎啸大风扬,旌旗猎。

(凤凰卫视《世纪大讲堂》,2014 年 8 月 1 日)

日本再次打破现状，逼中国绝地反击

日本政府近日宣称，为进一步强化"对离岛的管理"，正式决定给包括钓鱼岛的五个附属岛屿在内的 158 个离岛"确定名称"。这是日本新的挑衅行为，将给钓鱼岛危机火上添油。日本此举的真实用意在于使日本窃取钓鱼岛的行为合法化、合理化，把一个既成事实强加给中国，强加给国际社会。这完全是强盗逻辑，就像是一个窃贼盗窃了人家的宝贝，贴上了自己的标签，就掩耳盗铃地说，这是自家的东西了。

日本在钓鱼岛问题上步步紧逼。看来争议将难以搁置，共同开发也将被日本强势拒绝。对此，我们应该另谋思路。

首先从维护第二次世界大战后的国际秩序和胜利果实的高度来重新审视钓鱼岛问题。根据《波茨坦公告》第八条的规定："《开罗宣言》之条件必将实施，而日本之主权必将限于本州、北海道、九州、四国及吾人所决定其他小岛之内。"这里根本就不包括琉球列岛，遑论钓鱼岛。当年日本天皇签署的《终战诏书》，明文写道，"朕已命帝国政府通告美、英、中、俄四国，接受其联合公告。"既然接受联合公告，就等于日本承认其领土范围不包括钓鱼岛。日本政府在《投降书》中正式提出，"日本帝国政府及日本帝国大本营已向联合国最高统帅无条件投降"，既然是"无条件"，就必须接受国际社会对日本领土主权的裁决，若诡辩钓鱼岛是日本的领土，那就变成了有条件的投降。国际社会必须对日本战败国的身份重新认定，并追加制裁和惩罚。

第二，拨乱反正，将冲绳等域名正名为琉球。自 1372 年琉球国就开始向中国明朝进贡，国王亦受册封于明朝。1872 年，日本明治政府未与中国商量，强行废琉球王国为琉球藩。1879 年，日本又强行吞并琉球藩设置冲绳县。现在，既然日本试图将中国的钓鱼岛命名为尖阁群岛，我们除坚定否认外，也应该将以冲绳冠名的域名回归为琉球，同时，讨论琉球的法律地位问题。

第三，对钓鱼岛实施行政管辖。既然钓鱼岛是中国领土的一部分，我们就应该将钓鱼岛划入中国的行政区划。根据明朝嘉靖四十一年（1562）出版的《筹海图编》，已将钓鱼岛等岛屿划入福建省行政版图。日本也曾承认钓鱼岛属于台湾的宜兰县。二战结束以后，根据《开罗宣言》《波茨坦公告》，台湾都要回归中国，台湾的宜兰县钓鱼岛自然应该回归中国。因此，应该像设立三沙市一样，设立中国台湾宜兰县钓鱼岛镇，将钓鱼岛纳入中国的行政区划，在海峡两岸尚未实现完全统一的情况下，经两岸协商，在适当的地方设立中国钓鱼岛事务办事处，负责发放在钓鱼岛附近捕鱼的许可证及海难救援等事宜，对钓鱼岛实施实际管控。

第四，将钓鱼岛列入中国防卫区域。在明朝嘉靖年间，中国已经将钓鱼岛纳入海防区域，现在我们也应该将钓鱼岛纳入我国绘制的海防图。美国在托管琉球群岛时期，就把钓鱼岛作为美军的航空兵靶场，现在既然钓鱼岛是我们领土的一部分，我们就应该对钓鱼岛有实际使用权。我们有必要在钓鱼岛附近设立军事演习区、导弹试射区，必要时将钓鱼岛作为我航空兵的靶场。在保持克制，人员不登岛的情况下，起码可以火力来宣示主权。

第五，实施对钓鱼岛的冠名权。围绕钓鱼岛的命名大战，我们应抢占先机，提前公布我国周边岛礁的名称，并注明命名时间。中国在明朝永乐元年（1403）的《顺风相送》一书中便有关于"钓鱼屿"的记载，而日本在 2012 年才拟对钓鱼岛及其附属岛屿命名，中国肯定占理。同时，我们的一些地标性建筑和著名品牌应该以钓鱼岛冠名，并申请专利。中国明清两代朝廷先后 24 次向琉球王国派遣册封使，钓鱼岛是航线上的重要标志，我们应将这条册封航线和钓鱼岛作为见证两国友好交往的历史遗物申报"世界非物质文化遗产"。

总之，既然日本挑衅，我们就要予以回击。

（2014 年 8 月 2 日）

注：本文经编辑以《中国应全面行政管辖钓鱼岛》为题发表于《环球时报》。

菲律宾知法犯法，还有什么资格要求中国遵守海洋法？

在香山论坛上，菲律宾副总参谋长罗萨里奥少将提出：一是希望各方遵守《南海各方行为宣言》，不要打破南海现状；二是采取法律手段解决南海争端，希望各方遵守海洋法。言外之意，是对我国最近在南沙一些岛礁上修建基础设施表达不满。我当场予以驳斥，菲律宾说是依法行事，但其本身早就违反了《南海各方行为宣言》和传统海洋法。首先，《南海各方行为宣言》虽然没有硬性法律效力，但当时有关各方，包括菲律宾达成共识，维持南海现状。然而菲律宾在 2011 年提出了一个登岛计划，往中业岛上移民，修建军事设施和民用设施；再说遵守海洋法，海洋法中有一条关键日期原则，谁先命名就以谁命名的为准。国际社会长期称南海为南中国海，菲律宾只是在 2011 年才将南海命名为西菲律宾海。菲律宾知法犯法，还有什么资格要求中国遵守海洋法？在香山论坛上，中国国防部长常万全提出了一个共同管控争议的建议，我问罗萨里奥是否赞同，是否能停止登岛计划，与中国相向而行，共同管控争议？罗萨里奥说菲律宾是第三世界国家，没有能力与中国抗衡，但对我的提问就是不做出正面回应。罗萨里奥还称南中国海是菲律宾的后院，我更是给予严厉批驳，菲律宾建国的三个国际条约和菲律宾上个世纪 50 年代的宪法都规定，菲律宾的西部边界在东经 118° 以东，根本不包括现在的南中国海，何来什么菲律宾的后院？在中国传统海疆线内"跑马圈地"，以为中国软弱可欺，是小国的霸权心态，打错了算盘，中国老祖宗留给我们的领土我们一寸都不会丢失。

（2014 年 11 月 26 日）

·国际篇·

为世界和平而不懈努力

WEI SHI JIE HE PING ER BU XIE NU LI

题记

和平与发展是时代的主题，但这两个问题至今一个也没有解决。

——邓小平

当前，我国面临对外维护国家主权、安全、发展利益，对内维护政治安全和社会稳定的双重压力，各种可以预见和难以预见的风险因素明显增多。

——习近平

首先把自己的事情办好，把中国发展起来，就会立于不败之地，谁也奈何我们不得。

——邓小平

启示

对于"韬光养晦，有所作为"要全面地看，辩证地看。韬晦之计，并不意味着消极守成；有所作为，也不是高调逞强。"韬光养晦"的内涵是该守拙时则守拙，绝不受人挑唆，不去扛旗、当头，重点在一个"善"字；"有所作为"的内涵是该出手时则出手，绝不瞻前顾后，重点是一个"敢"字。

——罗援

我们倡导和平崛起，但和平崛起并不等于我们已经挂上了免战牌，什么问题都逆来顺受；我们主张用和平手段解决周边热点问题，但也要做好事态失控的准备。只有有备才能无患，只有能战才能言和。这就是和平与战争问题的辩证法。

——罗援

　　世界范围内的事情，应该全世界人民说了算；一个地区的事情，应该由本地区的人民说了算；一个国家内部的事情，应该由本国人民说了算。美国能把自己家的事情管好就不错了，到处伸手的炮舰政策可以休矣！

——罗援

军事互信是中美关系短板

核心提示：美国总统奥巴马刚结束中国之行，美中经济与安全审查委员会即发表年度报告，声称中国加强了网络间谍和网络战能力。对此，中国驻美大使馆发言人坚决予以否认，称这些指责毫无根据，空穴来风，不负责任。并指出报告中称中国加强海军建设是为了挑战太平洋美军的说法，是"冷战幻觉"。

邱震海：美国总统奥巴马上周刚刚结束了对中国的访问，这次访问普遍被舆论认为相当成功。奥巴马在华访问期间，明确跟胡锦涛主席达成了协议，中美双方要建立和深化战略互信，同时他在日本也明确表示，美国将无意遏制中国。但是奥巴马前脚刚刚走，美国国会就发表了一个有关指责中国在美国从事网络间谍活动的报告。这两者之间到底有什么内在的联系？

解说：美国指责中国间谍活动非自今日始，但在奥巴马结束访华，而且两国刚刚发表中美联合声明，表示要加强和深化战略互信之后，这却是第一次。有舆论认为，这再次折射出中美战略互信知易行难。中国人民解放军少将罗援上周出席《震海听风录》节目时认为，奥巴马承诺不遏制中国，对中美两国是利好消息。但中国仍需听其言、观其行，中国对此也有四大关注焦点。所谓的战略再保障是相对的，中国也有权向美国提出战略再保障，要求美国关注中国的三大核心利益，即中国的生存权、安全权和发展权。舆论认为，中美战略互信不是虚幻的概念，它由一系列实实在在的元素构成，其中最为重要的元素就是两国的军事交流和军事互信。中美军方在军事交流和军事互信方面的磨合，将在相当程度上决定中美战略互信的走向。

邱震海：奥巴马在日本明确表示无意遏制中国，在北京期间跟胡锦涛主席也达成了联合声明，说要建立和深化战略互信关系。而且美国副国务卿詹姆斯·斯坦伯格也说，要求中国跟美国有一个所谓的战略再保障。但是如何来看奥巴马前脚走，美国国会又发表了这么一个指责，您如何看这两者之间看似矛盾和一种逻辑悖论的关系？

罗援：这反映了中美关系的一种复杂性、敏感性、脆弱性，中美关系绝不会因为奥巴马总统在这儿做了几句承诺，就会风平浪静了。美国是一个多元化的国家，不是奥巴马总统说了一句话马上就能令行禁止的。

在对华关系上，我认为美国有五大制衡的因素：第一就是政府和国会之间的矛盾；第二是共和党和民主党之间的矛盾；第三就是五角大楼和白宫、国务院之间的矛盾；第四是利益集团的掣肘，特别是军工集团的影响；第五就是美国的一些主流媒体的导向问题。由于这五大制衡因素，就导致了中美关系"好也好不到哪儿去，坏也坏不到哪儿去"。

胡锦涛主席接见

现在的问题就是当中美关系好的时候，我们要抓住战略机遇期，让积极的因素最大化。当中美关系出现问题的时候，我们就要克服这些危机，让消极因素最小化。

邱震海： 看样子，中美之间的互信问题是非常错综复杂的，我可以称之为结构性的问题。我们如果仔细地审视这个错综复杂的中美关系的结构，您觉得出现问题的最主要深层原因是什么？

罗援： 这个深层次原因还是双方存在一个结构性的矛盾。什么叫结构性的矛盾呢？我看了一下英国战略研究所的一个分析报告，就是中美之间的结构性矛盾主要是三项。

第一个是意识形态方面的，它认为中国是共产党执政的国家，共产党，在一些西方国家已经把它妖魔化了。他们认为在民主国家之间不会发生战争，但是在不同政治制度的国家之间就有可能发生战争，所以这是他们的第一点疑虑。

第二点疑虑就是力量结构发生了变化，他们认为一个正在兴起的大国，必然对既有大国形成挑战。而他们认为历史上新兴大国的崛起，都是掠夺崛起，都是战争崛起。那么中国和平崛起，他们认为没有这样的先例。

第三个就是存在着严重的战略猜疑，他们认为中国说永远不称霸是一个孤证，没有事实作为支撑。而且他们怀疑中国说要韬光养晦想干什么，所以存在着严重的战略猜疑和战略上的不信任。

邱震海： 现在看样子"互信"二字非常重要，谈到互信，其实我们可以把它分解成两个方面，一个是战略互信，另外，如果我们把战略互信放在一个大框架中的话，其中一个非常主要的要素就是军事上的互信。您是中国人民解放军的少将，从中国军方人士的观点来看，您觉得中美目前军事互信的状况、现状到底怎么样？如何研判？

罗援： 我个人不能代表中国军方的观点，我只是表达我个人的观点。现在媒体有一个现象，容易为了追求新闻的轰动效应，把一些个人观点官方化，把一些学术观点政治化。比如我最近在北大有一次演讲，当时我讲课的主导思想是要促进两岸和平发展，要寄希望于台湾人民，加强双方的交流，增进互信，但是有些媒体就对其做了一个另外的解读。

把个人观点政治化、官方化，这就难以有一个比较和谐、自由、宽松的研讨环境。

我个人认为现在中美关系存在着四大障碍。第一项还是台湾问题，就是美国在强化和台湾的实质性的军事合作，特别是在继续向台湾军售。第二个问题，美国不断地派军机、军舰到我的专属经济区进行抵近侦察。第三个障碍就是美国在法律上有一个《2000财年国防授权法》，还有一个《迪莱修正案》，在12个领域限制和中国的军事合作。第四个方面就是美国对于中国的战略意图和我们军力发展的合理性、正当性提出质疑。它每年要发布一版《中国军力评估报告》，这完全是冷战的产物，以前它在冷战期间对苏联每年要进行一次军力评估，苏联解体后，它把这个军力评估报告指向了中国，双方就产生了很多的不信任。这是现在中美交流的四大障碍。

邱震海： 虽然如此，我们必须看到中国和美国之间现在已经不是冷战状态。在一个后冷战时代，虽然一方面中美之间有严重的战略互相猜疑和不信任，但与此同时，战略互信、军事互信也确实是一个刻不容缓的问题，这两者，尤其是军事互信到底能不能推进中美之间的战略互信？谈到中美之间的战略互信，我们知道这非常错综复杂，可以称之为结构性的问题。中美的军事交流、军事互信能不能从根本上促进，或者有助于中美战略互信的建立呢？有关这个问题，我们在我们的观众和网友当中做了一个民意调查。

我们的问题是军事交流究竟能否达成中美的战略互信。有两个选项，第一个是说能，军事交流有助于中美战略意图的磨合，非常遗憾的是赞成的观众和网友只达到15.29%。与此同时，认为不能的，因为美国对华战略疑虑不会从根本上改变，达到84.71%，可以说是占了绝大多数。当然观众的角度不一定是专业的，从一个专业的学者个人角度，您怎么看中国观众对中美战略互信严重缺乏信任？

罗援： 国际关系理论里有一个木桶原理，木桶原理的要点是什么？就是说两国关系的发展水平不取决于木桶的长板，而是取决于木桶的短板。中美之间关系的长板是什么？就是经济关系。但是决定中美关系的发展水平是取决于它的短板，这个短板就是军事，军事交往、军事互信。所以说如果军事互信提高了，肯定会对整个中美关系的发展改善起到一个积极的作用。但是正像网友们所谈到的，军事互信和政治互信是相辅相成的，军事互信是要以政治互信为基础、为前提的。所以说在这方面，军事交流可以促进两岸关系的发展，而军事交流又要以政治互信为前提、为基础。

邱震海：您刚才谈到中美关系，用了中国以前某一个领导人说的话，说中美关系好也好不到哪儿去，坏也坏不到哪儿去。但是与此同时，我们看到中美关系、军事关系正像中美政治关系一样，在过去若干年有很多起伏，中美关系在过去 20 年到底有哪几个起起伏伏的阶段？

罗援：应该是有四大起伏：一是八九政治风波，这个大家都清楚，美国对中国实行了政治制裁，包括断绝和中国的军事交往；第二次就是 1995 年，美国批准李登辉访美，1996 年，美国派军舰到台湾海峡，造成了新一轮的台海危机，这是第二次中美军事关系跌入低谷；第三次就是 1999 年炸馆事件，2001 年撞机事件；最近一次就是第四次，在去年 10 月，美国批准对台军售，使中美关系再次跌入低谷。直到今年的 6 月份，中美国防部第 10 次磋商中美军事交流，才逐渐又恢复了正常。

邱震海：在过去那么多起伏阶段，尤其是最近大半年，中美军事交流又进入了一个新的起伏当中的起的阶段，面对这种"起"的阶段，您觉得背后的双方关系热络的原因是什么？

罗援：我想热络的原因可能有三项：第一项就是力量结构发生了变化，就是中国的日益崛起。美国的一些有识之士已经认识到中国的和平崛起是不可阻挡的一个潮流，比如它的著名战略家布热金斯基、它的前国防部长佩里，都说已经承认并且接受中国崛起这么一个事实。奥巴马总统也提到中国变成一个繁荣成功的国家，会对世界作出积极的贡献。在美国的国际关系理论中有一个潜规则，就是打不败的敌人就是朋友。所以说中国的崛起对中美关系的改善是起到了一个很大的作用。

第二个，就是全球化的发展趋势。现在美国光靠自己一家来解决一些全球性的问题，已经是独木难撑了。比如一些全球性问题，现在奥巴马总统经常提到的全球气候变暖问题、控制大规模杀伤性武器扩散的问题，还有一些反对恐怖主义的问题、克服金融危机的问题，以及一些地区性热点问题，包括朝核危机、伊朗危机，还有美国现在面临着两场战争。在这些方面，如果没有中国给予一定的理解和合作，它要处理这些全球性的问题是非常难办的。

第三个原因就是利益的驱动，毕竟两国关系的改善是以利益为基础的，现在中美双方在经济领域里已经形成了你中有我、我中有你的格局。所以希拉里国务卿说，现在双方是同舟共济，双方每年的贸易额已经达到了4000多亿美元，截至今年1月份的统计，现在中国持有美国7396亿美元的国债，再加上其他的一些民间国债，应该达到8000亿以上了。这么大的数额的金融，在中美关系和平、稳定发展的过程中，它会给双方带来极大的利益，美国可以借此解决就业问题，创造大量的财富，中国也可以从中获利。但是如果中美关系交恶，这么大的金融数额就很可能打了水漂，所以说中美关系现在是和则两利、斗则俱损。

邱震海：美国在指责中国军力的方面，无非有两大焦点，一个是中国军力不透明，另外是说中国军力增长过快。让我们先谈谈中国军力不透明，在中美两军之间，以您的个人观点来看，到底存在哪些不同的理解？美国在中美军事交流方面应该遵守哪些基本的原则？

罗援：对军事透明，中美双方是有一些共同点，但是也是有一些分歧点的。比如其中的一个分歧点就是我们的透明方式不太一样，虽然双方都用文字表达的方式进行透明，我们有《国防白皮书》，他们有《四年防务评估报告》。但是在具体的透明方式上不太一样。我们是通过演习、通过阅兵来进行透明。美国它不太搞阅兵，它是通过战争来进行透明。

第二个是中美双方的目的不太一样，我们进行军事透明，主要是为了增信释疑。美国进行军事透明，它首先是要炫耀武力，第二是要制造敌人，它说它周边有很多威胁，因此它要增加军费开支，要发展先进的武器装备。

第三个是我们的侧重点不太一样，我们非常强调意图透明，而美国是比较强调能力透明。

邱震海：您个人认为中美军事交流在军事透明方面到底应该有哪些基本的原则是双方应该共同恪守的？

罗援：我认为在中美军事交流领域，特别是关于军事透明度方面应该掌握六大原则。第一个是以不损害国家的核心战略利益为核心、为基础。就是说你再军事透明，但你不能损害国家的核心战略利益，我们始终要把国家的主权和安全放在第一位。

第二个，我们的透明要以政治互信为基础，你没有政治互信，签署再多的条约都是一纸空文。我认为现在我们对美国已经非常透明了，我们把美国的国防部长拉姆斯菲尔德请到我们的二炮司令部参观，我们请美国的参谋长联席会议主席佩斯登上了我们最新型的 99 式坦克，我们把我们的军舰开到了美国的家门口，对它进行透明，应该是非常透明了。但是美国有些人士还认为中国不透明。我也研究了一下美国和它的盟友之间的军事透明，它的很多盟友国家的白皮书写得非常简单，但是美国没有对他们的军事发展意图提出质疑。所以说政治互信应该是进行军事透明的一个基础。

第三个，我们认为军事透明还是应该意图透明为主。你有了先进的武器装备，但这武器装备的用途是什么？这是一个关键的核心问题。你美国要主张我们军事能力透明，那我们的武器装备给你透明了，但是这些装备是为了自卫，还是为了进攻？这才是问题的关键。我们还可以从另一个方面来看这个问题。恐怖主义分子的武器装备非常简单，也非常透明，但是它为什么对全世界构成了威胁，就是因为它的意图还是要针对全人类，要构成恐怖的威胁，所以我觉得应该把意图透明放在首位。

第四个，我认为透明应该是相对的，没有绝对的透明，中国做不到，美国也做不到。如果美国真正做到了绝对透明，它何必要再设立一个中央情报局呢？何必要再设立一个联邦调查局呢？还有什么间谍问题？比如外国游客就可以到美国各地去无限制地参观，你不是全透明吗？所以说透明只能是相对的。

第五个，我认为透明应该循序渐进，毕竟中国改革开放才30年，我们不可能让我们现在的透明度就达到西方国家的水准。但是现在我们已经在逐步透明，我们已经发布了6版国防白皮书，应该说每一版的内涵都有了一些新的拓展。

第六个原则，我觉得军事透明应该是各个国家根据自己的国情来决定，没有统一的一个标准。因此应该是根据各个国家自愿的原则，而不能强加于人，这是我觉得在军事透明方面应该掌握的六大原则。

邱震海：中美之间在军事交流上还有另外一个争执焦点，那就是中国军力的增长以及中国军力的威胁，包括美国对台军售。中国的军力增长也是美国不断对中国指责的一个焦点，您怎么看？

罗援：美国经常提出中国最近军费是两位数的增长，因此提出了质疑，认为我们的军费不够透明。实际上我们的军费应该说已经十分透明了，我们在我们的国防白皮书中，已经将我们的军费总额，甚至它的内部分配结构都做了透明化介绍。而在执行过程中又是按照我们的法律在执行，就是它提出的预算，它的决算，它的审议过程都是有法律根据的。

但是美国人现在又提出来，说我们现在长期两位数增长的军费超出了我们现在维护自卫的政策需求。他们提出一个问题，说你们为什么要长期两位数增长国防费？他用了一个英文单词叫 why。我回答他们说，我就在你这个英文单词 why 后头再加一个 not，叫 why not，有六个方面的 why not。

第一个 why not 就是任何国家面临着分裂威胁的时候，它都要增加国防费，现在我们面临着"台独"、"藏独"、"疆独"，我们为什么不能增加国防费。

第二个 why not 就是现在世界上正在进行新军事变革，在进行军事转型，任何国家都可以加强国防现代化建设，为什么唯独中国不能进行国防现代化建设。

第三个 why not 就是我们现在的军队使命在扩展，我们不仅要面对传统威胁，还要面对非传统威胁，那么我们为什么不能增加国防费。

第四个 why not 就是改革开放 30 年来，我们的经济取得了骄人的成绩，胡锦涛总书记说了，改革开放的成果应该全社会共享。文教体育方面，都在增加它们的费用，为什么唯独军队不能共享改革开放的成果。就像一个人，它不能光长骨头不长肉，不仅要长肉，还要长肌肉。

第五个 why not 就是现在的物价在上涨，特别是和军队相关的水电这方面的价格在上涨，为什么军队不能得到一些补贴。

第六个 why not 就是我们军队在改革开放前 10 年采取了一个忍耐的政策，那时候军费的增长是低速增长，甚至是负增长，现在我们两位数增长，它带有一种补偿性、追加性。

正是因为这六个 why not，我们增加国防费应该是理直气壮的。

邱震海：中国威胁论一直是美国对中国的一种指责，您上周出席我们节目的时候，把中国威胁论改了一个字，不是威胁论，是中国威慑论。两种说法一字之差，这里面具体的内涵上的差别到底在哪里？

罗援：它们两个的区别一个是态势不一样，前者是进攻的态势，后者是自卫的态势。威慑是对威胁的一种反威慑，这就是态势不一样。第二个是它们的目的不一样，威胁是要掠夺，要发动战争；威慑是要以战止战，是要让对我构成威胁的敌性势力望而却步，所以还是要不战而屈人之兵。

邱震海：罗先生，虽然刚才你把"中国威慑论"解释为是一种被动的态势，但是不管怎么样，海外可能还会联系以前美苏冷战的经验，把"威慑论"解读为是像美苏冷战时的那种恐怖平衡。您怎么看这一点？

罗援：不可否认，要保持平衡，必须要以实力为基础，这种实力包括硬实力和软实力。但是这种实力未必就是恐怖的，它也可能是为了维持和平的。我们现在讲威慑论和恐怖平衡，它的区别在于什么呢？恐怖平衡它是当冷战期间，苏美两国为了追求一个高限平衡，而采取的军备竞赛，也就是你能把全球毁灭十遍，我的核武器能把全球毁灭二十遍。我们现在追求的是一个低限平衡，就是只要能满足我们的国防需求，我们就已经满意了。所以说我们追求的这种平衡是一个低限平衡，是一种自卫性的。

邱震海：从中国军方学者个人的观点来看，您觉得在对台军售方面，中国军方会要求美国遵守哪些原则？

罗援：实际上美国现在提出战略再保障，我们没有更多的企求，美国应该在对台军售方面做一个战略再保障，我觉得就非常够了。那就是要兑现履行它的《八一七公报》，在《八一七公报》中，美国对中国是有郑重承诺的。

第一，它说是不寻求一项长期对台军售的政策。从《八一七公报》签署到现在已经 27 年了，这个时间还不够长吗？这个时间段到底有多长，美国应该给出一个时间表。

第二，美国在《八一七公报》中还有一句话，就是对台军售武器的数量和质量，不能超过当时中美建交时的水平。现在这个数量和质量已经远远超过了中美建交时的水平，这个量化标准到底是什么？美国应该给出一个明确的答复。

第三，美国在《八一七公报》中还有一项承诺，就是要逐渐减少并最终停止对台军售。这个路线图到底是怎么样？现在你不仅没有减少，而且还在逐渐地增加对台的军售，数量、质量都有所提升。所以美国在这一方面要给中国一个明确的承诺，做出一个战略再保障。

邱震海：美国总统奥巴马上周访问中国的时候，跟胡锦涛主席签署的中美联合声明当中，一个重要的观点就是中美两国要建立和深化战略互信关系。但是中美到底能否，或者在多大程度上能够建立战略互信关系，将取决于中美的军事互信关系能不能建立，希望中国人民解放军少将罗援先生的个人观点能对你有所启示。

（凤凰卫视《震海听风录》，2009 年 11 月 25 日）

中国摆脱战略困境需有新战略思维

核心提示：美国国防部 6 日深夜宣布对台军售，这是自 2008 年 10 月后美国再次宣布对台军售，而且首次向台湾出售可以拦截和击落大陆导弹的"爱国者"导弹。

中国外交部和国防部在三天之内五次要求美方撤销对台军售专案。但与 2008 年 10 月相比，此次中国官方却没有直接出台制裁措施。2008 年 10 月美国宣布对台军售后，中国国防部立即宣布全面中断中美之间的军售会晤和合作。四个月后，中美军方举行工作层面会晤，再过四个月双方才恢复军事交流与合作。

有评论认为，由于中国将对美关系看成"重中之重"，因此美国捏住了中国的"软肋"，才在对台军售方面有恃无恐。也有评论认为，美台军售由来已久，但却始终无法解决。在中美全球合作日益紧密的今天，这实际上已经成为中国的一个不可忽视的战略困境。中国如何走出这一战略困境？

邱震海：从军方学者的角度，您怎么看美台军售对中国形成的战略困境？

罗援：作为学者，我谈谈自己的个人观点。中美这种战略困境的形成有其历史背景。中美建交时，美国出于共同抗苏的战略需求，在台湾问题上作出了重大战略妥协，即与台湾"断交、废约、撤军"。中美建交后，又与中国签署了《八一七公报》。但是苏联解体后，美国失去了敌人，于是把中国作为最主要的潜在对手之一，开始用台湾问题拿捏中国，用对台军售困扰中国。中国从维护中美关系大局的善良愿望出发，加之综合国力与美国相差较大，反制手段有限，因此对美国采取了忍让的态度，也就是在心上插了一把刀。美国得寸进尺，把中国的忍让误认为是软弱可欺和无奈之举，产生了一个错觉，好像"你骂你的，我卖我的，你也没辙"，即便中断中美军事交流，也就是八个月的周期律。熬过这八个月，又会"雨过天晴"。所以美国一而再，再而三地违反自己在《八一七公报》中对中国作出的承诺，越来越不像话，越来越没规矩了，这就是战略困境的形成。但是，这次我们要告诉美国人，弱国无外交，中国现在已经不是弱国了，不可能再逆来顺受。以前我们总使用什么"中国人民的感情受到了伤害"这样的"悲情"语言，试图以此来感化美国人。从实际效果来看，没用。现在我们要说，中国人民愤怒了！我们也要采取实际行动维权！

邱震海：有评论认为，2008年10月中国军方中断了中美军事交流后评估认为，美台军售短期内无法解决，不能让这一议题影响了中美军事交流，因此美国一定程度捏住了中国的"软肋"。您怎么看？

罗援：在中美关系问题上，美国是买方，中国是卖方。我们没有多少东西有求于美国，即使我们要从它那里买，它也不卖。比如，美国有一个《2000年国防授权法》和一个《迪莱修正案》在12个领域限制了和中国的军事交往。所以，我们也无所谓了，你愿意和我们合作，我们乐观其成，真心相伴；你不愿意和我们合作，我们也不怕。在全球化时代，东边不亮，西边亮。美国不亮，全球亮。你如果要封锁我们，那你就封锁吧，毛泽东讲了，你封锁一百年，我们什么东西都有了。相反，美国在多个领域里有求于我们。比如，小布什主政白宫之初，把中国作为主要的战略对手，结果，"9·11"一声巨响，把他惊醒了，他才发现他的主要敌人不是中国，而是恐怖主义，中国是他反恐可以借重的力量，所以，他才在多个领域寻求与中国的合作。其实，不是美国捏住了中国的软肋，而是美国有多个软肋掌握在中国的手中。比如，2008年那次美国对台军售，美国做了亏心事，它也怕我们报复，当时，我正率一个学术代表团访美，美方都要把我这么一个级别的官员请到五角大楼去，希望我传话，不要中断中美军事交流。其实，是他们心虚，他们理亏。

邱震海：从军方学者的角度，您认为反制美对台军售，如何既"不打死"（亦即不影响中美关系大局），但又"打痛"（亦即让美国感到实实在在的疼痛，从而做到顾忌、收敛）？

罗援：中国要摆脱这个战略困境，我个人认为要有一个新的思维，就是"软硬兼施"、"标本兼治"。

先说"软硬兼施"，实践证明软的一手效果并不明显，甚至还有负面效应。老虎不发威，人家就把你当成病猫。因此，要适度加强硬的一手。但硬，绝不是硬在嘴皮上，而是要有实际行动。

这就是要"标本兼治"。"标本兼治"的核心是治本，治本是战略举措，是从根本上解决问题。

"治本"的首要，就是要强身固体，增强综合国力。小平同志说，只要把我们自己的事办好了，任何人都奈何不了我们。美国对台军售是一件坏事，但我们可以把它变为一件好事。就是它给我们提供了一个增强国防力量的好机会和一个正当、合理的理由。我们要大张旗鼓地对外宣传，是美国威胁论，而不是中国威胁论，我们要占领舆论、道德制高点，公开对国际社会解释，正是由于美国干涉中国的内政，触犯中国的核心战略利益，试图延续中国的内战，挑动中国人打中国人，在尚未签署和平协议的对立双方偏袒一方，因此，我们必须加快国防现代化步伐，加大军费投入，加速高新武器的研发和引进，这完全是美国和台湾逼出来的。

"治本"的第二条，就是增强"以武防独、止独"战略威慑能力的有效性和可信度。台湾当局不是说"不武"吗？那你主动从美国购买先进武器是干什么？这不是"要武"吗？那好吧，我们奉陪到底。我个人建议，以台湾申请从美国购买的武器和美国准备卖给台湾的武器为参照系，你从美国买多少，我们就在东南沿海再部署多少，一样不多，一样也不会少。比如你从美国买多少枚"爱国者"导弹，我们就在东南沿海再部署多少枚弹道导弹；你从美国买多少艘柴油动力潜艇，我们就在东南沿海再部署多少艘柴油动力潜艇；你从美国买多少架 F-16C/D 型战斗机，我们就在东南沿海再部署多少架三代战机；你敢部署进攻性导弹，我们就在东南沿海部署反导系统。当然，这是我的一己之见。美国在波兰、捷克部署反导系统时，俄罗斯马上针锋相对，在边境部署"白杨"M 导弹。俄罗斯总统普京说，别说你美国的反导体系还没建成，就是建成了，也对付不了俄罗斯的导弹。普京的胆识和勇气可嘉。

我们昨天已经公布成功地进行了陆基中段导弹拦截技术试验，表明我们的导弹体系攻防兼备。我们已经郑重声明，我们的导弹不是针对任何国家的，也不是针对台湾人民的，但它是有效维护国家主权和领土完整的自卫手段。

我个人建议，我们在现有的基础上，以美国售台武器为参照系，你台军增加一个作战单元，我就增加一个作战单元，你减少一个作战单元，我就减少一个作战单元，我看你怎么以小博大！当然，我们这些武器增减的指向性是十分明确的，就是为了"防独、止独"，绝对不是对着台湾民众的。我们追求的是两岸"和平发展"、"和平统一"，这对台湾民众来讲，是安全系数最高、付出代价最小的选择。但台湾当局偏要追求高限平衡，从美国购买先进武器装备，实际上这对台湾民众来说是安全系数最低、代价最高的选择。你台湾当局拖得起，台湾民众还不愿意花这笔冤枉钱呢。至于美国会坐收渔翁之利的担忧，我看也大可不必，台湾当局根本经不起拖，台湾不买，美国也就不会去强卖了。而且，美国也不敢把最好的武器都卖给台湾，它也知道，中国人民解放军有一个优良传统——"没有枪没有炮，敌人给我们造"，一旦中国统一，我们全部照单没收。

"治本"的第三条，就是与美国就《八一七公报》的执行情况进行战略对话，美国必须兑现对中国人民的承诺，要对它所说的"逐渐减少，并最终停止对台军售"的话负责，要制定出一个路线图，给出一个时间表，制定一个量化标准，不要口是心非，言行不一。另外，对中美建交时的一个负遗产，美国的《对台关系法》也该到清算的时候了，我们不能一直吞下这个苦果。设想一下，如果中国针对美国的一个部分也制定一个相关的法律，美国能接受吗？己所不欲，勿施于人！

邱震海：在治标方面，也就是在战术、技术层面有哪些反制措施呢？

罗援："治标"的手段就更多了，想象空间也更大了。我归纳大陆网友的建议，大约有这么几项措施：

一是以其人之道还治其人之身。你不是认为对台军售是我们的软肋吗？那你也有软肋吧？你怎么整我，那你就要小心点，假如我如法炮制，你受得了吗？

二是旁敲侧击、暗度陈仓。中美之间现在是利益攸关者，在许多利益上交叉渗透，你中有我、我中有你。你在损害我的利益的同时，你也会受到相应的损失；你在这里损害了我的利益，我就会在另一个地方找回来。

三是擒贼先擒王。冤有头，债有主。在这次军售中，雷神公司、洛克希德－马丁公司扮演了非常不光彩的角色，被中国人民在道德法庭上列入黑名单。他们原以为对台军售可以给他们不景气的经营状况雪中送炭，但我可以告诉他们的是，恰恰相反，只能是雪上加霜，付出大于所得。

四是采取不合作态度。不可能你在人家背后捅了一刀子，还想让人家强扮笑脸，逆来顺受地和你合作。对不起，我们也会说"不"。国务卿希拉里说，中美两国现在已经是"同舟共济"的关系了，就如同两个人在划船，你美国先打乱了步骤，我们也要打乱步骤，否则就翻船了。

总之，中国的综合国力和国际地位已经今非昔比了，我们手里也有许多牌可打，即可进行"软反制"，也可以进行"硬反制"。

邱震海：您曾经说过，中美双方要照顾各自的核心国家利益。从中国军方学者的角度，您认为哪些是美国的核心国家利益？

美国把它的战略利益分为三个层次：核心战略利益，重要战略利益，一般性战略利益。核心战略利益主要是指本土安全和本国人民的生命财产安全，重要战略利益是指美国在海外的利益以及盟友的利益，一般性战略利益主要是指人道主义利益。当前，它所面临的"一二二"困境，即一大金融危机、两大战争（伊拉克战争、阿富汗战争）、两大核危机（伊朗核危机、朝鲜核危机）都事关它的核心战略利益。在这些方面，美国都需要中国的理解和合作。台湾问题不是美国的核心战略利益，美国不要因小失大。

邱震海：针对美国的核心国家利益，中国如何既不"打死"，但又"打痛"？

罗援：就是要"有理、有力、有节"。现在，"有理"，我们已经占领了道德制高点，我们是受害者，是后发制人，我有理，它无理；"有力"，我把"利"字改成有"力"，就是出手要狠，要么不出手，要出手就打到它痛处，让它知道中国人民不是好惹的，它在损害中国的战略利益时，也是要付出代价的；"有节"，就是要掌握好出拳的时机和力度，设计好组合拳的出拳套路，拿捏得当。

邱震海：中美军事交流方面，中国方面可有哪些考虑？

罗援：我个人意见，倒不一定全面中止中美军事交流，把门全关死了。可留一点缝，权衡利弊，视情况灵活出牌。凡是对我有利的交流照常进行；凡是对我不利的，就此中止；凡是对双方都有利有弊的，可先缓缓。当然，这样做，美国肯定不干，它是一个实用主义国家，凡是对它不利的事情，它肯定不干，那好吧，我们就把球踢过去了，不合作的责任，就全部由美国来承担。这就叫战略博弈。

（凤凰卫视《震海听风录》，2010 年 1 月 12 日）

以战略组合拳反制美对台军售

核心提示：对台军售美国是得小利而失大义，美国应在其战略利益天平上重新衡量中国大陆和台湾的分量，孰轻孰重。

1月30日，美国政府通知国会决定向台湾出售"黑鹰"直升机、"爱国者"-3反导系统、"鱼鹰"级扫雷艇、"鱼叉"导弹、多功能信息分发系统等武器，总价值近64亿美元。

随即，中国外交部、国防部、国台办、全国人大外事委员会等部门纷纷向美国提出抗议和交涉。在该消息宣布的17个小时内，中国迅速宣布了四项反制措施。

这是奥巴马出任美国总统以来，美国政府首次决定对台售武。受此干扰，于2009年刚刚"回暖"的中美军事交流必将受到严重影响。而以此为标志，奥巴马上台后的中美关系也将面临严峻的挑战。

美方得小利而失大义

美国对台军售一直是影响和困扰中美两国关系健康发展的重要因素之一。尽管美国曾在1982年的《八一七公报》中承诺逐渐减少直至停止对台军售，但之后却不减反增，多次公然违背承诺。2008年10月，布什政府宣布64.63亿美元对台军售，导致中美两军交流中断。

审视此番美国对台军售的清单，"爱国者"-3反导系统等先进武器赫然在列。而在去年美国总统奥巴马访华，推动中美关系实现平稳过渡，迎来良好开端的背景下，美国为何选择这一时间节点悍然挑衅，意欲何为？

美国选择在此时对台军售，其出牌的时机和牌力都是经过计算的。从时机上说，美国避开了奥巴马访华、哥本哈根会议召开等时间节点，选择了现在这样一个相对的空档期，以力避中方对其指责；而从美国售台武器清单来看，虽然64亿美元的总额不变，但台湾方面求购的F-16战斗机和柴电潜艇都没有纳入。这说明，美国的行动仍有节制，对中方反应仍有顾忌。

美国始终把对台军售作为遏制中国崛起的一个棋子，其意图不外乎三点：以对台军售来困扰中国，干扰中国和平崛起；拿对台军售来赚中国人的钱；拿对台军售来挑动中国人打中国人，意图再延续中国内战。虽然，美国提出来的台海两岸政策是不统不独不战，实际上核心是不统，就是用对台军售问题来阻止两岸的和平发展、两岸的和平统一。

不过，无论从经济账还是从政治账来算，对台军售美国是得小利而失大义。美国应在其战略利益天平上重新衡量中国大陆和台湾的分量，孰轻孰重。

目前中美互为第二大贸易伙伴，中国是美国第三大出口市场，美国是中国第二大出口市场。中美双边贸易额在过去30年里增长了130倍，双边贸易额到2008年已超过了3000亿美元。目前美国对华直接投资已超过590亿美元，中国在美也有大量债券投资，是美国最大债权国。无论从市场份额、订单数量，还是国债持有量来看，都远远大于售台武器的金额，因为对台军售而失掉中国大市场的许多份额，这种得失，一看即明。更重要的是，奥巴马上任伊始就表示，中美关系是最重要的双边关系。但若为了对台军售惹怒了13亿中国人，中国人民对美国的政治信任感将大大下降。所以说，美国在道义上的失分远远大于其获得的经济利益，因小失大，若因台湾问题而触怒了中国，那么，美国付出的代价远比得到的要更大。

台湾亦该警醒

作为武器的买方，台湾的反应是一喜一忧：喜的是美国同意向其售军火，也可因此缓和此前"美牛"事件的紧张，同时，亦可讨好岛内绿营；忧的是两岸关系可能蒙上阴影。

美国售台武器事件的后果是，毒化了两岸和缓的氛围，破坏了两岸互信，对两岸和平统一造成了新的障碍。

台湾花 64 亿美元买到的其实并不是安全，而是危险。美国借助台湾将其军事部署前推，必将迫使我军采取应对措施。台湾花 64 亿美元，实则是花冤枉钱，替美国国内缓解就业压力，替美国人埋单。台湾以为花钱买武器就能拉住美国，寻找到保障，实际并非如此。美国只是通过售武将台湾当做棋子，将其置于炮灰位置。因此，台湾其实是花 64 亿美元买到一个危险，应当早些警醒。

美国对台军售，实则是加大了两岸统一的代价和成本。其实，两岸统一的简洁方式就是台湾当局承认一个中国，最小的付出只是一句话，而不是动辄花数十亿美元购买军备。

以战略组合拳对美违规行为加以"清算"

针对此次美国对台军售，外交部、国防部、全国人大、全国政协、国台办等同时发出强烈抗议，国防部外事办公室领导还奉命召见美国驻华使馆国防武官，可谓前所未有的高调。

彼此尊重对方的核心利益和关切，是中美两国关系健康稳定发展的前提。台湾问题事关中国领土主权、安全等核心利益，中国不可能有妥协的余地。此次中方强烈反应原因有四：

一是我方早已将涉及中国主权和领土完整、社会制度、可持续发展三大核心利益关切告知美方，沟通透明，但美方却明知故犯；二是 2009 年中美进行了一系列战略对话，奥巴马有意推动两国关系重新向"全球性战略伙伴关系"方向迈进，重申致力于建设 21 世纪全面积极合作的中美关系，但美方却没有兑现承诺，再次伤害了中国人民的感情；三是中美建交以来，中美两国签订了三个《联合公报》和两个《中美联合声明》，而美国在 30 多年间，却一而再再而三地挑战中国底线；四是去年底，在美国宣布执行布什时期售台武器计划的三天里，中方曾先后五次表示强烈反对，但美方都置若罔闻，一意孤行。因此，此次中国表现出前所未有的强硬态度。

随着中国整体实力增强，中国维护国家利益的能力也随之增强。中方未来针对美国售台武器所采取的表态、行动会越来越强硬，这是国家实力上升的必然。

对台军售是一项综合性措施，触及到我们国家的核心利益，所以，我们的反制手段也不应仅局限在军事方面，而应采取一套标本兼治的涉及政治、军事、外交、经济等方面的战略组合拳。

对此需要与美国进行一次战略对话，加以清算。因为《八一七公报》是美国对中国作出的郑重承诺，特别是第六条讲到，不寻求一项长期对台军售的政策，美国对台军售的质量和数量不能超过中美建交前几年的水平。而中美建交前几年，美国对台军售的数量只在 2 亿～4 亿美元，而且从质量上看，当时美国售台的导弹仅为"霍克"导弹，而现在不仅数量上不减反增，诸多先进武器亦赫然在列。

我们首先需找到问题的症结所在，清理涉及台海两岸问题的不合理、不合法的法律条款：

一是美国的《与台湾关系法》。这正是多年来美国借以明目张胆地干涉中国内政的依据之一，是中美关系和两岸关系的祸根。而实际上，《与台湾关系法》是美国的国内法，企图以美国国内法修改或抵消美国在具有国际条约性质的《中美联合公报》中所承担的法律义务，这是一种违反国际法的背信弃义的行为。《与台湾关系法》既不能超越国际法准则，不能代替、更不能高于《中美联合公报》，也不能与《中美联合公报》平起平坐，相提并论。《与台湾关系法》不仅不能成为美国片面处理涉及中国主权与中国内政事务的有效文件，更不能成为以售武形式干涉中国内政、侵犯中国主权的合法依据。

二是美国里根政府在签署《八一七公报》之前对台的"六项承诺"。即对两岸统一不设时间表；在售台武器之前不与大陆磋商；不当两岸的调解人；不修改《与台湾关系法》；承认台湾的主权；不迫使台湾与大陆进行和谈。实际上，这"六项承诺"双方都没有签字，等于是一纸空文，和《与台湾关系法》一样，本身不具合法性，本身理不直气不壮，但总被美国拿来当作挡箭牌，被台湾拿来当作定心丸。对此需要一并清算。

三是清理美国国会《2000 财年国防授权法》这一限制两军在 12 个领域开展交流的法案。可以先易后难，先急后缓，通过战略对话，对美国涉华的文件、法律法规列出清单，逐一清理。这些障碍是历史形成的，解决起来尚需过程，但希望美方能认真、妥善照顾中方的关切，信守发展两军关系、两国关系的承诺。

美国必须兑现对中国人民的承诺，要对它所说的'逐渐减少，直至最终停止对台军售'的承诺负责，要制定出一个路线图，给出一个时间表，制定一个量化标准。

除了督促美国履行《八一七公报》中的承诺外，反制美国的措施应标本兼治。从治本的角度来看，首先是要增强我国的国防实力。特别是在两岸关系已经缓和的情况下，美国再次触犯我核心战略利益，也给我方一个非常正当的理由加强国防现代化建设，加强武器装备的研制、采购。我们可以借鉴美国在其 2010 年国防预算报告中"追加战争拨款"的做法，明确提出因为台海威胁，增加军费投入。也可以借鉴 2007 年俄罗斯应对美国在捷克、波兰部署导弹防御系统的做法，调整我方的军力部署。在地缘政治上，我方也应加强与俄罗斯等周边国家的交流和合作，加大军事交往。美国售台武器，对我国东南沿海的军事设施安全构成了新的威胁，这也逼得我方不得不加大国防投入，调整部署。

从治标的角度看，一是可以以其人之道还治其人之身，找准美国的软肋，加以反制。二是可以旁敲侧击、暗度陈仓。现在中美之间是利益攸关者，在许多利益上交叉渗透，你中有我、我中有你。如可采取抛售部分美国国债等经济手段进行制裁。三是制裁参与售台武器的美国军工企业，如雷神公司、洛克希德－马丁公司等。四是采取不合作态度。美国国务卿希拉里曾说，中美两国现在已是"同舟共济"的关系了。这就如同两个人在划船，美国先打乱了步骤，我们也要打乱步骤。中国要提醒美国，不可能一方面要求中国在很多方面与美国合作，另一方面却损害中国的核心利益。

总的原则就是要有理、有力、有节。"有理"，我们已经占领了道义制高点，是受害者，是后发制人；"有力"，就是出手要狠，要打到痛处，让其知道损害中国的核心利益，是要付出代价的；"有节"，就是要掌握好出拳的时机和力度，设计好组合拳的出拳套路，分寸拿捏得当。

此次军售也势将影响两军刚刚恢复的军事交流。2009年10月，军委副主席访问美国，因2008年10月美国布什政府宣布售台武器而受到严重干扰的中美两军关系得到了恢复。今年年内，双方已安排了一系列新的交流活动，包括美国国防部长盖茨访华、中国人民解放军总参谋长陈炳德和美军参谋长联席会议主席马伦实现互访、中美军舰互访等。这次对台军售获批，无疑会严重影响这些预期进行的交流活动。

当前美国面临"一二二"困境，即一大金融危机、两大战争（伊拉克战争、阿富汗战争）、两大核危机（伊朗核危机、朝鲜核危机）。这些都事关其核心战略利益，美国都需要在这些方面得到中国的理解和合作。

合则两利，斗则两伤，发展中美关系，要从战略全局出发。美方要克服国内鼓噪，摒弃冷战思维，负责任地履行承诺。

（《瞭望》，2010年第6期）

美国的炮舰政策可以休矣

美国国务卿希拉里·克林顿最近在东盟高峰会上说，美国在南中国海也有利益，美国必须维护。世人听后惊诧，美国在相距十万八千里的南中国海有什么利益？希拉里说，有航行自由的权利。什么"航行自由的权利"？说白了就是有把炮舰摆在别人的家门口炫耀武力的权利，就是有通过炮舰窥视人家家中秘密的权利。

5月25日，奥巴马总统签署的一纸《2010年海军建设概念》，把美国的所谓海上利益描述得淋漓尽致，这就是美国海军要锻造的六大核心能力：一是前沿存在；二是威慑；三是海上安全；四是海上控制；五是力量投送；六是人道主义救援。所谓"前沿存在"，就是我美国的炮舰可以到世界的各个角落横行霸道，把我的安全边界前推到别人的家门口。所谓的"威慑"，就是你不听我的话，我就揍你。哪有这样霸道的强盗逻辑？所谓"海上安全"，就是要保证我的炮舰神圣不可侵犯，只有我的安全，岂管他人的不安全！所谓"海上控制"，就是马汉海权论的翻版，谁控制了海上咽喉要道，谁就控制了海洋；谁控制了海洋，谁就控制了全世界。所谓"力量投送"，明眼人一看就知道它指的是战争力量的投送，绝对不会是和平力量的投送。所谓"人道主义救援"，我们当然希望是普遍意义的"人道主义救援"，而不是只对美国人和美国的盟友实施"人道"，而对他人实施"霸道"。从以上对美国的《2010年海军建设概念》的解读我们就可以看出美国的真实意图是什么。美国仍然在坚持冷战思维，仍然在奉行炮舰政策。这和希拉里国务卿在东盟高峰会上所说的"通过对话、磋商解决争端"，"反对诉诸武力或以武力相威胁"大相径庭，她在南中国海所反对的，其实正是美国在朝鲜半岛所大行其道的。美国对事、对人向来就是这样，说一套做一套，当面一套背后一套，对人一套对己一套。双重标准，双重人格。

我们把光圈再放大一点，把美军最近在亚太地区的一些军事行动放在一个大的棋局中来看，就会发现美国正在进行大的部署调整，战略重心正在向亚太地区倾斜。它在我国的周围已经形成了"三链一圈"的遏制圈。"三链"就是以西太平洋的三道岛链为基础的三道封锁线。第一岛链就是日本列岛、琉球列岛、台湾、菲律宾一线，美军在这里主要是提高驻韩美军的战略机动能力，加快美日军事一体化进程。第二岛链就是火山群岛、小笠原群岛、关岛和马里亚纳群岛一线，美军在这里重点是提高战略威慑和打击能力。第三岛链是指夏威夷群岛一线，美军在这里主要是强化指挥控制机能，增强战略投送和保障力量。除此之外，美军还在我周边摆子布势，加强战略预置，对我形成了一个遏制圈。从最近的军事行动来看，美军将最先进的F-22隐形战机部署到夏威夷，号称与已经部署在关岛、阿拉斯加的F-22战机形成空中三足鼎立之势；在海上派遣刚刚改造成军的俄亥俄级巡航导弹核动力攻击潜艇到韩国的釜山、菲律宾的苏比克湾，以及位于印度洋的迪戈加西亚岛，形成海上三足鼎立之势。与此同时，美军频繁地在亚太地区进行联合军事演习，刚刚结束的"环太平洋"联合军事演习，是该演习课目有史以来参演国最多的一次。世人瞩目的美韩"不屈的意志"演习刚刚告一段落，美韩"乙支·自由卫士"演习又要登场。除了多边的联合军演之外，美国还和一些国家保持着传统的双边演习，例如"肩并肩"、"金色眼镜蛇"联合军演等，本来就不太平的太平洋，被美国搅得更加不太平。

美军在亚太地区频频出手，意欲何为？我们只要看看它在第一岛链的军事部署就可以明白美国的战略意图了。美国在亚太地区有五大军事同盟，其中三个（美日军事同盟、美韩军事同盟、美菲军事同盟）都设在这一线，美国和台湾虽然不存在军事同盟关系，但有实质性的军事合作，美国一直将台湾视为它的盟友，美国坚持向台湾出售先进的武器装备，实际上就是想把台湾牢牢地绑在它的战车上，把台湾变成阻止中国东进大洋的"不沉的航空母舰"。由此看来，美国在第一岛链已经部署了一条军事封锁链，试图将中国封死围堵在第一岛链之内，使"中国龙"变成一条"中国虫"。台湾从美国人那里购买来了先进的武器，自以为得意，以为有了安全保障，实际上是在替人做嫁衣裳，帮助美国遏制中华民族崛起。

当今的时代，已经是政治多极化、经济全球化的时代，美国再靠炮舰政策维护自家的安全，已经违背历史潮流了。美国在伊拉克、阿富汗依靠炮舰政策赢得了战争，却留下了伊拉克问题、阿富汗问题，这些问题的解决，要比战争问题的解决棘手得多、难办得多。你虽然实行了军事占领，但你最终还要撤出来，而撤出来后留下的烂摊子，将是美国永远摆脱不了的噩梦。美国需要转变思维方式了。世界范围内的事情，应该全世界人民说了算；一个地区的事情，应该由本地区的人民说了算；一个国家内部的事情，应该由本国人民说了算。能把自己家的事情管好就不错了，美国到处伸手的炮舰政策可以休矣！

（《中国青年报》，2010 年 8 月 6 日）

鹰胆鸽魂——罗援将军论国防

175

韩国实弹军演与朝鲜半岛局势

　　核心提示：东北亚安全形势现在用"千钧一发"这个词来形容一点也不为过，特别是今天下午两点半韩国在延坪岛进行了火炮训练，使危机突然升温，引起各方关注。

　　网友"孙亚非"：韩国实弹军演为何如此高调？有何复杂背景？
　　罗援：我认为韩国这次高调军演是在传递一些信息，做出一些姿态。主要是告知朝鲜，威胁对方如果再有冒险行动将受到惩罚。其次，给韩国民众消气，减轻民众对政府施加的压力。三是告知美国人半岛危机还未结束，希望美军继续存在，把韩国绑在美军的战车上。
　　网友"杨再昌"：请问罗少将，韩国实弹军演将对半岛局势造成怎样的威胁？
　　罗援：很可能引发危机的轮番上升，造成冤冤相报，使事态进一步恶化。
　　网友"海纳百川中国沙河"：韩方军事训练已经结束，而朝鲜战机没有作出反应，请问嘉宾，朝方为何没有"自卫"？
　　罗援：朝鲜的行事风格往往是不按常规出牌，可以说是你打你的，我打我的，情况对我有利就打，情况对我不利就不打，现在不出手不等于以后也不出手，现在不在延坪地区出手不等于以后不在别的地方出手。因为朝鲜已经有言在先，结果如何我们可以拭目以待。
　　网友"糖果乐园"：局势如果继续恶化，朝韩有没有开战的可能？中国会采取什么措施?

罗援：我个人认为有限的局部摩擦或者冲突很有可能发生，但是大战的概率不大，因为双方似乎都没有大战的意愿，也没有做好大战的准备，恐怕韩国的后台老板也不会允许韩国大打出手，因为美国尚未从阿富汗和伊拉克战争泥潭脱身，没有精力再陷入一个新的战争泥潭。中国会积极劝和促谈，向朝韩民众晓以利害，利用国际影响力使双方坐下来，保持克制用和平手段解决争端。

网友"缪论"：罗先生，你可否直接回答，若朝鲜半岛爆发战争，我们还会组织志愿军吗?

罗援：这个问题太大了，不是我这样级别的人所能回答的。《孙子兵法》曰："兵者国之大事，生死之地存亡之道。"特别是关乎我国国家利益的战争问题，应由国家最高决策层来决定。依我个人的观点，现在的时代已经与六十年前大不相同，当时处于东西方对峙的冷战时代，三八线是两大阵营对峙的政治疆界，中国出兵参战，既有国内利益的需要，也有大的国际背景。当时美国把战火燃到了鸭绿江边，并侵占了我国的领土台湾，我们不得不打。另外，当时中国在外交上奉行"一边倒"政策，倒向社会主义阵营，现在冷战结束，这个大背景已经不存在了，我们将把本国的主权和安全放在首位，独立自主地决定我们的国防政策，既不会受某些人的挑唆，也不会屈从于某些人的恐吓。

网友"ligall"：解放军到底有没有能力保护好祖国的安全?

罗援：这个问题我们不用外交辞令，可以坚定不移地回答，我们有决心、有信心、有能力捍卫国家的主权和领土完整。我们这支军队是党和人民完全可以放心的一支人民子弟兵，尽管我们现在也面临一些急需改进的问题，无论是作风建设，还是装备提升，以及编制体制的改革，但是只要国家一声呼唤，我们这支军队还是能够招之即来、来之能战、战之能胜，建国以后的几次边境自卫反击作战和最近的抢险救灾行动都可以证明我们的军魂仍在，我军的光荣传统仍在传承发扬。

网友"杜康"：朝鲜半岛维持一个怎么样的局势对于中国来说最安全?

罗援：三无状态，无核、无战、无乱。一旦朝鲜拥有了核武器，将使我周边的核安全环境恶化，可能引起连锁反应，特别是如果朝鲜出现核意外事件或遭到核打击，将殃及核辐射范围400～1400公里，我国1/4国土将受到核污染。因此，我们坚决反对朝鲜拥有核武器，我们也反对用战争手段来解决半岛核危机。这不仅将殃及朝鲜人民的生命财产安全，而且也会给我边境地区带来巨大的安全和经济压力。

网友"我是下士"：我始终认为朝鲜和美国在合谋演戏，朝鲜的目的是完成权力交接，美国意在消耗我国力，不知你以为如何？

罗援：你这个观点很新颖独到，朝韩双方有没有这种智慧玩这种政治双簧恐怕还值得怀疑，朝鲜刚刚进行政权交接，能否掌控局面对新一代领导人是一个挑战。美国是否敢走战争边缘政策，对奥巴马政府的决断能力也是一个考验。我想他们恐怕还没有这种合作的意愿和沟通的渠道。

网友"E政案第8537号"：我认为在朝韩冲突中，中方应充当"中转站"角色。

罗援："中转站"这个提法很有意思，虽然"中转站"这个提法值得商榷，但是应该说这个提案还是有一定参考价值的。我给它归纳成两个两手：既做韩国的工作，也做朝鲜的工作；既做好促和的工作，也做好备战的准备。

网友"天静小斋"：为什么面对日本议员强登钓鱼岛中国仅仅是抗议了事？中国有无能力收复该岛？

罗援：钓鱼岛是我们固有的领土，在主权问题上我们绝不退让。我们坚决反对日方某些人肆意挑衅的行为，这只能激化矛盾，而不利于问题的解决。中国古话说得好："善有善报，恶有恶报，不是不报，时候未到，时候一到，一切都报。"

网友"hpty"：请问罗老师，最近在东北亚，先是美韩，又是美日，这么多的军事演习，美国想表达什么意图？日本和韩国呢？

罗援：应该说美、日、韩三方各有打算，美国试图以航空母舰开道重返亚太，保持在亚太的主导地位，伺机拼凑亚洲版的"小北约"。韩国试图拉美国下水，紧紧地绑在美国的战车上，由美国给它提供安全保障，降低它的安全成本。日本则企图"借船出海"，突破《和平宪法》对它的束缚，成为一个地区性的军事强国。不能不警惕它们三方都有遏制中国的一面。

网友"小雷人"：您是"鸽派"还是"鹰派"？

罗援：现在一个原来并不是问题的问题被炒作起来了，就是"鸽派"还是"鹰派"。军人理所当然应该是"鹰派"，军人不言战谁再言战，并不是说军人好战，而是我们的职责所在，使命所在。《中华人民共和国宪法》赋予军人的职责就是要用鲜血和生命捍卫国家的主权和领土完整，军人如果不尚兵习武，就是最大的违宪、最大的失职。军人都变成了"鸽派"，老百姓交了那么多纳税钱养着230万军队是干什么的？不如用这笔钱来改善民生，不如让官兵解甲归田，不如把这支军队改为和平基金会。当然，我主张的强硬派是理性的强硬派，是在服从并服务于国家利益大局下的强硬派，而非莽撞的强硬派。有外国学者称我为"中国的鹰派"，我向他们解释，我是长着鹰的眼睛和利爪，但又长着鸽子的头脑和心脏。

网友"杨再昌"：中国提出的六方会谈，为什么有的国家置之不理，是何居心？

罗援：因为他们各有打算、各有利益，有的国家在背后挑唆，他们好从中牟利。他们不仅挑动"武斗"，甚至连劝架的一起整，到底谁是"麻烦制造者"，谁是"和平的使者"，在这次半岛战略博弈中一目了然。

网友"船山石"：中国对朝鲜的影响力到底有多大？有种观点认为，中国的影响力徒有其表。

罗援：我个人认为，中国对朝鲜完全没有影响力不是实事求是的，中国能够完全影响朝鲜的政治决策也不实事求是。毕竟中朝之间有过一段用鲜血和生命凝结的友谊，这种特殊的关系仍然在延续，从最近中朝双方隆重纪念抗美援朝战争60周年的盛况就可以看出。但是，朝鲜是一个主权独立的国家，又提倡主体思想，不可能完全听从于别国。

网友"孟梁"：解放军这么久没实战过了，只是进行演练，跟美军、日军、北约军打，还有信心吗？打输了怎么办？

罗援：在战争年代，我们是在战争中学习战争，获得的是直接的经验。在和平年代，我们是通过训练和借鉴别人的战争经验来学习战争。虽然不是直接的体验，但也可以从中受益。和平的环境给我军战斗力的生成和提高提出了更高、更严的要求，我们在继承和发扬我军优良传统的同时，一定要紧跟时代的步伐，研究现代条件下，特别是信息化条件下作战的特点和规律。绝不能因循守旧，要紧紧盯着世界军事的发展潮流，建设一支信息化的军队，准备打一场信息化的战争。

网友"海鸥119"：美日大规模军演之后，日本立即修改防卫大纲，把防卫的重点指向中国，你如何看待这一修改？

罗援：我认为在这次美韩、美日军演中，最值得我们注意的动向就是日本"借船出海"。它的防御部署由东北转向西南，防御对象由前苏联转向中国，战备程度由"关注"转为"警戒"，作战理念由"专守防御"的"基础防卫"转为"攻防兼备"的"机动防卫"，表明其作战思想更趋外向型，更具进攻性、冒险性。所以我们在关注朝鲜半岛局势变化的同时，要紧紧盯住日本。

网友"佬大"：我国现在其实连一个盟友也没有，即使在二战的时候也还有几个盟友，现在是几千年来从未有过的孤立，你不觉得很悲哀吗？

罗援：我们曾经有过盟友，但是一朝被蛇咬，十年怕井绳。历史证明，还是我们老祖宗的做法比较符合我们国家的利益，就是纵横捭阖，结友而不结盟。世界上没有永久的盟友，只有永恒的利益。

网友"杜康"：您预测一下接下来的朝鲜半岛局势？

罗援：打打停停、停停打打，小打不断，大打概率不高。以打促谈，以打提高筹码，最终还是得回到谈判桌上来。

主持人：您怎么看待"韬光养晦"的？外交层面和军事层面大家的理念有没有冲突？

罗援：小平同志当时讲的是两句话，"韬光养晦，有所作为"。要全面地看，辩证地看。韬晦之计，并不意味着一味守成；有所作为，也不是高调逞强。韬光养晦的内涵是该守拙时则守拙，绝不受人挑唆，不去扛旗、当头。

善于守拙的重点在于一个"善"字；有所作为的内涵是该出手时则出手，绝不瞻前顾后，要敢于亮剑，重点在一个"敢"字。外交、军事都要服从并服务于国家利益大局，但职能不一，各有侧重，文武之道，一张一弛。外交追求解疑释惑，多交朋友，化敌为友，广结善缘；军事讲究以战止战，慑战胜战。外交上可以讲双赢，军事上只有单赢，你死我活。外交上是菩萨心肠，军事上是霹雳手段。外交上可以出"鸽派"，军事上只有"鹰派"。总之，韬光养晦，有所作为，相辅相成，不可偏废。

主持人：请介绍一下韩国这次炮兵训练都使用了哪些武器，性能如何，以及和朝鲜军队的对比情况。

罗援：据我了解韩国使用了如下武器：

12管M270火箭炮，射程40～60公里；K9榴弹炮，射程40公里，这种火炮号称亚洲第一，世界第二。在亚洲装备同类火炮的有日本99式，中国03式。这种火炮身管长8米，口径155毫米，身管与口径达到52倍，兵器界称之为"52倍革命"。KH178式105毫米榴弹炮，射程15～16公里，增程弹达18公里。81毫米迫击炮，射程3～4公里。

朝鲜的武器有：

12管240毫米火箭炮，射程50公里。130加农炮，射程39公里。105毫米榴弹炮，射程14～18公里。

朝鲜的优势在于：有坑道，可隐蔽，打了就藏；有准备，有预案，早已设定射击诸元。另外朝鲜在陆地，作战地幅大，可选择的空间大。

韩国进入战备状态的飞机、军舰有：

"世宗大王"KD3，这是亚洲第二款宙斯盾舰，第一款是金刚级。该舰是多用途舰，可对岸攻击，防快艇，但主要是防空，可协助F-15K（美国为韩国制造）、KF-16（韩国自己制造）多用途飞机，这种飞机既可制空，又可对地攻击，可携带联合攻击弹药、激光制导炸弹、子母弹。朝鲜大多数是二代机，虽有部分"米格"29，但数量少，且零部件老化。

（人民网强国论坛，2010年12月20日）

为何出版民间版美、日军力评估报告

解说：中国民间智库、中国战略文化促进会今年首次发表民间版美、日军力评估报告，以求客观介绍及评估美国和日本的军事实力及战略部署，包括究竟如何分析美国近年来重心东移战略，又如何推论美国海空一体战假想敌是谁，而美军体制编制改革目的又是为何。

邱震海：长久以来我们一直知道，美国每年搞一个对中国的军力评估报告，日本也时不时的搞一个有关中国或者朝鲜的军力评估报告，然而从中国方面来说，无论是官方还是民间，我们始终没有听说有评估美国或者日本的军力报告，但是现在这个事实有所改变了，由中国战略文化促进会发布的一份有关美国和日本2011年的军力报告已经正式出台了。

解说：中国民间智库首次发表民间版美、日军力评估报告，中国战略文化促进会日前在北京召开记者会，宣布从今年起发表《美国军力评估报告》和《日本军力评估报告》，希望对美日两国的军力做出公允的评估。大会称两份报告分别客观地介绍了美国和日本的军事思想、军事力量、军事关系，旨在增信释疑，对美日军力发展提出关切和质疑，并向外部世界展示中国民间对其军力发展的了解与看法，其中《2011美国军力评估报告》在分析美军实力后提出十大疑问，包括谁拥有世界上最高的军费数额，谁拥有世界上最大的核武库，谁在把中国当做假想敌，美国战略重心东移是针对谁，美国海空一体做成的作战对象是谁，谁在给中美军事合作制造障碍等问题，希望增加中国民众和国际社会对美日两国实力的了解，减少误判，从而推进相互尊重、平等互利基础上的双边关系。

邱震海：我们请出中国战略文化促进会的常务副会长兼秘书长罗援先生。你好罗会长，中国战略文化促进会为什么会想到出台这两份报告，民间版《2011美国军力评估报告》，以及民间版《2011日本军力评估报告》？

罗援：大家都知道，冷战结束以后，美国把对前苏联的这种战略评估转嫁到中国，就是美国国会要求美国国防部每年要出一版中国军力评估报告，日本也是利用这个发布防务白皮书等政策文件的机会，对中国的军力说三道四，品头论足，其中有很多不实和夸大之词，虽然中国的外交部发言人、国防部发言人一再向美国和日本提出抗议进行交涉、进行辩解，但是他们仍然不思改悔，还是我行我素。我们中国古语中有句话叫"来而不往非礼也"，为了还事实一个本来的面目，让国际社会，甚至美国的民众能了解中国民众对美国、对日本军力的一些判断和关注，所以我们就发表了《美国军力评估报告》和《日本军力评估报告》，以其人之道还治其人之身，以子之矛攻子之盾。

邱震海：这很有意思，我作为主持人非常好奇，这两份报告的材料来源到底在哪里？准确吗？

罗援：我们这两个报告撰写的原则一个是叫非官方，再一个叫非涉密，我们的取材都是来自美国国防部网站和日本防务省的一些公开的资料，都是引自他们的资料，我们的权威性，主要来自这么几个方面，一个是取材的准确性，再一个就是我们评论的客观性，还一个就是我们撰写的规范性，也就是言之有理，言之有据，当然我们撰写的过程也不同于官方的政策文件，我们还是采取一种平等的心态，用一种开放的姿态。

邱震海：您刚才讲到这两份报告都强调其民间色彩，公众效应，我非常好奇，为什么中国到目前为止只有民间版，而官方为什么不出台两份有关美国和日本的军力报告？

罗援：我觉得可能官方对美国和日本对我们军力的品头论足不屑一顾。因为我们外交部发言人和国防部发言人已经多次表明美国和日本的军力评估报告有很多不实的地方，不值得我们一驳。

邱震海：坦率来讲，刚才您说的民间我理解后面有些官方色彩，但这种不对称的应对在跟美国和日本的交往当中，会不会造成一个不对称的效应？因为对方是一种国家行为，而中国方面是一种民间行为，所以会不会造成美日方面对中国的这份民间报告不予重视或者重视程度不够，以至于未来对话或者互动的效应不够？

罗援：实际上我们发表这么一个民间的评估报告，也是和国际接轨，你像美国的兰德公司、卡内基基金会、美国战略与国际问题研究中心（CSIS）也经常发表一些民间智库的年度报告，包括一些对中国国力军力的评估报告，所以我们这么做也是和国际相接轨。我觉得民间来发表一些声音可能回旋余地更大一些，更有利于双方加强增信释疑，消除一些误会，增加一些共识。

邱震海：我们先谈谈民间版的《2011美国军力报告》，在我们展开之前，请允许我追问一下，这一份报告得出的对美国军力，尤其是2011美国军力一个总体的结论是什么？

罗援：总体的结论就是在研判美国的2010年和2011年的一些重大军事动态的过程中，我觉得现在美国正处于一种战略困惑期。怎么说呢？就是金融危机以后，美国的综合国力实际上在相对的衰落，但是美国仍然要维持世界超强独霸的这么一个地位，用奥巴马总统的话来说，美国仍然要当世界的老大，绝对不当老二，其实我觉得就是在撑面子，死撑面子活受罪。为什么呢？因为现在他的整个国力还是处于一种下降的地位，所以现在他既要保证他的绝对安全和绝对优势，但是又不得不做一些战略收缩，从我们的报告上可以看出，他现在正在裁减一些海外的军事基地，奥巴马提出了要摆脱小布什当时提出的单边主义，但是奥巴马又不得不仍然依赖他的炮舰政策。

在核问题上，奥巴马提出了世界无核武器化，但是他又不能不加强他的核大棒效能，再一个就是说他还是想遏制中国和俄罗斯的崛起和复兴，但是他又不得不和中国和俄罗斯搞一些合作，所以他就处在一种困惑战略焦急阶段，我觉得从2010年到2011年的军力看，美国正处于这么一个比较矛盾的阶段。

邱震海：如果说像刚才您说的这样，美国目前的国防或者整体的战略是处于一种茫然期的话，我们看看事实上在你们出版的这份民间版《2011美国军力评估报告》当中，你们对美国的军力提出的十问，到底详细如何。

罗援： 我们对美国的军力还是有一些质疑。到底现在谁是世界上军队最多的国家？到底谁是世界上军费最多的国家？到底谁是世界上核武库最大的国家？再一个就是谁是世界上打仗打得最多的国家？还有谁在把中国当做假想敌，以及美国战略东移的真实目的到底是针对谁？主要是以这些为主的几个疑问。我先说第一个，到底谁是世界上军队规模最大的国家。

现在国际社会上都说中国是世界上军队规模最大的国家，也就是说我们现在有230万军队，而美国对外公布的现役部队是143.5万人，但是从我们的研究来看，这143.5万人实际上没有包括85.3万人的预备役部队，这个预备役不是讲的预备役人员，如果加上预备役人员人数要更多，光是预备役部队有85.3万人，还有文职人员80.3万人，如果把这两部分加起来，美国的现役部队应该是有309.1万人，这实际上还不算国民警卫队，国民警卫队因为属于各州管辖，所以就仅这些部队就是309.1万人，在世界上仍然是规模最大的一支部队。

这是从部队规模来看，再一个就从军费来讲。现在西方国家，特别是美国总是指责中国有隐性军费，有灰色收入，从我们对美国军费的研究来看，他公布的2011年的军费是6870亿美元，这其中有海外机动作战费1590.3亿美元，实际上这里头没有包括190亿用于国防的原子能项目，还不包括80亿国防部直属机构人员的费用，也不包括1220亿用于退伍军人的费用，这个用于退伍军人的费用1220亿元是一个相当庞大的数字，几乎等于其他国家一年的军费，但从这也可以看出美国对退役军人还是非常重视的，如果把这些费用都加在一块儿，美国的军费应该是8360亿，远远高于对外公布的6870亿，我们不说有隐性军费或者是额外的开支，但是起码是预算外的一些开支，也就是说美国也不要指责别的国家有什么隐性军费，有灰色收入，事实上各个国家的计算标准是不一样的。

我们还可以再看看核武库的规模。根据美国和俄罗斯签订的消减和限制战略武器条约，在10年之内双方要把他们的核弹头减到1150枚，运输和投送工具减到 700 具以下，现在我们看看美国现在核弹头有多少，它现在有 1790 枚，它的投送工具还有 822 具，也就是说它的核武库规模还远远高于准备消减标准，而奥巴马在 2010 年又签署了要在未来 10 年还要在核武器更新换代方面投入 1800 亿美元，也就是说美国在世界上仍然是核武库最大的一个国家。

从打仗来看，我们从 1991 年开始来算，美国平均 4 年打一仗，几乎天天都处于一种战争状态，我们光看它的军费内部分配，在 2000 年对任务部队的作战和装备维修费是 9.5 万美元，到了 2010 年增加到 21 万美元，已经是美国历年来比较高的一个年份了。

邱震海：您刚才提到隐性军费很有意思，因为隐性军费是美国指责中国的一个重要的依据，现在你们发现美国也存在隐性军费，而且刚才你也说到，双方的计算方法不同，就这一部分双方的智库到目前为止有没有过沟通和对话？

罗援：在这方面我们是和美方的一些专家学者有过一些学术交流的。

邱震海：另外讲到部队的规模，包括核武库，包括战争能力，你们指责美方是世界上最大的军队等等，但是美国方面现在对中国方面的指责是说中国的实力是一部分，中国的意图他们不明了是另外一部分，就这一部分双方目前有没有沟通？

罗援：我觉得这也正是我们发表《美国军力评估报告》《日本军力评估报告》的主要目的之一，就是双方要加强沟通。美国和日本总是叫中国进行军事透明，我觉得这种透明应该是一种相互的，不仅是中国对美国要进行军事透明，美国对中国也要进行军事透明，他们现在所说的威胁，在国际关系中有一个公式：威胁＝意图×能力，现在美国对中国的能力应该说是心知肚明的，它发表的《中国军力评估报告》有些夸大之词，但实际上它派了这么多间谍到中国进行战略侦察，他们应该对我们的军力是比较了解的。所以它现在提出另一个问题，就是中国的意图，我们的意图应该也是很清晰的，就是积极防御的战略方针，我们非常坦荡地对世界公布，我们不首先打第一枪，不首先使用原子弹，像这些意图我觉得应该是非常明确的，但是美国仍然对我们进行指责，我们不禁想反问一下美国，你们的意图到底怎么样？你说你要重返亚太，要战略重心东移，那我就会问，你的意图是什么？

难道亚太地区对你美国的安全构成威胁了吗？你凭什么要重返亚太，你凭什么要把你海军舰艇的 2/3 移向亚太，把你 11 艘航空母舰的 6 艘移向亚太，把你核动力潜艇的 60% 移向亚太，你的针对目标是谁？你说不是针对中国，那你针对谁？所以在这方面我们也需要美国向中国向亚太人民做出一个交代，要进行军事透明。

邱震海：6 月 1 日到 3 日在新加坡举行的香格里拉对话上，美国国防部长帕内塔，据我所知是首次如此高调地提出美国在亚太地区要有一个"再平衡战略"，包括刚才你提到他们将在 2020 年把 2/3 的海军军舰都要移到亚太地区，从中国民间战略智库的角度怎么看美国这个所谓的再平衡战略？

罗援：我认为国防部长帕内塔提出这个再平衡，完全是一个伪命题，为什么说是一个伪命题，因为我认为他现在已经形成战略失衡了，就在冷战期间，美国在欧洲和亚洲保持了一个双重点，双 10 万，双遏制战略布局，就是说在欧洲有 10 万驻军，在亚太有 10 万驻军，把主要的重装备放了欧洲。但是现在从我们的研究报告来评估，他的战略已经发生了失衡，战略天平已经朝亚太地区倾斜，比如现在他在亚太地区有 13.5 万的驻军，在欧洲只有 8.3 万的驻军，在亚洲的作战飞机是 618 架，在欧洲只有 290 架，在亚太地区他的军舰有 80 艘，在欧洲只有 20 艘，这本身战略天平已经倾斜向亚太。如果你说你要战略平衡，是不是要把你在亚太的重心往欧洲偏移一些。所以我觉得他这种平衡是一个伪命题。他的真实意图是什么？美国要对中国和对亚太人民做出一个真实的解释。

邱震海：好，谈完美国，我们谈谈美国另外一个非常重要的盟友，也可以说目前在亚太地区最重要的盟友，就是日本。这次你们也出版了《2011 日本军力评估报告》，首先谈一谈你们怎么评估日本目前的实实在在的军事实力。

罗援：我们为什么要发表《日本军力评估报告》，因为我觉得发表《日本军力评估报告》和发表《美国军力评估报告》还有些许的不同，就是我们对日本要紧紧盯住，要警惕日本。为什么？因为日本曾经是一个战争的策源地，曾经是一个战败国，国际社会对日本发展军力是有限制的，包括日本和平宪法对日本发展军力都是有限制的。但是从我们的研究报告分析来看，日本在悄悄地扩张军力，虽然有和平宪法的限制，但是现在日本已经发展成为亚洲地区最强的军事力量之一，装备、军事技术和军事训练，在世界上都是处于比较先进的水平，所以对日本军力的发展我们要保持一种高度的警惕，我们认为日本现在的军力已经超过了所谓的专守防御的范围。

邱震海：具体来说，如何超出的？

罗援：我们首先看看日本的军事战略，它的军事战略以前叫专守或者叫基地、基础防御，现在改成了叫机动防御，或者叫动态遏制，也就是说战略上已经发生变化，战略重心已经从原来主要对付前苏联的北部地区转向了西南地区，要应对西南岛礁事件。再一个就是我们从装备上来看，它现在装备已经有了非常大的发展，我们先看它的陆上自卫队，现在以每年13辆的增速在装备10坦克，原来比较先进的坦克是90坦克，但现在又有了比90坦克更先进的10坦克。这是从陆上自卫队的一个主要装备来看。海上自卫队来看，现在正在大力发展导弹驱逐舰和潜艇。在2011年3月的时候，日本已经列装了"伊势号"直升机驱逐舰，吨位已经达到了1.3万多吨，而且是全通飞行甲板，实际上就是一个直升机轻型航空母舰，在此之前它还有一个"日向号"，就是"日向级"，它已经有两艘了。另外，就是它的潜艇，在2011年3月它列装了"白龙号"潜艇，这个潜艇是不依靠空气推力的先进的潜艇。从航空自卫队来看，现在已经试飞C2，这是它研发的运输机，还要从美国购买6架KC130运输机，另外现在已经把F35作为它的替代机型，准备买44架，它还在自己研发"心神"隐形战斗机。所以从这几个方面来看它正在悄悄地发展自己的军事力量，而这种军事力量已经超出了专守防御的范围。

邱震海：你们是认为日本的能力已经超出他实际的需要，而日本方面自己强调依然是遵守和平宪法，从一个中国战略智库的角度说，你们怎么评估日本的战略意图，尤其是日本目前对中国的战略意图？

罗援：它说它还在和平宪法框架之内，但是我觉得它已经有了几个突破，比如"武器出口三原则"现在已经突破了，"用兵三原则"已经突破了，现在大家对它"无核三原则"也提出了质疑，所以这些方面日本也需要向中国人民和亚太人民做出一些交代，也要进行军事透明。它的军事战略针对中国的企图应该是非常明显的，比如它的防导体系，现在已经移到冲绳岛附近，它的一些战略重心也移向了西南方向，而且它进行了一些军事演习都是以中国为假想敌。

从这些问题我们可以看出，美国和日本正在加强对中国的遏制，也就是要把中国封死在第一岛链，使我们这条"中国龙"困死成"中国虫"。

邱震海：非常感谢中国战略文化促进会出版的 2011 美、日军力评估报告揭示了一个基本的事实，就是长期以来美日对中国进行军力的指责，而中国方面无论官方或者民间都毫无回应，这两份报告的公布可以说是中国的军事外交向着多元化的方向转变，由原来的应答式转变成反问式，由原来的所谓的内向解释性向外向问答性转变，由纯官方向官民结合的方向转变。

（凤凰卫视《震海听风录》，2012 年 6 月 20 日）

鹰胆鸽魂——罗援将军论国防

中国的国家利益是处理外交事务的最高原则

最近，针对朝鲜第三次核试验，联合国对朝鲜实施了更为严厉的制裁，中国也参加了制裁。中国是否应该参加制裁，众说纷纭，没有一个统一的标准，唯一的标准，就是看朝鲜是否损害了中国的国家利益。

损害了吗？当然损害了。首先，一旦朝鲜拥有了核武器，将使我国周边的核安全环境进一步恶化，甚至可能引起连锁反应，日、韩等国将以此为借口，建立反导体系，甚至发展核武器，我周边已经被拥有导弹的国家所包围，再给他们武装上核牙齿，从自身安全角度来看，任何国家都是不能容忍的。其次，朝鲜目前对核的管理能力和防护能力都比较低，一旦发生核意外泄漏事件，或遭到了敌对国家的核打击，其核辐射范围将达到400～1400公里，我国相当一部分国土将受到核污染。另外，一旦核技术或者核设施落入恐怖主义分子之手，将带来灾难性的后果。其三，一旦朝鲜在外部势力的打击或者挤压之下，政权崩溃，将造成半岛剧烈动荡，大批难民将涌入中国东北地区，给我边境地区的政治、经济增加巨大负担。

我国没有必要为朝鲜的草率之举埋单，使我们来之不易的战略机遇期受到干扰。这一点，我们必须跟朝鲜摊牌，我们理解朝鲜的安全关注，也在力所能及的范围内试图帮助朝鲜解决安全关注，实事求是地说，如果没有中国多年的不懈努力，朝鲜半岛局势早就不知道是什么样子了。但是，朝鲜也必须关注中国的国家利益，不论是谁，哪怕是过去的"同志加兄弟"，只要损害了我们的国家利益，我们也要"亲兄弟明算账"。

但是，我们对朝鲜的制裁，目的性是十分明确的，就是要求朝鲜不要危害我们的国家利益。这是一种善意的规劝，而不是恶意的伤害。因为我们曾经多次对朝好言相劝，但都没有起到作用，我们只有采取这种方式来表达我们的不满。在这一点上，我们和有些国家的目的是截然不同的。我们只希望朝鲜弃核，而不是弃权。我们希望朝鲜通过放弃核武器开发计划，融入国际社会，走上和平发展的道路。因此，制裁只能是适度的制裁，只能是针对与核开发项目相关联的人员、资金、材料和技术，而不能殃及平民，更不能造成人道主义灾难。

国际社会也要顾及朝鲜的安全关注，朝鲜拥核也是为了自保。因为它的主要对手美国至今并没有向它承诺不对它进行先发制人的打击，而又给了它的对手韩、日以核保护伞。这就造成了东北亚安全态势的不平衡，这是美国需要考虑的问题。再者，美韩一天到晚频繁地在朝鲜的家门口搞军事演习，这也加重了朝鲜的危机感。另外，如果朝鲜弃核，国际社会会给朝鲜什么经济补偿，现在也不明了。特别是朝鲜频频向美国示好，而美国基本是冷眼相对，从心眼里厌恶这个政权，试图颠覆或压垮这个政权。这些都是朝核问题迟迟得不到解决的外部原因。这些问题的解决，现在除了在中国倡导的六方会谈框架内解决，似乎还没有找到一个更有效的谈判平台。

因此，无论是出于确保中国安全利益的考虑，还是出于维护东北亚地区乃至世界和平稳定的美好愿望来看，都应当在朝鲜半岛实现"三无状态"，即无核、无战、无乱，国际社会应该朝此目标努力。

（2013 年 3 月 9 日）

鹰胆鸽魂——罗援将军论国防

191

我不是阴谋论者

核心提示：中美双方，无论是"鹰派"还是"鸽派"，需要通过沟通交流提出建设性的意见，而不是互相指责、谩骂，只有这样才能促进中美发展新型大国关系。新型大国关系的一个核心要点是互相尊重。

美国要作出解释，否则只能加重战略猜疑

《瞭望东方周刊》：作为一位军事专家，你一直强调当前中国面临的主要外部威胁来自"两个海"和"三个空间"，这种威胁正在加大还是有所缓解？

罗援：中国正面临一种被战略围堵的态势。其中既有对我们迅速发展的不适应，也有对我们发展模式的疑虑，当然也有恶意和敌意。

无论东海、南海，还是网络空间、外层空间、金融空间，对于这些威胁，美国从历史到现实都有不可推卸的负面影响。如果没有 1951 年美国与日本等国在主要参战国——中国缺席的情况下签署的《旧金山和约》，如果没有 1953 年美国将钓鱼岛划入琉球群岛，如果没有 1971 年美国将琉球群岛连同钓鱼岛交给日本，就不会有现在的钓鱼岛问题。

历史上，菲律宾曾经是美国的殖民地，其最西端从来没有超过东经118°。在此以西的黄岩岛等岛礁从来就不属于菲律宾。对这些问题，美国学者心知肚明，但美国政府却在钓鱼岛和南海岛礁之争中，揣着明白装糊涂，偏袒一方，不能不说对这两个地区形势的恶化负有一定的责任。

在网络空间、外层空间、金融空间等问题上，美国对中国的指控是缺乏说服力的。在这几个领域，美国都是先行者、先进者，掌握着技术优势，甚至拥有对于某些技术的垄断。一般来说，强者更有优势向"后来者"发起攻击。

今年 2 月末，国防部新闻发言人耿雁生说，中国面临着网络攻击的严重威胁，2012 年，平均每个月我国国防部网和军网遭到境外攻击 14.4 万次，从 IP 地址的分析来看，其中 62.3% 的攻击来自美国境内。美国计算机产业非常发达，他们掌握了大量的垄断技术，又有正式的网络战部队，如果说要进行网络战的话，中国也只能防御。

最近，媒体披露的美国中央情报局特工人员斯诺登揭秘美国长期监控中国网络的事实足以发人深省。中美两个大国在这两个领域"和则两利，斗则俱伤"，应该共同成为"游戏规则"的制定者和遵守者，而不应该是破坏者或窥视者。

《瞭望东方周刊》：在这种背景下，怎样构建中美之间的新型大国关系？

罗援：对这一点双方有不同理解。我们的理解是双方要平等，要相互尊重，互利共赢。尊重是基础，共赢是目标。到现在为止，美方对新型大国关系似乎还没提出什么建设性的意见，他们更强调稳定，不希望因为偶发事件中断中美交往。

习主席访美后，我随以中央党校常务副校长李景田为团长的代表团去美国参加中美学术论坛，与美方代表进行了一次高级别学术对话。这次学术对话，我就觉得双方有交流，也有交锋。

新型大国关系，前提是互相尊重，美国要尊重中国的核心利益和安全关注。要增信，必须先释疑。比如斯诺登披露的美国对中国的网络监控，对中国造成了威胁。美国要给中国一个解释，如果不是事实，拿出证据，如果是事实，要说明为什么要这么干。

我不是阴谋论者——不一定什么问题都是美国的恶意扼杀，但我起码是怀疑论者。比如美国高调重返亚太的目的是什么？要给中国人民一个令人信服的答案，否则我们只能产生怀疑，无法增信释疑。

美国为什么要到中国的周边抵近侦察？为什么在海峡两岸尚未完全统一的情况下，向台湾单方面出售武器装备，而且一再违背向中国作出的承诺？为什么在中国与周边国家发生矛盾时，美国都偏袒另一方？对这些问题，美国要作出解释，否则只能加重战略猜疑。

战略互不信任，必然导致战略猜疑和战略提防。之所以没有信任，我觉得主要的责任方还是美国。美方对中国的认知是三段论：首先认为我们是一个大国，而且是一个社会主义大国，更是一个迅速发展中的社会主义大国。它担心我们会取代它的领导地位。中国国土辽阔、人口多、市场大，所以美国对中国格外重视。有些人从意识形态来看待中国问题，左看右看都看不惯。特别是中国又是一个迅速发展的社会主义大国，有人就担心我们发展起来之后，将取代西方多年来的发展模式。

增信还有一个路径，就是通过合作，在合作中培植感情，消除疑虑。

中美之间的挑战，无非是天灾和人祸。对后者，由于双方的价值观念和意识形态不同，可能有不同的解释。但天灾则是双方面临的最大公敌。在天灾面前，任何人都会显得弱小和无辜。在这个时候，中美要携手面对天灾，比如成立一支中美国际救援队，利用美国先进的技术和装备，利用中国的经验，双方救援人员共赴现场。

"有备"才能"无患"

《瞭望东方周刊》：你如何看待"中国崛起"和"中国威胁"？

罗援：这两方面有联系，但也不是必然的联系。中国迅速发展必然会引起外界的综合反应，因为在人类历史上还没有出现过一个大国能够以和平方式迅速强大的例子。西方有些人从他们的经验出发很难相信一个国家可以和平发展，可以不通过掠夺和战争崛起，而中国要提供一个新范式。

在发展的过程中，一些国家对我们产生疑虑，我觉得这是情理之中的，因为他们没有这样的先验。所以中国要解惑释疑，要进行相应的说明，向国际社会拿出我们的实际行动。

另一方面，对有些人，你再解释也没用，因为他是戴着有色眼镜来看这个问题的，甚至还有些人心怀叵测。对这些人，我们就"走自己的路，让别人去说吧"。

这里面还有个"老二原理"。老大防止老二取代老大的地位，老三老四则不服老二，所以老二会处于两面夹击的状态。比如美国担心自己的领导权被取代，而日本这样的国家则不适应中国的发展，想尽办法去干扰。

《瞭望东方周刊》：对于我们周边，还有朝鲜半岛局势，你怎么看？

罗援：钓鱼岛虽然只是一个小岛，但牵一发而动全身。"不谋万世者不足以谋一时，不谋全局者不足以谋一域"，钓鱼岛必须放到全局和历史的长河中才能看清其地位和价值。中央也有表态，在钓鱼岛问题上绝对不会退让半步，我们的立场鲜明坚定。

《孙子兵法》讲，"上兵伐谋，其次伐交，其次伐兵，其下攻城"。伐兵攻城是迫不得已的最后手段，但又是不可或缺和不可替代的手段。在此之前，应该用我们的智慧和魄力来解决问题。有一线和平的可能，就要尽百分之百的努力。

当然，"树欲静而风不止"，是用和平手段还是非和平手段解决钓鱼岛问题，不是中国一家说了算。日本的一些行为，我们不能视而不见，有备才能无患，敢战方能言和，这就是战争与和平的辩证法。

由于日本在重新武装的道路上越走越远，在钓鱼岛问题上又不断挑衅，因此中日发生擦枪走火的可能性不是没有。日本没有资格、能力、胆量和一个具有战略威慑能力的大国打一场全面战争，但搞一些偷鸡摸狗式的袭击则是他们的惯技。对此，我们要常备不懈。在今年全国两会期间，政协和人大发言人都表态，一旦在东海发生擦枪走火事件，责任肯定在日本，到时候日本不要倒打一耙。我认为这是非常有智慧的，我们把日本的阴谋变成了阳谋，而且事先做好了应对之策，这就是危机预防、危机处理。

对于朝鲜半岛，我觉得解决目前半岛紧张局势的途径，还是要做到"三无"，即无核、无战、无乱。如果朝鲜在去核方面作出一定的承诺，那么国际社会应该给朝鲜一些经济和能源的援助，以及安全回报和安全承诺。

美国会感受到中国"鹰派"的理性

《瞭望东方周刊》：一些人认为你是"鹰派"的代表人物——试图用强硬态度乃至战争破解安全困境。你如何看待这种定位？

罗援：这完全是误读误判。我不否认我曾经说过军人都应该是"鹰派"，但我又一再强调应该是理性的"鹰派"，而不是莽撞的"鹰派"，我从来没有说过过激性的言论。

我对理性"鹰派"的一个认识是，我们不是纯粹的愤世嫉俗，我们有忧患意识，但又主张要有大局观，冷静、客观地提出有建设性的意见。比如我提出了不少建议，像设立南海特别行政区，组建海岸警备队。而在中美关系上，我也提出了一些建设性的意见，并进行了一些开拓性的工作。

此前我们战略文化促进会和美国卡内基和平基金会共同完成了一个名为"中美安全关注调查"的项目，这个项目旨在观察中美两国普通民众、精英群体对彼此的看法、评价，当然，也包括安全领域的问题，进而分析讨论两国舆论对彼此差异化表述及可能带来的问题。

只有面对面地交流，甚至交锋，才能对对方有一个比较客观的了解。比如美国前驻华大使芮效俭、前助理国务卿约瑟夫·奈等许多美国学者都说，从和我的接触来看，并不觉得我是一个强硬派，而是一个非常理性的学者。我在和他们的学术交流中也颇有受益。

所以我觉得，中美双方，无论是"鹰派"还是"鸽派"，需要通过沟通交流提出建设性的意见，而不是互相指责、谩骂，只有这样才能促进中美发展新型大国关系。新型大国关系的一个核心要点是互相尊重，相信在不断的交流中，甚至在观点的交锋中培植、积累，美国会感受到中国"鹰派"的理性。

《瞭望东方周刊》：众所周知，你的言论在网络上引起了极大关注，正反评价都有。网络对你的意义是怎样的？

罗援：对我来讲，网络还是个比较陌生的领域。我最初是为了澄清谣言，被动进入了这个领域，用了四五个月的时间才对这个领域逐渐熟悉起来。

北大的一位教授撰文称，罗援进入微博是个积极的平衡力量，这对我很有启发。他肯定了我进入微博的积极作用，同时又提出忠告：罗援你不应该光是来战斗，还应该来结交一些朋友，要听听不同的声音。

我上微博，基本不和人正面交锋，只是发布信息，阐述观点，另外也在网上结交一些朋友，听听大家不同的观点，有时

在国旗下

通过私信和留言评论与一些网友交流。我觉得，应该逐渐适应微博这个环境。

我的微博基本是开放性的，可以评论。闻者足戒，不管是支持我的，还是反对我的观点，我都会认真思考。但我认为，微博必须把住一条道德底线，就是必须在宪法框架内行事。提意见可以，发牢骚也可以，不能说违宪的话，不能造谣诽谤，人身攻击，污言秽语。凡违背这条底线的，我在微博和博客中都会坚决删除。

《瞭望东方周刊》：现在也有人认为，爱国主义也好，"鹰派"也罢，都在激发社会的民族主义情绪，你觉得这种说法实事求是吗?

罗援：谈到民族主义，就要分辨它的定义。民族主义不等同于种族主义、民粹主义，也不等同于极端民族主义和狭隘民族主义，如果民族主义只是从本民族的利益出发，走极端化的发展道路，这是我们坚决反对的。

但有些人有意无意地把民族主义和爱国主义混淆，这是不正确的。我们

坚决反对狭隘的民族主义，但爱国主义和民族主义是两个概念，有明确的界限。任何国家都应该有爱国主义的存在，这关乎国家的认同与凝聚。如果没有了国家认同感，国家涣散，就会被人欺凌。我们现在讲中国梦，中国梦就是爱国主义的一种表现。

如果民族主义走向极端，就会带来负面影响，中国历史上就有这样的反面教训。所以对于民族主义，必须给予正确引导和必要教育，并制定相应的规范。

我要强调的是，民族主义不等同于爱国主义，爱国主义是中国需要弘扬的，不要因为有了民族主义而扼杀、矮化或抹黑爱国主义。

当微博上有一些人对我造谣时，和我一起参加过抗美援老挝作战的战友们不仅出来为我辩污证明，而且还送了我一首郑板桥的诗共勉：咬定青山不放松，立根原在破岩中。千磨万击还坚劲，任尔东西南北风。

尽管历经风风雨雨，但我们精忠报国的坚定信念和爱国之志永远不变。

（《瞭望东方周刊》，2013 年第 29 期）

关于2012美、日军力评估报告（民间版）的访谈实录

今天上午，我所在的中国战略文化促进会发布了民间版《2012日本军力评估报告》和《2012美国军力评估报告》。下午我接受了人民网采访，以下是访谈实录。

网友：今天上午中国战略文化促进会发布了2012美、日军力评估报告（民间版），这也是继去年首次发布报告的延续。请问，发布这样的报告意义何在？在您看来，美日两国又会如何看待这样的报告？

罗援：在全球化的信息时代，中国需要了解世界，世界也要了解中国。中国战略文化促进会通过发布美国和日本的军力评估报告，也是想让世界，特别是美国和日本了解中国民间智库对于他们的军力发展是如何评估的。虽然我们不能代表全体中国民间智库的观点，但起码代表了部分民间学者的声音。中美两国现在正致力于建立新型大国关系，新型大国关系的基础是相互尊重和互利共赢，了解彼此的安全关注是十分必要的。美国前一段发表了《2013中国军力评估报告》，中国有一句古语叫做"来而不往非礼也"，因此，我们也期望美国了解中国民间学者是怎么看待美国的。这才叫做平等。相互尊重应该是既有交流又有交锋，在交流交锋中才能促进中美关系的正常发展。

美日两国如何看待这份报告，这是他们自己的事。我们既然公开发表，还是希望引起他们的重视，闻者足戒，不要老用手电筒照人，必要的时候也应该照照自己，有所反思。当然我们也希望能够得到他们的反馈，对我们报

告中不准确的地方加以纠正，使我们的报告更臻于全面、准确。

网友：中国民间智库发布的美日国别军力评估报告，其权威性如何落实？报告取材于美日两国的公开信息，这是否意味着报告只反映了美日军力的"冰山一角"？换句话说，报告在全面、客观地反映美日军力上采取了哪些措施？在"非官方、非涉密"的前提下真的能了解到真实的信息吗？

罗援：我们的权威性主要来自于学者的职业道德、学术研究和资料的积累。我们力争要做到客观、公允、实事求是。当然，我们的报告会有一定的局限性，因为我们的资料主要是来自非官方、非涉密的资料。这也是我们需要听到各方反馈意见以使报告臻于完善的理由。但也正是因为这种民间性质，使我们的报告更有一定的自由度，可以真实反映我们民间智库的研究成果。

网友：今年是中国战略文化促进会第二次发布美日国别军力评估报告。请您帮网友梳理下，今年的报告相比去年有哪些异同，今年报告的关注点又有哪些？

罗援：美日国别军力评估报告现在已经是中国战略文化促进会的一个品牌，没有特殊情况我们将每年发布一次。但各年的内容、风格会有一些不同。比如，今年的报告附上了英文版，这便于与国际接轨和报告的传播。同时，今年报告时辅以多媒体手段，图文并茂，避免记者在听取报告时感到单调乏味。今年报告的主要关注点就是美日两国现在都面临着战略转型。2012 年 1 月 5 日美国总统奥巴马和国防部长帕内塔联合签署了"防务战略指南"——《维持美国的全球领导地位：21 世纪的防务重点》。美国将战略重心转向亚太，将防务重点从应对恐怖主义转向应对大国和地区挑战，确保在打赢一场大规模战争的同时能够摄止和挫败第二个敌国在其他地区发起的攻击。日本政府在 2010 年年底通过了《2011 年度以后的防卫计划大纲》并制定了《中期防卫力量发展计划（2011 ~ 2015 年度）》，提出了其后 5~10 年日本军事力量发展的总体规划。对于美日两国战略转型的意图和如何进行转型是我们关注的重点。

网友：相比美日两国均是官方发布军力报告，以此对中国军事和战略

"说三道四"，甚至是"泼脏水"，中国民间智库发布他们两国的军力评估报告，可否认为是"回击"？这种"回击"能在多大程度上向世界说明美日关于中国军力的评估是"另有图谋"的？

罗援：刚才我已经说过，中美之间要建立新型大国关系，不仅应该有学术上的交流，也应该有观点上的交锋。我们对美日对中国军力评估的一些不实之词当然应该给与回应。这种回应不是简单地回击，而是以事实为依据还原事情的本来面目。我们是试图通过发布军力报告来致力于更好地改善中美关系和中日关系，而不是像某些美日媒体说的另有图谋。事实证明，我们去年发布的首期报告得到了世界学术界的认可，美日也没有提出不同和反对意见。

网友：美日军力评估报告对于官方研判美日两国的军力有哪些作用？或者说，您期待中国官方以何种态度对待中国战略文化促进会的做法？

罗援：中国《孙子兵法》里有一个非常重要的原则叫做"知己知彼"。只有对对手的军事意图、军事实力、主要战法有一个清晰准确的研判，才能了解对方，减少误读误判。

网友：我注意到今年发布的《美国军力评估报告》在事实陈述方面比较翔实，但对于美国军力为何这样论述不多，更缺少了去年报告中对美国军力的十个质疑。请您介绍下这种变化的背景，该理解为报告更务实呢，还是报告丧失"鹰派"性呢？

罗援：确实，在今年的报告中，我们追求更加理性、客观地反映事实真相，但我们也对日本的军力走向提出了十个质疑，这在人民网的采访中已经得以体现。而且我们还将2012年美国军力的发展动向、日本的军力发展动向各自归纳了十个关注点，以期引起民众的思考。这并不等于丧失了"鹰派"风格，而是更加凸显了理性"鹰派"的特质，就是要做到有理有利有节。

网友：其实，无论是修宪努力还是国防军尝试，都是日本忘记其二战战败国身份的有力证明。通过日本军力报告的评估，让人对日本战争倾向不得不警惕。报告中对于中国该如何应对日本的战争倾向着笔不多，为什

在办公室读书

么会这样？

罗援：在《日本军力评估报告》当中着笔更多的是日本正在逐渐摆脱二战后对它的束缚，正在"武装崛起"。以此敲响警钟，让人们不忘过去，不忘历史，对日本重新武装的倾向保持高度警惕。因为这两份报告主要是针对美日的国别评估报告，并不是中国军力评估报告，所以在报告中我们没有提到中国的应对之策。但是，针对日本日益严重的右翼化倾向，特别是在修宪、准备成立国防军和在钓鱼岛上的十四个动向，应该是可以引起人们广泛的思考。

网友：在军力透明度和军费透明度上，美日等向来对中国颇多微词。您有无担心民间智库发布的美日两国军力评估报告成为他们自证透明度的证据呢？

罗援：美日对中国的透明度颇有微词，实际上透明只有相对透明而没有绝对透明，更没有一个绝对的标准。比如，我们在这两个报告中就披露美国的国防费实际上是由三部分构成的：第一部分是军费，第二部分是国防核项目经费，第三部分是国防活动经费。而美国现在公布的国防费总额是 6709 亿美元，并不包括国防核项目经费和国防活动经费。而日本的国防预算自 2008 年起，就未将日本安全保障会议的机构预算和政府为自卫队下拨的用于航天开发的费用编入国防预算，成为隐形国防费。由此看来，军费透明没有统一的标准，中国只能根据本国的特点，在不损害国家利益的前提下军事透明。军事透明只是手段，维护国家利益才是根本。

网友： 在《美国军力评估报告》中，单独对美国作战理论的发展专门进行了分析。您认为美国的作战理论的新发展有什么特点？这些理论又有哪些值得我们借鉴的呢？

罗援： 2012 年美国继续发展"空海一体战"，相继推出"联合作战进入概念"、"实现并维持进入"、"联合作战顶层概念：2020 年联合部队"和"全球一体化作战"等新概念。美军确认"反进入"和"区域拒止"能力是美军可能面临的最严峻挑战，将采用网络化、一体化纵深攻击方法，沿着破坏、摧毁、击败三条主线实施空海一体战，破解敌方"反进入"和"区域拒止"能力。认为"跨域协同增效"是"联合作战进入"概念的核心思想。这些新概念的提出有许多针对性是十分强的，美国在防务战略指南中指名道姓地提到中国和伊朗，对此我们要保持高度警惕。但从学术角度来看，美国在军事理论上的创新和顶层设计以及强调联合作战、网络战、一体化作战还是值得我们借鉴的。

网友： 我对《美国军力评估报告》中的一个说法比较感兴趣，"反进入"和"局域拒止"。这是美国的居安思危之举还是别有用心的说辞？您认为中国又该如何认识这个刺眼的词。

罗援： "反进入"和"区域拒止"概念是有很强的针对性的，就是针对中国和伊朗。我们可以反问一句，没有美国的进入哪里来的反进入，没有美国的区域进入哪里来的区域拒止。问题是你要进入哪里，这个区域是什么区域。如果别的国家进入你美国的区域，你可以反进入；如果别的国家进入美国的区域，你可以拒止。但现在的问题是，你美国进入别的国家的区域，人家为什么不可以反进入和区域拒止？当然，我们在揭露美国霸权图谋的同时还要真正加强自身建设，打铁还需自身硬。当我们真正具备了反进入和区域拒止能力，我想美国也就不会再拿这个词说事了。

网友： 无论是美国的"亚太再平衡"战略还是日本的营造更加稳定的亚太安全环境，都是先入为主地将中国列为头号潜在对手。美日两国军力如此聚焦中国，中国该怎么办？

罗援： 美日都将中国列为头号潜在对手，既有利益上的考量，也有意识形态的焦虑。中国是一个大国，又是一个社会主义的大国，更是一个迅速发展的社会主义大国，这就引起了美日的焦虑。首先，美国不希望中国取代它一超独霸的地位。日本对中国迅速取代日本成为世界第二经济大国也感到不舒服、不适应。另外它们都不认同中国的社会制度，把中国的社会主义模式视为异端邪教，更不能容忍这种发展模式能在世界上取得这么巨大的成功和产生重大的影响，因此他们想方设法要遏制中国的崛起。对此，我们一方面要向世界表达我们和平发展的诚意，同时也要坚定不移地走自己的发展道路。对心怀疑虑的人我们可以增信释疑，对心怀叵测的人我们只能走自己的路，让别人去说吧。

网友：请罗将军透露下今年发布的美、日军力报告的研究力量组成情况、研究过程的趣事。有没有向外部"借脑"？

罗援：我们这次发布的研究报告主要是依靠自身的研究力量，由我们学会的理事和研究人员组成课题组。当然，也借助了一些国内顶尖级的美国和日本问题专家的"外脑"。我们进行了充分的调研、磋商、讨论、审核，形成了一个比较客观真实的民间版军力评估报告。

网友：假如让您比较下美国发布的《2013 中国军力评估报告》和《2012 中国军力评估报告》，您认为二者最大的同与不同表现在哪？

罗援：美国《2013 中国军力评估报告》和《2012 中国军力评估报告》的最大的区别在于 2013 年版的军力评估报告是在美国全面落实"亚太再平衡"战略这一大背景下发布的。在威胁判断上更突出了网络战、太空战，在热点问题上更突出了钓鱼岛和南海争端，在军事理论上更突出了"空海一体战"概念。

网友：美国不断丰富"网空作战"的概念，中国应该如何应对？

罗援：第一，不怕。第二，重视。也就是在战略上藐视，在战术上重视。我们要不断深化研究网空作战概念，"师夷长技以制夷"。同时我们也要研究破解网空作战的手段和方法，进行不对称作战。另外，我们也要创新自己的网空作战理论，使我们立于不败之地。

（人民网，2013 年 7 月 19 日）

日本军事动向十大关注点

根据日本最近的军事战略和军事部署的调整，以及军力发展和安全合作的新动向，本文将其概括为十大关注点。

一、展开新一轮的整军经武进程。2010 年年底，日本政府通过了《2011 年度以后的防卫计划大纲》，并制定了《中期防卫力量发展计划（2011 ～ 2015 年度）》，提出了其后 5 ～ 10 年日本军事力量发展的总体规划，对日本安全战略、军事力量的规模、军事部署及武器装备进行了新的规定和调整。

二、进一步加速迈向"国防正常化"及军事大国的趋向。野田内阁在放宽"武器出口三原则"、修订《日美防卫合作指针》、修改相关法制为太空和核能的军事利用铺路、构筑独立卫星侦察系统等事关日本防卫原则或政策的问题上取得了重要的进展。进入 2013 年后，安倍内阁设立了两个专门咨询委员会来讨论有关行使"集体自卫权"和成立日本版"国家安全委员会（NSC）"的议题。在推动修宪和成立国防军、修改 2010 年版新防卫大纲、行使集体自卫权、设立国安会（NSC）、增加军费和军事力量规模等方面，急切地迈出了历史性的步伐。

三、加快推动"动态防卫合作"。日本借助美国深化落实"亚太再平衡"的机遇，配合美军"空海一体战"开展日美"动态防卫合作"，以积极发挥和扩大日本自卫队的作用。2012 年 4 月底到 5 月初，日美"2+2"会议和双方首脑会谈分别将"动态防卫合作"作为"同盟威慑力"的一环和"同盟的新倡议"加以宣示。2012 年 8 月和 9 月的日美防长会谈，除达成修订《日美防卫合作指针》的意向外，还正式决定加快推动"动态防卫合作"步伐。具体措施是：日美联合训练；共用相关军事基地和设施；合作作战及支援上的协作。

四、调整及强化应对中日岛屿争端的防务。野田首相在 2012 年 7 月 26 日的众议院大会上表示："在包括'尖阁诸岛'（中国称钓鱼岛）在内的我国领土和领海，如果发生了周边国家的不法行为，政府将视必要动用包括自卫队在内的手段毅然加以应对。"2012 年 12 月 26 日安倍在其当选首相的新闻发布会上，强调"此时此刻，在'尖阁诸岛'海域，海上保安厅和自卫队的诸君正保卫着日本的海空疆域。日本的安全不是他人之事，现在正处于危机之中。"野田和安倍作为首相，还分别于 2012 年 6 月和 2013 年 2 月、8 月，在二战后历任首相中罕见地奔赴冲绳"前线"视察海上保安厅及自卫队基地，激励将士"守土卫国"。

日本的"涉钓"军事对策大致分三个程序和步骤来实施：使用海上保安厅这一准军事力量打头阵并全力把控局面；加快做好出动自卫队应对局部中低端武力冲突的准备；竭力确保冲突失控升级情况下的美军介入和驰援。

五、走精兵之路。2012 年度末，日本自卫队编制员额为 25.5347 万人，其中陆上自卫队编制 15.1063 万人；海上自卫队编制 4.5517 万人；航空自卫队编制 4.7097 万人。与 2011 年度相比编制员额整体上看有细微调整，员额减少 578 人，但海空自卫队编制员额并没有发生变化。

六、国防预算明降暗升。自 1993 年至 2008 年日本国防费一直保持在世界第二位的高水平，但由于受到经济长期低迷的影响，自 2002 年以后总体保持微弱减势。根据日本 2012 年版《防卫白皮书》，日本的国防预算为 4.8274 万亿日元。但自 2008 年起，日本安全保障会议的机构预算和政府为自卫队下拨的用于航天开发的费用未编入国防预算，成为隐形国防费。2011 至 2015 年的 5 年国防预算为 23.49 万亿日元。此外，政府还将加拨 1000 亿日元，用于应对突发性事件，共计 23.59 万亿日元。

七、正在大力发展进攻性武器装备。2012 年起日本投入 1155 亿日元建造 1.95 万吨级的护卫舰一艘，投入 547 亿日元建造 2900 吨级潜水艇一艘，另外还耗资 395 亿日元购置 4 架 F-35A 新型战斗机，花费 345 亿日元完善"爱国者"反导系统，耗费 1224 亿日元启用 X 波段卫星通信系统。其中舰船建造费为 1728 亿日元，较去年增长 130%，通过增加装备购买扩充海上防卫力量的态势非常明显。2012 年 3 月，新的 5000 吨级通用型驱逐舰"秋月号"和 2900 吨级潜艇"剑龙号"开始服役。今年 8 月 6 日，一艘以侵华旗舰"出云号"命名的 1.95 万吨级的直升机航母下水。

八、军事重心更加向西南方向转移。采取的措施包括陆、海、空自卫队三个方面：

日本将继续推动在 2015 年之前对驻扎在冲绳的陆上自卫队第 15 旅团进行整编扩充，在宫古岛、石垣岛部署"沿岸监视部队"或"国境警备部队"。

计划 2015 年前将过去的 4 个潜艇队增加为 6 个，同时潜艇数量由 16 艘增加为 22 艘；将 5 个警备区的 5 个地方舰队（每队 3 艘主力舰艇，共 15 艘）改编为 4 个（每队 4 艘，共 16 艘）；同时，发展新型驱逐舰、潜艇和反潜巡逻机，进一步提高反潜和对舰作战能力。

计划在 5 年内将航空警戒管制部队 8 个警戒群 20 个警戒队调整为 4 个警戒群和 24 个警戒队，以强化防空指挥的职能；将那霸基地的战斗机部队由 1 个飞行队增加到 2 个，以提高西南地区的空中快反态势；加强西南地区的情报搜集与警戒监视态势，包括部署警戒雷达，保持无缝隙警戒监视态势；计划在冲绳改装并部署 1 套"爱国者"-3 反导系统，以提高西南方向的弹道导弹防御能力，同时使全国 6 个高射群都部署上"爱国者"-3 导弹。2012 年航空自卫队还购入 1 套 11 式短程地空导弹系统、2 套基地防空用地空导弹系统，并配备一个装备 03 式中程地空导弹的中队，目的是提高防空能力。

九、重点加强以岛屿防御、登岛作战为主题的海上演练。通过近似实战的训练以锻造自身应对能力、加强日美联合作战水平，以及提高多边安全合作的威慑效应。

十、加强对外军事安全合作。其动向主要反映在以下两个方面。一是进一步扩充地区多边安全网络，二是利用放宽"武器出口三原则"之机大力推动武器出口及联合研制的国际合作。日本正在推动建立一张以美国或日美为中心、链接澳韩印以及东南亚有关国家的地区安全合作网络。这张网络有时被冠以"民主联盟"或"自由与繁荣之弧"的名分，有时被赋予"海洋联盟"的意义，但不可否认的是其中都有很大的防华或制华成分在内。

日本的这些军事动向和举措，对地区和中国周边安全环境构成了威胁，对中日关系的健康发展也带来了较大的负面影响。

（2013 年 8 月 27 日）

金融安全、网络安全必须引起高度重视

昨天，我所在的中国战略文化促进会召开《数字金融和网络安全研讨会》（凤凰卫视已经报道）。我们为什么要把目光投向金融和网络？因为这两个领域直接关乎国家的安全和政权的稳定。我们必须增强前瞻性、主动性和可操控性，掌握主动权，打好主动仗。与会者有的来自金融领域，有的来自网络领域；有的是学者，有的是企业家。大家畅所欲言，各抒己见，谈论的话题既有宏观的，又有微观的；既有务虚的，又有务实的；既有理论阐释，又有经验介绍；既有现实描绘，又有未来前瞻；既谈到了机遇，也谈到了挑战。总之，是一次头脑风暴的激荡，是认识的进一步深化，大家提出了一些有真知灼见的咨询建议。

与会者认为，"数字金融"是一种将具体产业与传统金融相结合的创新金融模式，它通过信息 IT 技术和互联网，把各种产业应用的经济行为与资金的支付行为融合，构建了一个统一应用、支付、清分和结算的平台。随着大数据时代的来临，以互联网为基础的数字金融将对传统的金融业带来强大的冲击，是中国金融变革和创新的重要推手，它所产生的效益，绝对不是金融与网络的叠加，而是 1+1>2 的效果，很可能是经济新的增长点。与此同时，数字经济、网络经济也潜伏着巨大的风险和不确定因素。我们必须及早布局、尽快谋势，制定应对之策。

美、欧等发达国家和地区早在上个世纪 90 年代开始开展数字金融创新活动，投入巨大财力，促进了金融业态的调整和变革，加速了经济的转型和升级，产生了一批有竞争力的企业，我们应该根据我国的国情学习、借鉴，迎头赶上。同时，我们应该积极参与数字金融游戏规则的制定，在建章立制过程中，实现我国利益的最大化。

与会代表还讨论了"网络安全"的问题，认为互联网已经成为舆论阵地的主战场，从斯诺登在香港披露的"棱镜"计划来看，一场没有硝烟的战争正在我们身边悄然进行。据有关调查数据显示，2012 年中国的国防和军事网站，平均每个月遭到 14.4 万次境外网络攻击，其中 62.9% 来自美国境内。虽然这些网络攻击未必一定都是由美国政府或者军方策动的，但已严重影响了中美之间的互信，美国起码要给中国作出一个解释，不能欲盖弥彰、倒打一把，中美之间建立网络安全磋商机制势在必行。更重要的是，中国必须加强自己战略支撑产业的建设和网络关键技术的研发，不能长期受制于人。同时，有关部门要依法加强网络秩序的管理和整顿，严密防范和抑制网上攻击渗透行为，打击网络谣言，净化网络环境，使网络成为传播正能量的集散地和反映民情民意的沟通渠道。

《诗经》曰："知我者谓我心忧，不知我者谓我何求。"有人会问，你一个军方学者，除了关注国防安全之外，怎么又关注起金融安全、网络安全啦？回答是，因为我深深地爱着我的祖国。"不谋全局者不足以谋一域，不谋万世者不足以谋一时。"现代军人应该有广阔的战略视野，应该有大安全观、大国防观，除了传统安全，非传统安全也应该是我们的关注对象，我们不仅要关注现实威胁，还要警惕潜在威胁，只有这样才能未雨绸缪，制人而不制于人。

（2013 年 10 月 13 日）

美国的国际角色

——警察与商人

【问题1】日美两国表示要在明年完成修改《日美安保防卫合作指针》，您能否预测一下这将在日美军事同盟和其军事动作上产生哪些方面的改变？将对中国在内的周边国家产生怎样的影响？我们又该如何应对？

罗援：我们要了解日美为什么最近要再次修改《日美安保防卫合作指针》，那就要了解其修改的背景与内容。首先我们要了解，《日美安保防卫合作指针》其实有两个版本，第一个是1978年版，我们可以称之为"原始版本"，第二个是1998年版，我们可以称之为"新版防卫合作指针"。第一个版本完全是冷战的产物，它的主要内容是三项：一是双方为预防对日本的武装入侵，应该建立有效的防卫合作态势，一方面允许日本保留适当的防卫力量，并为美军稳定而有效地使用日本的军事基地提供保障；另一方面，当日本受到武力进攻时，对小规模的侵略由日本独自排除，若有困难，则由日美共同排除。作战分工是，日本负责领土及其周边海域空域的防御作战，美国负责攻势作战及对日支援作战；第三方面是，在远东地区发生危及日本安全事态时，日美要进行密切合作，随时根据形势变化进行磋商。从上述三项内容来看，第一项内容和第二项内容主要涉及日本自卫队和驻日美军的合作问题，因此双方在1984年制定了共同作战计划，使得日本安全保障带上了明显的军事同盟色彩，而且加快了日本增强军事力量的步伐。因此说，原始版的《日美安保防卫合作指针》是冷战的产物。第二版《日美安保防卫合作指针》是在1998年制定的，它产生的背景是在1996年爆发了台海危机，而在第一版安保指针中，对周边事态的界定比较模糊，所以在第二版中，对这个问题进行了明确的界定。1998 年 4 月，日本内阁向国会提交了三个法案：《周边事态安全保障法草案》《日美相互提供物品及劳务协定修正案》《自卫队法修正案》，这里面最值得关注的是日本将中国的台湾也列入周边事态，为日美武装干预台海问题炮制了"法律依据"。2013 年 10 月 3 日，日美双方在东京召开"日美安保磋商委员会（2+2 会议）"，并发表了共同文件，就在 2014 年年底前完成对规定自卫队与美军职责分工的《日美安保防卫合作指针》第三次进行修改达成了协议。这次修改的背景主要是应对钓鱼岛争端、"中国日益频繁的海上扩张"和朝鲜的核与导弹开发。同时，还有另外重要的背景，就是美国战略重心东移，谋求亚太战略再平衡。这次修改的主要内容就是美方明年春天将向日本派驻"全球鹰"无人侦察机，美方将在京都府部署第二部 X 波段雷达，今年 12 月起，美方将在冲绳部署 P8 反潜侦察机，这是美军首次在美国以外的基地部署 P8 反潜侦察机。美方将减少部署在冲绳的"鱼鹰"多用途运输机的训练和驻扎时间。双方还就应对网络攻击每年举行两次部长级会议达成共识。日本自卫队和美军将强化合作，包括人员培训和联合演练。由此可见，日美双方在军事一体化的道路上越走越远，这对亚太地区的和平与安全形成了巨大的挑战，带来了众多不确定负面因素。我们必须保持高度警惕。

【问题 2】有消息称，美国将从 2014 年起在日本部署"全球鹰"、F-35 战机，此举透露出美国哪些意图与考量？将对我国产生怎样的影响？

罗援： 美国的战略意图万变不离其宗，一是要当"警察"，二是要当"商人"。当"警察"就是企图以其国家利益为最终考量，来制定游戏规则，维护美国和它盟友的国家利益，在亚太事务中充当主宰者和仲裁者。所谓"商人"就是推销它的军火，拉动美国的经济增长。美国在日本部署"全球鹰"和 F-35 战机，也摆脱不了这两大目的：一是为日本撑腰打气，让日本为它在亚太地区站岗放哨，充当遏制中国崛起的"马前卒"；二是把日本变成它推销军火的窗口，从中捞取经济实惠。美国在日本的军事部署，将严重影响我国周边安全环境，从战略层面来看，将使日本有恃无恐，在重新武装的道路上越走越远，不断挑衅中国的国家利益，干扰中国的和平发展；从技术层面来看，美国把最先进的武器装备部署在亚太，将加强它的军事存在和前沿部署。我们注意到美日的这次军事调整和部署主要是集中在三个方面：一是侦察预警系统，比如 X 波段雷达、无人机、P8 反潜侦察机的部署；二是加强了机动投送力量，比如"鱼鹰"多用途运输机、AAV8 两栖战车的部署；三是空中打击力量，比如美国将在 2014 年起在日本部署 F-35 和 F-22 战机。这些先进兵器的部署明显是为了制衡中国夺岛的能力和海空作战能力，势必会对我国水面舰艇和潜艇突破第一岛链走向远洋、我国建设海洋强国构成一定的威胁，对此我们一定要有针对性地采取应对之策。

【问题 3】美日韩三国于近期进行了海上联合军演，您如何评价目前这三国军事同盟关系之下的日本与韩国之间的微妙关系？

罗援：现在太平洋并不太平，为什么这么说？因为总是有些人在那里兴风作浪，搅混水。把自身的安全建立在别国的动荡和不安全之上，企图在亚太地区打造亚洲版的"新北约"，为自己的一己私利恣意搅局。日美韩之间虽有共同的利益和价值观，但也有一些结构性矛盾。虽然日本和韩国都与美国有双边军事合作关系，但是日韩之间并没有这种军事同盟关系，而且积怨甚深，缺乏战略互信。这样就形成了一个韩日双边关系短，美日、美韩双边关系长，而美日关系又长于美韩关系的不对称三角形，这是一种最不稳定的三角形。因此想打造一个亚洲版的"新北约"只能是美国的一厢情愿。

【问题 4】日本在与美国的从属关系之下，是否也在利用美国摆脱国际社会的限制？您对美日未来合作关系的发展又有什么预期？

罗援：日美双方现在各有所求、互相利用，但是貌合神离，存在着许多隐形矛盾，比如日本要修改宪法，美国出于民主国家的考量，也不好公开反对，其实它心知肚明，日本要修改的宪法就是在美国人麦克阿瑟主导下制定的宪法，实际上就是要摆脱美国对日本的束缚和影响。日本提出要拥有"集体自卫权"，表面上是为美国分担安全负担，实际上是要恢复独立的交战权，使日本自卫队真正成为国防军。日本提出和美国进行 F-35 战斗机的联合研制，其真实目的是要在美国的军火市场上分得一杯羹，摆脱武器出口三原则对它的束缚。所以从近期来看，美国从日本那里得到了一些实惠，但是得小利而失大利，最终会搬起石头砸自己的脚。

【问题5】近期日本军事动作频频，在钓鱼岛问题上也出现新的猖狂言论与动作，其底气何来？您觉得我国应以怎样的方式给以回应或者说"还击"？

罗援：最近日本在联合国大会期间不断发出反华的声音。或者以中国的军费说事，渲染中国军事威胁论；或者以海上通道安全说事，为自己扩军备战寻找借口；或者在钓鱼岛问题上向中国挑衅，散布钓鱼岛自古以来属于日本的谬论。这不仅是在向中国叫板，也是在挑战二战后的国际秩序。日本天皇在投降诏书中明确承诺要遵守《开罗宣言》和《波茨坦公告》，而《开罗宣言》和《波茨坦公告》明确规定日本的版图只包括本州、北海道、四国、九州，根本不包括琉球和钓鱼岛。所以我们必须在法理上给予日本有力的反击，并做好应对日本扩大事态的各项准备。

【问题6】美军"福特号"航母于当地时间10月11日下水，被称"战斗力全球最强"，您对这艘"超级航母"如何评价？您又是如何看待美军目前在亚太地区的军事部署的？

罗援：美国最新的核动力航母，CVN-78"福特"级航母下水，这标志着美国的航空母舰又提升到了一个新的层级。这艘航空母舰的特点一是吨位大，排水量超过十万吨；二是融汇美国最尖端的军事技术，其中包括舰载机电磁弹射系统、新的大功率一体化核反应堆、舰载激光防御系统，成为新一代航母的标杆。这艘航母采用电磁弹射器，将使舰载机的日出动量大幅提高；从武器装备来看，这艘航母的主力舰载机全面更换为具备隐身性能的F35C战机和X47B无人机，这使新型航母的战斗力有了大幅度提升。对美国的这一战略发展动向，我们要密切跟踪、研究，但也不能完全随着美国的步伐亦步亦趋，而要师夷长技以制夷，走出一条具有中国特色的航母发展道路。

（人民网，2013年11月7日）

《开罗宣言》之条件必须实施

格林尼治标准时间 1943 年 12 月 1 日 23 时 30 分，中美英三国政府首脑在开罗会议商定的《开罗宣言》同时在重庆、华盛顿、伦敦等地正式公布。70 年来，作为战后处理日本侵略问题、保证亚太地区和平与安全的重要国际文件，《开罗宣言》的意义和影响经久不衰，历久弥深。

一、《开罗宣言》体现了中美英苏四大强国为首的反法西斯盟国和人民坚决制止和惩罚日本侵略行径的共同意志。

1943 年 11 月 22 日至 26 日，时任中国国民政府主席的蒋介石、美国总统罗斯福、英国首相丘吉尔率代表团在埃及首都开罗举行国际会议，商讨联合对日作战计划及战后处理日本等重大军事、政治问题，最后商定一份会议公报，即《开罗宣言》。《开罗宣言》是在中美政府首脑会谈基础上，由美方起草，中美英三方共同商定的。《开罗宣言》的诞生清楚地表明，它是中美英三国政府首脑亲自确定的，并得到苏联政府首脑完全赞同，是四大强国团结一致的象征，反映了四大强国为首的反法西斯盟国和人民坚决制止和惩罚日本侵略行径的共同意志和心声。诚如罗斯福所说，"中美英苏及其盟国代表全世界四分之三以上的人口，只要这四个军事大国团结一致，决心维护和平，就不会出现一个侵略国再次发动世界大战的可能"，四大强国共同赞同《开罗宣言》的意义也在于此。

二、《开罗宣言》反映了反法西斯盟国和人民永远防止和消灭日本侵略潜力、实现战后持久和平与安全的长远原则。

《开罗宣言》是在意大利投降、德日法西斯集团陷入困境、反法西斯盟国转入战略进攻且胜利在望的 1943 年诞生的。在这种背景下，中美英三国首脑在商定《开罗宣言》时，考虑的不仅有如何尽快彻底打败日本法西斯、迫使日本无条件投降，还有战后世界安排问题。三国首脑深知，当时的日本侵略成性且具有相当强的工业、科技、军事实力，是亚太地区和平与安全的心腹之患，1874 年以来一再发动对外侵略战争，吞并琉球，霸占朝鲜，严重威胁中国、东南亚国家的生存，严重侵害美、英、苏、法、荷等国在亚太地区的利益。因此，在打败日本之后如何尽一切所能防止日本侵略潜力死灰复燃，实现亚太地区持久和平与安全，不致辜负抗日战争所付出的巨大牺牲，就成为必须解决的重要问题。

为此，中美英三国首脑在开罗会议上就他们认为日后若干世代确保亚太地区和平与安全的一些长远原则进行深入讨论。正是根据这些长远原则，《开罗宣言》明确宣布，三国之宗旨，在剥夺日本自从 1914 年第一次世界大战开始后在太平洋所夺得或占领之一切岛屿；在使日本所窃取于中国之领土，例如东北四省、台湾、澎湖群岛等，归还中国，日本亦将被驱逐出其以暴力和贪欲所攫取之其他所有土地，在适当的时间使朝鲜自由独立。在开罗会议上，罗斯福、蒋介石还一致同意，美国和中国应共同努力帮助印度支那和其他殖民地在战后取得独立，而泰国则应恢复独立地位。

如同 1941 年 8 月美英两国首脑会晤后发表的《大西洋宪章》是宣布对德国作战目的、保证欧洲大西洋地区和平与安全的纲领性文献一样，《开罗宣言》乃是宣布对日本作战目的、保证亚太地区和平与安全的纲领性文献。1943 年 12 月 2 日埃及法文《进步日报》发表题为《太平洋宪章》的社评，称《开罗宣言》是"真正的太平洋宪章"，可谓点明了问题的实质。诚然，《开罗宣言》不仅为中国清算日本军国主义侵华罪行、捍卫国家领土完整和主权安全提供了法理依据，为受日本欺凌压迫的亚太地区其他国家实现自由独立提供了保证，也为日本人民带来了和平生活的希望，更是奠定战后亚太地区和平与安全的重要基石。

三、日本政府有义务切实履行《开罗宣言》。

日本在 1945 年《天皇停战诏书》《日本投降书》、1972 年《中日联合声

明》、1978 年《中日和平友好条约》中公开承诺履行《开罗宣言》。1945 年
7 月 26 日，中美英三国政府首脑蒋介石、杜鲁门、丘吉尔发表《促令日本
投降之波茨坦公告》，第八条明文规定："《开罗宣言》之条件必将实施，而
日本之主权必将限于本州、北海道、九州、四国及吾人所决定其他小岛之
内。"8 月 8 日苏联在《对日宣战声明》中称，苏联参加 7 月 26 日中美英三
国《波茨坦公告》，8 月 9 日起与日本进入战争状态。8 月 14 日日本天皇裕
仁在《停战诏书》中称：他已令日本政府通告美英中苏四国政府，他愿意接
受《波茨坦公告》。9 月 2 日，在停泊于日本东京湾的美国"密苏里号"战
列舰上，日本代表重光葵、梅津美治郎签署《日本投降书》，投降书第一条
称：根据日本天皇、日本政府及日本大本营的命令，日本接受美国、中国和
英国政府首脑于 1945 年 7 月 26 日在波茨坦公布、尔后由苏联参加的《波茨
坦公告》条款；第六条称：日本承诺忠实履行《波茨坦公告》的条款，发布
为实施该公告的盟国最高司令官或其他盟国指令代表所要求的一切命令及一
切措施。

　　1972 年 9 月 29 日，中华人民共和国国务院总理周恩来、外交部长姬鹏
飞与日本国内阁总理大臣田中角荣、外务大臣大平正芳在北京签署《中日联
合声明》。声明称，"中华人民共和国政府重申：台湾是中华人民共和国领土
不可分割的一部分。日本国政府充分理解和尊重中国政府的这一立场，并
坚持遵循《波茨坦公告》第八条的立场。"1978 年 8 月 12 日中华人民共和
国全权代表黄华、日本国全权代表园田直在北京签署《中日和平友好条约》，
10 月 23 日在东京交换批准书，条约正式生效，条约确认 1972 年《中日联
合声明》"是两国间和平友好关系的基础，联合声明所表明的各项原则应予
严格遵守"。

　　《开罗宣言》是确定战后国际秩序和日本领土范围所有法律文件的
"母本"，日本不服也得遵守。这是日本天皇和日本政府对国际社会做出的
正式承诺，是否兑现，事关日本的国际信誉，全世界人民都在拭目以待。

(《人民日报》，2013 年 12 月 1 日)

鹰胆鸽魂——罗援将军论国防

217

让数据给中美关系定位

中国战略文化促进会与美国卡内基和平基金会经过一年多的调查研究，完成了《中美安全关注联合调查报告》，为中美建立新型大国关系提供了参照系。从调查结果可以看到"对方眼睛中的我"。

明显多数的美国公众和精英人士认为，在外交政策方面，美国会考虑其他国家的利益；只有少数的美国受访者认为，中国在其外交政策方面也会这样做。中国公众和精英对此事的看法几乎完全相反：绝大多数中国受访者认为，中国会考虑到其他国家的利益，而美国则不会这样做。

中美两国精英和公众都对对方国家表现出了较低水平的信任度——低于中美两国受访者对大多数其他国家的信任度。尽管普遍缺乏互信，但两国多数公众仍然认为中美关系"良好"。

有明显多数中国公众认为美国人的特点是（按百分比降序排列）：富于侵略性、竞争意识强、有暴力倾向、傲慢自大、贪婪，50%的受访者认为美国人自私；相比之下，虽然有51%的中国公众认为中国人自私，但只有少数人认为中国人富于侵略性、有暴力倾向、易怒、贪婪。

只有少数美国公众认为中国人的特点是（按百分比降序排列）：富于侵略性、贪婪、傲慢自大、自私、粗鲁或有暴力倾向；相比之下，多数美国公众认为美国人具有全部上述负面特征，只有一个例外——"仅有"44%的美国公众认为美国人有暴力倾向。

多数中国公众认为中国人和美国人都富于创造性和现代意识。

调查报告形成了五点结论：

一是中美战略互信度较低，导致双边关系缺乏稳定性（绝大多数中国公众和精英人士都认定美国是对中国构成最大威胁的国家，其所占比例为公众 63% 到商界精英 81% 不等。中方学者是个例外，他们中有 55% 的人认为国际金融动荡才是主要威胁，认为美国在东亚地区的军事存在是主要威胁的人仅有 46%。美方公众和精英人士普遍认为，与国际金融动荡、伊朗核计划、伊斯兰极端主义和朝鲜核计划等威胁相比，中国崛起成为世界强国对美国福祉构成威胁的严重性远远不如其他几项，只与全球气候问题在一个档次上）；

二是尽管缺乏互信，但中美两国精英和民众普遍视对方国家为竞争者，只有小部分受调者视对方为敌人（美国公众有 15% 视中国为敌人，中国公众则只有 12% 视美国为敌人）；

三是多数美国精英认为美国维持主导性单极地位会使世界更加稳定；而中国精英认为两国权力均衡更有利于稳定；

四是中美精英均视加强双边关系为首要任务，重视促进经济合作 [美国公众更关注中国的经济实力而不是军事实力，二者所占比例相差很大（59% 对 28%）。相反，中国公众更关注的是美国的军事实力（34%）而非经济实力（20%）]；

五是中国受访者，特别是政府官员，认为美国对台军售是导致两国关系紧张的主因之一；美国精英，特别是退役军官和商界精英，则对所谓的来自中国的网络攻击和知识产权问题特别担忧。

调查报告对中美决策者提出了六大建议：

第一，重视合作甚于竞争。以两国民意的支持为基础，加强双边关系；维持高层领导人之间的交往以加强合作基础，为应对双边关系中潜在的危机奠定稳固的互信基础。

第二，正确看待极端观点。多数受访者对对方国家既不持强硬态度，也不持敌对态度。政策不应因多见诸媒体的少数极端观点而偏离轨道。

第三，建立互信。加强官方与非官方交流，参与有关战略与利益的更有意义的对话，恪守双方承诺，均有利于增进互信；双方还有必要说明各自政策意图，如美国的再平衡战略和中国的军力发展。

第四，调和关于世界秩序的观点分歧。中美精英对待世界权利分配的不同观点可能导致两国关系紧张，为此，双方应开诚布公地探讨如何和平共处，照顾彼此利益。

第五，台湾问题不应成为双方开展广泛合作的阻碍。美国应充分认识中国对于美国对台军售一事的重视程度，中国应了解美国长期坚持一个中国政策的态度。双方应重视台湾问题的敏感性，不应在台湾问题上发出错误信号而影响中美关系大局。

第六，共同制定网络安全规则。互相理解有助于消除双方疑虑，特别是对已成为中美关系中稳定力量的商界精英而言。

（《人民日报海外版》，2013 年 12 月 19 日）

将日本甲级战犯牢牢钉在历史的耻辱柱上

日本首相安倍晋三竟然冒天下之大不韪，悍然参拜供奉有二战甲级战犯的靖国神社。其实，他拜神是假，敬鬼是真。"参拜"的醉翁之意在于那 14 位甲级战犯。日本一些人为"参拜"辩解说，日本政要参拜靖国神社是日本历史传统使然，所谓"死者无罪"，"死者即神"。这完全是诡辩。如果在你们日本好坏不分，善恶不辨，那是你们日本的事，我们懒得管，会遭善报，会遭恶报，历史自有公论。但现在的问题是，在你们的靖国神社里供奉的 14 名甲级战犯，对他们的处置不光是你们日本人的事，他们手上沾着亚太人民和中国人民的鲜血，他们是亚太人民共同的罪人，日本的靖国神社不能成为他们躲避历史惩罚的庇护所，更不能成为日本军国主义扬幡招魂的集结地。

我们可以看看这 14 名甲级战犯都是些什么货色。他们无一不是日本对外侵略战争的发动者与指挥者，其中包括日本法西斯统治集团的魁首东条英机、南京大屠杀元凶松井石根等。东条英机是侵苏战争、侵华战争和太平洋战争的主要决策者之一。1935 年，东条英机任日本关东军宪兵司令官，在"强化治安"的名义下，以"剃刀效率"大批逮捕和屠杀中国东北抗日军民。日本陆军大将松井石根，制造了惨绝人寰、震惊世界的南京大屠杀。被屠杀的中国军民达 30 万以上。日军还对南京进行了大抢劫、大纵火，历史名城被毁三分之一，财产损失不计其数。日本海军大将永野修身是偷袭珍珠港的下令者，"九一八"事变爆发后，他下令在上海制造了"一·二八"事变，造成中国军民 3.4 万多人伤亡，五六十万人无家可归。日本陆军大将木村兵太郎曾于 1939 年 4 月率领 8000 多名日军对中国鲁南抗日根据地进行扫荡，命令士兵对手无寸铁的中国老百姓进行血腥屠杀，1944 年还制造了仰光大屠杀……够了，这些杀人恶魔恶贯满盈，难道还值得参拜吗？

其实，安倍晋三参拜靖国神社，绝对不是一个孤立事件，联想到最近的钓鱼岛事件、日本刚刚通过的"安保三箭"，人们就可以清晰地看到，"安倍新军事学"一脉相承的主线就是翻历史的旧案，试图摆脱二战后国际社会对日本的束缚，这是十分危险的。众所周知，1945 年日本天皇签署的《停战诏书》、日本政府签署的《投降书》，都明确承诺"承认并遵守《波茨坦公告》"，而《波茨坦公告》明确规定日本战后的版图只限于"本州、北海道、九州、四国及吾人所决定其他小岛之内"。其中根本就不包括琉球群岛，遑论钓鱼岛。《波茨坦公告》还明确规定要惩罚日本战犯。因此，对《开罗宣言》和《波茨坦公告》的态度问题，涉及日本的国际信誉问题，其实质是检验日本是无条件的全面投降还是有条件的部分投降的试金石。如果是无条件的全面投降，那么日本就要把它占领中国的所有领土，包括钓鱼岛毫不保留地全部归还给中国，就要对战争罪犯彻底清算，对战争罪行彻底反省。否则，就是在延续战争罪行，就是公然挑战《波茨坦公告》的权威性和人类良知。

既然，日本政要执迷不悟，在靖国神社问题上一再挑衅中国，那么好吧，中国作为一个战胜国就有义务给日本提个醒。你们不是不愿意清理门户，把甲级战犯清理出靖国神社，还为他们招魂吗？那我们就在南京大屠杀纪念馆立一个耻辱柱，把他们的恶名和罪行镌刻在上面。我们可以请雕塑家把他们的丑陋形象塑造成铜像，让他们永远跪在中国人民、全亚太人民的面前，向中国人民和亚太人民低头谢罪，也让日本怀有正义感的人民牢记日本曾给中国人民和亚太人民带来的灾难。日本的文化可以好坏不分，但我们中国的文化则爱憎分明，对那些杀人恶魔我们会让他们一排排跪拜在中国人民的脚下，祭慰先人；我们会把他们牢牢钉在耻辱柱上，警示后人。

秦桧向岳飞跪了几百年，这些日本甲级战犯的罪行，足够让他们向亚太人民跪一万年。安倍不要误认为我们对你们的靖国神社奈何不得，我们可以把你心中的"英雄"搬到中国来跪罪，这是我们作为战争最大受害者的权利，也是战胜国的权利。

我们塑了这些战犯铜像后，可向全亚太人民展示，这也是对二战的永恒纪念，作为一部反面教材，它们会教育每一代亚太人民。过去，日本政要参拜靖国神社，我们除了严厉谴责之外，似乎没有什么好的反制办法。以后只要日本政要再胆敢参拜靖国神社，中国人就可自发地去唾弃这些战犯铜像，这是一种非常必要的情绪反制。不要总说中国人民的感情受到了伤害，中国人民的感情还会被激励。

需要指出的是，我们针对的是中日两国人民共同的战犯，而不是针对日本人民。安倍晋三说，日本为世界"作贡献"的一个重要途径就是，在亚洲对抗中国；我们说，中国为世界作贡献的一项重要责任就是，防止日本军国主义复活。

（2013 年 12 月 27 日）

鹰胆鸽魂——罗援将军论国防

223

与美国学者的思想交流与交锋

罗援，被称为中国"鹰派"代表人物之一，退役少将，现为中国战略文化促进会常务副会长兼秘书长。

史文（Michael Swaine），卡内基国际和平研究院资深研究员，美国政府亚洲安全问题咨询顾问。

David Lai，美国陆军战争学院战略研究所教授。

据《国际先驱导报》报道，1979 年 1 月 1 日，经过了一系列外交谈判和预热之后，中美两国正式建立了外交关系。两国从高层到民间的热络互动从此全面开启。

弹指一挥间。35 年后的今天，诚如中国外交部长王毅所说，中美两国已从当初的相对隔绝状态变成了你中有我、我中有你的利益共同体，中美关系的战略意义与全球影响愈来愈凸显。

但这 35 年间的过往也同时表明，太平洋对岸的两个大国之间，分歧与合作也一直如影随形。及至近年当美国提出"战略再平衡"等政策之时，中美之间与战略和经贸合作相伴的，还有一系列的摩擦和争论。为此，我们将十个问题抛给中美两国重量级专家，希望可以从他们的观点和展望中，得以更加清晰地把脉和聚焦中美关系的今天与未来。

【问题 1】中美建交 35 年了，为何美国至今对华仍存疑虑？

史文： 我认为这一问题的部分原因是，在中国，美国被普遍认为一直在试图限制或遏制中国崛起成为一个现代的、工业化的大国。而在美国看来，中国被认为是一个集权国家，压制个人的权利，并在经济领域是一个"舞弊者"。这些看法很大程度上源自民众在一些问题上产生的错误判断和对事实的曲解。双方政府应该认识到两国人民其实在许多层面上有相互赞赏之处，在接触时应该保持开放的心态，两国应该可以在许多领域加深合作。

罗援：去年12月，我们和美国卡内基国际和平基金会联合发布了《中美安全关注——对方眼中的我》的调查报告。从报告内容来看，中美双方现在互信度非常低，但双方又认为中美关系发展态势良好，把对方互作为敌人的比例也非常低。美国公众认为中国是"敌人"的比例约为15%，中国视美国为敌人的公众有12%，精英层面的比例更低。这给我们什么启示？说明中美关系好也好不到哪儿去，坏也坏不到哪儿去。双方信任度虽低，但两国关系还能发展、维持。美国人觉得中美关系不是冷战时期美国和前苏联的关系，中国并不是取代了前苏联成为美国主要安全威胁的替代物，这给双方合作与发展留下了很大空间。

那么，造成中美双方不信任的原因有哪些？

一是意识形态问题。美国认为中国是一个社会主义国家，社会主义在美国长期被妖魔化了，美国人就认为社会主义跟洪水猛兽异端邪教一样，这是一个根本性的矛盾。

二是对国际上扮演的角色认知不同。美国人认为美国应该担当世界领袖，老担心中国影响美国担当世界领袖。尽管中国大部分民众都不认为中国要取代美国当世界领袖。对于什么样的世界格局是稳定的，中国大部分人认为均衡的、多元化的格局最稳定，但美国人则认为单极的、霸权的格局是稳定的。

三是美国仍然用冷战思维来看待中美关系，还没有完全摆脱冷战阴影。中美双方现在虽然有合作，但合作都是有戒心的。特别是在军事领域。

四是在文化传统方面，美国人信仰基督教，自认为美利坚民族是最优秀的。而中国文化提倡以和为贵，包容并蓄，两国对意识形态、世界格局的整个看法有差异，是相互不信任的主要原因。

David Lai：意识形态问题是中美间"老生常谈"的问题。两国政治制度不一样，在价值观念、政治观念方面的看法不一致，只能谈共同利益，不能讲共同的价值观念，这就影响到建立互信。

随着中国发展壮大，中美两国在各种利益上发生冲突，使得过去遗留下来的意识形态问题复杂化。不管中国人接受与否，中国的崛起必然对旧有的国际秩序产生挑战。中国领导人很明智，通过和平的、协商的方式对国际秩序进行改善。但是，中国和平崛起的愿望执行起来会有很多困难。中美双方目前对很多事情，尤其是对中国的核心利益，双方没有共识。比如，中国的核心利益包括了领土完整，但还没有完全解决的领土争端算不算核心利益？双方认知不同。中美可以在共同利益上合作，但按照美国的说法，共同利益有时就像同床异梦，不是以诚相见。

【问题2】美国是否只有在需要中国的时候才对华示好？

史文：无论从双边角度还是在更广阔的多边领域，中美两国都应该从各自利益和国际体系的整体利益出发在多个领域加强合作，这包括：第一，依照地区和国际经济体系准则与规范行事，并在可能的情况下对其进行修正；第二，防范各种传统和非传统的安全威胁，包括恐怖主义、大规模杀伤性武器、流行性疾病、自然灾害，以及来自国家和非国家组织对军事和民用交通业的威胁；第三，维护西太平洋地区的和平与稳定。在这些领域，中美两国都对合作有大致相当的需求。随着中国逐步扩大其海外存在，对外影响力也显著提升，其对外部经济、政治和安全事务的依存度也在加大，再加上全球化势头不可阻挡，双方对合作的需求会越来越显得迫切。

如果中美两国希望在今后的几年内实现经济、安全和社会福利等方面的共同目标，则双方必须在上述领域建立更常规且更稳固的合作基础。要实现这些目标，除了合作，别无他法。

罗援：美国是一个实用主义的国家，对此，在美国国内学术界，有一个冠冕堂皇的称呼叫做"现实主义"，其实就是以美国的国家利益为最高考量，由美国的利益需求来决定美国的外交取向。比如，新中国成立以后，中国加入社会主义阵营，实行"一边倒"政策，美国就将中国视为敌人；在冷战期间，中美出于共同对付前苏联扩张的需要，也曾经有过一段蜜月期；本世纪初，小布什总统一度将中国视为主要战略对手，但"9·11"事件爆发后，他又将中国视为反恐伙伴。因此，中美之间的结合是一种利益上的结合，中美要建立新型大国关系，首先要寻找利益的契合点，由此求同存异。

【问题3】美国重返亚洲，搞"战略再平衡"，是不是围堵中国？

史文：美国的重返亚洲政策旨在展现美国对亚洲国家的关注，并在一个长时间段内逐步兑现对它们的承诺。我知道很多中国人将这一政策解读为对中国的遏制，以限制中国的国力，但是我不认同这样的看法，也认为这不是美国政府的意图，虽然我的看法并不能代表美国政府。在这个问题上，我认为中国的看法有失偏颇，我认为美国希望与中国建立更多的合作和联系，在更多的领域有所互动，但这很可能不包括与中国在安全方面建立正式的同盟关系。我认为除了两国的互信问题，中美关系的最大挑战在于，两国在如何处理西太平洋安全问题上有分歧，分歧点包括美国和中国在这一地区所扮演的角色问题，以及东海、南海和台湾等问题。要使两国在军事领域有很多的合作，我们必须着力应对这些问题。

罗援：美国重返亚太是不是围堵中国，这是美国需要向中国做出令人信服的解释的问题，也是中美关系近年来没有实质性进展的原因之一。美国重返亚太，并不仅是经济重返亚太，更重要的是军事重返亚太。美国把60%的海军水面舰艇、60%的核潜艇、2/3的航空母舰，以及新型作战飞机都移向亚太，总有意图吧？光凭一个朝鲜半岛问题，值得美国如此兴师动众吗？凡是我们和周边国家发生矛盾时，美国都站在我们的对立面，都在偏袒对立方、拉偏架。所以，我们有理由怀疑美国遏制中国。我们不是阴谋论者，但是是怀疑论者。美国重返亚太，对它的意图我们当然要打上大问号。

【问题4】钓鱼岛问题上美国偏袒日本，却一再声言"不设立场"。美国在钓鱼岛问题上到底什么立场？

史文：这一逻辑的背后既有历史因素，又有美国的战略利益考量。美国政府既没有完全放任钓鱼岛问题，也没有在主权问题上表明立场，而是认为这是一个复杂的问题，必须由当事双方（中国和日本）共同通过和平手段解决。

与此同时，美日之间的《安保条约》规定在日本的领土和其行政管辖区域遭到威胁时美国有防卫的职责。由于美国在上个世纪 70 年代将钓鱼岛的行政管辖权交给了日本，钓鱼岛显然属于《安保条约》规定的日本实施行政管辖的区域。所以按照《安保条约》要求，美国插手钓鱼岛争端，只针对任何对日本在钓鱼岛行政权的威胁。由于有这样的防卫责任，主权问题对美国来说没有讨论的必要。从更广的角度上来讲，美国担心中日在钓鱼岛的争端会威胁地区稳定，从而削弱美国对日本防卫承诺的可信度。

所以，美国积极支持和平处理钓鱼岛问题，希望争端能最终得到解决。只要争端在没有恐吓的情况下和平解决，美国政府预计会对最终结果不持立场。至于美国是否应该遵循这一方法来解决问题，以及一旦中日有一方使用武力将会带来什么样的危险，则又是另外一个问题。我个人认为，美国政府应该清楚无误地向中日双方表明：美国仅在钓鱼岛受到重大安全威胁并且中国对日本动武、或者日本的挑衅行为引发中国动武的情况下才插手钓鱼岛争端。美国的政治和军事影响力应该转移到防止这两种情况发生，仅此而已。

罗援：有些人认为美国在钓鱼岛问题上采取不持立场的政策，是美国立场的进步，但我认为是美国立场的倒退。为什么呢？钓鱼岛问题的始作俑者就是美国。如果没有 1951 年的《旧金山合约》，如果没有 1953 年美国把中国钓鱼岛纳入琉球群岛，如果没有 1971 年美国把琉球群岛连同钓鱼岛一起交给日本，如果没有美国坚持将钓鱼岛纳入《美日安保条约》第五条款的适用范围，那么钓鱼岛问题就不会发展到现在。事实证明，美国不是采取"不设立场"的态度，而是有鲜明的立场：偏袒日本。

有人说美国和日本现在在演双簧戏，我不太同意，他们演的不是双簧，而是皮影戏。所谓皮影戏是指由美国来主导牵线，日本在台前表演。钓鱼岛问题上，美国要重返亚太，日本挑起钓鱼岛争端给美国重返亚太制造借口。从这个角度看，它们可以说是沆瀣一气。

不过，美日不是在所有问题上都同床同梦。日本首相安倍在西方圣诞节期间参拜靖国神社，在这个问题上，美日就有明显分歧。美国会感到它拉的这根线，吊的这个傀儡现在不大听话，可控性和可预测性都出现了危机。

但美国还没有完全认识到日本要摆脱二战体制对美国自身的伤害问题。日本要修宪，其实是要摆脱美国对其控制，成为一个正常国家。一旦成为正常国家，那么美国驻军就得走人，日本就可以从军事上、经济上都摆脱美国。所以，美国最后只能是搬起石头砸自己的脚。

我和美国的一些朋友打交道，他们认为日本是一个民主国家。即使现在修改宪法，也会走民主程序。但现在来看，日本并没有按民主程序来走，很可能形成"一言堂"、"一党堂"。对此，美国人也有一定担心。

【问题5】尽管当前中美直接冲突的可能性不大，但是否会因为第三方（如钓鱼岛或其他问题）而兵戎相见？

罗援：中日之间在这么狭小的空间，频繁地、多批次地、近距离地出现舰船的对峙，发生擦枪走火的可能性比较大。美国从道义上介入是可以预期的：它对外宣示过，钓鱼岛是《美日安保条约》第五条款的适用范围，美国不会坐视不管。但美国要完全介入，会三思而后行。首先它得考虑，事端的挑起方、现状的打破方到底是谁？中日之间到底发生了什么规模的军事摩擦？如果是小范围的两艘军舰相摩擦，速战速决，它难以介入；如果摩擦有升级的可能，美国会考虑自己牵扯进来是利大还是弊大。所以，如果中日因钓鱼岛问题爆发冲突，美国肯定会介入，但是介入的程度、方式方法，美国一定会根据具体情况，三思而后行。

David Lai：美国讲得很清楚。对钓鱼岛主权不持立场，但同时坚持，主权争端应当通过和平的方式解决，如果中国对日本动武，美国因为有《安保条约》承诺，会帮助日本防卫。从中国的角度来讲，美国是拉了偏架，站在日本一方。但实际上，日本对美国的立场并不十分高兴，日本认为在钓鱼岛问题上没有纠纷存在。日本曾要求美国修改"不设立场"的表态，美国并没有修改。中日在东海的擦枪走火有损于美国在东亚的利益。

假如事态升级，日本成为钓鱼岛争端走火的挑起者、战争的发动者，美国会不会介入？我认为，这个确实会使美国很为难。而且在战争开始后，很难去界定是哪一方主动发起战争。所以到现在，美国的表态都是本着阻止战争发生的意图的。

【问题6】2014 年，美日将会修订《防卫新指针》，这是双方 10 年来第二次修订，或将美日共同防卫上升到战略高度。这会对中美关系产生哪些负面影响？

David Lai：美日上次修订《防卫新指针》是 1997 年。从总的发展趋势上讲，《防卫新指针》将逐步扩大日本的能力。中国认为，扩大日本能力会使日本成为威胁。但美国不这么看，日本恢复成为军国主义国家这一观点，在美国没有什么市场。退一步说，即使日本真的倒退回军国主义国家，那么中国当今的实力绝非日本可以抗衡，韩国也是如此。

罗援：日本已经提出了新的战略构想，就是"整合机动战略"，这个战略有两个关键词，一是"整合"，一是"机动"。所谓的"整合"，一是日本国内军事力量的整合，更重要的是与美军力量的整合，将美国牢牢拴在日本的战车上。所谓"机动"，就是兵力、火力远距离投射，一改以往的"专守防卫战略"，明显带有进攻色彩。这不仅对中国的安全构成了威胁，而且改变了日本战后长期以来追求的和平发展道路，应该引起包括中国、美国、俄罗斯在内的所有二战胜利国的高度警惕，绝对不允许日本军国主义复活。

【问题7】从 2001 年 4 月中美撞机，到 2013 年军舰对峙，都发生在中国周边。中美之间到底谁是挑衅者？

罗援：这就是美国的霸权心态，它觉得自己是世界领袖，世界各个角落都可以去。它敌视中国，对中国进行抵近侦察。我问我的美国朋友，美国对盟友英国、日本等也进行抵近侦察吗？显然，美方这一举动是一个不友好的动作。美国人老说"中国威胁论"，中国威胁到美国家门口了吗？我们没有把军机、军舰、军演推进到你家门口吧。所以，美国的挑衅行径完全是霸权心态的体现。对有利于自己的国际规则，就推行并强加于人。对不利于自己的规则就不执行。多么霸道，多么实用主义！

美方总说，自己是在中国专属经济区内而不是在领海内活动，它认为专属经济区是国际公海可以自由航行。按 1982 年的《海洋法公约》，专属经济区海域可以通过，但必须是"无害通过"，可美国带有明显军事目的的通过显然不是"无害通过"。这时，美国会说，我没有签署 1982 年的《海洋法公约》，我可以不执行相关规定。

史文：中美两国在西太平洋地区军事部署和军事实力的变化时刻改变着该地区的安全形势，也不断增加着包括两国在内的许多国家的领导人和人民的担忧。

这一地区问题是由两个基本因素共同作用的结果。首先，对包括台湾和南海与东海部分岛礁在内的一些领土问题的现状，中国并不满意。其次，中美两国政府对亚太地区的海洋秩序与稳定持有不同见解。美国认为，维护地区稳定最好的办法就是美国继续保持在西太平洋的军力部署，而中国则认为美国的军事存在不符合中国的利益，并且试图遏制或平衡美国的军力，特别是在中国的周边海域，也就是俗称的"第一岛链"。

这两个因素造成了两国之间在安全利益上的争夺可能会升级，其后果可能是严重的政治和军事危机，这将危害我在前面提及的中美合作共同目标的实现。中美两国政府必须找到一条能够化解对方对该地区担忧的解决之道，而这可能需要两国重大的政策变动才能够实现。

【**问题 8**】当今时代，究竟是美国更需要中国，还是中国更需要美国？哪个需要更多一点？

罗援：在不同时期，针对不同问题，彼此会有不同需求。总体来讲，现在美国对中国的需求多一些。

这么多年来，美国一直对中国进行封锁围堵，但中国仍旧发展起来了。到现在，美国在对华武器装备高科技方面仍然禁运，但中国还在发展。中国离开美国，不是活不下去，反而更激发了中国独立自主、自力更生的意志，走中国特色的道路。

事实上，在一个全球化的态势下，中国要完全摆脱美国或者美国完全摆脱中国都做不到。你中有我、我中有你的格局已经形成。比如债务问题，中国巨额的外汇储备不能打水漂。在高科技发展方面，中国对美国的需求可能更多一些。在外交领域的一些具体问题如朝鲜问题上，美国对中国的需求可能更多一些；在整个发展经验上，中国对美国的需求更多一些；而在投资市场上，美国对中国的需求多一些。

David Lai：总体来看，美国现在还是更加强大。单纯就军事领域来看，中国军方也很清醒，中国的军力整体水平仍然和美国有差距，所以这个时候向美国学习也是很有必要的。在我看来，中国成立国家安全委员会，加强对国家安全工作的集中统一领导，就是向美国学习的一个体现。中国国防部释放的还将进一步优化军队规模结构的消息，我认为也是学习美国从作战实际规划结构。我相信，如果中国走这一步，会对解放军的运作产生很大的影响。

【问题9】与摩擦相比，2013年中美军事交流也很密集。两国间是斗争大于合作，还是合作大于斗争？

罗援：在军事交流上，中美双方都有战略需求，也表现出了一定诚意。交流的层级在提高，有国防部长层级的、主管部门层级的、工作层面的、学者层面的。多层次多渠道的交流活动日渐频繁，同时也涉及一些敏感领域，比如美国防长访问中国第二炮兵司令部。2014年，我们将应邀参加环太平洋多国联合军事演习，我们的高级军官可能还会为落实两国元首"庄园会晤"达成的协议推进军事交流活动，从而促进双方培植一些私人感情和相互间的信任。

David Lai：我认为在军事领域，中美之间的合作大于斗争。去年习近平主席与奥巴马总统"庄园会晤"后，中国国防部长访问了美国，接下来很多解放军代表团陆续访问了美国。中美军事交流的热度正在回升，朝好的方向发展。

当然，中美军事交流仍存在三大障碍。但中国应该意识到，不能因三大障碍存在而影响两军交流。美国对台军售是因为存在《与台湾关系法》，这是美国国内法，要进行变更也是由美国国会来决定。只要这一法案不改变，美国总统也受其约束，这是美国政治运作的特点之一。所以，中国因为美国对台军售而向美国军方抱怨，美方也只能耸耸肩膀，无能为力。

【问题 10】新型大国关系，中美当前最亟待解决的问题是什么？怎么解决？

David Lai：在落实建设新型大国关系的具体做法上，需要好好研究。在军事领域，中国国防部长常万全也提到过，遇到重大问题时，中美双方应当相互通知一下。我认为，这点很关键，能够避免彼此产生误解。

去年秋天，中国有几个舰队在南海进行演习，中国就此告知了美国，美国觉得这样做很好。但是中国建立东海防空识别区时没有和美国打招呼，美国反应强烈，用美国副总统拜登的话说，这是一个"彻彻底底的意外"。所以，对类似问题的处理确实考验两国高层的智慧。

罗援：总体来讲，我对 2014 年的中美关系谨慎乐观。首先，2014 年美国需要先解决自己的问题，比如斯诺登事件带来的外交冲击、美国如何提升经济发展、打击恐怖主义等。

其次，中美关系整体上会在"习奥会"确定的基调上进一步发展，在经济安全、军事交流等领域进一步合作。除了钓鱼岛问题，双方比较大的摩擦比较少。中国今年将举行 APEC 峰会，届时中美领导人可以加强互动。

第三，中美关系如何发展会受到外部因素的影响。比如日本，比如朝鲜半岛局势。原有的中美结构性矛盾继续存在，新的摩擦也有可能产生。

所以我对未来一段时间的中美关系抱着谨慎乐观的态度。

（2014 年 1 月 21 日）

注：本文据《国际先驱导报》专访文章《建交 35 年，十问中美关系》整理而成。

文攻武备
——反制日本军国主义复活

人大常委会审议通过设立"抗战胜利纪念日"和"大屠杀死难者公祭日",顺乎民心,深得民意。是对死者的悼念,是对来者的警示,是对英雄的祭拜,是对恶魔的鞭挞。

安倍晋三逆历史潮流而动,将日本甲级战犯奉若神明,否定二战历史,触犯众怒,世界舆论纷纷对其倒行逆施加以谴责。中国走在了世界反对军国主义复活运动的前锋,打出了一系列组合拳。文武之道,张弛有度,40余名大使口诛笔伐,这在我国对外斗争史上是非常罕见的。官民结合,同仇敌忾,民间纷纷献计献策,爱国热情空前高涨。

自笔者提出在南京大屠杀死难者纪念馆前给日本14名甲级战犯设立跪像以来,响应者甚多,一些民间企业家、普通民众和海外华侨慷慨解囊,通过有关部门自愿为此项建议作出贡献。当然也有一些民众提出了改进方案。笔者认真听取各方面的建议,认为设立世界反法西斯战争胜利广场意义更大,内涵更深,包容性更广。

我们可以在广场上通过雕像、蜡像、浮雕、实物等艺术表现形式再现当年远东军事法庭审判日本战犯的情景,将远东军事法庭的审判书、日本天皇的《终战诏书》、日本政府的《投降书》全部镌刻在纪念墙上,用声像手段播放日本天皇的投降声明,将日本代表屈膝投降的可耻瞬间变为历史的永恒。这一场景再现,是国际正义力量对邪恶力量的制裁,是中国人民浴血奋战换来的胜利果实,是国共两党共御外侮的象征。将大长中国人民和世界反法西斯人民的志气，大灭军国主义的威风。我们还可以在胜利广场通过艺术的形式表彰和感谢为中国抗日战争作出过牺牲和贡献的国际友人，包括日本援华的反战人士，前苏联的航空志愿者、美国的飞虎队和白求恩、柯棣华等援华人士，再现全国人民浴血奋战、国共两党共御外侮的艰难历程。同时，将日本的14名甲级战犯连同他们的战争罪行牢牢钉在历史的耻辱柱上，在他们的跪像前面竖立镌刻有南京大屠杀被害人名单的纪念碑，让这些手上沾满中国人民鲜血的刽子手永远向中国人民低头谢罪，让这段历史的铁案永远不会被抹掉。这样，我们将可以最大限度地争取世界反法西斯战胜国的支持和理解，其中也包括美国、英国和俄罗斯等国；可以最大限度地联合两岸爱国人士；可以最大限度地打击一小撮日本军国主义分子，把日本军国主义分子与日本人民区隔开。

我还建议国共两党和爱国人士在海峡两岸共同建立抗日英雄纪念牌和纪念广场，在大屠杀纪念日和抗战胜利纪念日，国共两党和爱国人士共同祭奠抗战民族英雄，唱响中华民族主旋律。

以上建议，可以作为人大设立上述纪念日的配套工程和我们开展纪念与公祭活动的平台。

但是，我们也要充分注意到，由于我们以立法的形式设立这两个纪念日，将会触动日本右翼分子的敏感神经，他们很可能会做出过激反应。特别要警惕4月份是一个高危期，因为日本要在这个月份通过提高日本国民个人所得税的议案，必将引起日本国民的反弹，为了转移视线，日本政府有可能煽动民族主义情绪，在修宪、钓鱼岛、参拜靖国神社等问题上铤而走险，因此，我们必须保持高度警惕。在文攻的同时，做好武备，只有文攻武备都到位，才能有效反制日本军国主义复活。

（2014年2月26日）

注：本文经编辑发表于《环球时报》。

反恐是系统工程，制定反恐战略刻不容缓

马航 MH370 失联事件牵动着亿万人民的心，虽然尚无确凿证据证明这是一起恐怖袭击事件，但恐怖袭击的阴影已经笼罩在人们的心头。联想到最近爆发的金水桥恐怖袭击事件和昆明恐怖袭击事件，使"恐怖袭击"这个看似抽象的名词具体化了，使这个似乎遥远的"传说"变成了随时随地可能发生在我们每一个人身边的危险。一场没有硝烟但充满血腥的战争已经悄然在我们身边爆发。这场恐怖活动呈现出作案主体底层化、作案动机多元化、袭击对象平民化、袭击性质残忍化、袭击方式流动化、袭击手段原始化等新特点，作案地点一般选择在人群密集地区或具有政治象征意义的标志性地区，作案时机一般选择在敏感时期或者人们疏于戒备的时期，具有一定的随机性和不可测性，通常以血腥命案达成较大的轰动效应，引发社会恐慌。上述作案动机和作案特点增加了预防的难度，应该引起我们的高度重视，尽快制定反恐战略。

反恐战略应搞好顶层设计，与国家安全战略接轨，纳入国家整体安全框架之内，反恐应该是国家行为，成为国家安全委员会的一项重要职责，在国家安全委员会下设国家反恐中心，依托国家战略资源来处置恐怖突发事件。

要尽快制定国家反恐法，在法律层面界定什么是恐怖分子，什么属于恐怖袭击，对恐怖分子有什么样的惩治手段，要承担什么样的法律处罚，对纵容和包庇恐怖分子的人又要追加什么样的法律责任，专业反恐力量和普通民众在反击恐怖袭击时有什么权利和义务，可动用什么手段。这样才能给公民以明确的法律支援和保护，给恐怖分子以法律上的震慑。

应以武警为骨干成立武警反恐特种部队，专司反恐任务。武警有这方面的优势。首先武警本身就有反恐职责和使命，人员素质高，装备精良，训练有素。相对于一般的公安干警，武警部队常年成建制生活工作执勤，可以招之即来，来之能战，提高反恐的实效性。同时要强化公安干警的反恐职能，接受必要的训练，配备必要的枪械和自卫、防护设施，不能让我们的公安干警成为被袭击对象。要加强民兵预备役反恐训练，让他们参与反恐巡逻和协防。在各级武装部下应该成立反恐应急小分队，随时准备配合武警、公安反恐专业部队处置恐怖突发事件。

反恐是一个系统工程，应该采取区域联防的部署，分片负责。

首先，应该把恐怖袭击杜绝在源头，防患于未然，御敌于国门之外。现在境外某些地方已经成为"三股恶势力"的集散地和藏身地，我们应该在征得相关国家的同意和配合下，在尊重对方主权的前提下，对恐怖主义的集结基地、恐怖思想的传播地、指挥中心、通信情报枢纽、装备供应地给予定点清除，对恐怖袭击的策划者和要犯应张榜公示，全球缉拿。凡犯我中华者，虽远必诛。我们在军事上仍然奉行"后发制人"的方针，但反恐战争有其特殊性，它是非战争军事行动，我们不必拘泥"不打第一枪"的原则，恐怖分子已经向手无寸铁的平民百姓大开杀戒，这就是打响了第一枪，我们在掌握确凿信息的情况下，进行任何追杀、清除都是自卫行动，都是合理正当的。因此，我们应该尽快制定《境外非战争军事行动法》，以使我们的定点清除有法可依。

其次，我们要把我们的国境线建设成为反恐警戒线，严防死守，决不允许恐怖嫌疑人和作案器械出入。

对"三股恶势力"猖獗的重灾区和敏感地区要加强军民联防，在加大军力警力投入的同时，更要依靠当地政府和民众对危险人物加强监管，对凶杀器械严格收缴。对提供重大线索的人员要奖赏鼓励，对包庇、窝藏犯罪嫌疑人的人员要绳之以法。要高度警惕一些居心叵测的人将恐怖袭击与民族问题混为一谈，制造、利用、激化民族矛盾。广大少数民族同胞同样是恐怖袭击的受害者，反恐离不开少数民族同胞的理解和支持。

对敏感地区以外地区的反恐应该"内紧外松",张弛有度。要加强对流动人口的内部管理,要加强对危险分子的排查、监控。对当地居民要加强自我防范意识教育,一线公安干警要配枪上岗;二线武警特种部队要配备快速机动工具,如直升机、防暴突击车、警务摩托等,以便形成动态威慑,一旦发生恐怖袭击,在事发第一时间快速抵达现场。

要构建情报互通互联系统。情报是及时发现、预防、处置恐怖袭击事件的前提。要在"反恐法"的授权范围内,动用一切人工和技术手段对重点人物和目标加强监控。同时在国家反恐中心对来自各个方面的情报进行整合、鉴别、精确分发,提高情报的时效性、有效性。

要加强反恐国际合作。恐怖主义现在已经是人类公敌,必须全世界联手才能将其挫败。在国际反恐中,大国合作尤为重要。因为大国拥有优势的反恐资源和手段,又往往是恐怖袭击的目标国,理应担当更大的反恐责任。大国合作主要是两个层次,天灾和人祸。人祸是第一层次,大多表现为传统安全领域。但由于意识形态、社会制度等因素的影响,往往对人祸的界定产生分歧,甚至对立。因此,在这一层面的大国关系,基本是以竞争为主。天灾是非人类因素造成的,大多属于非传统安全领域。面对天灾,人类不论国籍、政见如何,都显得那么无助无奈。因此,在这一层面的大国关系是以合作为主。恐怖袭击则介于天灾、人祸之间,大多是人为因素造成的"天灾",既属于传统安全,又属于非传统安全领域。因此,在这一层面的大国关系,基本是又竞争,又合作。但是,由于某些大国对恐怖主义的界定采取双重标准,增大了合作的难度。

反恐必须标本兼治。要根除恐怖主义必须铲除滋生恐怖主义的土壤,包括消除贫富差距,解决社会不公,尊重不同文化和宗教,各民族平等互利、和睦相处,提高全民族的文明程度,扫除迷信和愚昧……只有从文化、制度、法律和安全层面综合治理,才能根除恐怖主义,达到社会的长治久安。

(2014 年 3 月 21 日)

注:本文经编辑发表于《中国青年报》。

太平洋不太平，美国是动荡源

美国国防部长哈格尔在第十三届香格里拉对话会发言中把中国描绘成了一个靠武力伸张权利的"规则破坏者"、亚洲地区安全的"潜在威胁者"。对此，参会的解放军高级将领针锋相对，王冠中副总长直接回应美国是霸权心态，姚云竹少将更是连续向哈格尔问了四个问题："日本的钓鱼岛国有化是不是单方面改变现状的行为？钓鱼岛的主权和管辖权是不是一回事？中国被批评使用武力和高压的手段改变现状，那美国动不动就跟一个与别国有冲突的盟国说什么共同防御条约适用于利益冲突事件，是不是一种胁迫和滥用武力？中国设立东海识别区违反了哪条国际法？"此四问问得好！有理有力有节！

2012 年是中日邦交四十周年，中国原本要隆重纪念这个日子，以此提升中日关系。但就因为日本右翼分子石原慎太郎在美国提出要购买钓鱼岛，日本前首相野田佳彦提出要将钓鱼岛国有化，日本现首相安倍晋三提出在钓鱼岛问题上绝对不退让半毫米，这就把中日关系推进了危机的深渊。中国不得不绝地反击，事实证明日本才是单方面改变现状的麻烦制造者，中国是国家利益的维护者和二战后国际秩序的捍卫者。

美国也别装什么好人！钓鱼岛问题的始作俑者其实就是美国。如果没有美国在 1951 年抛开中国与日本签署《旧金山和约》，如果没有美国在 1953 年在托管琉球群岛的过程中，将中国的钓鱼岛纳入琉球群岛，如果没有美国在 1971 年未经联合国允许、未与所有战胜国商量就把琉球群岛交给日本，如果没有《日美安保条约》和美国声称钓鱼岛适用于《日美安保条约》，如果没有美国一再拉偏架，袒护日本……就不会有现在的钓鱼岛问题，钓鱼岛问题也不会演化成危机。美国要为现在的钓鱼岛乱局承担责任。

美国动辄用"中国试图用武力改变现状"来指责中国，企图搅混水，蛊惑人心。其实，美国是最没资格说这句话的国家。它也不反躬自问，当今世界上，谁是打仗最多的国家，谁是军费最多的国家，谁是缔结军事同盟最多的国家，谁是在海外拥有军事基地最多的国家，谁是在海外搞联合军事演习最多的国家，谁是经常把武力介入挂在嘴边的国家。如果别的国家占了美国的领土，改变了美国的现状，美国又会干什么？告诉那些好事者，中国现在这些反制措施是客气的，是有所节制的。

也别一个劲地拿"航空识别区"问题来说事，美国在上个世纪50年代之初就设立了东海航空识别区，后来又把它移交给日本，你们什么时间跟周边国家打过招呼？凭什么中国在自己家门口设一个航空识别区，美国就要说三道四。你可以拥有在一小时内打遍世界任何角落的兵器，你可以把你的兵力部署在中国周边，你可以频繁对中国沿岸进行抵近侦察，我们不得不防，我们设立航空识别区是国防本能的反应，是被逼出来的。如果没有东海航空识别区，我们这次在东海搞中俄联合军演，岂不早被日本看了个底朝天。正因为南海迄今没有航空识别区，海上警戒区，才使得菲律宾、越南在南海如此猖狂。现实威胁呼唤中国在自己的周边、在自己浮动国土的周边设立预警地带和缓冲区，这不是加剧矛盾，而是预防危机、化解危机。

美国要当老大，那么，回到你自己家里去当老大，回到你的霸权美梦中去当老大。现实生活中，世界不是你美国的世界，太平洋也不是美国的太平洋，21世纪更不是美国的21世纪。中美致力于建立新型大国关系的实质是不对抗、不冲突，对话比对抗好，合作比冲突好，但如果美国一定要对抗、要冲突，中国也不怕，这次香格里拉峰会提供了一个实例，中国的一名女少将，给美国不可一世的防长上了一课。

（2014年6月3日）

注：本文经编辑发表于《环球时报》。

日本当前的所作所为都是为修改和平宪法造势

核心提示：最近一段时间日本为了解禁集体自卫权可谓花样百出，先是抛出所谓"灰色地带"等一大堆借口，又打算以集体自卫队后援的身份直接参加战斗。据报道，日本政府 6 日再次抛出重磅炸弹，打算拟定新制度，允许安倍可以越过内阁会议直接下令自卫队动武。这是否意味着安倍可以随时发动战争？这又将对整个世界安全形势带来哪些影响？

安倍想拥有自卫队动武权利是违宪

新政策实际上是赋予安倍晋三更大的权力和更多的选项，来实现他的所谓"积极和平"政策，说白了他的"积极和平"政策就是"积极武装崛起"的政策，安倍的一切言行都围绕一个主线，就是摆脱二战对日本的束缚，使日本军队成为具有交战权的"正常军队"，使日本国家成为政治、经济、军事、外交并驾齐驱的所谓"正常性国家"。

以前日本根本没有什么国会通过或不通过这种赋予首相交战权的程序，因为进入这个程序本身就是违法违宪的。日本宪法第 9 条规定，日本没有交战权。第 98 条第一款规定，"本宪法为国家最高法规，与本宪法条款相违反的法律、命令、诏敕国务的其他行为的全部或一部，一律无效。"日本不是标榜为法治社会吗？仅此一点，即暴露了日本法治的虚伪性，宪法只不过是由日本政客任意打扮的装饰品。其实，即便是美国总统也没有这么大的权力。在紧急的情况下，美国总统可以实施动武权，但是只有 60 天的授权期限。安倍如此迫不及待的要拥有交战权不仅违反日本的宪法，而且也不符合所谓民主制度的一般的常规性规则。

日本影射钓鱼岛问题为解禁集体自卫权找借口

据报道，日本政府将制订事先可不经过内阁会议的审议，直接授权由首相全权判断是否出动自卫队的新制度，主要是为了使自卫队迅速应对他国武装集团攻击日本民间船只，或非法登陆离岛的状况。

不可否认，这是在影射钓鱼岛和日本与中国东海的争端，但哪怕就是钓鱼岛问题和与中国的东海争端其实也只是一个借口，日本的最终目的还是要渲染中国军事威胁论，制造日本安全环境发生了根本性变化的噱头，为修宪建立国防军来做一些战略铺垫。

日本用解禁集体自卫权绑架美国

近日安倍晋三在比利时举行记者会，称《日美防卫合作指针》的修订工作计划在今年年内完成，希望在此之前敲定集体自卫权的所有准备工作。

日本就是想把美国绑在日本的战车上，将集体自卫权解禁的问题变成一个既成的事实来绑架美国，在修改《日美安保防卫指针》的时候默认日本的既成事实，同时日本也给美国送上一个大礼包。

历史会证明中国反制日本是对国际负责

有分析指出，从允许自卫队以支援的身份到直接参战，再到安倍作为首相不经内阁审议直接下令自卫队动武，描绘了日本背离和平宪法的路线图。正在国际社会还在争论日本是不是在重温军国主义旧梦，是不是具备了军国主义的一些特征，日本国内是否拥有符合军国主义的条件和土壤时，日本已经在武装崛起的道路上越走越远。

现在只有中国对此有清醒的认识，而且坚决进行反对，历史最终会感谢中国的先知先觉，因为中国屡次遭到日本的欺辱，有一种集体的回忆和集体的反思。而国际社会对日本现在的这些做法仍然处于一种麻木状态，甚至某些国家还纵容日本要给集体自卫权松绑，那么最后只能是自食其果。二战的教训告诉我们，绥靖主义就是军国主义和法西斯主义的"帮凶"。

历史将证明，中国现在反对和反制日本是对国际社会负责的国际主义行为。

（中国广播网，2014 年 6 月 14 日）

用事实说话，谁在打破现状

美日总在说中国打破了地区安全现状，那我们来看是谁在打破现状！

一、谁在摆脱二战后国际社会对战败国的束缚？

2013 年 12 月，日本版"国家安全会议（NSC）"正式成立，作为日本国家安全政策的指挥部，将安全大权独揽于首相、外相、防卫相以及内阁官房长官组成的"四大臣"之手。

11 月，国会通过了《自卫队法》修正案。根据新法，在海外撤侨时可以派遣陆上自卫队执行陆上运输任务。至此，日本海陆空部队都可以以"保护邦人"的名义随时出兵海外。

2014 年日本国会通过修改集体自卫权，标志日本从没有交战权到有交战权的本质性变化。

二、是谁在积极扩军备战？

最近，2014 年日本预算案获得通过，国防预算为 48848 万亿日元，比 2013 年增加了 2.8%。

1.95 万吨级的大型直升机驱逐舰"出云号"8 月下水，标志着日本加快了扩军的步伐。加上之前以驱逐舰名义装备的两艘"日向"级直升机驱逐舰，日本实际上将拥有三艘准航母。如果搭载 F-35 战机，这些舰艇将很快能够成为不折不扣的航母。

2013 年 3 月，新的 5000 吨级驱逐舰"照月号"和 2900 吨级潜艇"瑞龙号"开始服役，一艘新的"秋月"级驱逐舰和一艘"苍龙"级 AIP 潜艇已经被列入 2013 年预算案的舰船建造计划中。

日本还希望拥有专门用于进攻的作战部队，目前正在全力推动成立"日本版"海军陆战队（即日方所谓"水陆机动团"），作为夺岛部队。

2017 年，将引进 42 架美制 F-35A 战机，日本还划拨 830 亿日元，全力推动日美联合生产 F-35，2013 年 8 月，三菱重工完成了日本自主设计的"心神"战机的试验机组装，这标志日本在第五代战机的自主研发上进入新阶段。

三、是谁准备用武力解决岛屿争端？

日本将把冲绳那霸基地的战机飞行队从一个增加到两个，将增添三架空中加油机；将从美国购入三架"全球鹰"无人侦察机。为提高对西南空域的情报收集和警戒监视能力，扩建了一个移动雷达基地，提前更新了宫古岛的固定式雷达等。为提高对紧急事态的有效应对能力，在日本西南地区增派负责情报搜集、警戒监视的 287 名自卫官。

为应对中国的弹道导弹，将海上自卫队的"宙斯盾"驱逐舰增加到八艘，同时还将购入三艘美国最新锐的濒海作战舰，以加强离岛沿海地带的防卫，加快对两艘"爱宕"级"宙斯盾"驱逐舰的反导装备升级改造工程，并决定对"大隅"级运输舰实施改造，使其成为具备搭载轻型战车和美式"鱼鹰"运输机能力的大型两栖登陆舰。

在打造机动力量方面，将陆上自卫队的 7 个师（旅）团改编成快速反应的"机动师（旅）团"。2013 年，列装更多机动性和火力效率更高的 10 式主战坦克，还大量订购 96 式轮型装甲运兵车和轻型四轮装甲车。计划引进美制 AAV7 两栖战车，并已购进样车进行综合性能评估。在宫古岛部署新型 12 式陆基反舰导弹，该导弹射程超越自卫队现役的 88 式导弹。

2013 年 3 月，日本防卫省宣布 P-1 侦察巡逻机研发完成，性能好于现役的 P-3c 巡逻机，首批新机已列装海上自卫队。在监测方面，日本自主生产的新型 FPS-7 雷达逐步投入使用，目前日方已在冲绳县冲永良部岛、宫古岛和宫崎县高崎山开始施工。2013 年年初，日本发射了"雷达 4 号"卫星并试运行成功，这标志着日本光学卫星与雷达卫星"2+2"的军事卫星监视系统正式完成。2013 年通过《网络安全战略》，2014 年 3 月，网络防卫队成立，并已在接受美军方面的专门培训。

2013 年，日本自卫队参与军演频率较往年有所提升，其中，不少军演都以迅速提升日陆海空自卫队协同运输、岛屿登陆和据点夺占为目的，体现出明显的"夺岛演练"特征，在钓鱼岛中日争端持续的背景下，日本这一方面的动向不仅富有挑衅性和对抗性，而且具有实际的"备战价值"，应予以高度警惕。

对日本的扩军备战不能视而不见，对日本的和平麻痹就是对和平的亵渎，就是对子孙后代的犯罪。

（2014 年 7 月 23 日）

注：本文据中国战略文化促进会《2013 日本军力评估报告》整理而成，经编辑发表于《环球时报》。

美国到东亚来干什么？

2013 年 3 月 11 日，美国国家安全顾问多尼隆在美国亚洲协会发表了题为"2013 年的美国和亚太"的重要演讲，就美国推行亚太"再平衡战略"的主要原因概括为：一是美国决定恢复全球领导地位的根基在于经济力量，而亚太对此至关重要；二是美国恢复领导地位不仅需要关注当前的威胁，还需要将资源和精力投向未来几十年可能塑造全球秩序的地区，而亚太正是这样的地区；三是美国海外经济增长近一半来自亚洲的贡献；四是亚太地区领导人要求美国保持在该地区的领导地位，发展并捍卫国际准则和规范。一言以蔽之，就是美国的利益至上，美国为了领导全球就要领导亚太，这是哪门子的逻辑？

那么，谁给美国重返亚太构成了威胁？在美国发表的《全球威胁评估报告》中，将大国国力的进一步提升可能冲击美国的全球霸主地位，列为五大威胁之第二位。美国国防部发表的《防务战略指南》中进一步明确宣称，中国的崛起打破了亚太地区的力量平衡，中国军队的"反进入和区域拒止"能力对美军构成了严重挑战，"空海一体战"针对中国的意图已昭然若揭。

为了落实亚太"再平衡战略"和"空海一体战"，美国加紧调整亚太地区的兵力部署，要求在 2020 年前将 60% 的军事力量部署到亚太方向。与 2012 年的 1454 万人相比，2013 年美军在太平洋地区部署了 1541 万人，增加了 8700 人。在兵力分布上，美国在维持东北亚重兵部署态势的基础上，努力拓展在东南亚和南太平洋地区的军事存在，构建范围更广的基地网。美军在日本和关岛更换部署了最先进的核潜艇、导弹巡洋舰和两栖攻击舰，向日本部署了 24 架 MV-22 型偏转翼飞机、6 架 P-8A 新型反潜巡逻机和部分 MH-60R/S 型直升机，在关岛部署 1 个 "萨德" 导弹连（包括 1 部陆基 X 波段雷达和 3 部发射架），为 "华盛顿号" 航母编配了最先进的 E/A-18G "咆哮者" 电子战飞机，计划在 2014 财年再向关岛部署 1 艘核动力攻击潜艇；在 2017 财年在日本部署 F-35 战斗机。在东南亚方向，美国在菲律宾重新获得使用苏比克湾和克拉克空军基地的权力，在新加坡获得部署 4 艘濒海战斗舰的权力，并在 2013 年 4 月底部署了首艘濒海战斗舰 "自由号"。在南太平洋，美国在澳大利亚获权轮换部署陆战队、部署 C 波段雷达和太空监视望远镜各 1 部，同时还在与澳大利亚磋商在科科斯岛部署 "全球鹰" 无人机、扩建斯特灵海军基地和使用澳大利亚西部的海军基地等问题。

2013 年 5 月 6 日，美国国防部发布新版《中国军事与安全发展报告》，刻意突出中国与周边国家的敏感问题，夸大台海两岸军力失衡，宣扬 "中国威胁论"，并采取具体措施加强与盟国的关系。2014 财年，美国国防预算中用于东南亚盟国军事资助项目和军事教育与训练项目的经费，高达 9000 万美元，7 月 26 日，越美两国首脑发表《越美联合声明》，决定建立包括防务在内的全面伙伴关系，并计划于 2014 年年底与日本签署新版《日美防卫合作指针》，"全方位" 推进日美军事合作。

2013 年，美军与亚太相关国家军队举行各类军事演习 80 余次，演习数量和规模均有所扩大，并且实战化程度不断提高。特别是 "黎明突击 2013" 联合军演基本涵盖了 "夺岛" 作战的全部内容，表明日美军事合作正由以往 "美主日从"、"美攻日援" 模式向联合作战方向转变。

所有这些，都是美军落实亚太 "再平衡" 战略、为未来实施 "空海一体战" 所进行的谋篇布局。

美国如此兴师动众，调整亚太军事部署，进行军事演练，总要给亚太人民，特别是他承诺 "不对抗、不冲突" 的中国一个解释吧？即使美国只有百分之十是对准中国，我们也要做好百分之百的准备，因为中美军力不对称。

（2014 年 7 月 25 日）

注：本文经编辑发表于《环球时报》。文中数据引自中国战略文化促进会《2013 美国军力评估报告》。

美国战机挑衅还有脸抗议？

美国白宫副安全顾问罗兹称，中国战机 19 日拦截美国侦察机的行动是"令人深感不安的挑衅"，并表示美国官员已经向北京方面进行抗议。见过大言不惭的，没见过如此厚颜无耻的。跑到别人家的大门口进行不道德的窥视，人家出来监视一下，就跳起脚来"抗议"，天下哪里有这样的强盗逻辑！

说实在的，最应该提出抗议的是中国，美国侦察机不远万里跑到中国的沿海进行抵近侦察才是"令人深感不安的挑衅"。众所周知，中美军事关系迟迟不能走上正常发展的轨道，美国对中国沿海频繁进行军事侦察是重要障碍之一。美国不但不思改悔，反而变本加厉，越发肆无忌惮。

美国不是口口声声申辩"重返亚太"不是针对中国吗？那你把军用侦察机派到我们中国家门口来干什么？这起码不是一个友好的行动吧？你说是在执行"例行任务"，那你怎么不把你的侦察机派到日本家门口去"例行"一下？你说你的飞行器是在国际空域航行，别国无权干预。但问题是，你不是一般的飞行器，你是军用飞机呀！而且是刺探别的国家的军情。你说你在执行所谓的"正常任务"，这也许对你来讲是再正常不过的了，因为你们以老大自居惯了，想到哪里就到哪里，想看什么就看什么，窥视成癖，从网络到太空，再到别人家的家门口。但你的正常，对别的国家就是不正常；你的安全，是以别的国家的不安全为代价的；你的"战略再平衡"，实际上就是造成别的国家的战略失衡。

不错，美国可以为他的不良行为制造一千条借口，一万个理由。然而，我们只要把这些借口和理由都收集起来，一股脑抛向美国，如果别的国家以同样的借口和理由，到美国的家门口进行抵近侦察，美国会做何反应？他不把人家打下来就阿弥陀佛啦。

中美两国元首在去年"庄园会晤"中就已经达成共识，要致力于建设新型大国关系。其内涵是"相互尊重，不冲突、不对抗，平等互利"。可是美国频频派遣军用侦察机对我国进行抵近侦察，这叫做"不冲突、不对抗"吗？你就是拿你的炮舰来与我们"相互尊重"啊？老实告诉美国，在新型大国关系中，我们更看重的是"平等"。为此，我们必须穷追猛赶，以实力来争取更多的发言权。

别总拿"中国军事威胁论"来说事，我们发展综合国力，包括提升军力，也是为了塑造新型大国关系。否则，在力量上不平衡，美国根本看不上，即便两国形成了新型大国关系，也是不平等的，要么是敌对关系，被美国制服、演变；要么是主仆关系，被美国欺负、奴役。因此对美国破坏两国新型大国关系的行为，我们必须对等回应，礼尚往来，这才叫做"平等"。

以后美国会适应，伴随着他窥视的幽灵的将是中国军队警惕的双眼，这将是中美空中、海上博弈的"新常态"。俄罗斯的战机已经让美国侦察机感到了"不爽"，中国的战机再次让美国侦察机领略了"酸楚"，以后美国的战机再把别的国家的门口当做自己后花园的时代将成为他自己的记忆，他的"再平衡战略"必将受到国际社会"再再平衡战略"的制衡，这就是国际政治经济新秩序的部分内涵。

这就是我们对美国"抗议"的回应，闭上你的嘴，我们不接受！你的战机远离中国！

（2014 年 8 月 25 日）

注：本文经编辑发表于《环球时报》。

鸵鸟政策将招致民族危亡

又到"九一八",又到国耻日。耻在何方? 辱在何处? 耻在不抵抗;辱在大被小欺,以多败少。

1927 年日本的《田中奏折》已经充分暴露了日本以东北为基础侵略中国的野心,事变爆发前,日本又先后制造了"中村事件"和"万宝山事件",为武装袭击寻找借口。可是国民政府却视而不见,采取鸵鸟政策,竟然认为日本不会轻启战端,希望能够大事化小小事化了。既无应战预案,又无抗战意志。企图以退让求和平,以妥协保安宁,结果酿成战祸。沈阳城不到一天陷落,东三省不到半年沦陷。不论是国民政府承担责任,还是地方官员承担责任,不抵抗政策都是罪魁祸首。

力量对比,不是决定战争胜负的唯一因素。"九一八"当天,进攻北大营的日军约 800 人,而北大营驻军却有 7000 余人,兵力对比近 10︰1。此外,东北军还拥有庞大的空军部队,有数十架战机。而东北军一触即败,日军仅付出几十人伤亡的代价就占领了张氏父子经营几十年的北大营。与之形成鲜明对比的是抗美援朝战争,当时敌我双方兵力对比悬殊,敌军一个团的火力超过我军一个军的火力,敌军一名作战士兵有 13 名后勤兵保障,我军一名后勤兵要保障上百名作战士兵。在力量对比如此悬殊的情况下,中国人民却创造了历史奇迹,打出了我们的国威军威。决定战争胜负的因素,除了军事实力之外,还包括正确的战略决策以及果敢的抵抗意志和顽强的战斗精神。

"九一八"作为国耻日,带给我们的启示是多方面的,温故知新,起码有几条教训刻骨铭心:

一是，在日本尚未对战争问题有彻底反省的情况下，对日本军国主义侵略扩张的劣根性要保持高度警惕。历史教训值得注意，一纸和平契约挡不住日本军国主义扩张野心。国际社会要和日本国民一起抵制日本军国主义复活，否则有可能会把日本和亚太国家再次拖入战争灾难。

　　二是，对日本的战略动向要给予正确研判，既不能夸大事实，也不能掉以轻心。对日本政府现在给集体自卫权松绑的战略举措必须高度重视，这标志着日本已经由战后无交战权到有交战权的质变，中国应将此动向递交联合国安理会讨论。既然联合国安理会可以动辄对这个国家谴责，对那个国家制裁，那对日本这个曾经的战争策源地频频摆脱战后束缚的倒行逆施也应该给一个说法，否则，就会暴露出某些成员国的虚伪性。

　　三是，绥靖主义是军国主义的催化剂。当年对日本侵略姑息养奸的西方国家，最终都尝到了纵虎为患的苦果。1941 年日军悍然偷袭美国珍珠港、随后侵入英国殖民的香港。在东南亚战场，日军俘获了数以千计的盟军。对这段惨痛经历，希望有关国家不要好了伤疤忘了疼，纵容日本军国主义复活，最终必将自食恶果。

　　四是，要把日本军国主义分子和日本人民区别开。在抗日战争中，日本有许多反战人士站到了中国人民一边，在这次公布的抗战英烈名单当中就有日本友好人士。要最终遏制日本军国主义复活，日本人民是内因，是重要力量。因此，我们一定要做好对日本人民的团结争取工作。

　　五是，不挑事，不怕事，事来了，敢平事。不抵抗政策只能使军国主义分子得寸进尺，最后落个丧权辱国的下场。因此，我们必须敢于斗争，善于斗争。加强国防建设，做好应对各种突发事件的准备。只有有备才能无患，能战方能言和。

（《环球时报》，2014 年 9 月 19 日）

·台海篇·

两岸和平统一的历史潮流不可阻挡

LIANG AN HE PING TONG YI DE LI SHI CHAO LIU BU KE ZU DANG

题记

解决台湾问题是三分军事，七分政治。要把军事仗当做政治仗来打。

——毛泽东

解决台湾问题，求其在我。

——周恩来

启示

如果大陆方面对台"文不足以动其心，武不足以夺其志"，就谈不上两岸的和平统一。

——罗援

台湾问题，统则和，独则战。独立和和平之间不能划等号。

——罗援

军事不是万能的，但没有军事是万万不能的。

——罗援

台海太小，难展我中国军人文韬武略之大智大勇，让我们跳出狭隘的地域观念，还我以叱咤风云的亚太大舞台；军事视野太窄，难容我中国军人博大胸怀，让我们跳出单纯的军事定势，再现我中华"上兵伐谋"之兵法精髓；一万年太久，难了我几代人之统一夙愿，让我们摆脱消极等待的心态，给世界一个惊喜，给世界一个榜样。

——罗援

两岸建立军事安全互信机不可失

"用我们的血肉筑成我们新的长城"，当年以国共两党军队为主体的中国军队唱着同一首《义勇军进行曲》，用中华儿女的血肉之躯铸成了一道抵御外侮的钢铁长城。今天，在中华民族伟大复兴的新的历史起点上，曾经兵戎相见的两岸军人，有责任担当起终结两岸敌对历史，永铸中华万世疆域的历史重任。

最近，胡锦涛总书记在纪念《告台湾同胞书》发表 30 周年座谈会上的讲话中，以极大的政治智慧和政治魄力，提出在国家尚未统一的特殊情况下探讨政治关系的建议。他指出，"为有利于稳定台海局势，减轻军事安全顾虑，两岸可以适时就军事问题进行接触交流，探讨建立军事安全互信机制问题。"

这里有一个学术问题，有些人把"军事安全互信机制"等同于"军事互信机制"，这种理解过于狭窄，"军事安全"的外延与内涵显然要大于单纯的"军事"概念。

还有些人认为，"军事安全互信机制"就是国际上通称的"CBMS"，其实，这里是有很大差别的，CBMS 是国与国之间的一种信任措施，而胡主席提出的"军事安全互信机制"是根据海峡两岸的特殊情况所做的特殊安排，绝没有国与国之间的含义。

还有些人把 CBMS 误译为"信心建立措施"，其实，CBMS 的英文全称是 confidence-building measures，在这里，confidence 应该翻译为信任，CBMS就是"建立信任措施"。建立信任是第一位的，安全应当依靠相互之间的信任和共同利益的联系来维护。没有相互之间的理解和信任，开列再多的"措施清单"也只能是一纸空文。信任的基础是两岸军人对"两岸同属一个中国原则"的认同。但是，措施的提出和执行又有利于增信释疑，会起到增进和巩固两岸"军事安全互信"的作用。因此说，建立互信和制定并执行措施是相辅相成的。

尽管存在着对"军事安全互信机制"概念理解上的差异，但我们不应该因文害义，而是要寻求双方的共同点。毕竟，海峡对岸的军队进行了多年的"反独"教育，许多爱国军人在极端困难的情况下为维护国家不致发生分裂而进行了不屈不挠的抗争，赢得了岛内外中国人民的敬重，这是双方建立"军事安全互信机制"的情感基础、民意基础。

另外，国际上 CBMS 实践的一些有益经验，对具有中国特色的"军事安全互信机制"的建立也有借鉴意义。CBMS 的概念是从欧洲安全与合作会议发展而来，后来被联合国所采用。其目的是通过增加开放和透明度逐步建立对怀有敌意各方的信任，减少和消除疑虑。冷战结束后，随着国际冲突的国内化和一些国家内部族派别矛盾冲突的激化，"建立信任措施"也被某些国家用作保证停火、结束国内敌对状态和实现和平的重要手段。

狭义的建立信任措施指在军事领域建立的各种直接涉及改善安全环境的措施，包括交流措施、透明度措施、限制措施、核查措施等安排。广义的建立信任措施涵盖政治、经济、军事、外交、文化、宗教及意识形态等领域，指从整体上加强安全、改善安全环境、缓和地区紧张局势及提高相互间信任而采取的措施。

海峡两岸建立军事安全互信机制，应该从广义的互信机制着眼，从狭义的互信机制入手。规划上应该先搞好顶层设计，勾画出一个路线图。只要认同"一中"原则，双方谈的内容应该是开放的；方法应该是灵活务实的；层级上应该由第二轨道发展到第一轨道；程序上最好由易到难，循序渐进。在条件成熟时，可以直奔双方最关注的核心问题，否则应该先扫清外围障碍，谈一些双方已有共识的问题，谈一些最紧迫的事务性问题，谈一些非敏感的非传统安全问题，逐渐积累共识，培植信任，最后再协力攻坚。

一旦海峡两岸建立军事安全互信机制，正式结束敌对状态，达成和平协议，将开创两岸和平发展的新局面。笔者认为，起码有九大好处：

有利于和平统一大业的实现，将两岸关系牢牢地稳定在"一中原则"、和平发展的框架之内。

有利于稳定台海局势，减轻军事安全顾虑，减少"擦枪走火"事件的几率。

有利于两岸协商谈判，为两岸政治谈判营造一个良好的氛围。军事服从政治，军事又可以服务于政治。

有利于台湾人民更深刻地感受大陆方面的善意和诚意。

有利于遏制"台独"势力的嚣张气焰。

有利于封堵外来势力干涉台湾事务的口实。

有利于两岸军人的接触交流，化敌为友。

有利于减少国防成本，用节省下来的军费改善民生。

有利于整合国力资源，台湾岛将与海南岛、舟山群岛呈"品"字形鼎立之势，和大陆真正成为相互依托的防御整体，两岸军人将共御大中华的统一国防。这对中华民族的安全、发展以及腾飞是至关重要的。

两岸军人历经风雨坎坷，同源于黄埔、北伐，分镳于"四一二"血案，携手于抗战御侮，搏杀于内战纷争，现在我们又面临一个新的历史起点。分久必合，机不可失。捍卫国家的主权和领土完整，是我们每一个中国军人的天职。我们完全有理由以中国军人特有的睿智、胆量和气魄，为中华民族的伟大复兴作出我们应有的贡献。

"风物长宜放眼量"：台海太小，难展中国军人文韬武略之大智大勇，让我们跳出地域观念，还我以叱咤风云的中华大舞台；军事视野太窄，难容中国军人博大胸怀，让我们跳出单纯军事定势，再现我中华"上兵伐谋"之兵法精髓；一万年太久，难了我几代人的统一夙愿，让我们摆脱消极等待的心态，给全世界一个惊喜一个榜样。

（《黄浦》，2009 年第 2 期）

阅兵让世界慢慢接受中国崛起

核心提示：国庆大阅兵的新型自制武器装备展示引起了台湾各方不同解读，大阅兵哪些层面对两岸关系构成影响？两岸军工体系研究存在哪些差距？中美战略态势如何演变？

邱震海：中华人民共和国 60 周年国庆，北京举行了盛大的阅兵，时间虽然过去了将近两个星期，然而它的影响仍然在持续蔓延之中，其中我们知道最引人关注的就是通过这次阅兵所展现出来的中国国家和军队的实力对两岸关系和中美互动的影响。

解说：10 月 1 日中华人民共和国 60 周年国庆，北京天安门广场举行隆重的阅兵仪式，共有 56 个地面方队和空中梯队的 8000 多名官兵参加了国庆受阅，其中徒步方队 14 个，车辆方队 30 个，空中梯队 12 个，他们代表了陆军、海军、空军、第二炮兵、武警和民兵预备役部队，是共和国武装力量的全景展现。

这次阅兵展示的 52 型主要装备，全部是国产装备，大部分是首次参阅。其中包括巡航导弹、预警机、无人机、新一代战车、新型雷达、卫星通信等先进的信息化装备。尤其是反航母型"东风"-21 导弹的展示，引起了舆论的普遍关注。

邱震海：罗将军，我们知道您作为解放军的现役少将，这次也是在国庆阅兵当时观礼台上的主要嘉宾之一。另外国庆阅兵当中的老兵方队也是您作为全国政协委员首先提出的。作为解放军的现役少将，您如何从整体上来评价这次国庆阅兵？

罗援：这次阅兵所产生的影响力和震撼力，远远大于我们原来的预期效果，我认为它起码有四方面的收获。

第一，展示了国威军威，体现了我军一流的精神风貌、一流的武器装备、一流的纪律作风、一流的训练素质和一流的组织协调能力。

第二，提振了民心士气，使我们的国民、我们的军队感到，我们以前所走的这一条具有中国特色的社会主义道路是正确的，我们对未来充满了信心。

第三，凝聚了民族意志。

第四，激发了爱国热情。

现在大阅兵已经过去十多天了，但是在中国 960 万平方公里的国土上，还在涌动着这种浓厚的爱国情和国防热。所以我说这次大阅兵最大的收获就是我们自信心和荣誉感的进一步提升。让全世界都感到了中华民族是有巨大的凝聚力、向心力和国防动员能力的。

所以中国的崛起是不可阻挡的，就连美国的前国防部长威廉·科恩在接受媒体采访时也说，已经接受中国崛起这么一个事实。我说这次阅兵最大的收获就在于此。

邱震海：您刚才也提到这次阅兵展现了中国军队一流的武器装备，作为解放军的专家，您能不能详细地谈一谈，您认为中国军队一流的武器装备体现在哪些方面？

罗援：这次大阅兵我们展示的武器装备，也是超出我个人想象的。在大阅兵之前，装备方队的副总指挥邹运明在接受媒体采访时，披露这么一个消息，说这次我们参阅的一些武器装备，有的已经达到或者超过世界的先进水平，这和我们以前的提法是完全不一样的，我们以前的提法是已经接近或者达到世界的先进水平。

一个在左一个在右，体现了我中国人民解放军的武器装备发生了一个质的变化。怎么说发生质的变化呢？我觉得有四个方面的表现。

第一，我们出现了一些带有"代标性"的武器装备，比如 99 改坦克，歼-10、歼-11B 飞机，还有 04 步战车，这都是代表了第三代武器装备。现在我们的武器已经是以三代为骨干，以二代为主体这么一个装备体系。

第二，这次出现了很多填补空白的武器装备。我们现在武器装备的频谱更加丰满。比如预警机的出现，比如防暴突击车的出现，比如巡航导弹的出现。因此，我们国防部长梁光烈指出，现在西方大国所有具备的武器装备，我们已经基本都具有了。

第三，我们现在武器装备的一些战术、技术指标已经达到了世界的先进水平。因此我们说我们现在武器装备实现了更新换代。

第四，我们现在武器装备的提升，不是单个项目的提升，而是整个系统的提升。我们的预警、侦察、指挥、通信、控制，再加上火力和后勤保障，连为一体。

特别是，由于我们武器装备进行了信息化的改造，它的作战能力大幅度提升，可以产生 1 + 1 > 2 的效果。

邱震海： 以您的话来说，像这样可以达到世界一流的武器装备，坦率地讲，对两岸关系意味着什么？

罗援： 如果说对两岸关系的影响，在观看阅兵中，我的第一反应就是"台独"真的没戏了，你要搞"台独"，必须要有实力，现在两岸军事对比完全不在一个等量级上，你凭什么来以小搏大。

以前"台独"分子还寄希望于台湾的武力，认为可以"以武拒统，以武护独"。但是现在稍微有军事常识，或者用理性来思考问题的人都会感到，"台独"没有这种实力基础了。

以前有些"台独"的头面人物还在说，大陆是"会叫的狗，不咬人"，大陆是"纸老虎"。但是从这次阅兵中，明眼人一眼就可以看清楚，大陆到底是纸老虎，还是真老虎。不是说大陆没有用武力来解决台湾问题的手段，而是大陆他"不为"，不是"不能"，而是"不为"。

为什么"不为"？还是不希望两岸骨肉同胞兵戎相见，所以我们还是要走和平发展的道路，追求两岸的和平统一。这次大陆的阅兵，并不是武力的炫耀，而是一种和平善意的释放，大陆强大的军力是保持两岸和平发展的一个稳定器,是促进两岸和平统一的催化剂,是中华民族核心利益的坚强的后盾。

邱震海:说到武器装备,现在国际舆论,包括美、韩、日非常关注这次阅兵当中出现的一个能够反击航母型的导弹——"东风"-21,媒体认为这款导弹将可能使中美的军力态势发生微妙的改变,作为军事专家,您怎么看"东风"-21 导弹?

罗援:我们说决定战争胜负的不是一两件先进武器,两岸关系和中美关系也不是由一两件新式武器所决定的。但是我们古训中有这么一句话,叫"工欲善其事,必先利其器"。我们要执行积极防御的战略方针,就必须有一两件管用的武器装备,而且是成体系的武器装备,所以说这种"东风"-21型导弹,应该说是我们一个撒手锏武器装备,它会使台湾或者使美国考虑,如果要在台湾问题上铤而走险,那么是要付出代价的。

这样的话,它可能会望而却步,会要考虑它付出的代价和它所得到的东西到底哪个大。在权衡利弊之后,它可能会做出一个明智的选择,这样可能会有利于两岸的和平统一,有利于两岸保持和平稳定。所以说我们并不是寄希望于某一两件新式武器,台海问题和中美关系问题是综合力量作用的结果。但是也不可否认,撒手锏武器在其中起到一种不可替代的重要作用。

邱震海:刚才您主要谈到阅兵对振奋民心军心,以及对提升一流的装备,一流的民心军心,包括对两岸未来的整个军事态势的一些影响。您谈了很多武器方面的事情,允许我冒昧地问一下,您觉得武器在两岸未来的整个态势方面,是不是唯一一个决定因素?因为我们知道毛泽东以前讲过人的因素毕竟是第一位的。

罗援:武器装备当然不是解决台湾问题唯一的一个因素。毛泽东在中国人民解放军 1958 年炮击金门的时候,说了一句非常精辟的话,就是说台湾问题、金门问题是三分军事,七分政治,要把军事仗当做政治仗来打。

政治的核心问题是什么?还是争取民心。争取民心的手段是多种多样的,包括政治的、经济的、外交的、文化的,但是军事具有不可替代的作用。

军事不是万能的,但是没有军事是万万不能的。如果说大陆没有强大的军事作为后盾，我想"台独"分子早就把台湾从我们的版图中分裂出去了。所以说，在维护国家主权和领土完整方面，军事具有不可替代的关键性的作用。

邱震海：我们具体来看，通过这次北京大阅兵所展示出来的大陆和台湾双方的综合实力如何进行比较？

罗援：这次大阅兵，应该看到的是气势恢宏，场面壮观，这是一个表象的感观。从深层次来解读，这个恢宏的气势、壮观的场面背后是以军力、国力作为支撑的。现在大陆整个国防实力，整个经济实力，已经今非昔比。它已经是世界第三大经济实体，它的外汇储备世界第一，对全球的经济贡献率现在也是世界第一。2008 年大陆的 GDP 已经达到 4.22 万亿美元，台湾是 3929.22 亿美元，就是说，不在一个数量级上。

现在如果台湾与大陆搞军备竞赛，大陆拖都把你拖垮了。苏联为什么解体，除了思想政治路线出现重大偏差之外，再一个就是跟美国搞军备竞赛，结果重军抑民，把苏联整个给拖垮了。所以说台湾要和大陆搞军备竞赛，不是它的一个出路。

《孙子兵法》中有这么一句话，叫"小敌之坚，大敌之擒"，说的什么道理呢？就说像台湾这样的以小搏大，是没有出路，是难以抗衡的。所以说两岸最好还是不要变成竞争的对手，更不要变成交战的敌手，还是应该变成和平发展的合作伙伴。

邱震海：说完了综合实力，现在看看两岸在军力态势方面，您刚才已经简单讲到从武器装备方面看大陆已经占了上风，但具体在哪些领域占了上风？

罗援：大陆占上风，不是说在某一两件武器装备上占上风。是在整体上，在系统上占上风。因为现在的武器装备不是单件武器平台的对抗，而是系统和系统的对抗，在这一方面，台湾是有致命弱点的。比如说它的武器装备是八国联军，难以形成有效的战斗力。

再一个，原来台湾引为自豪的就是三代机、二代舰。它认为它的飞机是第三代的，军舰是第二代的，现在它又从美国购买来了基德级舰，它认为也是个三代舰，实际上最多也就是一个二代半舰，其实是美国淘汰的一种类型的军舰。

即便说它是三代机，三代舰，但是大陆这次展示的武器装备，包括我们的坦克，99式坦克、歼-10、歼-11飞机，还有我们没有展示的苏-27、苏-30，以及我们的导弹，很多都是三代，而且我们的三代是高端的三代。为什么呢？因为我们有后发优势。我们现在研制的一些三代武器装备，已经是高端的三代，所以这个方面，台湾和大陆不在一个档次上。

邱震海：既然这样说的话，从台湾方面，他们可能也会觉得，既然我们在自主研发武器方面赶不上你，我们干脆从美国买，包括从美国购买F-16战斗机，您怎么看？

罗援：台湾从美国买了66架F-16CD型战斗机，其实是于事无补。因为你买来的F-16CD型战斗机，和大陆的歼-10、歼-11、苏-27、苏-30同属于第三代，并没出现代差，而且大陆这些飞机在某些作战指标上还要比F-16稍微强一点。

除了飞机之外，大陆还有很多地对空导弹、舰对空导弹、空空导弹，这些都形成了强大的防空火力网。说实在的，这六十几架飞机，还真不够大陆打的。所以说台湾内部也在争论，要不要买F-16战斗机。我个人的想法，还是把这些冤枉钱用在改善民众的福利待遇上来，毕竟和平统一、和平发展才是对两岸来说代价最小、成本最小、获利最大的一个发展途径。

邱震海：让我们看看两岸的军工体系，我们知道这次中国大陆展出的武器装备，绝大部分都是中国自产的，您怎么看两岸在军工体系方面的对比，存在差距吗？如果有的话，具体是哪些差距？

罗援：这次我们感到最为振奋的是，参阅的武器装备都是我们国产的，而且90%以上是第一次亮相。这表明了什么呢？表明中国已经具有了一个独立自主的、完整的、具有知识产权的、可持续发展的军工体系。台军在这方面是有缺陷的。它现在的飞机打掉一架少一架，坦克击毁一辆少一辆，导弹发射一枚少一枚，它没有再造血的能力，所以也就没有战争的持续能力。

邱震海：除了武器，除了军事，刚才您也简单地谈到了民心的争取，要解决两岸问题，跳越纯军事的角度，未来还有哪些关键因素？

罗援：从这方面来讲，我就想起周恩来总理在生前有一句名言：台湾的问题求其在我，台湾的问题搞得好搞得坏，关键是把我们自己的事情办好，把我们的综合国力提升，把我们的党建设好，把我们的军队建设好，台湾问题最终可以水到渠成，瓜熟蒂落。这是一方面，把我们自己的事情做好。

第二，还是要争取台湾民心，毕竟民心可以载舟，也可以覆舟。做台湾民心的工作，我认为第一要晓之以理、动之以情，还要再加上一句，要惠之以利，要让台湾民众觉得和平统一、和平发展对双方是有利的，得到的好处是可以看得见摸得着的。同时也要向台湾民众讲明"台独"的危害性，不要助纣为虐，不要引火烧身。所以，两个方面都要讲清楚，文的一方面和武的一方面，要文武兼备。如果大陆"文不足以动其心，武不足以夺其志"，就谈不上两岸的和平统一。

邱震海：现在让我们来谈谈中美关系。之前我们在凤凰网上就大阅兵对两岸关系的影响体现在哪个方面，在我们的网友当中做民意调查，我们给三个选项。第一个是说这次大阅兵能够微妙地连接两岸的民族和历史情感，赞同的占 28.01%。第二个是认为两岸军事态势通过这次阅兵向大陆明显倾斜，也是占 28.01%。第三个是通过这次大阅兵，中美的战略态势呈现一种非常微妙的逆转，这个占了几乎 44%，可以说是将近一半的人数。当然网友的意见我们只是作为一个参考，但是也是民意的一个显示，绝大部分的观众，一方面在认同通过大阅兵展示两岸军事态势向大陆倾斜的同时，还认为其实最主要的还是对中美未来长期的战略态势产生一种微妙的影响。

这也使我想起在大阅兵之后，美国负责东亚事务的前副助理国务卿薛瑞福曾经说过，"东风"-21 这是反航母的导弹，在北京大阅兵当中出现，未来中国军队就可以把美国的航空母舰拒之于千里之外。您怎么看他的这种表述？这次阅兵对未来的中美关系会有什么微妙的影响？

罗援：薛瑞福的这个表态也有夸大其词的一面，并不是说一两件新式武器的出现就会改变中美的整个战略态势。但是也不可否认，我们撒手铜武器装备的出现会使美国在考虑中美关系的时候三思而后行。如果它在考虑到得与失严重失调的话，它会谨言慎行，它会知难而退。这个可能的前景，对中美来说，对两岸关系来说，都是一个福音。

邱震海：虽然您刚才说撒手锏武器不一定是完全全面改变，但是未来一方面随着中美之间的政治、经济，包括现在国际的金融秩序上的互相依存的程度越来越深，再加上中国军力整体的发展，美国有没有可能未来拿台湾作为一个筹码来和中国大陆作某种程度的交易，这种可能性，作为军方人士，您如何研判？

罗援：美国因素是台湾问题最大的外部干涉因素，"台独"分子为什么这么张扬，就是他们自认为美国会在关键时候，可能对它全力以赴地协防。但是美国是否要对台湾进行协防，要根据当时当地的条件而定，毕竟美国是一个实用主义的国家。

美国前总统林肯就说过，不错，任何利益都是美国的利益，但是要考虑到哪些利益才是美国的关键核心战略利益。台湾问题是美国的重要战略利益，但是不是美国的核心战略利益。

美国也多次说要保护它的盟友，但是又多次抛弃它的盟友，李承晚、吴庭艳、蒋介石它都抛弃过，所以说，美国是否全力以赴地协防台湾，是要根据当时当地的条件而定，是以不能损害美国的国家核心利益为前提的。

另外就是随着中国国力的增长，美国也要看，和中国进行对抗，到底是利大，还是弊大。当它觉得弊大于利的时候，也会三思而后行，所以中美之间，还应该是"和则两利，战则俱伤"。

邱震海：作为中国大陆军方人士，对于美国因素在未来两岸关系当中，或者是正面的，或者是负面的，或者是长期的，或者是短期的，各种变数，或者影响，您认为包括中共军方在内的整个中国大陆方面，会有哪些应对之策？

罗援：这个应对之策，我想就是两句话。第一句就是中国人民和中国人民解放军是热爱和平的，我们不愿意和美国人打仗，我们也不会去挑战美国的核心战略利益。

第二句话，陈毅元帅曾经说过，如果美国把战争强加到中国人民头上，中国人民也绝对不惧怕战争。我们的原则叫"人不犯我，我不犯人，人若犯我，我必犯人"。如果你不挑战我的核心战略利益，我们这支军队就是和平之师，文明之师。但是如果你挑战了我们的核心战略利益，我们这支军队就是威武之师，虎狼之师，胜利之师。

在具体应对措施上，中国军队绝对不会像某些军事强国那样，高比高，强比强，打那种堂堂之战，这就是毛泽东讲的，宋襄公式的蠢猪式的战法。我们肯定会扬我之长，击敌之短，你打你的，我打我的，最终来夺取战略上的胜利。所以说，我觉得中美之间还是应该共同致力于建立一个和谐世界，走一条和平发展的道路，这对中美两国来说，对海峡两岸来说，甚至对全世界来讲，都是一个福音。

邱震海：最后一个问题，您怎么看这次阅兵？这当然不仅是一个军事问题，刚才我们有一个选项谈到对连接两岸民族情感方面的一些微妙的因素。台湾内部也有一些人士表示，未来中国大陆的军力，整个国家实力的崛起，对台湾从民族情感上来说，可能也是一种非常微妙的、某种程度上的连接，您怎么来看这一点？

罗援：我们也注意到，这次大阅兵，可能会在台湾不同的阶层、不同的政治派别中，产生一些不同的影响。比如"台独"分子，由于我们跟他们存在着"国家认同"的严重的、尖锐的对立，所以他们可能对我们这次阅兵会感到恐慌，甚至有一种敌意的情绪。

我觉得这也不足为怪，因为我们这次阅兵确确实实也是表明"我们有决心有能力来解决台湾问题"，我们是有实力基础的，是有事实根据的。在这一方面，阅兵具有一定的震慑作用。

对于台湾民众来讲，我们觉得，我们和台湾民众之间，不存在着"国家认同"的问题，我们都是中华民族的一员，所以中华民族的崛起，应该是全球华人，包括台湾同胞在内，都感到自豪的一件事情，毕竟中华民族已经在鸦片战争之后沉沦了100多年，现在我们可以扬眉吐气了。这是全球华人，包括台湾同胞在内的一件幸事。

我们要有一种大的民族情结，要有大胸怀、大气度去看待台湾问题，来看待我们这次阅兵，才能有一个正确的认识。

（凤凰卫视《震海听风录》，2009 年 10 月 14 日）

深度剖析两岸军事互信之迷思、误解以及出路

核心提示：两岸探讨建立军事安全互信机制的问题，一年来"雷声大，雨点小"，最主要的原因在哪里呢？大陆方面的各种意见，存在哪些整合的空间？而台湾方面又存在哪些迷思？两岸在建立军事互信过程中，应如何处理美国因素？

邱震海：最近几天，由于达赖访问台湾，两岸关系也受到了一些负面的冲击。根据我们最新得到的消息，大陆方面已经取消了两岸关系方面的一系列合作项目。这会不会对于过去一年我们非常努力的两岸军事互信机制有所影响？我们非常关注。两岸军事互信一年来谈了很多，但似乎总是"雷声大，雨点小"，其中在两岸间还存在一些迷思和障碍，到底如何克服这些迷思和障碍？

解说：2008 年 12 月 31 日，中国国家主席胡锦涛在纪念《告台湾同胞书》发表 30 周年座谈会上，指出"为有利于稳定台海局势，减轻军事安全顾虑，两岸可以适时就军事问题进行接触交流，探讨建立军事安全互信机制问题"。谈话发表半年以来，与目前两岸经济文化交流相比较，两岸军事交流相对滞后，人们曾给予热切期盼的两岸探讨建立军事安全互信机制的问题，更是"只听楼梯响，不见人下来"。

对此，著名军事问题专家，中国军事科学学会副秘书长罗援少将，在浙江大学举办的两岸关系研讨会上，指出两岸建立军事互信机制需要破解三大迷思：一是建立军事互信是否必然是台湾的"票箱毒药"；二是两岸热络的

经济交流是否必然导致军事互信；三是建立军事互信是否必须事先设限。

罗援少将还提出两岸建立军事互信机制要有三条原则：第一，大陆是否调整军事部署，要根据自身的安全需求，独立自主地决定，而不能由他人施加压力；第二，是否调整军事部署，是谈判的议题，而不是前提；第三，军事调整应该平等、互动，大陆调整，台湾也应该调整，如果台湾方面仍然以大陆为假想敌，部署兵力、进行军事演练、采购军事装备，特别是维持与美国实质性的军事同盟关系，而美国又以中国大陆为最大的潜在对手，在这种情况下，如何让大陆单方面调整军事部署呢？罗援少将呼吁两岸应以大视野来看待台海问题，以大智慧来处理台海问题。

邱震海：我们谈谈两岸军事互信，您在过去几年发表了不少的观点。从去年开始，我们谈两岸军事互信到现在一年了，现在很多人都在用一个中国的比喻说"雷声大，雨点小"，就您的观察和分析，原因到底是什么？

罗援：两岸军事互信进展缓慢，我想最主要的原因还是缺乏"互信"，就是双方还有很多疑虑。毕竟开展军事互信还处于一个初始阶段，双方还在观察、试探、磨合。所以说两岸军事互信现在进展得还是比较缓慢的，但是这也不足为怪，毕竟军事领域是一个特殊的领域，按古代兵法就叫"兵者，事关生死之地，存亡之道，不可不察也"，就是要慎之又慎。

用现代的话来解释，就是建立军事互信，开展军事交流，它将涉及双方的核心战略利益。什么叫核心战略利益？核心战略利益就是事关安全和主权的问题，在这方面双方是有严重分歧的，是有很大的疑虑的，所以现在两岸开展军事互信举步维艰。

另外，开展军事互信它也是双方改善关系的一个标志性的事件，它标志着双方的信任度，标志着双方交流的深度。所以说军事交流有一个特点，就是"速冷、缓暖"，意思就是，两岸关系如果紧张了，最早表现是反映在军事领域，如果两岸关系缓和了，一般都是军事领域滞后于其他的领域。所以刚才你讲到的，现在建立军事互信机制它是"雷声大，雨点小"，"只听楼梯响，不见人下来"，这也是常理。

邱震海：当去年我们谈两岸军事互信的时候，很多人觉得匪夷所思，过去几十年的敌军现在怎么能谈"互信"二字。但是最近一年，如果说我们务虚的话，一个抽象的共识应该是有了，就是两岸都认为军事互信有必要。但像刚才您所说的，还存在着许多迷思和分歧。那据您的分析，在共识上两岸存在分歧吗？

罗援：还是有一些分歧的，主要就是对开展军事互信的诚意上，你是真正想积极地推进军事互信，是把军事互信作为整个和平发展的大框架的一个重要组成部分，积极地往前推进呢？还是只是把它作为一个政治符号，把它作为一个选举的政治招牌，甚至作为谈判时的一个政治筹码，这个认识是不一样的。

大陆方面事实上是释放了积极的善意，胡锦涛总书记在"12·31"讲话中，已经阐明，在两岸尚未统一的这么一个特殊的情况下，两岸可以适时就军事问题进行接触和交流，探讨签署和平协议、结束敌对状态的问题，这是要有政治智慧和气度的。

因为毕竟军事问题，特别是军事交流实际上就是官方的交流，这在以前是不可能的，那么现在提出来了，可以适时就军事问题进行接触和交流，这是要有大智慧和大气魄的。

邱震海：之前我们曾经提到过迷思二字，必须承认在两岸双方之间可能都或多或少存在着一些迷思，那我们现在也很仔细地把它分析来看。首先在台湾方面，以您的眼光看，如果说存在迷思的话，究竟具体来说是哪些迷思？

罗援：台湾方面我认为是有三大迷思。第一个是，双方要建立军事互信就一定是台湾选举的一个"票箱毒药"。确实，国民党方面面临着岛内其他政治势力，特别是泛绿阵营的掣肘。但是并不是说建立军事互信，就一定会使国民党失分，如果他们操作得非常好的话，建立军事互信保持两岸的一种和平稳定，应该是使国民党加分而不是减分，所以我觉得这是一个迷思。

还有一个迷思是是否现在就进行经济交流必然会导致政治互信和军事互信。第三个迷思就是大陆和台湾要签署和平协议，讨论建立军事互信的问题，是不是要事先设定一个前提条件。也就是台湾岛内的领导人说的，你大陆必须要首先撤出导弹，你不撤出导弹，我就不跟你谈建立军事互信机制的问题。这样做，实际上是不利于两岸促进和建立军事互信机制的，反而毒化了探讨建立军事互信机制的氛围。

邱震海：谈完了台湾方面的迷思，那我们谈谈大陆方面的迷思。我们知道大陆内部的各种意见很多，官方的，非官方的，准官方的，完全是个人和民间的。就您个人的观察和分析而言，大陆那么多观点，其实也是一种大陆社会多元和民主的象征，但是面对这么一种多元的声音，大陆方面的各种声音，如果我们要整合的话，未来整合的空间和前景如何？

罗援：大陆最大的问题就是要整合各种战略资源，特别关键的是要解决一个授权的问题。现在两岸在进行军事交流，我分析有三个渠道：一个是纯民间的自由学者；另外就是有官方背景的一些官员、学者，我们也可以称它为第二轨道；第三个渠道就是官方的直接接触了，那也叫第一轨道。

现在的问题是，民间的自由学者，他们比较活跃，发表了许多观点，传递了许多信息。但是也有一个问题，他们远离决策层，对决策层的一些考虑，以及两岸进行军事交流的一些现状他们不太了解。

还有一个问题，就是疏通渠道不太畅通。但是这些人当中，有很多人又曾经有过一种特殊的背景。这样就会使一些民众和媒体，甚至台湾方面产生一种误解，认为他们的一些观点就代表了官方观点，这就会产生一些误导。对这些人我觉得主要的问题还是要使他们有一些知情权，知道现在决策层在考虑些什么，下步打算干什么。就是要使上下沟通的渠道畅通。

现在在两岸军事交往中起主导作用、重要作用的还是第二管道，就是一些有官方背景的学者，应该说是戴着白手套来参加双方军事交流的。这些人因为对决策层的一些考虑拿捏得比较准确，发表的一些言论也还比较得体、得当、靠谱，而且他们的声音和他们从对方了解的一些信息，也可以直接传达到决策层，他们对决策层还是有影响力的。对这些人我觉得最大的问题是要给予授权。很多人都说我有背景，很多单位也说自己有背景，但是到底谁最有资格代表官方来谈这个敏感的问题，是要给予授权，要有规范的。

邱震海：对，这其实也是在两岸之间，无论谈军事互信还是谈其他互信方面一个管道的沟通和畅通问题。好，谈完了第一部分，我们重新回到有关两岸军事互信的一些前提或者议题的问题。无论是大陆还是台湾，其实在两岸军事互信方面都各自对对方有一些要求，两岸双方如何客观、理性、务实地面对对方的这种要求？两岸军事互信到底应该包含哪些要素？到底什么是两岸军事互信？

罗援：这个问题没有统一的一种模式，但是从我自己个人的学术积累来看，我认为它起码要包括五大要素：第一个是交流机制，第二个是通报机前，第三个是透明机制，第四个是限制机制，第五个是核查机制。

邱震海：在两岸之间要进入这些错综复杂的（军事互信），以您的话来说是五个层面的机制之前，其实两岸双方各自对对方都有一些要求，比如说从大陆方面来说，首先要求政治互信要优于军事互信。对此台湾方面用他们的话来说似乎感到非常困惑。比如上个星期这个时候台湾退役的海军中将兰宁利先生出席我们《震海听风录》节目的时候就说，大陆内部经常出现这种声音使台湾不但感到困惑，而且在军事互信问题上裹足不前，您怎么看这个问题？

罗援：坦率地说，没有单纯的军事互信，军事互信离不开政治互信，是政治互信的一部分。克劳塞维茨曾经说过"战争是政治的继续"，我个人认为，军事互信也是政治互信的一个延续。所以在这方面，我和兰宁利将军，甚至和徐光裕将军是有一些不同看法的，他们认为军事互信可以脱离政治互信，可以单独进行，实际上是不可能的。

就是说现在我们不可以想象，台湾方面一方面批准邀请达赖这么一个分裂主义分子到台湾去访问，一方面又和大陆谈建立军事互信的问题，这是不可想象的，大陆不可能和一个分裂分子"同台共舞"啊，我说的这个"台"就是台湾的"台"，不可能"同台共舞"。

我觉得马英九先生在处理这个问题上是非常失分的，他实际上是中了民进党"利用天灾制造人祸"这么一个奸计。本来你在岛内搞救灾的时候已经措施不力，在岛内已经失去了一些民心，你现在又因邀请达赖在大陆方面失去了一些民意，更失去了信誉度。没有信誉，你再怎么开展军事合作？因此，军事互信和政治互信是分不开的。

包括这次"八八"风灾，大陆主动提出来要向台湾提供大型的直升机参加救援，但是由于双方没有政治互信，台湾就拒绝了。而由于美国和台湾有政治上的互信，所以虽然美国提出了很多苛刻条件，但是台湾仍然欣然允诺了，接受了。这就反映了政治互信和军事互信的关系问题。

由此我们可以联想到另一个问题，即便我们按照台湾的要求，主动撤出导弹，但是由于双方没有政治上的互信，你是否对我们撤出导弹的诚意就可以认可了呢？也许台湾方面还要再进一步得寸进尺，增加要码，就是说你撤了导弹还不行，还要再撤机、撤舰、撤兵、撤基地。所以说在这个问题上，首先是要解决一个政治互信的问题，有了政治互信，军事互信是非常好办的一件事。

邱震海：您之前曾经谈到过大陆方面撤飞弹的问题，您认为这应该是一个谈判的议题，而不是一个谈判的前提条件。有关这个问题，我们在凤凰网的观众和网友当中做了一个民意调查。我们给了一个问题，说两岸军事互信究竟是应该设立某些前提条件，还是应该将所有的问题都作为谈判的议题，而不是作为谈判的前提条件？其中认为应该设立某些前提条件的占到79.73%，显然占了绝大多数，而认为所有的问题都应该作为谈判的议题，而不是前提条件的，只占了20.27%。

罗将军，如果从撤飞弹这个议题上来看，当然我们强调大陆的观众和网友他们不是专家，他们的意见仅供我们参考，但似乎在这个问题上跟您的观点有所相左，有所不统一。您是认为撤飞弹是一个议题，而不是一个前提条件，但是许多的观众还是认为应该有一个前提条件，您怎么看这个问题？

罗援：你提到的这个民调，提问的方法上是有问题的，因为比较模糊，光说一个前提，到底是什么前提没有谈，并没有把撤飞弹作为一个前提提出来。

我认为军事互信问题，它涉及双方的安全利益，安全利益它是有层次的，最内层的叫核心战略利益，外层的叫重要战略利益，再外层的叫一般性或叫人道主义战略利益。现在我们谈的就是核心战略利益，核心战略利益事关双方的安全主权问题，这是绝对不容讨论的。

小平同志有一句话就是"主权问题不容讨论"，"我们要始终把国家的安全和主权放在第一位"。所以在这一方面是没有回旋余地的，双方必须要承认两岸同属一个中国，在这个方面，就是第一层次的核心战略利益是不容讨论的。

但是在另外一个层次，就是在重要战略利益方面，在适当的时机和条件下是可以讨论的，也是有回旋余地的。比如签署和平协议，是用什么样的一个政治符号来签署和平协议，探讨建立军事互信机制，甚至调整部署的问题，这些问题是可以讨论的，但前提条件是在不触犯核心战略利益的原则下，不能把撤不撤导（弹）、调不调整军事部署作为谈判的一个前提条件向对方施压，这个是不能允许的。

因为我们调整不调整军事部署，我认为有三大原则：第一就是要根据大陆对整个安全形势的判断，独立自主地来决定，而不能由外方来施加压力，不能由他人来说三道四。

台湾方面有民意压力，大陆方面也有民意压力，不可能因为说台湾某个领导人让我们撤出导弹，我们就做军事调整，如果这样，大陆的民众对政府也是会不满意的。

第二个原则，我认为调整不调整军事部署，它应该是放到谈判的时候去谈，而不能把它作为一个前提条件，你强加于人，那么实际上是不行的。何况双方现在还没有签署和平协议，从法理上来说，双方还是处于敌对状态，在这种情况下我怎么撤导（弹）？

第三个原则就是如果真的要调整军事部署，应该是双边的，应该是对等的，应该是互动的，现在台湾仍然以大陆为假想敌，你的军事部署、军事训练、军事演习甚至军备的采购，都以大陆为假想敌。特别是你现在和美国还有一个实质性的军事合作关系，美国又以大陆为最大的潜在对手，在这种情况下，我们怎么可能单方面调整部署？你认为我的导弹对你构成了威胁，但是我还认为你现在采购的 F-16C/D 型战斗机也对我构成了威胁，它的作战半径和短程导弹的射程也差不多，是不是在这方面你也要进行调整？只有拿出诚意来，真正坐下来谈，我们才能促进两岸的军事互信。

邱震海： 您刚才也提到美国因素。上个星期兰宁利将军出席我们的节目，似乎用他的话来说也感到困惑，他认为现在两岸之间的军事互信好像开始慢慢地建立，大陆还在不断地要求美国不要对台军售，于是使台湾方面感到非常的困惑，您怎么看？两岸的军事互信共识慢慢建立，两岸的敌对状况在缓和，与大陆要求美国不再对台湾出售军火，这个有直接的内在逻辑联系吗？

罗援： 我想在这个问题上，台湾方面不应该有所困惑，因为美国对台军售的问题不仅牵涉到美国和台湾的关系问题，而且更重要的是美国对大陆的政治诚信的问题。因为中美双方签署了一个《八一七公报》，在《八一七公报》中美国已经对大陆郑重承诺，将逐渐减少并最终停止对台军售。

前一段美国对台军售，拿出一个理由，说是两岸关系紧张，为了保持海峡两岸的军事平衡，所以要向台湾出售武器。但现在两岸关系已经缓和了，还有什么理由再继续向台军售？所以说两岸的关系中，有美国因素。我们虽然说台湾是我们的内政，但是它是有复杂国际背景的一个内政，这个内部事务最大的外部干涉因素就是美国。我们可以回顾中美建交的时候，我们领导人当时就提出中美建交三原则，也就是美国必须从台湾撤军、废约、断交，由此可见中美关系中，台湾因素是一个重要因素。

现在两岸要建立军事互信，我觉得美国它所要采取的态度应该是积极地促进，而不要促退。起码你应该三缄其口，沉默是金，你不说话、不插手就好，起码不要再横生枝节，本来两岸关系已经在朝缓和方向发展，你不要再从中添乱。

邱震海： 未来如果两岸关系要在两岸的军事互信上有所操作的话，比较现实的切入口可能在哪里？上个星期兰宁利将军提出，两岸的军事互信应该分三个部分：第一，双方避免意外事件；第二，双方降低可能有的误判；第三，与此同时，双方慢慢建立军事互信。您认为前面两个部分一些非政治敏感的技术性议题可以操作吗？

罗援：我想兰宁利将军提的建立军事互信机制的三大部分，和我刚才提出的军事互信机制五大要素是有异曲同工的地方，有很多地方不谋而合了。除了这个之外，我还想做一点补充，毕竟军事互信涉及双方的安全利益，所以刚才我也把安全利益做了一个解剖，也就是有三个层次：一个是核心战略利益，这是不能触动的；第二是重要战略利益，这是可以讨论的；第三个层次就是一般性或叫人道主义战略利益，这个层面应该是一个普世价值，例如人道主义救援，抢险救灾、搜救、海难事件的救急，以及海上反海盗、反恐怖主义。在这些方面我认为是有可操作性的，现实就可以进行探讨和合作。

邱震海：其实我们发现在两岸之间共识是有的，只不过在具体的操作思路上，或者在操作的程序上可能双方还存在着一些分歧。在进入这些操作程序之前，您认为是不是有必要设定一些原则和条件？或者如果有必要的话，大陆方面认为这些原则条件应该是什么？

罗援：我觉得是可以设立、制定一些原则的，比如我提出了一个"四先四后"原则，就是"先议后谈，先易后难，先外围后核心，先二轨后一轨"。先议后谈，说通俗点就是先在课桌上做好一些家庭作业，然后再到谈判桌上签字，意思就是做好一些学术铺垫和理论上的准备。先易后难就是先从一些非敏感问题谈起，然后再触及敏感问题。先外围后核心就是先从一些和军事相关的事务开始进行接触，培养感情，积累共识，最后再触及到我刚才讲到的军事互信的五大要素。先二轨后一轨就是先从退役将领，从有官方背景的一些学者开始，最后再推及到官方层面。

邱震海：两岸关系，两岸军事互信当然非常错综复杂，我们谈到现在谈了很多具体的政治上的前提条件，也谈了很多技术上的议题。但是无可否认两岸之间有一个共同的特点，就是我们都是中国人，两岸的军人都是中华民族的军人。那么在这一方面，您曾经提出过一个两岸的军人需要一个"大智慧"，这个大智慧具体如何来解释？

罗援：是，我曾经说过，两岸军人历经风雨坎坷，同源于黄埔、北伐，分镳于"四一二"血案，携手于抗战御侮，搏杀于内战纷争。现在我说应该到了一个新的历史起点，所以我提出两岸军人要以大的视野来看待台湾问

鹰胆鸽魂——罗援将军论国防

277

题，要以大的智慧来处理台湾问题。由此又引发了我如下几点感慨：就是"台海太小，难展我中国军人文韬武略之大智大勇，让我们跳出单纯的、狭隘的地域观念，还我以叱咤风云的中华大舞台。军事视野太窄，难容我中国军人博大胸怀，让我们跳出单纯的军事定势，再现中华上兵伐谋之兵法精髓"。还有一句话就是"一万年太久，难了我几代人的统一夙愿，让我们摆脱消极等待的心态，给全世界一个惊喜，给全世界一个榜样"。

这里提到了一个大视野、大智慧，它们是指什么？我觉得，我们不要光局限于台海这一狭小地域，我们要把眼光放得更远一点、更宽一点，只要我们跳出台海，海阔天空，我们现在还有东海的钓鱼岛问题，还有南海的一些岛屿的主权维护问题。双方还有很多合作的有为空间，双方还有利益的交集点，所以在这一方面只要以大的智慧、以大的视野，我们还是可以积极地把两岸的军事互信往前推进的。

邱震海：两岸的军事互信如何不再像过去一年那样"雷声大，雨点小"，而真正找到一个得以实施和操作的切入口，这里的关键是需要克服一些迷思和障碍，而克服迷思和障碍的关键就是两岸的军方人士，无论是退役还是现役的都能展开进一步的对话。罗援少将的见解无疑是在为两岸在这个问题上展开进一步的对话提供了一个新的基础，我们也期待着台湾军方人士能有更多具有建设性的回应。记住，双方都是中国人，双方都是中华民族的军人。

（凤凰卫视《震海听风录》，2009 年 9 月 1 日）

要树立一个"大台湾观"和一个"大国防观"

各位先生们，女士们：上午好！

非常高兴能到我们论坛就大家共同关心的安全问题进行交流。我到这以后才发现，我和咱们会场的氛围不太协调。第一个，满场就我一个人穿军装。再一个，你们今天谈的是经济问题，我是想谈安全问题。第三个，你们谈世界格局，我在谈台湾问题。但是我想了一下，我找到一个契合点，就是中国复兴之路，所以台湾问题不是就台湾而谈台湾，而是从大的战略格局来看台湾，要树一个"大台湾观"，一个"大国防观"，这就是我讲课的主题。

大家现在都说，台湾局势已经缓和了，为什么我们还在谈台湾问题，我想原因主要有两条。第一条，台湾问题事关我们国家的核心战略，我们党和国家领导人谈到安全，都会讲很多，金融安全，经济安全，环保安全，但唯一使用到核心战略的就是台湾问题，现在又加上新疆和西藏问题，因为事关我们国家主权和领土完整，所以是核心战略问题。第二条就是虽然缓和，但是一旦出现紧张的局面，我们就非常被动了，所以要重视台湾问题。

我主要汇报两个部分，一个是台海局势的总体评估，第二个是解决台湾问题的几点战略思考。

总体评估，去年 3 月份和 5 月份，岛内实现了政党轮替，马萧配胜谢苏配 221 万张选票，为什么会这样呢？就是因为陈水扁执政八年期间的乏善可陈。另外一个就是由于我们国共两党关系的缓和。台海两岸关系进入一个新阶段。第一个是法理"台独"难以在体制内通过，陈水扁说我们祖国就是台湾，我们人民就是 2300 万，这就是"台独"言论，凭着这些就有冲突的理由，为什么我们迟迟没有动武？主要两点，第一我们军事储备没有完全到位，第二我们要做到仁至义尽，他搞法理"台独"就触犯我们《反分裂国家法》的底线了。你把你的这些话写入《中华民国宪法》就触犯我们底线了。《中华民国宪法》已经改了六次，现在已经面目全非了，我们是不允许他继续修宪的。

第二个，国共两党达成共识了，就是连战和胡锦涛总书记曾经达成一个两岸和平愿景，当然当时国民党是反对党，在野党，没有资源，现在掌权了，就可以把以前达成的共识推进，最明显的就是"大三通"，我们现在有三个沟通渠道，一个是两党，第二个是两会，还有海峡论坛。

最近大家比较关心的就是我们智囊，特别是退休的外交官、高官，包括我们的退役将军李际均第一次去台湾，也是我们共军第一次登岛，台湾那边也是有反对有攻击的，但是现在两岸关系也是往前推进了。

关于这一段对台工作的方针我概括了一下，叫"一中"是原则，"和平发展"是主轴，"四个决不"是灵魂，"两手都要抓，两手都要硬"是主要思路。在2007年到2008年的时候，岛内局势非常紧张，胡锦涛总书记在APEC见到小布什就讲，2007年到2008年是台湾问题的高危险期，我们那时候就做好了应急作战准备，完全按照时间节点做准备的。

这次国庆大阅兵，我们展示出的很多先进武器就是按照时间节点完成的，我们有软的也有硬的，一旦台湾出现什么问题，我们也有准备的。是不是岛内出现缓和局势我们就可以高枕无忧了？不行！首先"台独"分子本性难移，我在美国当访问学者时，在一次学术研讨会上，跟民进党的重量级人物有过接触，他说你不要相信我们民进党说搞"台独"，这只是一个口号，当选了以后未必会做，我说那你能不能给我们一个准信，他说那不可能，我们民进党的党纲就是独立建国。所以我们是不能相信他们的。而且这次虽然是国民党当选，但是民进党还有40%左右的支持率，"入联公投"和"返联公投"的投票率也分别为35.8%和35.7%。我们现在释放了很多善意之后，岛内支持统一的人仍然没有上升，支持独立的也没有下降，从他们民调来看，主张急独的占6%～14.8%，主张急统的占1.5%～2.1%，主张"先维持现状，然后走向独立"的与主张急独的占 22.4% ～ 27.3%，主张永久维持现状的民众占 20% ～ 25%，这个永久维持现状就是和平分裂。

现在台湾方面还在加强"武力拒统"的能力，他们发展武力拒绝和大陆统一，他们提出你撤出东南沿海，要不然我不跟你谈。我接受采访时也说，你提出这个建议就是没有诚意，另外，我们这个军事部署也是有我们自己的安排的，你有岛内的民意压力，我们也有我们的民意压力，我们不可能按照台湾的民意和来自别国的外部压力改变我们的军事部署，我们要独立自主地决定我们的国防问题。

第一撤不撤"导"，你如果跟我们谈，包括军事部署调整也可以谈，但是这是议题，不是前提。其次，两岸还没有结束敌对状态，还没有签署和平协议，在这种情况下我们不能撤。另外你要我们调整军事部署，你们也要调整，你的军事部署、军事演习都是以大陆为假想敌，为什么让我们单方面调整。

第二个让我们谨记的是，马英九虽然当选，但是他是以与大陆保持距离，以牺牲"统一"为代价，以维持分裂政权为目的的。台湾当局提出的"不统不独不武"，就是和平分裂。所以我们之间的深层次矛盾还没有解决。

第三个就是美国日本仍然把台湾作为遏制中国崛起的干扰器，美国仍然向台军售，他不是说美台之间的军火贸易要逐渐减少并最终停止吗？那为什么不兑现，这是美国对中国政治的诚信问题，美国老让中国当负责任的国际性大国，你美国首先要负责任啊，你要讲信誉啊。美国跟我们有《八一七公报》，有三条承诺，第一条就是不长期向台出售军火，现在已经 27 年了，这还不是长期吗？第二售台武器的水平不得高于中美建交时期的品质和数量，那个时候只有 10 亿，现在对台军售已经多少亿了啊，而且现在他不仅卖防御型武器，还卖进攻型武器。

所以说，在台湾问题上，我觉得我们不能就事论事，以为现在台湾问题缓和了，我们就可以高枕无忧了，我们要按照《孙子兵法》写的这句话，叫"不谋全局者不足以谋一域，不谋万世者不足以谋一时"来思考台湾问题。

你不从全局看台湾问题你是看不清楚的。所以我们站在战略高度，从历史角度看台湾问题，树立一个"大台湾观"、"大国防观"。

我现在讲第二部分。毛泽东教导我们看问题要"两点论"，但是他又认为这两点不是要平分秋色，而是要突出重点论。我觉得现在什么事一出来，就搞出一个"既是什么又是什么"，既是机遇又是挑战，到底是机遇还是挑战？其实没讲清楚。所以要两点论，又要突出重点。台湾问题最危险的时候，胡锦涛总书记说了，哪怕还有一线和平统一的可能，我们就要尽百分之百的努力。我们第一个方针就是争取和，不忘战。周恩来同志生前有一句名言叫做"求其在我"，台湾问题关键是把我们自己搞好，把经济搞好，形成你中有我，我中有你的格局，台湾要分裂出去也没那么容易。

从经济来看，2008 年大陆 GDP 是 4.22 万亿美元，台湾是 3929 亿美元，现在我们广东省一个省的 GDP 就几乎接近台湾全岛的 GDP 了。2007 年两岸贸易额达到 1248.8 亿美元，近十年来，台湾在两岸贸易中获得顺差累计高达 5448.99 多亿美元，这个数字不仅弥补了他的对外贸易的逆差，而且等于他的军火都是我们帮他们买的单。

目前大约有 100 万台湾人在大陆投资兴业、求学深造、就业就医、生活居住，在大陆投资的台商大约有 7 万多家，台湾是典型的"浅碟型经济"，原料和产品市场两头在外，95% 以上的能源依靠进口，88% 的产品需要出口，所以只要我们把他们的进口和出口一掐断，他们就没有办法了。现在台湾对大陆出口依存度达到 37.81%，所以我们在经济层面遏制他们还是有希望的。

另外一个方面就是做台湾人民的工作。第一个要突出做台湾高层关键领导人物的工作，第二突出做台商的工作，第三突出做台湾南部农民的工作，第四要突出做台湾青少年的工作。所以我们在座的青年们还有施展才华的空间。第五还要做台军的工作。我们谈到领导人就不得不提到马英九，马英九与国民党有很深的渊源，也有很深的美国背景，他的大学是在美国读的，他的毕业论文就是与"保钓"有关的新海洋法，另外他也是蒋经国最倚重的英文口译。马英九在经济上比较干净，是反"黑金"的，生活作风上也比较检点，在岛内也是中青年妇女追捧的偶像，当时媒体上说马英九是"坐怀不乱"，马英九说我不敢保证坐怀不乱，但是我可以保证不让你坐怀。马英九的立场就是反独，亦反共，我觉得跟马英九之争是制度之争。

另外，从军队来讲还要做好台军工作，台军一些退役将领大多是反对"台独"的，因为他的思想政治教育主要两项，一个是反共，一个是反独，他们说他们只保卫台湾，但是不保卫"台独"，所以台军工作我们还是要做的。我们现在一些影视剧也是拍得比较好的，《人间正道是沧桑》，我当时接受媒体采访的时候也说了，"两岸军人历经风雨坎坷，同源于黄埔、北伐，分道扬镳于'四一二'血案，携手于抗战御侮，搏杀于内战纷争，现在我们又面临一个新的历史起点，台海太小，难展中国军人文韬武略之大智大勇，让我们跳出地域观念，还我以叱咤风云的中华大舞台，军事视野太小，难容中国军人博大胸怀，让我们一起携手。"

我们还是要争取以和平方式解决台湾问题，小平同志也说过，我们坚持用和平方式解决台湾问题，但是始终没有放弃非和平方式的可能性，这是一种战略上的考虑，我们军队不能把希望寄托在岛内的内部变化上，外因是条件，内因才是根据，台湾问题"求其在我"，作为军人就是要随时准备以武力手段来解决问题。这不是因为我们好战，中华人民共和国赋予军人的职责就是保卫祖国，养兵千日，用兵一时，花纳税人的钱养我们军人，是为什么？军人不言战，谁再言战？不是我们好战，是我们职责和使命所在，你们搞经济的可以用经济手段制服"台独"，搞外交的可以用外交手段遏制"台独"，但是作为军人，我们就要以军事手段制裁"台独"。你没有武力解决台湾问题的实力，就没有和平解决台湾问题的可能。所以军事实力不到位，"文不足以动其心，武不足以夺其志"，就谈不上统一的可能，这是我说的第一点。但是我们对台湾民众也讲了，我们有承诺，中国人不打中国人，如果你承认你是中国人，就没有战争之虞，如果你不承认你是中国人，又霸占我们的领土，我们肯定要收复，所以只有做好打的准备，才能在党中央需要我们的时候，招之即来，来之能战，战之能胜。

鹰胆鸽魂——罗援将军论国防

283

第二点，要从最坏处着想，立足于和强敌作战。说白了就是敢不敢和美国人交手，敢不敢与美日军事同盟对阵，美国人打仗一定要拉着一些小伙计跟他一起打群架。

美国把他的国家战略利益分成三个层次，第一层次是核心战略利益，第二层次是重要战略利益，第三层次是人道主义战略利益。一旦美国本土遭到大规模杀伤性武器袭击，遭到大规模入侵，他将不惜一切代价大打出手。台湾问题是他的重要战略，不是核心战略，他虽然说要保护他的盟友利益，大家想想他历史上多次抛弃他的盟友，所以美国总统林肯说了一句话，任何一个决定都是为了美国利益，但是必须考虑哪一个决定才是最大的利益。所以美国是实用主义国家，台海战争一旦爆发，美国介入是肯定的，但是他介入是有条件的。我们不能把胜利基点放在美军不介入上，在战争指导上存有丝毫侥幸心理是对广大指战员极大的犯罪。我们胜利基点要放在我们自己能胜利的准备上。

我在美国当访问学者的时候，他们有一个军事部门的研究人员，对我说，台海战争爆发，你们不要指望美国不介入，1996年台海危机的时候，美国派了两艘航母过来，当时美国国家安全委员会进行过非常激烈的辩论，辩论的焦点不是派不派航母去的问题，而是派两艘还是四艘的问题。第二，你不要指望美国老百姓上街游行，反战，门儿都没有。你随便问一个美国人，一个共产党的大国要打一个民主小国，你站在哪边？毫无疑问他们会站在后者一边，因为共产党已经在美国被妖魔化了，你看美国军事评估报告，都把我们共产党跟伊斯兰那种恐怖组织放在一块儿，美国老百姓在这种影响下，对共产党都有一种误解成见，甚至一种敌意，所以不能寄希望在他们人民身上，也不能寄托在美国政府身上，包括奥巴马，我们也要听其言观其行。

第三，就是要争取速决，准备持久。台海战争一旦爆发，我们一定要迅速地解决，这一战如果打起来，在前线流血牺牲的是我们的指战员，对面又是我们的同胞，我们不愿意兵戎相见，但是如果真的台湾分裂了，我们将不惜任何代价，维护祖国的领土完整。另外，我想讲，对台海战争，我们宁肯把形势想得严峻一些，复杂一些，也不可以掉以轻心，疏于大意。曾记得香港《大公报》记者在采访军事科学院的研究员时，我们的研究员说，这个问题非常简单，很好解决，速战速决。这个记者就发消息说，解放军称解决台湾问题易如反掌，朝发夕至，大军所过，寸草不生。这个消息一出，台湾股市立刻就下降了250个点，我们在气势上震住"台独"分子是很好的，但毛泽东告诫我们，"灭此朝食"的气概是好的，但"灭此朝食"的具体计划是不好的。

第四点，我们既要大力发展高精尖武器装备，又要立足现有装备，以劣胜优。一旦发生战争，中国军队将会遇到用各种高技术武器武装起来的对手。与一些国家和地区相比，中国在武器装备的质量方面还有很大差距。在武器装备敌优我劣的情况下，能否打赢和如何打赢高技术条件下的局部战争，对中国国防来说，无疑又是一个前所未有的挑战。现在很多人说什么电子战，信息战，就觉得这是一种不流血的战争，其实这是不可能的。我军也有我们的优势，第一是我们武器造价比较低廉，你看美国的导弹，一枚就100多万美元，拿去炸阿富汗，炸的东西5美元都不值，把布什心疼得够呛。第二我们有一些通用武器，人民战争现在也不迂腐，人民战争仍然是我们的法宝，人民战争插上高科技的翅膀是任何敌人都难以逾越的鸿沟。

我们要立足于现有装备，以劣胜优，我们不能搞军备竞赛，中国国防力量的现代化水平与发达国家存在较大差距，现代技术特别是高科技武器装备价格非常昂贵，苏联为什么解体，就是因为他们跟美国搞军备竞赛。武器准备是重要因素，但不是绝对因素。

另外我们要有勇敢精神。有人说现在提勇敢精神是不是有点迂腐了？其实并不迂腐，一支军队，一个民族，还是要有勇敢精神的，我非常赞同这种口号，剑不如人，但是剑法要过人，剑比别人短，往前跨一步。我看过一个记者的调研，他调查了十大元帅身上有多少战伤，结果是七个受过重伤，受伤最多的是刘伯承，身上有九块弹片。毛泽东也说，我们一不怕苦，二不怕死，民不畏死，奈何以死惧之。我们要有这种精神，你是一只虎，加上现代武器就是如虎添翼，但前提条件是你必须是一只虎，如果你是一只猫，即便给你配上先进的武器装备仍然是一只猫，最多是一只飞猫。我认为要想彻底摧毁敌人的作战体系，瓦解敌人的抵抗意志，只能大量歼灭敌人的有生力量，不死人不足以震撼敌人，不死人不可能赢得战争的胜利。我们要避免与敌人狭路相逢，打堂堂之阵，而要和敌人打非对称作战，打非正规作战，敌人怕什么我们就打什么，这才是克敌之径。

最后一点，要树立敢打必胜的坚定信念。我们要在战略上藐视敌人，在战术上重视敌人。充分看清某些军事强国不允许我们轻易完成祖国统一大业，很可能对我实施武力干涉。

在看清某些军事强国"真老虎"的一面的同时，也要看清它"纸老虎"的一面。

在美国 CSIS 的研讨会上，美国人提出一个问题，如果台海战争美国介入，你们解放军怎么办？下面有很多听众，我也不可能唇枪舌剑地辩论，我说中国人民解放军是热爱和平的，我们不愿意打仗，但是如果把战争强加给我们，我们也绝对不惧怕战争，我们的原则是人不犯我，我不犯人，人若犯我，我必犯人。我没有想到语音落地后底下一个台湾退役将领就说解放军好样的，解放军有种。美国学者又问，说如果我们不介入，你们的胜算怎么样？我不可能在这么多人面前暴露我们的军事实力，我就给他们说一些虚的。但是大家可以看出来，这次国庆阅兵，我们的武器装备已经非常先进了。

当然我们也总结了一下，台军有四大弱点。一是武器装备不配套，难以形成有效的战斗力。二是台湾的军工产业缺乏"造血"功能，经不起战争的长期消耗。三是台湾的战略地幅狭小，没有足够的回旋余地。台湾才3.6 万平方公里，中间还被中央山脉割断，面对我们西海岸还不足 1 万平方公里，就北京市这么大。四是台湾的战略战术目标过于密集。这些都是台军先天不足、后天难以弥补的缺陷，美国人给它输多少血都解决不了这些问题。所以"台独"分子说，最大悲哀是台湾太小。

最后，我们讲软件，我们则占了绝对优势。首先我们有丰富的作战经验，我们建军 82 周年了，我们和所有强军都打过，大霸美国、苏联，小霸越南我们都打过，我们现在在东南沿海前线部署的都是我们有优良传统的部队，这是我们无形的战斗力。有人说我们要和美国搞好关系，现在世界上只有美国能把我们灭了，我说你看美国建军 220 年，他打了 230 场战争，有哪一场是和有核武器的国家打的，有哪一场是和有 13 亿人口的国家打的？我们中国地幅这么大，毛泽东讲我们东方不亮西方亮，东边打掉了，西边还有这么多，你美国连一个阿拉伯民族都灭不掉，还想灭掉我们中华民族。

第二，我们具有战略主动权，一旦台湾宣布独立，中国人民解放军就掌握了战争主动权，什么时间打，在什么地方打，打多大的规模，在什么情况下结束战争，全是我们说了算，台军只有挨打的份。没有主动权就失去了胜利权。我觉得大陆方面的民心士气高于台湾，决定战争胜负的仍然是人心的向背。我到东南沿海调研，我们入伍的新兵喊的口号，就是首战用我，全程用我，用我必胜，当排头兵，打头阵。我们军队必须是虎狼之师，不能变成小绵羊，不能和平时期就建和平军，部队没有和平时期，只有打仗和准备打仗的时期。我非常感谢文艺工作者给我们提供一个好的作品，就是《亮剑》。

最后由于时间关系我就不多说，对强敌只能硬，不能软，你若硬，他必软，只要我们常备不懈，敢于斗争，善于斗争，我们就一定能够稳操胜券，不负众望，为祖国的最终统一作出我们应有的贡献。

（第六届"中国经济增长与经济安全战略"论坛，

2009 年 11 月 21 日）

鹰胆鸽魂——罗援将军论国防

287

对台军售是中美军事交流的症结

罗援：各位网友大家好，非常高兴再次做客强国论坛。中美关系和中美军事关系现在又到了一个新的历史节点，很希望就这个问题与网友们交流一下看法。

网友"老子是李刚"：请问嘉宾，本次陈炳德上将访美的主要目的是什么？

罗援：主要目的是落实国家主席胡锦涛和美国总统奥巴马在1月份达成的一些重要共识，促进两国的友好关系，特别是作为军方来说，为了增强互信，使两军关系走上一个健康平稳的发展轨道。

网友"一天一地一广仔"：请问少将，陈炳德总长访美传达的是什么信号？和以往相比，中美新型军事关系是什么样的关系？

罗援：我注意到媒体的报道中这次使用了"中美新型军事关系"称谓，我也注意到，这个"新"新在什么地方，国防部外事局美大司司长黄雪平的解释是互相尊重、合作互惠的关系。我认为，"互相尊重"是基础，是前提，"合作"是手段，是渠道，"互惠"是目的，这应该是一个有机联系的逻辑链。我个人认为，其中的核心就是互相尊重，只有互相尊重才能有合作和互惠。互相尊重首先是尊重各国的主权和领土完整，尊重各国的政治制度，尊重各自的发展道路。

主持人：这次出访规模这么大，在军方历史上很罕见，我们应该怎么理解这种安排？

罗援：这种人事安排表达了中国军方为促进两军关系朝着健康稳定的

道路上发展的一种诚意。我注意到在这次出访的人事安排上，既有总部负责作战情报外事的高级将领，还有三大军区四大军兵种的高级将领，特别是广州军区、南京军区、济南军区，都处于国防重要战略地位，他们首长的出访具有特别的意义。在出访人事安排上，另一个值得注意的亮点，就是二炮政委张海洋随团出访，美国多年来殷切期盼我第二炮兵主管首长出访美国，在这一点上可以说是实现了一个突破；再一个亮点，就是总参情报部部长随团出访，这将有利于两军进行情报交换，就重大的共同关心的军事动态交流看法，这样可以进行点对点、面对面的直接沟通，减少战略误判和误读。

网友"牛牛123456"： 中美双方互不信任、深度误解，正在走向恶性循环，有将口水战转化为对抗的趋势，为什么就不能找到一个妥当的协商机制解决这一问题，有哪些因素阻碍了双方关系的发展？

罗援： 中国人民解放军一直在寻找一个妥当的协商机制来解决中美两军之间的矛盾，比如我们现在加入了联合国的常规武器登记制度和军费透明制度，我们两年定期发布一版国防白皮书，我们建立了国防部发言人制度，最近决定每月定期举行一次吹风会，我们还和美军建立了海上安全磋商机制，两国的国防部也有正常的工作磋商机制，这些表达了我们促进两军军事交流的诚意，但是美国仍然对中国持怀疑的态度，根本的原因还是某些美国人持有冷战思维，用有色眼镜看中国的崛起和中国的国防现代化建设。冷战思维可以追溯到新中国建立之初，美国前总统杜鲁门在国情咨文提出了杜鲁门主义，其要点有两项：第一是美国要当自由世界的领袖，第二要遏制共产主义的蔓延。现在的问题是一些美国人把中国共产党执政的政权视为洪水猛兽、异端邪教。这种冷战思维给中美关系和军事交流投下了巨大的阴影，摩擦时有发生。

网友"国有股"： 中美似乎并不存在真正意义上的军事交流，到处潜伏着军事对抗的危机，所谓的中美友好是否出于一种缓和的需要？

罗援： 确实中美双方都存在"缓和"的需要，对双方来讲，和则两利，斗则俱伤，中国也需要一个和平发展的战略机遇期，这是符合我们国家利益的。但是树欲静而风不止，我们的和平愿望往往得不到和平的回应，反而"中国威胁论"甚嚣尘上，这一方面需要我们通过和国际社会更多的交往，增强互信，消除误解；另一方面，也要做好备战的准备，只有做到国防强盛，才可以有备无患。

网友"青青的草"：中美军事交流为什么老是磕磕碰碰，症结在哪里？

罗援：中美军事交流的症结或者是障碍主要表现在三个方面：第一是美国对台军售问题；第二是美国军机军舰频繁到我近海近空进行高强度的抵近侦察；第三是美国国内的法律限制，比如 2000 年《国防授权法》和《迪莱修正案》在 12 个领域内限制和中国的军事交流。如果这三个障碍不排除，中美军事交流总还是会磕磕碰碰，难有实质性的深度交流。从这三个障碍来看，美方尚未把我看成像希拉里国务卿说的那样的朋友，因为海峡两岸现在还未签署和平协议，从法理上来看，双方还处于对立状态，美国向对立的一方提供先进武器装备，显然是对另一方的不友好态度，甚至是敌意的态度。另外，对台军售问题涉及美国的政治诚信问题，美国在《八一七公报》中对中国作出了三项重要承诺，第一条是不执行一项长期对台军售的政策，《八一七公报》是 1982 年签署的，到现在 29 年了，我们要问问美国人，什么叫长期，什么叫短期，29 年还不叫长期吗？

美国在《八一七公报》中对中国的第二个承诺，是美国对台军售的品质和数量不能超过中美建交时期的水平，当年美国对台军售只有 4 亿美元，卖给台湾的是"霍克"导弹，而现在美国对台军售是 64 亿美元，卖给台湾的是"爱国者"-3 导弹，我们要问问美国人，对台军售的品质和数量是不是超过了中美建交时期的水平。

美国在《八一七公报》中，对中国的第三个承诺是要逐渐减少并最终终止对台军售，29 年过去了，我们没有看到美国在逐渐减少，反而是在逐渐增加对台军售。美国的政治诚信在什么地方？

中美建交的第二个障碍，就是美国的军机军舰频繁到我周边地区进行军事侦察，我们想问问美国人，对于他的朋友，对于他的盟国，是否也同样派出军机军舰到他们的领海、领空进行侦察？

美国总说中国军事威胁论，什么时候中国的军机军舰到美国的东西海岸进行过侦察？事实证明，不是中国威胁论，而是美国威胁论。美国要使中美关系走上正常健康的发展轨道，必须放弃对中国的这些不友好政策。

网友"开着奔驰上强坛"：您认为陈炳德总长访美是否会有实际意义？换句话说，象征意义是不是大于实际意义？

罗援：我们当然希望陈炳德总长的访美具有积极意义，实际上在中央军委副主席徐才厚 2009 年 10 月访美时已经达成了七项重要成果，这都具有实质意义。但是由于美国对台军售问题，使中美军事交流跌入低谷，我相信陈炳德总长访美将会重新启动七项成果，甚至会有一些新的进展。

网友"舌战群儒话沧海"：据说陈总参谋长参观了美国高科技军事设施，此举是否说明美军在展示自己军事实力的强大？

罗援：军事透明本身就是一把双刃剑，它在展示自己促进友好交流诚意的同时也会展示自己的实力，我们注意到这次美方是向我方主管作战的高级将领展示了一些比较敏感的作战单位和装备，应该说还是有一些积极的意义。但是，是否能显示它积极的一面还值得关注。

网友"云端之下"：请问嘉宾，推动中美两军新型关系发展当前面临哪些机遇？

罗援：机遇有三个方面：一个是从全球的形势来看，双方都面临一些共同需要应对的问题，比如反恐的问题、防扩散的问题、维护海上安全的问题、环保和低碳经济的问题；从地区安全来看，双方都需要维护地区的安全与稳定，比如朝鲜半岛问题、南海问题、东海问题，比如中亚地区的安全问题，现在有一个很现实的问题，就是拉登被击毙以后，恐怖主义掀起新一轮的报复，特别是巴基斯坦核设施如果遭到恐怖袭击，将给地区带来重大灾难，所以在这方面有关各方应该加强合作；第三个层面，从美国的国家利益来看，它需要和中国合作，特别是在陷入经济低迷和三场战争的情况下，需要和中国保持一种稳定的关系，现在美国处于中期选举和大选之间一个相对稳定的时期，这也给中美军事交流提供了一个机遇。

网友：罗少将，请问您认为中美关系到了一个新的节点的依据是什么？

罗援：中美军事交流现在面临着一些机遇，双方都有促进改善关系的这种需求，标志就是在第三轮经济战略对话中加入了中国的高级军事将领，使战略对话更加名副其实，以前可以说是有"略"无"战"，现在是战略结合。再一个标志，中国主管作战的高级领导时隔七年以后再次访问，也是中美军事交流的一个契机。

网友"临时马甲"：罗将军，为什么世界上不讲英国威胁，法国威胁，德国威胁，偏偏讲中国威胁，为什么被敌视的总是我们？

罗援：这个问题问得很好。实际上我们威胁谁了？自从1988年起，到现在三十年了，联合国大会五大常任理事国唯有中国没有对外动过武，为什么还说中国威胁论？就是冷战思维在作祟。有些人说要淡化意识形态，但是国际上有那么一些人一点也没有淡化意识形态，只要是中国共产党执政，他就把你视为洪水猛兽，就把你视为异端邪教，并不在于你是和平崛起还是怎么样的崛起，总之就是不让你崛起。他明明知道中国不对任何国家构成威胁，但是就是把军事威胁论的标签贴到中国的脑门上，以此来妖魔化中国。

网友"牛牛123456"：中美军队的差距在哪里，双方需要学习的地方在哪里？

罗援：毕竟美国是世界上现在唯一的超级大国，它的超级实力表现在科学技术方面，表现在军费投入方面，表现在人才聚集方面，以及多年来在战争实践中聚集的一些经验，这都是我军目前所不具备的，在这些方面我们还需要以夷之技而制夷。

主持人：现在有人说您是解放军的"鹰派"，您怎么理解？

罗援：我不否认我们解放军应该是"鹰派"，"鹰派"并不等于好战，而是我们的使命和任务所决定的，军人就是要随时准备用自己的鲜血和生命捍卫国家的主权和尊严。我在回答一些美国朋友提问时曾经说过，你们说我是解放军的强硬派，我不否认，因为军人有自己表达观点的方式，但是我们是理性的强硬派，而不是莽撞的强硬派。我说我是长了鹰的眼睛和爪子，但是我又长了鸽子的头脑和心脏，我们是为了维护和平而积极备战的，敢战方能言和，有备才能无患，这就是战争的辩证法。我看到美国外交政策全国委员会的会徽也是一只老鹰，左爪抓一支剑，右爪抓一支橄榄枝，只有"和"和

"战"两手抓，才能维护国家的安全。

网友"国有股"：罗少将，我认为中国在南海问题上不应当采取息事宁人的态度，即使不立刻夺回岛屿，也应当形成摩擦之势，以此来试探各国反应，并将问题国际化。

罗援：我们在南海充分显示了用和平手段解决国际争端的诚意，在2002年与南海相关各国签署了《南海各方行为宣言》，我们是认真执行这一宣言的，但是我也记得小平同志在南海问题上提出了三句话的主张，就是"主权归我，搁置争议，共同开发"，前提条件是"主权归我"。

因此作为全国政协委员，在本次大会上我递交的提案其中有一项就是关于维护国家海洋权益的几点建议，在这个提案中，我提出了要凸显主权、维护主权，具体就是要突出五个存在：

第一个是行政存在。第二个是法律存在。第三个是军事存在，有条件驻兵的地方要驻兵，没有条件驻兵的地方要设置军事设施，不能设置军事设施的地方要设置主权标志，比如建立主权碑悬挂中国国旗，在这方面国际上是有先例的，俄罗斯与挪威对北极的归属问题存在争议，俄罗斯杜马主席亲自坐潜水艇在北极海底插上了俄罗斯的国旗。第四个是经济存在，我们的中海油、中石油应该到南海地区建立海上勘探平台，从事科学考察，我们的旅游部门应该开发南海旅游资源，以此显示我们的存在。第五个是舆论存在，我们的媒体、网民应该通过各种渠道宣誓我们的主权，凡是我们主权范围内的岛屿、领土绝对不容他人染指。只有凸显这五个存在，才能更好地维护我们的南海海洋权益。

（人民网强国论坛，2011年5月13日）

破解两岸政治议题搁浅的十大迷思

两岸政治议题所以迟迟不能展开，只听楼梯响，不见人下来。我认为主要有十大迷思需要破解：

一、法统之争。虽然这是老生常谈，但其实是国共两党分歧的症结所在，是根本性的深层次矛盾，就是谁代表中国。由于历史的原因，在共产党取得政权以后，两岸仍各自以"中华人民共和国"和"中华民国"相称，大陆方面尽释善意，曾经表示在"一中原则"的基础上，什么问题都可以谈，甚至国旗国号的问题。我个人认为，莫不取最大公约数，取各自称谓的一头一尾，以"中国"相称，台湾方面的新同盟会会长许历农将军也有此倡议。当然，国号更名要有严格的法律程序，但这不失为破题的一个思路。

二、统独之争。这是两岸关系的症结所在，对这个问题，没有任何回旋的余地，反对"台独"是两岸关系的底线。自从大陆方面颁布了《反分裂法》以后，这个问题已板上钉钉，不分裂即动武是违法，已分裂而不施法更是违法。

三、所谓的"顺从民意"。一些台湾政治领导人总以"要达成主流民意共识"为托词，将政治议题一推再推。其实民意是可以塑造、可以引导的，现在的问题是，台湾当局到底做了多少引导民意的工作。领袖的义务除了反映民意，还要当群众的带头人，而不是群众的尾巴。更何况真理往往在少数人手里。

四、历史纠结。过去历史上的恩恩怨怨应该有一个了结了，渡尽劫波兄弟在，相逢一笑泯恩仇。两岸军人即便打断了骨头还连着筋。大陆方面在抗战史问题上正在逐渐恢复国民党的地位，但台湾方面则鲜提共产党在抗战中的贡献。现在两岸参加过抗战的老兵已经不多了，应该尽快成立一个编委会，互补资源，共修抗战史，其中一个非常有意义的选题，即"抗战中的黄埔同学们"。

五、期盼民主接口。应该看到大陆方面在民主改革方面已经取得了很大的进展，在许多方面正在与国际接轨。但也应看到对民主有不同的理解，不可能一个模式。一个模式的民主就是不民主。习近平主席最近有一个形象的比喻，鞋子合脚不合脚，只有自己最清楚。现在我们这个鞋子穿得挺合脚，我们已经从全球经济总量排名第六位走到第二位，当然我们会根据路况和行走的速度调整鞋带的松紧度，但这个鞋我们会继续穿下去。更何况，大陆还主张"一国两制"，台湾可以原封不动地保留自己的民主模式。大路朝天，各走半边，在民主制度上我们可以取长补短。

六、要求大陆撤导。众所周知，军事部署事关一个国家的主权，部署什么、在什么地方部署，是一个国家根据自己的国防需求来决定的，别人无权置喙。更何况，大陆方面早就提出"中国人不打中国人"，这就是对台湾同胞的一个政治、军事承诺。其实，台湾有军事常识的人，早已心知肚明，大陆"导弹威胁论"是一个伪命题，现在大陆的导弹部署和射程已经远远超出了对台防御的范围，我们现在是大国防，要全方位、多领域地捍卫国家的主权和领土完整。如果大陆真要对台动武，何必一定动用导弹。两岸直航本身就意味着台湾当局已经解除了对大陆武力犯台的顾虑。

七、要求大陆给予更多国际空间。台湾朋友可以将心比心，一个主权国家能允许别人分享自己的主权象征吗？在国际舞台上能出现两个中国吗？其实在这方面，大陆方面已经做出了许多努力，比如奥运会上的"中国台北"模式，比如联合国的世界卫生组织模式，比如在海外出现动乱时的撤侨模式等等，大陆方面都给予了足够的人文关怀。如果两岸开启政治协商议程，在这方面还会有更多的有为空间。

八、寄希望于美国人。要记住，美国是一个实用主义的国家，它的国家利益分为三个层次：第一层次是核心战略利益，即美国本土的安全；第二层次是重要战略利益，即美国盟友的安全；第三层次是一般性战略利益，即人道主义关注。台湾问题最多是美国的重要战略利益，美国不会为重要利益而损害它的核心利益。历史上，美国多次抛弃它的盟友，台湾朋友应该记忆犹新。因此，台湾民众不要把自己的命运绑在美国的战车上。

九、担心大陆统战攻势。首先，大陆方面在台湾问题上，都是阳谋，而不是阴谋，我们对台湾的各种承诺都兑现了，没有食言。我们的目的很明确，就是把主张"和平统一"的人争取得越多越好，把主张"台独"的人孤立得越少越好，最大限度地施惠于两岸人民。如果这就叫"统战攻势"，那我们应该理直气壮地大胆实行之。

十、维持现状、留给后人。台湾问题是历史原因形成的，现在历史老人大多已经谢世，他们的后来人也逐渐谢幕，"后来人"的"后来人"在岛内的这种教育和舆论氛围内还有多大的激情和意愿来推动"和平统一"，我深感担忧，而我更感忧虑的是，台湾已经是选举政治，一旦主张"台独"的势力登台，两岸"和平发展"的进程又会出现坎坷。因此，我真诚希望在本届任内就制定一些机制化、具有法律效力的不可逆的文字协议，谁上台也不能翻案。这些问题需要坐下来谈，万事开头难，但再难，也要开个头。

"明日复明日，明日何其多，我生待明日，万事成蹉跎。""和平统一"的道路就在我们的脚下，"和平统一"的进程就应该从我们这一代人手中起步，黄埔军人一向以"不怕死"、"不贪财"著称，在"和平统一"的道路上，两岸黄埔后代也应该不计个人名利，敢为人先，承担我们这一代人的历史担当。

（第四届"中山·黄浦·两岸情"论坛，2013年10月25日）

同仇敌忾，共御外侮

奥巴马前脚刚走，菲律宾、越南就像打了强心针一样异常亢奋，纷纷出来挑衅中国，向后台老板表忠心。

菲律宾公然跑到中国领海来抓捕中国渔民，而且非法审讯。越南不仅冲撞中国的勘探平台，干扰中国正常的钻探作业，更在越南国内制造打砸抢、危害中资企业和人员生命财产的恶性事件。

面对新一轮反华高潮，我们中华民族要表现出不怕鬼、不信邪的民族浩然正气，我们不惹事，但也不怕事，事情一旦来了，我们就要敢于断事、平事。

首先，我们不能自乱手脚，一切听从党中央指挥。相信以习近平同志为总书记的党中央会统筹全局，应对裕如。既给反华分子以迎头痛击，又维护国家和地区的安全稳定。大家可以献计献策，但不应怨天尤人，内耗窝斗，令亲者痛仇者快。民心可用，外辱当前，我们必须团结起来，一致对外，形成强大的舆论、民意压力，配合多种手段，逼迫越南、菲律宾就范。

事实证明，国家安全委员会成立恰逢其时，很有预见性。当前，可预见和不可预见的风险因素明显增多，相信国安会会迎难而上，在复杂的风险因素中，判断主要矛盾和矛盾的主要方面，协调各种战略资源，既兼顾好方方面面的关系，十指弹琴，又突出重点，打击首要。当前，最紧迫的问题是打压下去反华分子的嚣张气焰，对无辜平民的打砸抢，既是扰乱社会秩序的犯罪行为，又是对中国政府的粗暴挑衅，必须坚决绳之以法。越南、菲律宾政府若是负责任的、有执行力的有效政府，就应该遵守最起码的国际法准则；若是没有能力控制事态，处置犯罪分子，那么，可向联合国申请国际援助，相信国际社会，包括中国绝对不会允许暴徒为非作歹。

当务之急，是督促越南确保中国同胞和企业在越南的安全，同时为中资企业在越正常经营提供起码的工作环境。人的生命是第一位的，不论我们外交上采取什么手段，不论是"硬"是"软"，都不会以中国在越人员的生命财产为代价，只要是能有效地保护在越人员的生命财产安全，就是好外交。相信内地同胞是会设身处地地为海外同胞考虑的，是会做境外同胞的坚强后盾的。

南海风波源于能源，中国在自己的海域内开采能源，天经地义，合理合法，我们现在要在南海开采，将来也会继续在那里开采，相关声索国只能尊重中国的正当权益，你不舒服，也要逐渐适应。现在中国只有一个"勘探981号"平台在南海钻井，以后还会有"982、983……98N号"钻井平台出现在南海，当中国有几十个、上百个钻井平台出现在南海时，你还能冲撞吗？你还能不惜代价、不计后果地永远跟中国较真儿吗？你投靠美国，美国是否能接纳你还是一个未知数；但跟中国这个邻居闹翻，政治、经济、地缘战略上的代价是可以预期的。

识时务者为俊杰，越南、菲律宾最明智的做法，就是承认并尊重中国的主权和合法的油气开采权、渔业捕捞权，与中国和平共处。如果尊重中国的原则立场，与中国共同开发，或许还能争得部分"合作红利"，如果越、菲一意孤行，捣乱滋事，我们不会受任何外来因素的干扰和恫吓，完全有权利单独开发，也有能力保护我们的单独开发，到时候你们再想来"揩油"可就再没有机会了。

因此，会闹的孩子没奶吃，谈判、合作才是出路。

（2014 年 5 月 17 日）

弘扬黄埔精神，不应该只停留在口头上

我作为第十一届全国政协委员，大前年的政协提案是《建议设立中华民族英烈纪念日》，我所界定的英烈，不仅包括共产党的英雄，还包括国民党的抗战英雄，以及无数为国捐躯的爱国仁人志士。纪念日要作为全国的大祭，各级党政军领导要到烈士陵园和纪念地举行盛大的纪念活动，向英烈们献上我们的敬仰和缅怀。我感到非常欣慰，最近人大常委会已经通过决议设立"烈士纪念日"。在此之前，人大还决定设立"抗日战争胜利纪念日"和"南京大屠杀纪念日"。最近，民政部又公布了 300 名著名抗战英烈名单，其中国民党抗战将领占 1/3。我知道，台湾朋友们可能还不太满意，还有一些怨言。这里要说明的是，我们这次公布的都是在抗战期间为国捐躯的英烈，不包括以后陆续辞世的抗战英雄，而且这是第一批公布的英烈，以后还会陆续公布。

有些朋友问我，当时为什么要递交这么一个《建议设立中华民族英烈纪念日》的提案，而且还包括国民党抗战英雄。我主要是受到黄埔军校事迹的启发。当年，黄埔军校汇集国共两党精英，抗战中为国捐躯者高级将领数百人，黄埔师生伤亡人数达几万人。因此说，抗日战争的胜利，不是哪一党哪一派的胜利，它是国共两党的胜利，是黄埔精神的胜利，是中华民族的胜利。

现在，大陆方面对国民党在抗战中的贡献正在"拨乱反正"。一部脍炙人口的电视剧《亮剑》，主人公八路军的一位部队政委赵刚有这么一段台词，说明国民党有许多部队在抗战中是有战功的，"18 军淞沪会战时和日军王牌部队 11 师团在罗店交手打出了中国军人的威风。67 师师长李树森将军负重

罗援任第十一届全国政协委员

伤，201旅旅长蔡炳炎将军阵亡，部队伤亡过半，可是18军呢，没有一支部队擅自放弃阵地后退，没有一个士兵临阵脱逃。第5军也是好样的，当年血战昆仑关，和号称钢军的日军第5师团交战13天，击毙日军21旅团少将旅团长中村正雄，就冲这个，我赵刚佩服你们！所有有爱国心的人都会永远记住，你们在抵抗侵略、争取民族独立的战场上所建立的功勋是谁也抹杀不了的。"在这里，我也要补充一句，就冲这个，我罗援也佩服你们！今天，戴安澜将军的儿子也来到了现场，戴安澜将军和200师的将士们血战昆仑关，浴血同古城的事迹感天动地，气壮山河。

我虽然不是黄埔的后代，但我父亲罗青长长期从事对台工作，受周恩来总理委托与许多黄埔同仁结为好友，其中包括张治中、侯镜如、郑洞国等老先生，国民党抗战将领张灵甫将军的夫人王玉龄女士曾经跟我讲，她受到周总理接见时我的父亲也作陪，王玉龄女士说，周总理说张灵甫是优秀的将才，没有把他争取过来，是他这个作为老师的错误。我认为，在这里，国民党的朋友们可能有一个误会，认为共产党的统战工作就是搞策反，就是挖国民党的墙脚，其实不然。周恩来总理有一句名言，"统战工作，包括外交工作的最高境界是化敌为友，化干戈为玉帛。"我觉得这个"两化"，也是我们今天两岸退役将领坐在一起的意义所在。现在通过纪念抗战胜利 69 周年、黄埔军校成立 90 周年，我们应该九九归一，为实现两岸和平统一做出贡献。

中国黄埔同学会的创始人、两位老帅，徐向前、聂荣臻曾经说过，"岁月不居，人生苦短"。现在，我们也感到了岁月不饶人的人生紧迫感，大陆方面黄埔师生所剩寥寥，我们这些黄埔二代或黄埔传人也到了耳顺之年，而两岸和平统一，仍然任重道远，我们这一两代人若没有一个历史的交待，将愧对先人，愧对黄埔称号。

四海黄埔同学会荣誉主席邓文仪将军说，"团结海峡两岸和海外的黄埔同学，完成和平统一的使命，这也是我们成立大会的唯一目的，中国的统一是海内海外和两岸人民共同一致的希望"。让我们为实现这个共同的希望做点什么吧！许历农将军以 96 岁高龄奔波于两岸，一再呼吁，"和平统一，两岸加油！中国加油！"时不我待，和平统一再也拖不起了！

弘扬黄埔精神，不应该只停留在口头上，开多少次会，不如拿出点实际行动来。弘扬黄埔精神，从哪里入手？要从捍卫祖权祖产入手。两岸政见不同，但我们有一个最大公约数，就是同根同祖。岛内再"去中国化"，再说"自己不是中国人"，我把话说得直白一点，就是你百年之后，埋到黄土里，几千年甚至上万年，考古发现，把你请出来，测你的 DNA，你也成不了美国人、日本人，你仍然是华夏子孙。因此，我们应该共同捍卫我们共同的老祖宗给我们留下的祖产祖权。

现在我们的一些岛礁被侵占、资源被掠夺、海域被瓜分，祖权受到侵犯，我们两岸黄埔传人应该发扬"不要钱不要命爱国家爱百姓"的黄埔精神，抛弃前嫌，共赴国难。

我有如下五点不成熟的个人建议：

1. 在钓鱼岛和南沙维权行动中，两岸军人或海警人员可以联合巡航，或者默契策应，或者提供各自掌握的水文气象信息，或者提供后勤保障，但绝对不能"打横炮"，做令亲者痛仇者快的事。

2. 两岸可以经过协商，在"海协会"、"海基会"框架内分别设立"钓鱼岛事务办事处"，负责钓鱼岛渔业作业、科学考察、经济开发事务的管理和海难、空难事务的处理，对钓鱼岛行使实际管辖。

3. 两岸召开钓鱼岛和南海问题研讨会，对外公布我们中华民族对这些岛礁拥有主权的历史证据和法理依据，特别是台湾方面应该借助这个平台，对外公布当时林遵舰队从日本侵略者手中收复南海岛礁的法律依据以及当时国民政府设立十一道线（现九段线）的战略考虑及依据。

4. 两岸可以合资在南海共同开发。既然台湾方面可以将资金投向大陆，也应该可以将资金投向海洋，在那里两岸共同科学考察，共同开发，共同建立旅游。

5. 在两岸军队协防条件尚不成熟的情况下，可以在黄埔同学会的框架内，利用两岸退役将领的宝贵资源，进行一些务虚的探讨，比如一些预案设想、图上作业、电脑推演等。

总之，两岸黄埔传人要为和平统一、维护"祖权"多做一些实际有用的事，"莫等闲，白了少年头，空悲切"！

（香港"中山·黄埔·两岸情"论坛，2014 年 9 月 6 日）

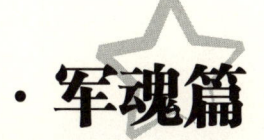

·军魂篇·

中国梦与强军梦

ZHONG GUO MENG YU QIANG JUN MENG

题记

夺取政权靠枪杆子，巩固政权也离不开枪杆子。

——毛泽东

气可鼓而不可泄，人而无气，不知其可也。

——毛泽东

我们中华民族有同自己的敌人血战到底的气概，有在自力更生的基础上光复旧物的决心，有自立于世界民族之林的能力。

——毛泽东

军队要为党巩固执政地位提供重要力量保障，为维护国家发展的重要发展机遇期提供坚强的安全保障，为维护国家利益提供有力的战略支持，为维护世界和平与促进共同发展发挥重要作用。

——胡锦涛

要牢固树立战斗力这个唯一的根本的标准，强化当兵打仗、带兵打仗、练兵打仗思想，坚持一切建设和工作向能打胜仗聚焦，确保部队招之即来、来之能战、战之必胜。

——习近平

启示

强国必须强军，军不强，最多是一个富国，永远也成不了一个强国。

——罗援

我们看国防投入，不要光看投入的这一部分，更要看它的产出。它的产出就是给我们带来了安全，这是金钱换不来的，是无价之宝。

——罗援

我们保持核相对不透明，对奉行"后发制人"核战略的国家来说，也是一种战略威慑，使对方摸不清虚实，不敢轻举妄动。

——罗援

一个国家要有尊严，一支军队要有威严。人不犯我，我不犯人；人若犯我，我必犯人。军中无戏言。

——罗援

不崇尚英雄的民族，不会是英雄辈出的民族；没有尚武精神的民族，是没有希望的民族。

——罗援

共和国的民航事业从这里起飞

2008年11月9日，是"两航"（中国航空公司、中央航空公司）起义59周年。我的父亲罗青长受周恩来同志和李克农同志委托参与了策动"两航"起义的全过程。因父亲年事已高，行动不便，我受他之托，接受了《当代中国民航事业》编辑部的采访，将我从父亲那里听到的一些鲜为人知的感人故事奉献给读者，也以此文奉献给为新中国航空事业作出重大贡献的"两航"英雄们。

《当代中国民航事业》：1949年11月9日，原中国航空公司和中央航空公司2000多名员工，在我党的领导下，毅然起义，驾机飞回新中国，这是震惊中外的爱国主义壮举。您的父亲罗青长作为中央军委副主席周恩来的主要情报助手之一，全程参与了这一事件。您能否谈谈当时中央为什么要策动"两航"起义，以及中央是如何组织实施"两航"起义的？

罗援：听我父亲说过，"两航"起义是敬爱的周恩来总理亲自领导的。他当时把这一艰巨的任务交给李克农同志负责，由我父亲具体承办。在领导体制上，分为三个层次。"最高决策层"是周恩来、李克农，后来空军司令员刘亚楼也参与了。"指导协调层"主要是我父亲和空军参谋长王秉璋等人，负责上情下达，组织协调，穿针引线的工作，也负责技术保障工作。"具体实施层"由三部分组成：情报系统的张唯一、朱汉明等；香港地下党系统的张铁生、乔冠华等；"两航"系统的何凤元、陆元斌、陈耀寰等。

上海解放后，华东军管会航空部部长蒋天然同志在接管"两航"留守机构时，了解到一些情况，蒋介石集团正在胁迫"两航"人员参加内战，或飞往台湾。而两航的刘敬宜、陈卓林总经理尚在犹疑不决，举棋未定之际。粟裕司令员认为我党可采取正确的政策，争取他们。于是，中共华东局向中央军委写了《争取两航公司的工作报告》，提出策动"两航"起义的建议。

当时的历史背景是，在三大战役结束后，我党提出和平谈判的主张，但国民党反动派拒不接受。

1945年4月、5月，南京、上海相继解放。蒋介石逃到大西南，在重庆、成都召开军事会议，妄图凭借西南的崇山峻岭，负隅顽抗。但是，国民党空军的运力显然不足，需要借助"两航"的力量。周恩来从战略全局考虑，决定切断国民党空运补给线，使国民党西南残余部队陷于孤立无援的境地。而要达此目的，关键的一招是，策动"两航"起义。

《当代中国民航事业》：你能介绍一下"两航"起义的经过吗？

罗援：8月，周恩来指令上海情报系统的吕明同志和中央航空公司的副总查夷平先生到北京，向他们交代了任务。

《当代中国民航事业》：听说吕明同志还有一段传奇经历。

罗援：是的。吕明那时很年轻，只有27岁。他曾经在国民党笕桥航空学校当过教官，解放上海时，带了个警卫员开车只身闯入国民党警察局缴了他们的械，接管了警察局。

《当代中国民航事业》：周恩来同志当时给他们交代了什么任务？

罗援：总理当时代表党中央向他们传达了组织"两航"起义的任务，交代了到香港后的组织联络关系，坚定查老的信心，并让他们给刘、陈两位老总传话，"欢迎刘、陈总经理回来参加新中国的建设，新中国的民航一定会超过'两航'的规模。"

随后，周恩来同志日夜关注"两航"起义的进展情况，我父亲几乎每晚都要到总理那里去汇报一次情况。"两航"起义的部署有不少电报是周总理签发的。有一次收到一份电报，说"两航"起义的飞机要飞回来30多架，总理听了很高兴！后来情况发生变化，北飞的飞机只飞回来12架。

起义是一项重大的战略行动，唯恐国民党空军破坏。所以，当时只批准一架飞机直飞北京，其他飞机降落天津。周总理工作抓得很细，责成空军参谋长王秉璋具体负责飞行计划、通讯联络和降落机场的选址事宜。

　　1949 年 11 月 9 日上午 7 时，十二架飞机（C-46 三架，C-47 七架，DC-3 一架，"空中行宫"一架）飞离香港，宣布起义。留港人员、飞机、工厂等由何凤元、陆元斌、陈耀寰等负责，进行了护厂护产运动：飞机拆去关键零部件，使其不能起飞，将全部航线班期停航，并组织纠察队看守在港飞机和厂房。乘"空中行宫"到北京西郊机场降落的有刘敬宜、陈卓林、查夷平、邓士章、吴景岩和吕明等人。当晚，周总理在北京饭店设宴欢迎刘、陈两位老总及随行人员。出席的有聂荣臻代总长、李克农、刘亚楼、交通部长章伯钧、王秉璋和我父亲。11 月 12 日，毛泽东主席电贺"两航"总经理刘敬宜、陈卓林以及两公司员工。周总理、李克农同志发电表彰了参与策动"两航"起义的有关人员。11 月 15 日，周总理在北京饭店宴请了起义北飞的全体人员。

　　1949 年 11 月 21 日，蒋介石集团通过港英法院控告起义员工，将"两航"留港飞机 70 余架和财产冻结。为了和港英当局斗争，以中华人民共和国中央人民政府民用航空局局长钟赤兵的名义，于 1950 年 1 月 13 日委派刘敬宜、陈卓林负责接收"两航"在香港的一切财产。经过各方艰苦努力，陆续将"两航"在港的 2000 人左右送回国内工作，迁回发动机翻修厂一个，电讯修配厂一个和大批器材、设备、车辆等，所有留港的 70 余架飞机均予以拆卸，将机上零部件运回国。

　　至此，"两航"起义胜利结束。

　　《当代中国民航事业》：您能概括一下"两航"起义的历史意义吗？

　　罗援："两航"起义起码有三大历史贡献。

　　其一，推进了全国解放进程，加速了国民党反动统治集团的灭亡。当时切断了蒋介石对西南的空中运输，就等于切断了他的空中生命线，促使四川起义（只有杨森一人逃走），其他国民党要员、将领、特务都成了瓮中之鳖。胡宗南不得不坐一架小飞机逃到西昌，若不是我抢占机场的部队没有及时赶到，差点被活捉。"两航"起义后，进一步动摇了国民党军队的军心士气，

11 月 15 日贵阳解放，11 月 30 日重庆解放，12 月 9 日昆明解放。

其二，起到示范效应，促使国民党驻港机构纷纷起义。"两航"起义事件发生后，国民党资源委员会在港机构及招商局、交通部港九储运处、银行等相继起义，极大地震撼了国民党统治集团。

其三，为新中国的民航事业奠定了技术和人力基础。"两航"起义的飞行、技术、管理人员以后都成为新中国民航事业的骨干，北飞的飞机都是当时的主力机种，发动机翻修厂发展为太原 221 厂，电讯修配厂发展为总参天津第三电讯厂，运回的大批飞机零部件为新中国的民航事业提供了技术、物资储备。

更重要的是"两航"起义人员为我们树立了一个爱国主义的榜样，他们是穿着西服闹革命。按理说，他们在香港生活条件优越，衣食无忧，许多人还有洋房、轿车，但他们不满国民党的腐败统治，不愿意给国民党当内战工具，毅然决然返回祖国怀抱，表现出崇高的爱国情怀。

在这里，我们更加缅怀敬爱的周总理为开创我国的民航事业作出的杰出贡献。他不仅亲自组织策动了"两航"起义，为新中国的民航事业奠定了基础，而且带领我们自己的飞机飞向世界，开拓我们自己的民航航线。1965 年，周总理出访非洲，我父亲随同。那时，我们还没有自己的国外航线，周总理不惧艰险，说："我带着你们去闯！"这样，我们的飞机在周总理的亲自带领下，第一次飞出了国门。那次非洲远行归来，飞越喀喇昆仑山时，周总理兴致很高，带领乘务员一起高唱《红梅赞》，"红岩上红梅开，千里冰霜脚下踩，三九严寒何所惧，一片丹心向阳开——"这是周总理的心声，也是全体民航员工的心声。

值此"两航"起义 59 周年之际，我们深切缅怀敬爱的周总理为中国民航事业作出的杰出贡献，也向参与"两航"起义的英雄们致以崇高的敬意！

历史不会忘记他们！

（2008 年 11 月 9 日）

向前，向前，我们的队伍向太阳

今年是中国人民解放军建军 82 周年，恰逢共和国诞辰 60 华诞，人民子弟兵伴随着新中国走过了一个甲子的辉煌历程，为捍卫国家主权、安全、领土完整和维护世界和平作出了重要贡献。回顾历史，展望未来，心潮澎湃，我们有充足的理由相信，我们的军队明天将更加强大，我们的祖国明天将更加美好。

一、光辉的历程。人民解放军建立于 1927 年 8 月 1 日。建军之初，仅以步兵为主，经过战争年代的磨砺与和平时期的建设，发展至今，已经实现了三个跨越，即由单一兵种向诸军兵种合成的强军劲旅方向跨越；由徒步化、骡马化向机械化、信息化复合发展的方向跨越；由陆地平面作战向陆、海、空、天、电五位一体联合作战的方向跨越。

陆军已由单一兵种发展成为诸兵种合成的现代陆军，成为既能独立遂行作战任务又能与海、空军和第二炮兵实施联合作战的强大军种。海军已由近岸海域防御作战转向近海防御作战，已初步发展成为一支多兵种合成、具有核常双重作战手段的现代海上作战力量。现在正在全面提高近海作战能力、战略威慑与反击能力，逐步发展远海合作与应对非传统安全威胁的能力，推动海军建设整体转型。空军由国土防空型向攻防兼备型转变，已初步发展成为一支多兵种组成的战略军种，具备了较强的防空和空中进攻作战能力，一定的远程精确打击和战略投送力。第二炮兵已建设成为一支精干有效、核常兼备的战略力量，具备陆基战略核反击能力和常规导弹精确打击能力。

经过 60 年的建设，人民解放军的武器装备已有了飞速发展。在坚持自力更生、自主创新的基础上，优先发展适应一体化联合作战需要的信息化武器装备，有重点、有选择地改造升级现有装备。已初步形成了具有中国特色的五大装备体系，即快速机动、立体突击的陆军装备体系；空海一体、适应近海防卫作战的海军装备体系；空地一体、攻防兼备的空军装备体系；核常一体、射程衔接的第二炮兵地地导弹装备体系；综合集成、一体化发展的电子信息装备体系。人民解放军的武器装备已经可以基本满足三军一体、联合作战和体系建设、综合集成的要求，朝着精兵、合成、高效的方向迈出重要一步。

当前，人民解放军以信息化作为国防和军队现代化的发展方向，提出建设信息化军队，打赢信息化战争的战略目标。立足国情、军情，积极推进中国特色军事变革，实施"三步走"的发展战略，力争 2010 年前打下坚实基础，2020 年前基本实现机械化并使信息化建设取得重大进展，21 世纪中叶基本实现国防和军队现代化的目标。

二、天下虽安，忘战必危。党的十七大报告指出："当今世界正处在大变革大调整之中。和平与发展仍然是时代主题……国际力量对比朝着有利于维护世界和平方向发展，国际形势总体稳定。"同时又指出，"世界仍然很不安宁。霸权主义和强权政治依然存在，局部冲突和热点问题此起彼伏……世界和平与发展面临诸多难题和挑战。"这个科学判断是有事实根据的。

从国际大环境来看，冷战结束以来，世界上存在和发生的各种规模的局部战争和武装冲突达 400 多场次，较之冷战时期呈增多之势。

据统计，2008 年全球发生局部战争和武装冲突数量 46 起，较 2007 年 33 起大幅上升。2008 年有 59 个国家存在或发生战争，除延续的伊拉克战争、阿富汗战争外，比较引人注目的是俄罗斯与格鲁吉亚战争，巴以冲突等。反恐形势严峻，截至 2008 年 10 月底，全球发生恐怖袭击事件 898 起，比 2007 年同期增加 17.7%，造成 4800 余人死亡、8400 余人受伤。孟买恐怖袭击事件死 174 人，伤 300 余人。巴基斯坦爆炸袭击事件死伤 53 人。索马里海盗袭击了 123 艘船只，劫持了 51 艘。

从我周边安全环境来看，近年来虽然有所改观，但仍不可以掉以轻心，还存在两大基本威胁和五大热点问题。

首先,有的霸权主义国家仍然视我为潜在的对手,在我周边投子布势,实际形成了"三链一圈"的包围态势。即在第一岛链加强与其同盟国的军事联系,提高战略机动能力和加快军事一体化进程。在第二岛链重点提高战略威慑和打击能力。在该地的战略轰炸机可在 4 小时内飞抵我东南沿海,攻击核潜艇可在 40 小时内驶抵台海作战阵位。在第三岛链主要是强化指挥控制机能,增强战略投送与保障力量。同时,在我周边形成满月形包围圈。在东南亚,现已获得了菲律宾、印度尼西亚等国 10 多个军事基地准入权,加强了对马六甲海峡战略通道的控制;在南亚,与印度结成战略伙伴关系,谋求以印制华;在中亚,建立了 18 个军事基地,其中一处基地距新疆仅 250 多公里,战斗机从这个基地起飞十几分钟后就可临空对我攻击;在我国北部,加强对我邻国的军事渗透。特别引人注意的是,最近频频派军舰对我附近海域进行抵近侦察,给亚太地区的安全环境平添了不谐之音。

其次,"台独"分裂势力仍然对我构成威胁。虽然,当前"台独"分裂势力及其活动受到沉重打击,岛内政治力量对比发生有利于和平发展的积极变化,两岸关系的改善面临难得的机遇,但也面临复杂的挑战。主要表现是:"台独"分裂势力仍然没有放弃"台独"主张,还有东山再起的可能,两岸关系仍存在变数。到目前为止,两岸尚未签署和平协议,台军仍然在以大陆为假想敌进行军事部署、军事训练和军事采购。在台海地区,仍然存在外敌干预的隐患。因此,我们绝对不能让"暖风熏得游人醉",刀枪入库,马放南山。

另外,我周边地区的热点问题可能恶化我安全环境。

朝鲜核问题。朝核问题的实质是朝鲜与美国等相关国家围绕生存权和发展权展开的斗争。但对我国的安全环境也构成负面影响。从核安全角度看,朝鲜拥有核武器必然打破地区军事平衡,可能引发"多米诺骨牌"效应,刺激日本、韩国搞核武装。从军事安全的角度看,增加了我边境防卫的复杂性,朝核试验场距我国的图们江仅有 65 公里,距延吉 160 公里;无水端里导弹发射场距我国的丹东 140 公里，东仓发射场距丹东不超过 50 公里。朝鲜境内一旦出现核意外事件，核污染将殃及我国 1/4 的国土。从社会稳定的角度看，如朝鲜发生动乱，会有大量的朝鲜难民从陆上、海上涌入我国，使我背上沉重的政治和经济包袱。因此，我国一向坚持两个主张，即主张半岛无核化，主张以和平手段解决朝鲜核问题。

中印边境问题。在我西南部边境，印度与我存在 12.5 万平方公里的边境争议区，非法占据着我 9 万多平方公里的领土。最近，印度又调整军事部署，扬言向其所谓的"阿鲁纳恰尔邦"（实际上是我国的藏南地区）增兵 6 万，同时还将派驻两个中队 36 架苏 -30MKI 战机进驻该地区。这与印度政府提出的"在边境问题解决之前，应该确保边境地区和平安宁"的政策主张大相径庭。针对印度一再升级的挑衅行为，中国政府均以不承认非法的"麦克马洪线"和中印边界从未正式划定给予坚决的回应，并始终坚持双方应通过和平友好谈判解决边境争端的原则立场，希望双方能恪守有关共识和政治指导原则。

东海问题。1971 年，美国将冲绳归还日本时，一并将中国领土钓鱼岛也交给了日本，为中日东海争端埋下了隐患。当时，中国对美日之间这一侵犯中国领土主权的行为进行了抗议，但考虑到现实情况和中日关系，提出了"搁置争议，共同开发"的主张，当时，日本政府也比较克制。但是到了 20 世纪 90 年代中期后，日本对华总体战略发生变化，特别是随着中日两国经济的快速发展，对能源需求增大，东海问题开始凸显。因为，据日本前国土交通大臣扇千景说，这一海域埋藏着足够日本消耗 320 年的锰、1300 年的钴、100 年的镍、100 年的天然气，以及其他矿物资源和渔业资源。一旦日本拥有这些资源，将由资源小国变成资源大国。

日本强化在钓鱼岛军事存在的目的也有此地缘政治考虑。我国的大陆架向东海延伸到冲绳海沟（2940 米）为止，因此与日本"相向"但不共享一个大陆架，属"相向不共架国"，东海大陆架海底权益应归我国所有。由于钓鱼岛正好在冲绳海沟的上沿，如果钓鱼岛成了日本领土，那么中日就成为"相向共架国"，大陆架权益划分就会一家一半。

除了经济利益，日本更深层次的目的是把我国的海上活动范围挤压在其单方面划定的"中间线"西侧，将我国的国际影响力限制在近海。这是中国无论如何不能同意的。

中国坚持对钓鱼诸岛及其海域拥有无可争议的主权。近年来，中国与日本围绕钓鱼岛问题、东海海域划界问题以及海洋科考通报、海洋法磋商、渔业协定、东海沉船事件等进行了一系列的交涉，坚定地宣示了中国对维护钓鱼岛的领土主权和在东海的海洋权益的决心和原则立场。

南海问题。我国海域面积300万平方公里，其中南海占210万平方公里。我国有充分的历史和法律依据，证明中国最早发现、命名南沙群岛，最早并持续对南沙群岛行使主权管辖，国际社会也长期予以承认。中国最早发现南沙群岛可以上溯到汉朝，《异物志》有"涨海崎头，水浅而多磁石"的记载。战后相当长时期内，并不存在所谓的南海问题。越南在1975年前明确承认中国对南沙群岛的领土主权。菲律宾和马来西亚等国在70年代以前没有任何法律文件或领导人讲话提及本国领土范围包括南沙群岛。1953年菲律宾宪法也未将南沙群岛划入菲律宾领土范围。只是由于70年代后期，在南海地区发现大量油气资源后，才使问题趋于复杂。经初步估计，南海的石油地质储量在230亿～300亿吨之间，属于世界四大海洋油气聚集中心之一，有"第二波斯湾"之称。目前，在南海海域和南沙群岛51个岛礁中，越南强占最多，控制岛礁29个、海域117万平方公里；菲律宾次之，控制岛礁9个、海域62万平方公里；我国连台湾控制的太平岛在内，仅控制了8个岛礁和5.5万平方公里的海域。

中国政府一贯主张以和平方式谈判解决国际争端，愿同有关国家根据公认的国际法和现代海洋法，包括1982年《联合国海洋法公约》所确立的基本原则和法律制度，通过和平谈判妥善解决有关南海争议。这已明确写入2002年中国—东盟各国签署的《南海各方行为宣言》中。中国政府还提出"搁置争议、共同开发"的主张。但这里要强调的是："主权归我"！"搁置"的是"争议"，而不是主权；共同开发，而不是"排华性"的单独开发。既然是"主权归我"，就要显示主权，维护主权。包括显示行政存在、军事存在、法律存在、舆论存在。

海上战略通道安全问题。目前我国对外贸易额的 97% 要通过海上运输来实现。特别是马六甲海峡、亚丁湾、索马里海域对我国的战略利益至关重要。马六甲海峡通道地位突出。我国从欧洲进口的大部分设备，从中东、非洲、亚太地区进口的石油，80% 要通过马六甲海峡。每天通过马六甲海峡的 137 艘船只，有 60% 驶往我国。中国每年途径亚丁湾、索马里海域的商船达 1000 多艘次，海盗袭击事件对国家利益构成了直接损害。仅 2008 年 1 月至 11 月，中国船只就有 20% 受到过海盗袭击。去年 11 月 14 日 "天裕 8 号" 渔船被劫持。

由此看来，天下并不太平，我们必须有忧患意识。

三、强国必须强军。国防和军队建设，在中国特色社会主义事业总体布局中占有举足轻重的重要地位。必须站在国家安全和发展战略全局的高度，统筹经济建设和国防建设，在全面建设小康社会进程中实现富国和强军的统一。这里有三句话要说：

强军必须富国。强军是以富国为物质基础的，大河有水，小河才能满。如果过分地倚重武备，甚至像前苏联那样 "重军抑民"，造成国民经济畸形发展，那么，拖垮的不仅仅是整个国家，也包括整个军队。相反，如果国家富有了，国家就可以有条件支持富国与强军协调发展。例如，日本是一个富国，它的军费支出占国民生产总值的比例小于中国，但它只要稍微突破 1%，绝对值就是中国的 5 ～ 6 倍。我国改革开放的总设计师邓小平正是看到了强军与富国之间的内在规律，因此，他才在改革开放之初力排众议，提出 "军队要忍耐"，他说："军队装备真正现代化，只有国民经济建立了比较好的基础才有可能"，等到 "国力大大增强了，再搞一点原子弹、导弹，更新一些装备，空中的也好，海上的也好，陆上的也好，到那时候就容易了。"（《邓小平文集》第 3 卷）事实确实如小平同志所言。

富国未必是强国。富国只是给强国提供了一种可能，富国是强国的必备条件，而不是充分条件。关键还在于国家的决策者能否利用富国的有利条件，达成强国的目的。

从中国的历史上看，汉朝、宋朝、明朝、清朝较之对手匈奴、蒙古族、后金、日本这样的小民族，不可谓不富，但屡遭败绩。特别是，大清帝国当年白银储备世界第一，甲午一战，龙旗即倒，中华民族沉沦百年。

从世界历史上看，科威特人均财富位居世界前列，但因为没有强大的国防，海湾战争，在萨达姆的强压下，一夜亡国，教训惨痛。

强国必须强军。一个国家要想真正强盛，除了要有经济实力作为基础之外，还要有国防实力作为支撑。就像一个人一样，不能光长骨头，不长肉；更不能只长肥肉，而不长肌肉，那只能是一个虚胖子。

纵观世界历史，近代史上"一代而强"的国家或民族不乏其例。例如，威廉一世和俾斯麦时期的普鲁士，成吉思汗时期的蒙古族，克伦威尔时期的英国，明治天皇时期的日本，努尔哈赤时期的女真族，列宁、斯大林时期的苏联……他们无一不是凭借民族意志、尚武精神和精良的武备造就了一代强国。

因此，强国必须强军，军不强，最多只能是一个富国，永远也成为不了一个强国。

让我们的军队在以胡锦涛总书记为首的党中央的领导下，全面落实科学发展观，向着太阳，向着光明，永远向前！

（《紫光阁》，2009 年第 10 期）

什么是十一军的军魂

今天（11 月 25 日）是我们英雄的陆军第十一军重新组建 40 周年纪念日，我们十一军的战友们自发编辑了一本纪念文集《苍海军魂》，怀念我们在滇西南苍山脚下、洱海之滨度过的那段激情燃烧的岁月，缅怀我们为祖国而血染疆场的战友们。我将我写的一篇文章附录于下：

一个国家有一个国家的国魂，一支军队有一支军队的军魂。什么是十一军的军魂？我常在心中思考这个问题。十一军从 1969 年 12 月重组到 1985 年撤编，只有短短的 16 年时间，在历史的天空中就像流星掠过，但它却留下了耀眼的光辉，镌刻下了历史的轨迹。16 年间，十一军培育了 3 名共和国上将，9 名中将（另有 2 名大军区副职未授衔），数十名少将。涌现出了"英雄营"、"猛虎连"、"者阴山英雄连"等英雄群体和蒋金柱、褚万林、陶少文、张进诚、李光辉、杨再林、马平等中央军委授予"战斗英雄"称号的人物。可谓群英荟萃，将星闪烁。一时间被誉为"十一军现象"，十一军的将士们以此为荣，为此骄傲。如今，十一军撤编已经整整 24 年了，但她的儿女们无时无刻不对她魂牵梦萦，一提起她仍然热泪盈眶、热血沸腾。我敢断定，只要祖国需要，共产党一声呼唤，成千上万名十一军的将士们又会呼啦啦地聚集在十一军的战旗下，续写我们的辉煌。

十一军何以有如此巨大的凝聚力和感召力？我想，关键还是十一军有自己钢打铁铸的军魂，这就是听党指挥的忠诚精神，英勇善战的战斗精神，团结互助的团队精神。

云南戍边

　　听党指挥是十一军的精神支柱。十一军是党的军队，完全听命于党。1969 年，东北边境战备形势紧张，党需要在西南边陲有一支雄师劲旅镇关守边，十一军应运而生；1979 年、1984 年，党需要维护西南边境稳定，惩罚越南小霸，十一军赴汤蹈火，重拳出击，不辱使命，全胜而归；1985 年，全军精简整编，裁军 100 万，十一军的将士们，又含泪脱下戎装，奔赴新的岗位，建功立业。十一军始终把党的意志作为自己的意志，把党的利益作为自己的生命。在战场上，许多热血青年火线申请入党，工兵排长陈安成冒险排雷，不幸负伤，但他考虑到战友们的安危，拒绝营救，错过了最好的救治机会，最后，虽然被运送到前线救护所，但终因失血过多而壮烈牺牲。牺牲前，他左手颤抖地摸向右侧口袋，掏出鲜血染红的一沓纸，断断续续地对守候在身边的军医讲："首长……这是我的入党申请书……请转交给党组织……"话音刚落，就昏死过去了。陈安成烈士用带血的入党申请书向党递交了一份合格的答卷，他是党的好儿子，十一军的全体将士们都是党的好儿女，他们经受了血与火的考验，以实际行动向党表达了自己的忠诚。

　　英勇善战是十一军的精神品牌。或许上天对十一军有特别的眷顾和

军事训练

青睐，十一军重组只有 16 年的时间，却打了三仗。抗美援老（挝）作战、1979 年中越边境自卫还击作战、1984 年中越两山作战。十一军的赫赫威名硬是打出来的，不服不行。重组之初，老军长董占林就决心把这支部队摔打成一支特别能打仗的部队，三塔寺连以上干部集训队，军首长扎着腰带和连以上干部一起摸爬滚打，练兵场上，龙腾虎跃，"准备打仗"的口号喊得震天响。1979 年，中越自卫反击作战，老红军军长陈家贵一声令下，"我的指挥所就在一线，我看你们谁敢往后撤。"在军首长的带领下，全军将士如下山猛虎，锐不可当，首战告捷，打出了国威军威。随后，历届军首长都指挥靠前，身先士卒。特别是两位"少帅"，廖锡龙、何其宗更是从战火硝烟中冲杀出来的佼佼者。我们的战士们更是好样的，他们用自己的鲜血，乃至生命铸造了十一军的军魂。91 团 2 连班长蒋金柱在攻打 148 高地时，身负九处重伤，仍然坚持战斗，在血泊中爬行，炸掉敌人一挺重机枪后，壮烈牺牲。91 团 9 连副班长陶少文在攻打木桑的战斗中，绕道跃进到敌人综合火力点翼侧，把爆破筒从敌人疯狂扫射的射孔中猛插进去，在与敌人几经拼命推堵后，用自己的肩膀顶住爆破筒，与敌人同归于尽，用自己年轻的生命，为夺取战斗的最后胜利作出了卓越的贡献。91 团 2 连副班长褚万林在臀部负伤的情况下，瞒着同志们，以惊人的毅力完成了作战和护送伤员的任务。在攻打 148 高地的战斗中，他冲锋在前，先后毙敌十余名，身负重伤，仍顽强射击，掩护战友们冲锋。94团6连纳西族指导员和自兴，在攻打西罗楼无名高地的战斗中，手端机枪，大喊一声"同志们，跟我来！"随即率队冲入敌阵，与敌人展开对射，身负九弹，壮烈牺牲。在指导员的带领下，全连指战员奋勇杀敌，全歼守敌，为主攻部队进攻拼杀出了一条血路。十一军的战旗，就是这些英雄们用鲜血染红的，十一军感谢你们！祖国人民不会忘记你们！

团结互助是十一军的精神动力。十一军来自昆明军区各大单位，有军区机关的、有省军区部队的、有十四军的、有四十九师的，还有其他一些兄弟部队的。各个部队都有自己的光荣传统和优良作风，但在军事素养、纪律作风方面也存在一些差异。如何在短时间内，把十一军团结得像一个人一样，在党中央需要的时候，一声令下，即能拉得出、开得动、打得胜，这是摆在历届十一军党委面前的艰巨任务。据当年党办秘书林登泉（后任军事科学院军事历史研究部部长）回忆道，十一军党委着重做了三件大事：一是狠抓思想建设，增强党的观念；二是狠抓制度建设，增强贯彻民主集中制的自觉性；三是狠抓作风建设，在落实上下工夫。在军党委的带领下，各级党委都把搞好"一班人"的团结看得比生命还重要。事实证明，人心齐，泰山移。部队面貌发生了显著变化，圆满完成了上级赋予的各项任务，特别是在抗美援老作战、中越边境反击作战和老山者阴山作战中经受了考验，涌现出一大批战斗英雄和英雄群体，为全军输送了一批优秀的中高级指挥员，特别是一批高级将领，应该说，这些高级将领来自十一军的各个单位。设想，如果各个单位搞山头主义，同级之间相互掣肘、扯皮，上下级之间妒贤嫉能，哪会有如此的格局。因此说，团结出战斗力，团结出人才。

十一军的军魂绝不止于此，最有价值的东西，往往只能意会而很难言传，但不管怎么说，我们一提起十一军就有一种别样的感情，毕竟我们是十一军培养出来的人，十一军的精神在我们身上传承，十一军的旗帜在我们的胸中飘扬，十一军的军魂在祖国的西南边陲永铸，我多么想高呼一声，"英雄的十一军万岁！"

铁血铸军魂，苍海凝厚谊；军威慑敌胆，红心映国门。

（《苍海军魂》，2009年11月25日）

中国军队新历史使命：需大力提高四大能力

基于对中国人民军队所处历史方位的科学判断，着眼于人民军队地位、环境、任务和自身状况的重大变化，中央军委主席胡锦涛概括提出了人民军队"三个提供、一个发挥"的新历史使命。

与"老"使命相比，"新"使命对人民军队职责的外延和内涵都有所拓展，可以归纳为在原有使命的基础上又有了四个延伸：一是由应对传统安全威胁延伸到应对非传统安全威胁；二是由维护国家生存利益延伸到维护国家发展利益；三是由保卫国家安全延伸到维护世界和平；四是由维护我国的和平发展延伸到促进世界的共同繁荣。人民军队要履行好新使命，就需要大力提高四种能力。

巩固党的执政地位和保证党长期执政的政治能力

军队要"为党巩固执政地位提供重要的力量保证"，这是人民军队新的四大历史使命的第一条，揭示了党与军队的本质关系，科学地说明了"夺取政权靠枪杆子，巩固政权也离不开枪杆子"这一颠扑不破的真理。一方面，党对军队要"绝对领导"，党是军队的"领导核心"；另一方面，军队对党要"绝对忠诚"，军队是捍卫党的执政地位的"中坚力量"。党指挥枪，既出凝聚力，又出战斗力。

"为党巩固执政地位提供重要的力量保证"并不是新的命题，也不是"四个延伸"中的任何一项，但为何却放在了我军当前能力建设的首位？其中的道理是不言自明的。因为近年来一些敌对势力正加紧对我实施"西化"、

"分化"战略，竭力鼓吹和煽动"军队非政治化"、"军队非党化"等谬论，其目的就是为了挑拨党和军队的关系，涣散我军的军魂，迷失我军的政治方向，从而动摇我党的执政地位。东欧剧变、苏联解体的一条重要教训，就是共产党对军队领导工作的薄弱，放弃其对军队的领导权和指挥权，导致军队在关键时刻不听党的指挥，最终丧失了党的执政地位。试问，军队如果不听党指挥了，"四个延伸"又从何谈起？

所以，我军要做到为党巩固执政地位提供重要的力量保证，就需要以党的旗帜为旗帜、以党的意志为意志、以党的使命为使命，切实加强政治能力建设。在日常工作中，应当毫不动摇地把思想政治建设摆在各项建设的首位，确保我军变革不变质、转型不转向、搞现代化不忘革命化。我们一定要更加深入地抓好军魂教育，引导官兵系统学习了解我党我军的发展历程和优良传统，牢记我军的性质宗旨，增进对党和人民军队的感情，坚决抵制各种错误思潮的侵蚀影响，切实做到在任何时候任何情况下，始终忠于党、忠于人民、忠于社会主义国家，成为巩固国家政权、维护国家尊严的坚强捍卫者，为巩固党的执政地位作出应有的贡献。

维护国家发展重要战略机遇期的危机处理能力和战略威慑能力

"21 世纪头 20 年，对我国来说，是一个必须紧紧抓住并且可以大有作为的重要战略机遇期。"这是胡锦涛主席站在历史与时代的高度，总揽全局、审时度势作出的科学判断。为维护战略机遇期提供坚强的安全保证，是军队义不容辞的历史责任。而抓住和用好战略机遇期的关键就是国家必须具有一个良好的安全环境。

当前和今后一个时期，威胁我国安全、影响我国不稳定的因素仍然很多。由于意识形态和基于自身国家利益的考虑，一些西方国家不愿看到中国发展和强大，千方百计对我国进行遏制；由于历史原因，我国在陆地边界和海洋权益上与周边国家存在着复杂的领土领海争端仍未解决；国内外的恐怖主义、民族分裂主义、极端宗教主义的威胁依然严峻；"台独"分裂势力仍然在兴风作浪，严重危害我国的主权和领土完整。随着我国社会结构的深刻变革，各种思想文化相互激荡，不同社会阶层及其利益矛盾十分突出，不利于社会稳定的因素增多。可以说，这些问题处置不好，都会严重干扰和冲击战略机遇期。

那么如何才能应对这些挑战呢？最根本的就是要提高危机预防、遏制能力和危机控制、处理能力，这不仅因为我国是社会主义国家，军事上从来都坚持自卫的立场，慎重使用武力是我们一贯遵循的原则，而且也因为和平是战略机遇期的首要前提，争取和平、预防危机、遏制战争最符合我国的发展利益。所以对军队来说，一定要增强战略预见性，既要关注战争的筹划和实施，有坚决打的准备；又要注重通过危机控制来避免战争，力争做到一旦发生重大危机，能够迅速采取相应措施，努力化解和控制危机，阻止危机事态演变成大规模的军事对抗。"善战者，求之于势"，"不战而屈人之兵"是上上之策。随着世界上和平力量的增长，通过战略威慑遏制战争，或延缓战争爆发，或制止战争升级，避免或减少战争破坏，越来越成为大多数国家的共同选择。战略威慑已经成为当今国际军事斗争的重要内容。我军必须在现有基础上不断加强战略威慑能力建设，以有效的军事威慑能力达到"慑战止战"的战略目的，"慑战止战"的基础是要有能"战而胜之"的核心军事能力，舍此，一切免谈。

维护国家发展利益的战略能力

国家利益是一个国家赖以生存与发展的客观物质需求和精神需求的总和。从传统意义上讲，它包括国家领土、国家安全、国家主权、国家发展、国家稳定、国家尊严等基本内容。但总体上可分为生存利益与发展利益两大类。

如果说，在改革开放之前的相对封闭时代，我国的国家利益的内涵和外延还比较简单，军队维护国家利益的主要形式是"守疆卫土"，那么随着时代的进步和发展，新的国家安全战略和军事战略的视野，就要从关注和维护国家生存利益向关注和维护国家发展利益延伸。要始终把维护国家的主权和安全放在第一位，但是我国的安全边际现在在拓展，我们不仅要关注和维护领土安全、领海安全、领空安全，还要关注和维护海洋通道安全、太空安全、电磁空间安全，这是一个主权国家最基本的安全利益所决定的。

要保证我军能为国家的发展利益提供有力的战略支撑，就必须大力加强我军军事力量建设，提高我军维护国家利益的战略能力。第一，要强化海洋安全观念，提高维护海洋安全的战略能力。特别是要构建一支坚强有力的海洋安全战略力量，捍卫国家领海和海洋权益，保护国家日益发展的海洋产业、海上运输和能源资源战略通道的安全。第二，要加强维护太空安全的战略能力建设。我们一定要积极开发太空，不断增强航天实力，为人类和平利用太空作出积极贡献，同时有效防范来自太空的安全威胁。第三，加强维护电磁空间安全的战略能力建设，构建一支坚强有力的电磁空间安全战略力量。要有效维护电磁空间安全，加强信息安全保障体系建设，保持掌控电磁空间优势，以确保国家经济、社会和生活正常运行，同时为打赢未来的信息化战争创造条件。

维护世界和平与促进共同发展的能力

随着经济全球化的不断深入，各国之间相互依存的局面逐渐形成。维护世界和平稳定、促进世界经济繁荣，日益成为世界人民最为关心的、关系到人类社会生存和未来发展的两大根本性问题。尽管和平与发展是时代的主题，但和平与发展这两大问题，至今一个都还没有解决，天下很不太平，不稳定因素还很多。在领土、主权争端以及政治意识形态纷争等战争根源尚未完全消除的情况下，强权政治、霸权主义和经济全球化造成的一些国家政局动荡、民族宗教矛盾上升、分裂主义抬头和国际恐怖主义行为，使得全球局部战争与武装冲突进入了一个新的动荡期。实现世界范围内的和平与发展，依然任重道远。

中国作为联合国安理会常任理事国，在维护世界和平、促进共同发展事业中负有重要的责任和义务。我们要以互信、互利、平等、合作的新安全观为指导，高举反对霸权主义、强权政治和恐怖主义的旗帜，积极探索新世纪新阶段维护世界和平与国家安全的新途径新渠道，以积极主动的姿态，全方位、多方向地参与全球多边或双边解决争端的安全对话和协商机制，积极推进全球裁军与核军控进程，与友好国家开展在边境和海域的联合军事演习，大力实施全球范围内的反恐合作，积极进行国际军事合作与交流，加大与世界大国和周边国家战略协作和军事互信的力度，努力营造维护国家安全利益的战略态势和战略空间。

（《瞭望》，2009 年 12 月 28 日）

我国保持适度核能力模糊是有合理正当理由的

新华网：核弹头数量曾一直被看作是国家最高机密，为什么美俄现在纷纷高调公开自己的核家底？这会对其核威慑力产生影响吗？

罗援：美俄并没有放弃"先发制人"的核威慑战略，自报核家底本身就是一种核威慑。冷战期间，美俄两家的核武库占世界核总量的95%，削减后仍占90%，削减前后的差别只是把世界摧毁数十遍或者是摧毁十几遍的差别，不要说他们现在达成的高限1550枚几乎是世界有核国家核弹数量的总和，就是再削减一半也能把世界摧毁个底朝天，对人类来说，被摧毁一遍和被摧毁十遍后果是一样的。

新华网：将被看作是国家最高机密的核弹头数量公布于世，不能不说是一个非凡举动，不过在这一问题上，或许更值得关注的是公布"最高机密"的时机，为什么美俄选择在这时候自暴核家底？

罗援：一是形势所迫。全球化时代，各国利益交融，一荣俱荣，一损俱损，你在损害别国利益的同时，不可能不付出相应的代价。所以说，核平衡实际上是一个恐怖平衡，与其保持劳民伤财的高限平衡，不如保持一个低限平衡。二是世界各国对核武器的本质特征有了进一步的了解。在霸权横行的世界里，没有核武器不行，有了核武器，谁也不敢轻易使用，也就是"中看不中用"，与其放在那里不用，不如做个顺水人情，主动削减，抢占舆论、道德制高点。三是维系庞大的核武库开销太大，从1940年到1996年，核开销5.5万亿美元，今年核预算70亿美元，1/3用于维持核武库。美俄双方都需要"减负"、"解套"。四是美俄双方在非核领域占有绝对优势，他们在捆住别国手脚的同时，可以自己放手在太空领域、网络领域、新概念武器领域继续展开战略博弈，在非核领域他们更是独领风骚。

新华网：美国政府高调向世界公布自己的核家底之后，美国国务卿希拉里随即呼吁其他有核国家"效仿并遵从"美国的做法。美联社就引述一名不透露姓名的国防部高级官员的话表示："我们希望其他国家群起效尤，尤其希望看到中国更透明化，能够公布自己的计划和方案。"目前包括俄英法等其他核国家都未公开自己的核武库，中国却成为美国媒体和官员唯一点名的国家。美国公布核弹头数量背后的真实意图是什么？

罗援：项庄舞剑，意在沛公。实际上是在给中国施压，诱使中国将核战略的意图和能力进一步透明。

新华网：根据美国国防部5月3日公布的报告，截至2009年9月30日，美国现役核弹头数量为5113枚，包括战略核弹头和短程核弹头。然而就在五角大楼刚刚公布这一数字不久，美国科学家联合会核情报项目负责人在接受采访时就表示，这一数字不实，美国核武器的数量至少超过9000枚。美国现有核武器规模到底有多大？五角大楼公布的数字是美国实际的核实力吗？

罗援：美俄最近达成的核裁军协议，全名叫《削减和控制进攻性战略武器协议》，这里有几大疑点：一是美俄公布的核弹头数量，是只针对战略核武器，包括不包括战术核武器？二是，是只针对进攻性核武器，包括不包括防御性核武器，也就是反导系统？三是，是只针对已部署的核武器，包括不包括库存和待报废的核武器？美国科学家联盟估计，美国已退役或待毁核弹头的数量约为4600枚。四是，在核武器的计算方法上有无统一的标准？美国的数据称，美国有核弹头3800枚，俄罗斯有5900枚；而俄罗斯称，美国有核弹头3500枚，自己有核弹头2800枚。

新华网：奥巴马政府在调整核战略结构的同时，也要求国会在未来10年内拨款约800亿美元，以加强核武器库、核实验室等核武基础设施建设，确保美国核威慑力量。如何评价奥巴马政府在核战略上的这些调整？

罗援：如果说，把核武器或者核技术、核材料出售、转让给别的国家或者非国家集团是横向扩散，那么，美国对核武器的更新换代，对核技术的深度挖掘，使其小型化、实战化、干净化、智能化则是纵向扩散，是在更高的层面上占领战略制高点。

新华网：我们注意到，就在美国在核弹头数量问题上公开声明的同时，美国在其研发 X-37B 等飞行器问题上却保持沉默，这说明什么？一旦实现了这种所谓全球打击能力，世界上其他有核国家的核武器会不会作废，从而引发新一轮的军备竞赛？美国这一系列举动背后到底对全球的核战略产生怎样的影响？

罗援：美国一方面要别的国家弃核，自己也假模假式地做出一些姿态；另一方面，却在大力发展太空武器、网络武器、信息化武器，这就不能不让人们对它的真实意图产生怀疑。你到底是真裁军呢，还是想解除我们的核武装？张爱萍将军说得好，我们的核武器就是我们手中的打狗棍。如果我们把手里的打狗棍丢了，万一狗来了，我们怎么办。因此，美国如果是想真裁军，就要拿出实际行动来，一是在核领域承诺不首先使用核武器，尽快签署《禁核试条约》，制定彻底禁止并全面销毁核武器的时间表。另一方面，在非核领域也应该率先裁军，而不是扩军。

新华网：近日美国《洛杉矶时报》称，美国公布核弹头数量意在"刺激像中国这样的国家，因为这些国家很少透露其核武库情况"。有媒体称，在美俄相继公布其核弹头数量后，"核透明"压力涌向中国，您怎么看这一评论，对于所谓公布核武器数量，中国如何回应？

罗援：美俄陆续公布核弹数量的意图非常明显，就是要逼迫其他国家摘掉"核面纱"，但是否公布核弹数量完全是有核国的主权自由，世界上并没有哪项条约或规定要求一定要这样做，从数量上说第三个应该核透明的也轮不到中国。最重要的是，包括中国在内的其他有核国家与美俄比起来，其实都是"穷人"，美俄可以炫富是因为有资本，但对中国等其他几个有核国来说，核弹头是"底牌"，亮出来其实就可能意味着在核游戏中"出局"。核超级大国公布核弹数目是只赚不赔，较小的拥核国家则是只赔不赚。公布数字只是第一步，第二步就是核查，第三步就是削减和销毁。中国不要落入"透明陷阱"。

新华网：中国外交部发言人姜瑜 5 月 4 日表示注意到美国的有关情况，

称中国"始终把自身的核力量维持在国家安全所需要的最低水平"，中国也是唯一承诺在任何时候和任何情况下都不首先使用核武器的国家，请你解读一下中国核战略。

罗援：我认为，中国在"核透明"问题上，有五句话要说。一是，核透明不是绝对的，中国做不到，美国也做不到。如果美国完全透明了，为什么前一段美国还在炒作一个莫须有的李文和间谍案，还在说中国偷窃了美国的核小型化技术，不是安全透明、技术共享吗？你怎么就不对中国完全透明了呢？第二句话是，核战略是由核意图与核能力两部分组成的。在核政策意图透明方面，中国是世界上做得最好的，我们自从有了原子弹的当天就郑重宣布，不首先使用原子弹，无条件地不对无核国家和地区使用或威胁使用原子弹，主张全面禁止并彻底销毁核武器。这一点，较之奥巴马提出的"无核宣言"时间更早，内容更具体，目标更彻底。如果国际社会要授予"诺贝尔和平奖"的话，首先应该授予中国。第三句话是，我国保持核能力的相对不透明，或者是适度模糊，是有充分而正当的理由的。这就是，因为我们是世界上唯一一家承诺"不首先"使用核武器的国家，为此，国际社会应该给予我安全回报。正因为我们奉行的是"后发制人"的政策，如此就要准备承受被敌人"先发打击"的风险，并付出代价。如果我全部都透明了，在敌人的第一次打击下，我的核自卫能力就毁于一旦，再怎么反击，再怎么回手？正因为我们要准备承担风险并付出代价，我就有权利保持核战略的适度模糊。其他哪个有核国家如果敢于做出"不首先使用核武器"的承诺，它也可以"享受"这种特殊待遇。第四句话是，核完全透明，对那些奉行"先发制人"核战略的国家来说，是战略威慑，使对方知难而退；核相对不透明，对奉行"后发制人"核战略的国家来说，也是一种战略威慑，使对方摸不清虚实，不敢轻举妄动。第五句话是，核透明只是增信释疑的手段，捍卫国家利益，保持战略平衡，维护世界和平才是目的。

正因为上述五点理由，中国在"核透明"方面所采取的态度，应该得到国际社会的理解。

（新华网，2010 年 5 月 19 日）

西方对华武器禁令逼出了中国军队的现代化

核心提示：欧洲国际防务展每两年举行一次，已成为全球防务领域最重要的专业展会之一。2010 年欧洲国际防务展 14 日在巴黎北郊的维勒潘特展览中心拉开帷幕，来自 50 多个国家和地区的 1300 多个参展商在 5 天的时间里展示其最新研制的武器和高技术军用装备。其中，中国 6 家企业首次参加了这一展会，这也是中国军工产品首次亮相欧洲国际防务展。

这次参展的 6 家公司中既有中国北方工业公司和保利科技有限公司等知名企业，也有 3 家民营企业，参展有倚天近程防空导弹武器系统、300 毫米多管火箭武器系统、8×8 轮式步兵战车、105 毫米轮式突击炮等国产最新型武器系统模型。

中国网：这次中国军企首次参展，罗援将军您觉得这次军事装备方面最大的亮点是什么？

罗援：这是自欧洲 1989 年对华实施武器禁令后，中国武器首次亮相欧洲市场，就像现在正在进行的足球世界杯"豪门盛宴"一样，中国装备能够亮相欧洲装备"豪门盛宴"就是胜利，要人家买你的武器，首先要人家了解你的武器，常言道，货比三家，有比较才能有选择。因此说，走出去就是亮点。从报道来看，我们这次参展的军事装备有两大类，一是作战装备，二是后勤装备。作战装备据说有主战坦克、300 毫米火箭炮等。我猜想 300 毫米火箭炮应该是 03 式。火箭炮曾经被誉为"战争之神"，但 03 式 300 毫米火箭炮又进行了信息化改造，具备了信息化定位系统、键盘操作系统、自动寻的和校正系统，射程大大提高，填补了身管火炮与导弹之间的火力空白，单炮一次齐射毁伤面积可以覆盖10个足球场。除此之外，还有155毫米自行榴炮，这在世界上也是领先的，实现了"52倍革命"，在亚洲只有韩国和日本拥有这种榴炮。

中国网： 中国军企和民企同时参展说明了什么？民企的参与会为中国国防工业的加速发展起到什么样的作用？

罗援： 军工企业长期是一花独秀，由国有企业独家垄断，民营企业参与国防工业是近一两年的事情。民营企业最大的优势是充满活力、充满创新能力，具有较前卫的市场经营和营销理念，将会给国防工业带来极大的生机和活力。比如有媒体报道，一家民营企业就自主研发了一款战术无人侦察机，只有5斤重，一辆吉普车就可以装下一套系统，包括4架无人机，可以在一个战术地幅进行全自主、自助的影像侦察。这对国有企业既构成了挑战，又形成了互补。

中国网： 从这次参展来看，您觉得中国军企和国际知名的军工企业相比，咱们中国的竞争优势在哪？

罗援： 中国的优势可以用四句话来概括：人无我有，人有我好，人好我快，人快我便宜。人无我有，是说我们在一些领域是有独特优势的，比如航天领域、导弹技术领域、计算机领域和医疗生物工程领域；还有一层意思，就是别人不愿意干的劳动密集型产品，如后勤装备我们也可以生产。人有我好，是指我们的一些武器装备质量好、耐用、实用性强，属于高精尖装备中的低端产品，特别适于发展中国家使用。人好我快，是指我们有后发优势，可以实现跨越式发展，比如04式履带步兵突击战车，在我国只是第二代，在它之前是86式，但这款车在世界上是第三代战车，类似俄罗斯的BMP-3，说明我们实现了跨越式发展。人快我便宜，是说由于我们的劳动力便宜，成本低，又有后发优势，因此我们的装备物美价廉，比如"枭龙"战机，据估计在国际市场上一架F-16的价格是3000万美元，而一架中国出口至巴基斯坦的"枭龙"战机只要约800万美元。

中国网： 中国现在的主战武器装备已经达到了什么样的水平？

罗援：我注意到在这次国庆大阅兵中，装备方队副总指挥邹运明曾说，我们参阅的部分装备已经达到或者超过了世界的先进水平，标志着我军的武器装备实现了质的飞跃。我认为所谓质的飞跃主要表现在，一是实现了部分装备代的跨越，我们的装备已经形成了以三代为骨干、以二代为主体的装备体系。三代装备如 99 改坦克、歼 -10、歼 -11B、04 式履带步兵突击战车、052C 导弹驱逐舰等。二是填补了部分装备空白，西方大国有的装备除航母和大型飞机外我们都已经基本具备了，如预警机、加油机、巡航导弹、无人机等。三是部分装备的战技术指标达到了世界先进水平，如 03 式 300 毫米火箭炮、"东风" 31A 洲际导弹，"东风" 21D 弹道导弹、99 改坦克等。

中国网：中国军售明星"枭龙"战机已成批出口，并引起了越来越多国家的兴趣。"枭龙"战机的成功外销对中国武器出口具有什么样的重要意义？

罗援：1998 年，中国和巴基斯坦两国政府签署了合作研制"枭龙"战机的协议。早在研制之初，"枭龙"战机的设计思想就被确定为：既要突出高的综合作战效能，又要突出低的采购费用和全寿命费用，适应现代化战争环境，适宜提供大批量装备，成为发展中国家买得起的先进战斗机。

"枭龙"战机具有突出的中低空高亚音速机动作战能力，装备先进的航电和武器系统，可以进行超视距、空对空和使用多种精确制导武器实施空对地攻击。由于其良好的性价比，"枭龙"战机受到越来越多的国家的关注，很多国家已经表达了购买的意愿。

2009 年 3 月，42 架"枭龙"战机成功外销巴基斯坦，总额 10 亿美元，创中国单笔军贸合同新高。而据巴基斯坦媒体报道，"枭龙"战机的出口近期取得很大突破，阿塞拜疆、津巴布韦已经下了订单，此外亚洲和非洲的 20 多个国家表达了购买轻型战斗机的兴趣。

"枭龙"战机成功走出国门，为我国军品外销走出了一条新路子，中国、巴基斯坦共同投资，共担风险，按照市场经济规律运作，巴基斯坦空军参与开发的轻型多用途战斗机，可满足许多第三世界国家对二代机更新换代的需求，为其他军贸项目今后的国际市场开拓起到了示范和带动作用。

中国网：最近，美国环球战略网的评论认为，中国已经显示出了掌握世界尖端技术的能力，甚至已经超过了长期以来的老师俄罗斯。你怎么看待外媒的这些评论？

罗援：我认为西方媒体的这些报道，有一股"酸葡萄"心态，试图离间我们和俄罗斯的关系。我们长期以来"以苏为师"、"以俄为师"，是由于历史原因和现实原因所造成的。1989 年以后，西方社会对华实行武器禁令，我们不从俄罗斯进口从哪里进口，不效仿俄罗斯又效仿谁，你也别看着眼馋，若眼馋你也卖呀！我们仿苏效俄，并不是亦步亦趋，比如歼 -11B，有人说，我们是抄袭了俄罗斯的苏 27。实际上我们是对苏 27 进行了升级，减少了雷达反射面积，强化机身结构，提升火控雷达性能，采用新型电传作业系统和玻璃化座舱。雷达反射面积由 15 平方米减少到 4 平方米，采用新型复合材料，使机体寿命比原来增加了 1 万小时，重量减轻 700 公斤，可同时探测 20 个目标，并攻击其中的 6 个，而早期苏 27 只能攻击 2 个。由此可以看出，我们的自主再创新，是"青出于蓝而胜于蓝"。

中国网：美国和欧洲部分国家为何极力阻挠对华武器出口？

罗援：目的只有一个，遏制中国的崛起，将商业行为政治化，试图向中国施加压力，企图改变和影响中国的政治走向。美国认为中国是处于十字路口的国家，只要对中国施加压力，中国就会皈依所谓的自由民主国家。

中国网：那么这次防展有没有可能成为一枚对华武器出口解禁的钥匙？

罗援：有可能是一个试探气球，有买就会有卖，否则是不公平贸易。

中国网：已经实施了 21 年的歧视性武器出口禁令带来了什么样的影响？

罗援：我觉得更大的损失是西方社会。欧盟已经成为中国最大的贸易伙伴，中国是欧盟第二大贸易伙伴。中国现在也是美国第二大贸易伙伴和增长最快的出口市场，是美国最大的债权国家，美国则是中国第二大贸易伙伴和最大的出口市场，中美建交时双方的贸易额只有 24 亿美元，2008 年已经达到了 3078.2 亿美元，这是所有在中美建交时对中美关系持最乐观态度的人都没有预料到的。

我们还有很多第一：我们的发展速度第一，我们的外汇储备第一，我们的出口第一，我们吸引外资世界第一，我们的外贸总额居世界第二位。中国正成为世界的制造中心、研发中心、技术培训中心和出口基地。但是，中美、中欧贸易长期存在不平衡，他们总指责我们出口多，进口少，其实他们应该从他们歧视性武器出口禁令中找原因，你卖一艘航母，顶中国卖给你几十亿件 T 恤，何乐而不为。你对中国制裁、封锁有用吗？毛泽东讲了，封锁吧，封锁一百年，中国什么都有了。"青山遮不住，毕竟东流去。"从这次中国军工企业再度亮相欧洲防务展，就足以证明歧视性禁令所带来的结果。

（中国网，2010 年 6 月 19 日）

鹰胆鸽魂——罗援将军论国防

335

伟大的抗美援朝精神万岁!

核心提示: 发生在20世纪中叶的抗美援朝战争,可以说是新中国诞生后的第一声呐喊,它所激发的中华民族的自尊、自信和强烈的爱国主义精神,是凝聚民族之魂,推动中华民族走向复兴的伟大动力。

中央军委办公厅原主任、军事科学院原副院长、中将李际均将军说:"战争充满人类的历史,但影响深远且具有划时代意义的伟大战争却屈指可数。西方军事史学家称公元前5世纪的马拉松之战是'欧洲出生时的啼声'。那次战争,古希腊人第一次战胜波斯人,不仅对自己的命运产生了信心,而且西方文化也由此产生。发生在20世纪中叶的抗美援朝战争,可以说是新中国诞生后的第一声呐喊,它所激发的中华民族的自尊、自信和强烈的爱国主义精神,是凝聚民族之魂,推动中华民族走向复兴的伟大动力。"

今年恰逢鸦片战争170周年、抗美援朝战争60周年纪念,前者背负着中华民族的耻辱,后者闪烁着中华民族的荣耀,两相比较,更显得新中国的第一声呐喊是多么的可贵。

英明的决策

抗美援朝战争的伟大功绩只有经过历史的沉淀,人们才会对它有更深刻的感悟,而它对中华民族以至世界上所有被压迫民族的启迪,将会是不朽的。

近些年来，由于受到某些错误舆论的影响和缺乏对历史真相的全面了解，某些人对抗美援朝战争的正义性、正当性和正确性产生了质疑，我认为这是完全错误的。评价任何历史事件，都不能够离开当时的世界形势和事件的起因，都不应该孤立地、片面地、舍本逐末地判断所谓的是非曲直。

1950 年 6 月 25 日凌晨的第一枪，并不是朝鲜战争的真正起因。

南朝鲜李承晚集团在美国的支持下，无视南北朝鲜人民和平统一的愿望，拒绝南北人民的合法代表——朝鲜祖国阵线的和平呼吁，积极进行战争准备，妄图用军事突进解决北朝鲜的人民政权，迫使北朝鲜把自卫战争提上了议事日程。

不要以为美国没有来得及将战火燃遍全中国，我们的抗美援朝、保家卫国就是得不偿失。美军在仁川登陆后，将战火燃至我东北边境，杀我人民，烧我房屋，轰炸我和平村庄，炮击我正常行驶的商船，不顾我国政府多次严正抗议和谴责，视中国人民的生命财产为儿戏，视中国国境为无物，充分暴露了美国的侵略气焰和企图。这是任何一个主权国家和对国民负责任的政府所不能容忍和不可接受的。

从晚清始，中国对侵略者都是"和谈止战"，中国得到的是屈辱和人民被屠戮。从新中国起，中国终于以战止战，以劣势装备打败了比"八国联军"人数多出 76 倍的十七国联军，为人民赢得了 60 年和平，为中华民族赢得了尊严和自信，为后代赢得了丰厚的精神遗产。

不管谁先动手，迟早要打

二战后期，1945 年 2 月，苏美英三国首脑在《雅尔塔协议》中就朝鲜问题达成了由中美英苏共同托管的协议。七八月间又签订了《波茨坦协定》，再次决定战后朝鲜由中苏美英共同托管，因美军当时尚无力在朝鲜半岛实施登陆作战，所以只划定了苏联和美国海空军的作战分界线。苏联根据上述协议，出兵中国的东北和朝鲜，给予日本关东军以最后一击，其进军朝鲜的先头部队已经越过三八线。美国此时忙于对日本本土作战，无暇顾及朝鲜，但为了在朝鲜半岛能够分得战争红利，提出以三八线为界，与苏联分管。苏联由于当时的形势和条件，同意以三八线为界向东延伸，在朝鲜和日本与美国南北分治。虽然，苏联对日的愿望未能实现，但三八线却成为朝鲜民族难以愈合的民族裂痕。

然而，一条民族裂痕可以有多种前景和解决方式，朝鲜半岛的三八线缘何引发一场持续数年的战火呢？

美国扶持南朝鲜先建国，美国和李承晚集团种下战争祸根

1947 年 3 月 12 日美国总统杜鲁门在国情咨文中提出了一个新的殖民主义纲领，即杜鲁门主义，宣称美国有领导"自由世界"、"援助"某些国家"复兴"的使命，以"防止共产主义的渗透"。他的这个纲领是冷战的起源，也是朝鲜战争的祸根。1948 年 2 月，美国操纵联合国作出了让"联合国朝鲜临时委员会"在朝鲜实施单独选举的决议。接着，通过单独选举，于 8 月 15 日成立了"大韩民国政府"。8 月 24 日韩美签订了《美韩临时军事协定》。在这种情况下，北朝鲜人民于 1948 年 8 月 25 日举行了朝鲜最高人民会议（南朝鲜参加投票的选民占全体选民的 77.52%）。9 月 9 日成立了朝鲜民主主义人民共和国。苏军于 12 月底撤出朝鲜。

从此，朝鲜半岛形成了"两种体制的对抗"。由此看来，朝鲜从政体上分裂，美国和李承晚集团是难逃罪责的。

北朝鲜在和平统一无望的情况下寻求自卫和武力统一

朝鲜民主主义人民共和国成立后，奉行和平统一的政策，坚决反对美国和李承晚集团的战争政策。1949 年 6 月初到 6 月底，朝鲜统一民主祖国阵线成立。在南北朝鲜 704 名代表参加的大会上，通过了朝鲜劳动党提出的和平统一的建议和 10 项和平统一的计划。6 月底，美国在世界舆论的压力下，自南朝鲜撤军。在此前后，南朝鲜的右翼势力和李承晚集团，无视朝鲜祖国阵线的呼吁，积极策划利用军事手段解决国家统一问题。从 1949 年 1 月到 9 月，李承晚集团的军警在三八线进行的武装挑衅活动达 432 次。6 月 11

日，李承晚发表声明，扬言"正在制定将给共产党分子带来重大损失的突击计划，在最近两三周内，这个计划将实现"（苏驻朝鲜大使什特科夫 6 月 18 日给维辛斯基电）。

1949 年年底，李承晚在记者招待会上狂妄地说："我们在新的一年中将万众一心，收复失地。"南朝鲜军总参谋长明确提出 1950 年国防军的任务是"用实际行动收复尚未收复的土地，统一国土"。

和平统一的方法已经不可能，美国、南朝鲜反对；美苏联合委员会、联合国大会解决朝鲜的努力均未成功；由南北方代表组成的祖国阵线也不能保证用和平方法统一国家；南朝鲜反动派已经拒绝了祖国阵线提出的和平统一的号召，北朝鲜领导人的观点也发生了变化，"当他们看到不能用和平方法统一国家时，便产生了用武装进攻南朝鲜政府的方法来统一国家的想法"(1949 年 9 月 15 日苏驻朝大使什特科夫给斯大林的报告）。1949 年 9 月 3 日，朝鲜领导人金日成向苏联使馆提出了一项军事进攻的计划，但是遭到了斯大林的拒绝。

中国被动卷入，主张后发制人

1950 年 4 月 10 日，金日成秘密抵达莫斯科，与斯大林进行了十几天的会谈。斯大林反复询问金日成有无必胜的把握，美国是否会干涉，如果美国干涉将如何应对。在得到金日成胸有成竹的肯定回答后，斯大林终于同意全力支持朝鲜的武力统一计划，但要求金日成去北京征求毛泽东对这一计划的意见。

据俄罗斯公布的档案，有两份关于金日成特使同毛泽东会谈的情况报告。一份是发自平壤的、苏联驻朝鲜大使什特科夫于 1949 年 5 月 15 日为转述金日成通报的情况给维辛斯基的电报；一份是从北京发出的、苏联军事顾问科瓦廖夫受毛泽东嘱托于 5 月 18 日发给斯大林的电报。这两份电报表明了中国政府的态度，"如果美国人走了，日本人也没来，在这种情况下，我们不劝朝鲜同志向南朝鲜发动进攻。"

中国未雨绸缪，防患于未然

战争爆发后，北朝鲜军队开始进展顺利，迅速将战线推进至洛东江一线。而在这时，中共中央和毛泽东主席则保持了冷静的态度，对战局的发展曾作了两种可能的估计：一是速决，即朝鲜人民很快取得胜利，将美国侵略军赶下海去；二是持久，即美帝国主义不甘心失败，继续增兵，甚至在朝鲜北部登陆，扩大战争规模，转入进行持久的战争。

根据对朝鲜战争形式的分析，中央军委为了保卫祖国东北地区安全和在必要时刻支援朝鲜人民的反侵略战争，及时采取了一系列应变措施。在朝鲜内战爆发不到两个星期，美军地面部队进入朝鲜仅一个星期的 1950 年 7 月 7 日，在毛泽东的提议下，中央军委由副主席周恩来主持召集了保卫国防问题会议，讨论了朝鲜形势和加强国防问题。7 月 10 日，中央军委再次召开会议研究集结兵力于鸭绿江边的战略决策，7 月 13 日正式决定组建东北边防军，由军委战略预备队即第四野战军的 38 军、39 军、40 军和 42 军共 4 个军 2 个师，及配属炮 1 师、炮 2 师、炮 8 师共 3 个炮兵师 9 个炮兵团，1 个高炮团，1 个工兵团，1 个坦克团，1 个骑兵团共 25.5 万人组成。与此同时，对支援边防军的第二线兵力、东南沿海海防和东北地区的国土防空问题也作了部署。8 月 4 日，毛泽东召开中央政治局会议，讨论朝鲜战局。面对朝鲜战争可能进入僵持阶段的新情况，毛泽东认为，朝鲜人民要取得胜利，有必要加上中国的因素。次日，毛泽东即令高岗马上召集东北边防军师以上干部大会，阐明作战目的、意义和大略方向，并要求于本月内完成一切准备工作。8 月 26 日，周恩来副主席再次主持召开国防会议，督促检查东北边防军的各项准备工作。随后，我一线指挥员邓华、洪学智和我驻朝代办柴军武均判断敌人在积极准备反攻，美军可能在仁川登陆。自此，东北边防军进入了积极备战的阶段。

先礼后兵，师出有名

朝鲜战争爆发第二天，美国总统杜鲁门便令其海空军参战。6 月 27 日又发表声明，除公开宣布干涉朝鲜内政外，还令其第七舰队侵入台湾海峡，占领我国领土台湾。

在杜鲁门发表声明的第二天，6月28日毛泽东在中央人民政府委员会第八次会议上对美帝国主义提出警告，他说："中国人民早已声明，全世界各国的事务应由各国人民自己来管，亚洲的事务应由亚洲人民自己来管。而不应由美国来管。美国对亚洲的侵略，只能引起亚洲人民广泛和坚决的抵抗。"他号召"全国和全世界人民团结起来，进行充分的准备，打败美帝国主义的任何挑衅"。

毛泽东的声明表明，朝鲜战争是朝鲜民族内部的事务，美国无权干涉。更不能因为朝鲜内战而侵略中国的领土台湾。9月15日，侵朝美军以其陆战第1师、步兵第7师和南朝鲜军1部，在大量飞机、舰炮配合下，实施仁川登陆。朝鲜人民军腹背受敌，战局急剧逆转。9月28日敌军占领汉城，并继续向三八线推进。面对这一形势，9月30日周恩来总理在中国人民政治协商会议庆祝建国一周年会议上警告美国："中国人民热爱和平，但是为了保卫和平，从不，也永不害怕反抗侵略战争，中国人民决不能容忍外国的侵略，也不能听任帝国主义对自己的邻人肆意侵略而置之不理。"之后，周恩来又接见印度驻华大使潘尼迦，转告美国当局："美国军队正在企图越过三八线，扩大战争。美国军队果真如此做的话，我们不能坐视不顾，我们要管。"

可是，美国无视中国的警告，于10月1日先令南朝鲜军队越过三八线，随后，美军也越过三八线，向朝鲜北部疯狂进犯，将战火燃烧到我国东北边境鸭绿江边。

就在南朝鲜军队越过三八线当天，金日成便正式请求中国政府给予"特殊帮助"，援助朝鲜人民作战。中国军队出兵朝鲜的问题被提上中国政府和中共中央的议事日程。

不管怎么说，邻国遭到侵略总不能坐视不理

10月2日凌晨，毛泽东电告高岗、邓华，请高岗速来京开会，请邓华着东北边防军提前结束准备工作，随时待命出动。接着于 10 月上旬，毛泽东连续主持召开政治局会议，讨论出兵参战问题。当时，有两种意见：一种意见，主张不出兵或暂不出兵。另一种意见，积极主张出兵。毛泽东在听取了各方意见后，深情地说："你们说的都有道理，但是别人处于国家危急时刻，我们站在旁边看，不论怎么说，心里也难过。"

经过反复慎重考虑，中央政治局终于作出了正式决定：出兵朝鲜，抗美援朝，保家卫国。10 月 8 日，毛泽东以中国人民革命军事委员会主席名义发布命令，将东北边防军改为中国人民志愿军，迅即向朝鲜境内出动，任命彭德怀为中国人民志愿军司令员兼政委。

但在此时，苏联方面表示，其空军尚未做好准备，需两个或两个半月后才能出动，支援中国人民志愿军作战。鉴于此，毛泽东不得不予以慎重考虑。于是，10 月 12 日，令志愿军暂不出动。10 月 13 日再次召开中央政治局会议，进行研究。最后决定，即便苏联暂不派空军参战，我们宁肯暂时忍受一些损失，也要出兵参战。毛泽东致电在莫斯科与苏联会谈的周恩来，"我们认为应当参战，必须参战，参战利益极大，不参战损害极大。"随后，毛泽东和中央军委下达命令：志愿军于 10 月 19 日入朝作战。

至此，中国人民和军队开始了两年零九个月可歌可泣的抗美援朝战争。

从上述对朝鲜战争爆发的前因后果和对中国出兵决策的历史回顾可以得出两个结论：

一是，朝鲜战争是政治的继续，是朝鲜民族实现祖国统一的战争。美国扶持的分裂政权和李承晚奉行的"北进统一"政策埋下了战争的隐患，不能简单地以朝鲜"打第一枪"判断战争的性质，更不能武断地跟着西方舆论指责朝鲜是"侵略者"。国内战争只有进步与反动、革命与反革命之分，谈不上什么侵略与被侵略。当年中国代表伍修权在联合国大会上曾质问美国代表："我们要问一问美国的代表们，在 19 世纪 60 年代美国曾有一次内战，那时林肯总统曾经领导过北方诸州的武装力量进攻到南方诸州去，美国代表们是不是认为这就是北方向南方的侵略，林肯总统是领导这一侵略的最大侵略者？""全世界的人民都在向美国的统治集团提出这样一个问题，朝鲜人怎么会侵略朝鲜人呢？"列宁曾经说过："战争的性质（反动战争或是革命战争）不是取决于是看谁进攻，'敌人'在谁的国境内，而取决于哪一个阶级进行战争，这个战争是哪一种政治的继续。"

二是，朝鲜战争和抗美援朝战争是两个概念。前者起始于 1950 年 6 月 25 日，后者起始于 1950 年 10 月 25 日；前者是朝鲜民族内战，美国无权干涉，后者是美国强加给中国的战争，中国不得不打。正如中国派往联合国的代表团团长伍修权所说："能不能设想因为西班牙内战，意大利就有权利占领法国的科西嘉呢？能不能设想因为墨西哥内战，英国就有权利占领美国的佛罗里达呢？这是毫无道理的，不能设想的。"言之凿凿，掷地有声。同样的道理，美国没有理由因为朝鲜内战就侵略中国的领土台湾，并将战火燃烧到中国的东北边界。有侵略，就有反抗。正如毛泽东 1951 年 10 月 23 日在中国人民政治协商会议第一届全国委员会第三次会议上致词时所说："我们不要去侵犯任何国家，我们只是反对帝国主义者对于我们的侵略。大家都明白，如果不是美国军队占领我国的台湾、侵略朝鲜民主主义人民共和国和打到了我国的东北边疆，中国人民是不会和美国军队作战的。但是既然美国侵略者已经向我们进攻了，我们就不能不举起反侵略的旗帜，这是完全必要的和完全正义的，全国人民都已明白这种必要性和正义性。"

由此可见，中国作出出兵决策完全是被迫的，是正义之举，是英明决策。美国著名史学家约翰·托兰曾经说过："中国出兵朝鲜是出于国家利益的考虑，是迫不得已的。如果苏联侵略墨西哥，那么美国在五分钟之内就会决定派军队去的。"

血染的风采

五次战役建奇功

中国人民志愿军开赴朝鲜后，遵照毛泽东主席的指示，在彭德怀司令员的指挥和中朝人民的全力支持下，采取"以运动战为主，与部分阵地战、敌后游击战相结合"的作战方针，从 1950 年 10 月到 1951 年 6 月，协同朝鲜人民军，连续进行了 5 次大规模的战役，歼敌 23 万余人，把侵略军从鸭绿江边赶回到三八线地区，迫使美国侵略者同意举行朝鲜停战谈判，为朝鲜战争的胜利奠定了基础。

第一次战役——出手即胜，将敌人赶过清川江。

中国人民志愿军进入朝鲜时，正值以美国为首的"联合国军"大举北犯，妄图在感恩节前灭亡朝鲜，朝鲜局势危在旦夕。10 月 19 日，我志愿军入朝的同一天，敌人占领平壤，20 日美空降兵第 187 团在平壤以北顺川地区实施空降。当天，西线南朝鲜第二军团第 6、7、8 师进至顺川、新仓里、成川、破邑一线，距离球场、德川、宁远我预定防御地区只有 90～130 公里，东线南朝鲜首都师已进占五老里、洪原等地，到达了我预定防御地域，而我入朝各军距预定防御地区尚有 120～270 公里，已不可能按原计划实施阵地防御作战。

毛泽东、彭德怀迅即改变原定进至朝鲜蜂腰部组织防御战役的计划，决心抓住敌人分兵冒进的弱点，采取隐蔽待机，在运动中各个歼灭敌人的方针。10 月 25 日，我 40 军 120 师 360 团迎头痛击了沿云山至温井公路北犯的南朝鲜第 1 师先头部队。118 师在两水洞与南朝鲜第 6 师第 2 团先头营遭遇，迅速将其歼灭，揭开了抗美援朝战争的序幕，接着又在云山地区围歼美军和南朝鲜军各一部。

美军侵朝第二任总司令李奇微上将曾对志愿军 40 军、38 军歼灭温井、熙川地区南朝鲜第 6 师的情况有如下描述："迅猛而突然的打击接踵而至，以至于很多部队还未弄清究竟发生了什么事情就被打垮了。中国人首先攻击了南朝鲜第 6 步兵师，将该师消灭得如此彻底，以致南朝鲜第 2 军团已不再是一支有组织的部队。"他在描述我 39 军在云山地区重创美骑兵第 1 师时写道："中国人对云山西面第 8 骑兵团第 3 营的进攻，也许达到了最令人震惊的突然性。""战斗持续了一整夜，不时发生近战，其激烈程度是以往作战所没有的……11 月 2 日凌晨，从云山撤退的部队在主要道路上遭到伏击。结果，那里很快就塞满了毁坏的车辆，坦克乘员和步兵在慌乱中四散奔逃。"

这是我军第一次与美军直接交战，就把美军打得"四散奔逃"。与此同时，我 42 军将东线敌军阻滞于黄草岭以南地区。

此役经过 12 昼夜的艰苦作战，歼敌 1.5 万余人，迫使敌人从鸭绿江边退至清川江以南。志愿军首战告捷，稳住了阵脚，为之后作战创造了有利条件。

第二次战役——确定抗美援朝战争胜利基础，将敌人赶至三八线以南。

以美国为首的"联合国军"遭志愿军第一次战役打击后，误认为中国出兵不多，最多是象征性出兵，气焰依然十分嚣张。麦克阿瑟将第二线兵力全部调入第一线，同时令西线美军第 8 集团军、东线美军第 10 军继续向北进犯。

志愿军利用敌人恃强骄傲的心态，采取了"故意示弱，纵敌、骄敌和诱敌深入"的作战方针，在西线实行宽大正面运动防御与游击战相结合的作战行动，诱敌深入。于 11 月 9 日，我军主动放弃飞虎山阵地，后撤 30 公里，10 日又放弃博川，并主动停止对进攻敌人进行反击。

志愿军节节诱敌，果然奏效，美第 8 集团军司令沃克认为"中国人似乎在全线撤退"，麦克阿瑟断言"中国人没有参战，战争将在两个星期之内就会结束"，遂决定于 11 月 24 日发起"圣诞节前结束战争总攻势"。待敌军进入我预定伏击地域后，彭德怀立即指挥我军隐蔽进入进攻出发阵地，利用东、西线敌人接合部宽达 100 公里的空隙，把进攻重点放在敌人的翼侧，集中兵力，实施双层战役迂回，向敌展开了强大攻势。11 月 25 日黄昏，我 38 军、42 军向进至德川、宁远地区敌第 8 集团军右翼薄弱部南朝鲜第 2 军团发起反击，38 军迅速突破德川敌人的防线。

李奇微曾写道："11 月 26 日中共部队又一次凶猛地全力扑向第 8 集团军，他们首先从右翼攻击南朝鲜第 2 军团，几乎将沃克的右翼部队消灭干净，只几小时的工夫，他们就肃清了残余的南朝鲜部队。"

27 日，彭德怀令 38 军主力插向军隅里、三所里。该军令 113 师担任向敌纵深三所里的穿插任务。28 日拂晓前，113 师即插到敌人纵深，距三所里

20 公里，他们不顾疲劳、饥饿，连续作战，突然抢占了三所里，比向南撤退的敌人先到 5 分钟。该师还派出 337 团于 29 日 4 时先于敌军抢占了三所里以西的龙源里，截断了敌人南逃的另一条退路。为正面主力全面出击，在运动中大量歼敌创造了有利条件。彭德怀在 12 月 1 日发给 38 军的嘉奖令中，欣然命笔"三十八军万岁！"随后，我军于 12 月 6 日收复平壤，23 日逼近三八线，进至涟川、铁原、华川地区。

东线刚刚入朝的志愿军第 9 兵团，冒着风雪严寒，克服了御寒条件极差的困难，鏖战于崇山峻岭之中，于 11 月 27 日黄昏，向进至长津湖地区的美第 10 军和南朝鲜第 1 军发起了反击。志愿军在极端困难的情况下，打得非常英勇顽强。

李奇微就曾感叹："中国人被打垮一批，又冲上一批，越过尸体往上攀援，继续冲锋。""这一次进攻以及后来对陆战队发起的进攻，这是最残酷的战斗。这些进攻使陆战师付出了高昂的代价。"

志愿军 27 军歼灭美军"北极熊团"，即第 7 师第 31 团，俘虏其团长麦克恩莱上校，缴获其军旗，这在美军战史中是极其罕见的。美第 10 军军长阿尔蒙德感到"情况万分危急"，命令他的部队迅速撤退。

此次战役彻底粉碎了麦克阿瑟妄图"圣诞节前结束战争"的幻想，将疯狂冒进的敌人一直打退到三八线以南，共歼敌 3.6 万余人，其中美英军 2.45 万余人，并使其车辆、火炮、坦克等军事装备损失惨重，美国第 8 集团军司令沃克死于此役。彭德怀后来在《自述》中写道："此役确定了抗美战争的胜利基础，恢复了朝鲜民主主义人民共和国的全部领土"，并收复了平壤和三八线以南的延安半岛和瓮津半岛。麦克阿瑟吹嘘的"总攻势"变成了"总退却"，从而扭转了朝鲜战局。

第三次战役——采取稳进方针，将敌人驱逐至三七线。

以美国为首的"联合国军"遭到两次打击后，退守三八线既设阵地。美国朝野充满了沮丧失败情绪，认为是"珍珠港事件后美国最惨的军事失败"。为了摆脱内外困境，11 月 30 日美国总统杜鲁门发表声明，威胁说"不排除使用原子弹"。12 月 3 日，麦克阿瑟向参谋长联席会议提出封锁中国、轰炸中国、派蒋军参战和唆使蒋军对中国大陆进行牵制性进攻的建议。与此同时，美国又于12月14日操纵联合国通过关于成立所谓"朝鲜停战三人委员会"的决议，企图玩弄"先停火，后谈判"的阴谋，争取时间，整顿败局，准备卷土重来。

此时，我军连续打了两次战役，体力消耗很大，十分疲劳，减员严重，粮弹几乎消耗殆尽，急需休整。但毛泽东从政治需要上考虑，于12月13日复电彭德怀，指出"目前美英各国正要求我军停止于三八线以北，将给我政治上以很大的不利。"中朝军队为了不给敌人喘息机会，于1950年除夕向敌军发起全线进攻，一举突破三八线，1月4日，我军第50军与第39军各一个师及人民军第1军团一部进占汉城。我军乘胜追击，把敌人赶到了三七线附近地区。1月8日，彭德怀适时果断地下令停止追击，结束第三次战役，主力就地休整，以一部监视敌人的行动，防止敌人向我反扑。

此役历经8天，歼敌1.9万余人，攻占了汉城，一度将战线推进至三七线。1951年4月，侵朝联合国军总司令麦克阿瑟因连续作战失利而被撤职。

第四次战役——经机动防御大量歼敌，将敌阻止在三八线附近地域。

美国侵略者为了挽回其失败影响，缓和内部矛盾，急速从美国本土及驻扎在欧洲、日本的美军中抽调老兵补充。李奇微对后撤的部队很快进行了整顿，于1月15日以所谓"磁性战术"向水原至利川我军发动了试探性进攻，25日开始全线向我发动大规模进攻。迫使刚刚转入休整的我军，不得不于1月27日停止休整，准备汉江南岸的机动防御。

中朝军队在极端困难的情况下，为遏制敌人前进，稳步打开战局，以英勇顽强的精神，进行了汉江南岸阻击战、横城地区反突击作战，歼灭了南朝鲜军第8师3个团，第3、第5师各一部，美军第2师一个营，另有敌炮兵4个营，共1.2万余人，只砥平里之敌未克。之后，敌军又重新组织反扑，志愿军和朝鲜人民军遂转入宽大正面逐山逐水的机动防御，不计一城一地得失，主动撤离汉城，最后将敌人阻止在我选定的进攻出发线——三八线附近，达成了预定目的。

此役历时 87 天，歼敌 7.8 万余人，掩护了战略预备队集结和展开，为第五次战役创造了有利条件。

第五次战役——我军再次进逼汉城、三七线附近，最后经运动防御将战线牢牢稳定在三八线南北地区。

中朝军队为了粉碎敌军在侧后登陆，配合正面进攻，以期在"朝鲜蜂腰部建立新防线"的企图，于 1951 年 4 月 22 日向敌人发起第五次战役。通过两个进攻作战阶段，在西线，中朝军队再次逼近汉城，推进到汉江、昭阳江；在东线，亦再次进抵三七线附近，将伪第 3、第 4 师和美第 2 师 4 个营及法国营大部分歼灭。共歼敌 5 万余人。取胜后，我军又在运动防御中歼灭了大量敌人。

此役我军连续奋战 50 天，歼敌 8.2 万余人，将战线牢牢稳定在三八线南北地区，迫使敌人不得不承认中朝人民的力量，而再次祈求停战谈判。从此，交战双方形成战略对峙。

在此役中，我军在战役指导方面存在一些问题，主要是对敌人采取长驱直入的战法估计不足，对现代化武器装备在战场上的运用及可能引起的战术变化缺乏深刻认识。正如毛泽东批评的那样，我军战役"口张大了"、"打早了"、"打远了"，导致我 60 军第 180 师受到严重损失。这里需要指出的是，180 师并非全军覆没，180 师被围时有 7000 余人，一个月后，陆续突围出来4000 余人，怎能说被全歼？只能说，受到了重大损失。

将敌人打到谈判桌上

经过连续五次战役，美国为首的"联合国军"被中朝人民军队从鸭绿江边赶回到三八线附近，损失 23 万余人，侵朝各国内部矛盾日益增长，全世界人民要求和平的呼声日益强烈。美国政府迫于内外压力，不得不调整战略，同中朝方面进行停战谈判。从此，朝鲜战场开始了长达两年之久的军事斗争和外交斗争交织进行的边打边谈的局面。

根据朝鲜战场出现的新情况，志愿军适时地采取了"持久作战，积极防御"的战略方针，以阵地战为主要作战形式，与朝鲜人民军一起，利用三八线附近地区有利地形，构筑坚固的防御阵地。在此后两年积极的阵地防御作战中，粉碎了敌人发动的多次攻势和绞杀战、细菌战，取得了全线战术性反击作战和上甘岭防御战役的胜利。中朝军队越战越强，1953 年又发动了强大的夏季反击战役，有力地促进了朝鲜停战的实现。

——粉碎敌人夏秋季攻势

在停战谈判中，美国侵略者妄图在会议桌上得到他们在战场上得不到的东西。当他们的无理要求遭到中朝方面的严正拒绝后，竟发出"让炸弹、大炮和飞机去辩论"的狂妄论调，于 1951 年 8 月和 9 月先后向朝中军队发动了"夏季攻势"和"秋季攻势"。中朝军队经过英勇奋战，粉碎了敌人的两次攻势，并相继进行了多次局部反击，共歼敌 16.8 万余人，迫使敌人重新回到谈判桌上来。

——全线战术性反击作战

为了削弱敌人，锻炼部队，取得阵地攻坚战的经验，中朝军队于 1952 年 9 月中旬至 10 月底，对全线敌军发起有计划的战术性反击作战。这次反击作战，贯彻了积极防御的思想以及"零敲牛皮糖"的打小歼灭战、积小胜为大胜的原则。对被选定的若干战术要点，经过充分准备，采取突然动作，给敌人以歼灭性打击，经过 44 天的作战，共歼敌 2.7 万余人，有力地打击了敌人。

——上甘岭防御战役

1952 年 10 月中旬，美国侵略者为了扭转战场上的被动局面，谋求其在谈判中的有利地位，片面宣布停战谈判无限期休会。接着由美军第 8 集团军司令范弗里特亲自谋划和指挥了"金化战役"，向中线上甘岭地区志愿军两个连据守的只有 3.7 平方公里的 597.9 高地和 537.3 高地发动猛攻。进攻前，敌军认为只要投入两个营的兵力就可占领这两个高地，进攻后，遭志愿军顽强抗击，遂陆续投入重兵，参战部队先后有美军第 7 师（配属美军空降第 187 团，埃塞俄比亚、哥伦比亚营）、南朝鲜军第 2 师和第 9

师，共计步兵 11 个团，炮兵 18 个营，火炮 300 余门和坦克 170 余辆，出动飞机 3000 余架次，总兵力达 6 万余人，妄图分割我防御体系，迫志愿军后退。

守卫这一地区的志愿军为第 3 兵团第 15 军第 45 师、第 29 师，第 12 军第 31 师和第 34 师一个团，炮兵 9 个团各一部，火炮 114 门，火箭炮 24 门，高射炮 47 门，陆续投入兵力 4 万余人，整个作战行动由第 15 军军长秦基伟、政治委员谷景生指挥。

"联合国军"对两个山头狂轰滥炸，共发射炮弹 190 余万发，投掷炸弹 5000 余枚，把总面积不足 4 平方公里的两个高地的土石炸松 1～2 米。我军在诸兵种协同下，依托坚固的坑道工事，发扬高度的革命英雄主义精神，坚决固守，寸土必争。经过 43 天空前激烈的战斗，打垮敌人大小冲击 600 余次，进行数十次反击，歼敌 2.5 万余人，守住了阵地。这一胜利充分表明，经过一年多的阵地作战，我军已建立起一条空前巩固的防线。

举世闻名的上甘岭战役，成为现代战争史上坚守防御作战的光辉典范。美国新闻界曾评论说："这次战役实际上变成了朝鲜战争中的'凡尔登'"，"即使使用原子弹也不能把狙击兵岭（指 537.7 高地北山）和爸爸山（指五圣山）上的共军部队全部消灭。""联合国军"总司令克拉克在他的回忆录《从多瑙河到鸭绿江》中也沮丧地说："金化攻势发展成为一场残忍的挽回面子的恶性赌博"，"这次作战是失败的。"

——夏季反击战役

经过反敌登陆作战准备，我军在战略上日趋主动。为了粉碎美国和南朝鲜继续拖延破坏停战谈判的阴谋，促进朝鲜停战实现，中朝军队从 1953 年 5 月 13 日开始，发动了强大的夏季反击战役。这次战役分三个阶段进行，采取稳扎稳打，由小到大的方针，根据美国和南朝鲜对停战的不同态度，而确定各阶段重点打击对象。

6 月 17 日深夜，南朝鲜当局以"就地释放"为名，胁迫朝鲜人民军被俘人员 2.7 万余人离开战俘营，押送到南朝鲜军队训练中心，公然破坏停战协议。彭德怀决定教训南朝鲜当局,经毛泽东同意,志愿军第 20 兵团 5 个军发起金城反击战,一举突破南朝鲜军 4 个师防守的 25 公里的坚固阵地,突入纵深最远处达 18 公里。整个战役共进行了 139 次进攻,收复土地 240 平方公里,歼敌 12 万余人,有力地促进了朝鲜停战的实现。

——实现停战,伟大的胜利

经过三年零一个月的战争和两年的停战谈判,1953 年 7 月 27 日,中朝方面和以美国为首的"联合国军"方面在朝鲜停战协议上签字。全世界人民渴望的朝鲜停战实现了。中朝人民和军队取得了伟大的胜利。

为促进朝鲜的和平统一,缓和远东和世界紧张局势,中国人民志愿军响应中朝两国政府关于一切外国军队撤出朝鲜的建议,于 1953 年 3 月至 10 月,分批全部撤出了朝鲜。祖国人民热烈欢迎"最可爱的人"凯旋,赞扬他们"打败了敌人、帮助了朋友,保卫了祖国、拯救了和平"。

不朽的丰碑

抗美援朝战争给我们留下的战略遗产,怎样评价都不过分,而且随着时间的推移日久弥珍。

改善了战略环境

朝鲜如果沦陷,唇亡齿寒,美韩军事同盟将直抵我鸭绿江边,有了一个从陆地进攻我的战略通道,随时可以找任何借口对我发动战争。那时,从东北边疆到东南沿海,我国将永无宁日。

从战略布局来看,我国的重工业基地半数在东北地区,当时的中国钢铁产量仅及美国的 1/144,其中 80% 以上集中在东北的辽宁省,沈阳是全国机械制造中心,东北的工业半数又集中在南部,南满电站也位于此地。如果朝鲜沦陷,这些重要战略要地均直接处于美国飞机威胁之下,甚至连中国的首都北京也在美国轰炸机的活动半径之内,中国的战略后方和经济政治中心,顿成前线或战略浅近纵深。毛泽东说,"如果不打回三八线,前线仍在鸭绿江和图们江,沈阳、鞍山、抚顺这些地方的人民就不能安心生产。"

另外，如果美军占领了朝鲜，它的气焰将更加嚣张，甚至会得寸进尺，进一步支持蒋介石集团同我捣乱，国内的反动势力就会有恃无恐。美国还会进一步插手越南和缅甸等国家的事务。那时，我国将处于内外夹击的被动局面，我国的安全就会失去保障，全国人民就会失去安全感，又怎能安心进行建设呢？

抗美援朝战争的胜利，为我们赢得了较长时间的和平建设环境，没有抗美援朝战争，我们就不可能有条件迅速摘掉"一穷二白"的帽子。抗美援朝战争起码保了我国六十年无大战事。事实证明，战争不能直接创造物质财富，但是，它可以直接创造精神财富。换句话说，战争不只是消极因素，也有一定的积极因素，抗美援朝、保家卫国运动极大地激发了全国人民的爱国积极性。据《当代中国财政》一书记载：财政收入，1950 年为 65.19 亿元，1951 年为 133.14 亿元，1952 年为 183.72 亿元，1953 年为 222.86 亿元。几乎每年都在成倍地增长。从这些事实可以看出，在抗美援朝中，我国经济不但没有遭到破坏，而且还得到发展，这在我国战争史上是从来没有的，堪称奇迹。

今天，我国经济飞跃发展，理所当然不能忘记抗美援朝战争的胜利给我们打下的这一坚实基础，我们今天所以能够专心致志地搞经济建设，实际上是在享受着抗美援朝战争给我们创造的"和平红利"。

打出了国威军威

1950 年，中国的工农业总产值为 574 亿元人民币（按当时人民币与美元 2.5：1 的比值计算，仅相当于 229.6 亿美元），而当年美国的国民生产总值为 2848 亿美元，是中国的 12 倍多。中国的钢产量为 60.6 万吨，美国为 8772 万吨，是中国的 144 倍。1950 年 10 月，美国投入到朝鲜战场的作战飞机达 1200 架，中国能够勉强作战的飞机只有 110 余架；美国投入海军舰船近 300 艘，中国海军尚未形成战斗力；美国投入坦克 800 余辆，中国的装甲部队正在组建之中，从苏联订货的 10 个团 400 辆坦克刚刚到货；美国陆军平均 4 个人装备一辆汽车，中国陆军平均 500 人才有一辆；美军一个团的火力强度，要超过中国一个军。据当时中方的材料，美国一个军（三个师）装备各种火炮 1500 门，而中国一个军只有同类火炮 36 门。美军在战时共投射弹药 330 万吨，中国消耗弹药仅 25 万吨。

在实力对比如此悬殊的情况下，中朝军队却创造了历史奇迹，在三年零一个月的作战中，共毙伤俘敌 109.3 万多人，其中毙伤俘美军 39 万多人，击落击伤敌机 1.2 万多架，沉重打击了美国的侵略气焰。美国在战争中消耗了大量物资，战费开支达 830 亿美元，仅次于它在第二次世界大战中的消耗。

中国人民志愿军在这场战争中打破了美帝国主义不可战胜的神话，打出了国威军威。新中国成立时，毛泽东曾庄严宣告：中国人民站起来了。这一事实，当时并没有被所有的人真正认识。

抗美援朝战争的胜利，教训了帝国主义者，也教育了那些恐美病者，新中国的威望空前提高，中国人民不仅站起来了，而且被称为东方巨人。

前美国总统胡佛曾经哀叹："神话已经破灭，原来我们并不是不可战胜的。""联合国军"第三任总司令马克·克拉克曾经留下了一段经典言论："1952 年 5 月，我受命为联合国军统帅，代表 17 个国家，在韩国抵抗共产党侵略。15 个月以后，我签订了一项停战协议，这项协议暂时停止了……那个不幸半岛上的战争。对我来说这亦是表示我 40 年戎马生涯的结束。它是我军事经历最高的一个职位，但是，它没有光荣。在执行我政府的训令中，我获得了一项不值得羡慕的荣誉，那就是我成了历史上签订没有胜利的停战条约的第一位美国陆军司令官。我感到一种失望和痛苦。我想我的前任麦克阿瑟和李奇微两位将军一定有同感。"

彭德怀元帅则自豪地说，过去西方列强在中国沿海架上几门大炮，派 2 万人的八国联军就能长驱直入中国首都的历史从此结束了。

李际均中将充满激情地说："一百年来第一次为我们中国人抹去那黑色屈辱胎记的，是那藐视一切敌人、勇往直前的志愿军将士。中国今天能这样站立着，是因为当年志愿军在三八线、上甘岭站立着。我们今天每时每刻都在感受他们为祖国和人民争得的尊严。"

在长津湖战役中受中国人民志愿军沉重打击的美陆战 1 师作战处长鲍泽上校在回忆录中写道："我相信，长津湖的冰天雪地和中国军队不顾伤亡的狠命打击是每一个陆战队员心中永远挥之不去的噩梦。"我说，这就是抗美援朝战争最大的历史功绩！

历练了抗美援朝精神

在首都各界纪念中国人民志愿军抗美援朝出国作战 50 周年大会上，江泽民曾经将抗美援朝精神概括为"志愿军始终发扬祖国和人民利益高于一切、为了祖国和民族的尊严而奋不顾身的爱国主义精神，英勇顽强、舍生忘死的革命英雄主义精神，不惧艰难困苦、始终保持高昂士气的革命乐观主义精神，为完成祖国和人民赋予的使命、慷慨奉献自己一切的革命忠诚精神，以及为了人类和平与正义事业而奋斗的国际主义精神，这就是伟大的抗美援朝精神。"这种精神永远是中国人民的宝贵财富。

当美帝国主义把战争强加到我们头上时，中共中央和毛泽东主席对待战争的基本态度是："对于战争我们是不怕的，因为，我们有进行了二十三年武装斗争经验的党和军队，而且美帝国主义也有许多困难，内部争吵，与其同盟者也不一致，在军事上有其不可克服的弱点。但要防备美国乱来，即打第三次世界大战，长期地打，打原子弹。而我们是不让你（美国）打的，你一定要打，就让你打，你打你的，我打我的，你打原子弹，我打手榴弹，抓住弱点，跟着你，最后打败你。"

在这场血与火的生死大搏杀中，志愿军指战员高度发扬了爱国主义、国际主义和革命英雄主义精神，涌现了大批英雄模范和功臣。他们以自己的英勇奋斗、忘我工作的献身精神，创造了一桩又一桩可歌可泣的英雄业绩，谱写了一曲又一曲的浩然正气歌，以壮丽的青春铺垫了通往胜利的道路，以宝贵的鲜血浇开了和平与幸福的鲜花。他们的精神永远是中华民族的骄傲，他们的业绩将万古流芳，与世长存！

据有关统计，志愿军指战员仅作战伤亡即达 36.61 万人，加上非战斗减员（病故、病退或事故伤亡）共 77 万多人。牺牲在朝鲜战场的军职指挥员有 3 人，师职指挥员 19 人（这些同志都是身经百战的老红军），毛泽东的儿子毛岸英也牺牲在朝鲜战场上，志愿军统帅彭德怀多次遇险。

志愿军获得各级英雄模范称号者 418 人，其中：特级英雄 2 名、一级英雄 50 名，一级模范 4 名，二级英雄 273 名，二级模范 83 名，其他英雄称号者 6 名。荣立各种功者 302724 人，其中：特等功者 239 名，一等功以下者 302485 名；集体立功单位（班至团）5953 个。特级战斗英雄黄继光在上甘岭战役中，纵身扑向敌火力点，用胸膛堵住敌人的射击孔，为部队开辟通路。特级战斗英雄杨根思在第二次战役中，带领本连第三排打退敌人 8 次连续猛烈进攻，当敌人发起第 9 次进攻时，他抱起一个 5 公斤的炸药包，纵身冲向敌群，与敌人同归于尽。

1950 年 10 月 25 日，中国人民志愿军入朝作战第一天，40 军在温井地区与南朝鲜军第 1 师一部和第 6 师一个加强营遭遇，当 20 多名敌人扑向 360 团 3 连 3 班阵地时，班长石宝山抱起两根爆破筒，高喊"为了祖国守住阵地！"扑向敌群，与敌人同归于尽。他是志愿军入朝后第一个在战场上英勇献身的英雄。据统计，在 50 名一级战斗英雄中，有 15 名是与敌人同归于尽的。

著名作家魏巍在描述第二次战役中的松骨峰战斗时是这样写的："战后，这个连的阵地上，枪支完全摔碎了，机枪零件扔得满山都是。烈士们的遗体，保留着各种各样的姿势。有抱住敌人腰的，有抱住敌人头的，有掐住敌人脖子把敌人摁倒在地上的，和敌人倒在一起，烧在一起。有一个战士，他手里还紧握着一个手榴弹，弹体上沾满脑浆；和他死在一起的美国鬼子，脑浆进裂，涂了一地。另一个战士，嘴里还衔着敌人的半块耳朵。在掩埋烈士遗体的时候，由于他们两手扣着，把敌人抱得那样紧，分都分不开，以致把有些人的手指都掰断了。……"这就是我们最可爱的人，这就是伟大的抗美援朝精神。

曾经任志愿军 40 军政委的袁升平将军动情地说："我是 1929 年参加红

军，历经第二次国内革命战争、抗日战争、解放战争的无数次战役、战斗，打了一辈子仗，最值得自豪的是与世界头号强敌交锋的抗美援朝战争，这是中华民族扬眉吐气的一次保家卫国的正义战争，它证明了我们中华民族是硬骨头！……一个民族的骨头不硬不行。骨头不硬，就受到列强欺辱；骨头不硬，在国际上就没有地位；骨头不硬，就难以振兴中华！抗美援朝战争打造出了我们民族的硬骨头！"

抗美援朝战争的历史功绩将永载史册！

抗美援朝战争中牺牲的英雄们永垂不朽！

（《瞭望》，2010年Z2期）

中国要成一流强国必须强化尚武精神

讨论"什么是未来主流社会"的问题，我认为很有必要。未来主流社会除了应该是一个物质极大丰富、法制非常健全的社会，还应该是一个激荡着阳刚之气、充斥着尚武精神的社会，更应该是一个高扬着爱国主义和革命英雄主义主旋律的英雄时代。

中国人做了几代的强国梦，现在就要在我们这一代或者我们的后代身上实现了。但是，我认为强国必须要强军，军不强，最多是一个富国，而永远也成不了一个强国。

历史证明，落后就要挨打。但是这种落后，还不是主要指经济落后，而主要是指的制度落后、军力落后。大清帝国，经济并不落后，但屡战屡败，割地赔款，丧权辱国；新中国刚刚诞生之日，经济并不发达，但敢于与美帝国主义较量，靠的是统帅的决断和军队的忠诚与善战；俄罗斯现在经济沦为二流，但它的军力仍是一流的，谁敢跟它叫板！中国现在的 GDP 已经接近世界第二位了，但我们连国家的统一问题都没有解决，连被邻国掠夺的领土都没有收复，怎能妄自称为强国？军力是国家意志力、凝聚力、创新力、决策力、经济力、科技力和战斗力的综合体现，是软实力和硬实力的有机结合。军力既强调武器的作用，更强调人的作用，还强调人和武器的组合（编制体制），以及最大限度地发挥人和武器的作战效能（战略战术）。人总是要有一点精神的。曾有人做过一个调查，题目是"我们开国元勋身上有多少战创？"调查结果令人震撼。十大元帅，七个受过重伤；十个大将，也有七个受过重伤。军事科学院院史馆的镇馆之宝则是粟裕大将火化时在他头颅里发现的三个弹片。我们的江山就是靠着这些先辈们流血牺牲打下来的。在现代条件下，我们更需要提倡这种尚武精神。有了现代化的武器装备，再有了尚武精神，将如虎添翼。

尚武精神和大无畏的革命英雄主义气概应纳入国民教育体系，成为我们民族精神的一个重要组成部分。尚武并不意味着好战，尚武是为了以战止战，是为了备战慑战。

近30年的和平环境，在部分军人当中滋长了和平麻痹思想，在部分民众当中滋长了泛和平主义思潮，好像什么问题都必须用和平手段来解决，使用非和平手段就大逆不道。我们要有忧患意识，要居安思危，周边并不太平，还有敌国外患，祖国尚未统一，分裂主义势力仍对我构成威胁。我们要充分认识到，战略机遇期既是经济发展的战略机遇期，也是国防建设的战略机遇期。如果消极守成，战略机遇期会失之交臂，变成战略高危期。

我曾对某些外国朋友讲，你们说我们是"鹰派"，我们不反对，因为我们是军人。军人不言战，谁再言战？军人不积极备战，留着军队干什么？《亮剑》是一部很好的电视文艺作品，一支军队、一个民族就是要有敢于亮剑、善于亮剑的精神。如果军人都变成了"鸽派"，老百姓花那么多钱，养着军队干什么？不如省下钱来改善民生，军队不如改名叫和平基金会。但是，我们欣赏的强硬派应该是理性的强硬派，而非莽撞的强硬派；应是在服从国家利益大局下的强硬派，而不是一味逞强的强硬派。

最近，我看到一篇报道，一个日本记者到中国某大学演讲，演讲前问在座的听众，"谁知道黄继光、邱少云？"一名大学生抢答说，"我们在座的这些人都知道这两个傻帽。"这个日本人回国后写了一篇《中国青年的堕落》。我想，若真有这样亵渎我们英雄的青年，那将是我们教育的悲哀。一个不崇尚英雄的民族是不会英雄辈出的。现在社会上有个不好的现象，就是阴柔之气上升，阳刚之气下降。如果我们的舆论导向和影视指南不是弘扬尚武精神、英雄情怀、爱国情操，而是渲染娘娘腔、脂粉气，那么一旦国难临头，这个民族是没有凝聚力、战斗力和生命力的。这就是我为什么主张在主流社会教育中一定要提倡尚武精神，加强爱国主义和革命英雄主义教育的原因所在。

（《环球时报》，2010 年 12 月 12 日）

增加军费是强军之需

核心提示：今年两会上，3 月 4 日上午，李肇星向媒体透露，2011 年中国国防费预算大约为 6011 亿元人民币，增长 12.7%，国防费预算占当年全国财政支出预算的 6%。这是中国军费增幅去年降至 7.5% 后，再度回归两位数。消息一经宣布，即引来国际关注，其中虽有对中国军费增幅的理解之声，更多的却是表示担忧。中国军费增幅是高是低？中国军费的开支是否又足够透明？

对退役军人的安置应该有法可依

网易新闻：媒体一直都想请您谈一些我们关心的军事问题，今年两会上您提了六个提案，能不能给我们大致讲讲今年您关心哪些方面的内容？

罗援：在维护军人的权益这方面我有一个提案，就是尽快制定退役军人的安置法。

现在对退役军人的安置，法律体系还不够健全，虽然我们有相关法规和规定，但还没有上升到法律地位，特别是关于军官和公务员相比，到底是什么关系？ 2001 年（3）号文件和 2007 年（8）号文件都有一些相关规定，当时提出"军官是国家干部的重要组成部分"，现在"国家干部"一词在用人制度中已经基本淡薄了，而是用"国家公务员"取而代之，国家公务员和军官是什么关系，这个问题没有理顺，所以在军官安置时带来了很多问题，退役到地方后，有些人被直接纳入到了公务员队伍，有些要考试，有些要打分。谁需要考试？是团以下干部还是师以下干部，现在也没有明确界定。

　　还有一个问题，军官到地方后有的地方按级使用，有的地方降两三级，甚至降四级使用。当然，我们知道地方在安置军队转业干部时可能有一些困难，我们都理解，但为什么要降级？降级是否合理？各地的标准还不一样。这都需要法律规范，我们要以法服人，所以我觉得建立一个《退役军人安置法》是非常必要的。

　　我讲的军人还包括士官和士兵，现在士官到地方后也是这样，虽然地方都说给予安置，但很难落实，最后基本就是给些补偿，根据各地财政状况的不同，有的地方给一万到两万，有的给三万到四万，现在有很多士官又回流到了原来的驻军所在地周围自谋职业。

　　现在我们说农民工的问题，其实还有一个"军转工"的问题，也就是有一部分退役到地方的士官又回流到大都市、回流到原驻军所在地，也带来了一些实际问题，因为现在他们的生活状况不如人意，所以我也要替他们呼吁一下，如果要安置，那么出台法律规定后就必须安置，如果你没有安置，我们就要依法行事，而不要让他们自己去申诉。还有就是士兵，当兵两年，各地给予的补偿是不一样的，有的地方给予的补偿高一点，财政情况好点的能拿到几万，有的拿到的就比较少，回到地方后给他们的复员费长期没有大的变动，具体数字我就不说了，但这个数字显然比较低，这也给他们带来了一些实际问题。当然，党和政府对军人是非常关心的，我想随着经济状况的好转对军人的关爱将进一步加强。最近不是在热传要给军人涨工资吗？特别是基层军官和士兵涨的幅度更大，这充分体现了党对军人的人文关怀。但现在我们要把安置军人的立法问题提上议事日程，这次温家宝总理在政府工作报告中也谈到了，要加强对退役军人安置就业问题的工作，我觉得应该把它具体落实，使军人更安心地为国尽力，安心服役，解决他们的后顾之忧，这对于提高我们的国防实力以及提振军心士气是非常有利的。

　　网易新闻：您最近还提出十二五规划中我国对保护海洋权益方面的

建议？

罗援：在国防方面我提出了关于"维护国家海洋权益"的几点建议，其中谈到应该设立一个"国家海洋日"，让全民族都有一种海洋意识，要让大家都知道，整个地球上海洋覆盖面积达到了 71%，而在我们的国土面积中还有 300 万平方公里的海洋管辖区，以前上学时老师都告诉我们中国地大物博，有 960 万平方公里的国土，但根据 1982 年新的《海洋法公约》，这个概念已经不是十分准确了，我们除了有 960 万平方公里的陆地国土，还有 300 万平方公里的海洋管辖区，有人说这是我们的"蓝色国土"，我们要有这个概念，这是我们今后生存和发展的方向，它有大量的水底资源、油气资源，据说东海的油气储量至少够我国用 80 年。南海的油气储量就更大了，相当于整个国土资源的 1/4，但是现在，不管是东海还是南海，海洋的安全形势并不乐观。

网易新闻：比如去年南海争端特别多。

罗援：是的，有南海争端，还有钓鱼岛争端，东海划界争端，在这些问题上我们还是要体现主权，在和平利用开发的同时还要维护主权，所以我提出了"四个存在"：

一是行政存在，我们要设行政区划。

二是法律存在，我们要根据 1982 年的《海洋法公约》和 2002 年的《南海各方行为宣言》和一些相关国家就海疆、海界问题进行谈判。

三是国防存在，在我们领海主权范围内的海域、岛礁要体现国防存在，在具有生存条件，可以驻兵的地方应该驻兵，不能驻兵的地方要设立军事设施，比如灯塔、风向标，不能设置军事设施的地方应该设立一些主权标志，比如悬挂国旗、设立主权碑，这在国际上也是有先例的，俄罗斯和挪威在北极有争端，俄罗斯杜马主席就亲自坐潜水艇把俄罗斯国旗插到了北极的海底。我们前段做得也比较好，利用微型深水探测器把我们的国旗插到了南海海底，这是主权的象征。

军事象征除了这些之外还有军舰，在我们的主权范围之内，要进行定期和不定期的巡逻、警戒、维权，以显示我们国家的实力存在。虽然现在也有一些渔政船、民政船在附近活动，对维权起到了比较好的作用，但作为国防实力的象征可能还要用军机、军舰。

四是经济存在，现在我们提出的主张是"搁置争议，共同开发"，但"共同开发"不能排斥中国，是中国和其他国家共同开发，而不是某些国家排华性地把中国排除在外和域外的国家进行联合开发。对这个问题，在经济开发上我们也要显示出主权，尽可能搞一些以我为主的联合海洋勘察、海洋研究，在那里设置作业平台和一些辅助设施，作业平台往那儿一放就是一个主权的象征。另外还可以加大海上渔业资源的开发、海上旅游业的开发，总之要体现我们的主权。

网易新闻：有人提出了疑问，中国现在特别强调海洋利益，是不是在某种程度上意味着和其他相关国家的摩擦会越来越多、越来越大？

罗援：树欲静而风不止，摩擦是不可避免的，因为这实际上是一种利益的摩擦。在 20 世纪 70 年代之前，南海问题从来不是一个问题，没有人提出南海还是一个问题。为什么后来成为了问题？就是因为在南海发现了大量油气资源。随着大家海洋意识的增强，都认为未来 21 世纪将是海洋世纪，于是，海上争夺、摩擦就不断增强。

但问题在于摩擦发生了，你用什么方式来解决，这就需要我们用政治智慧了。《孙子兵法》有这么一句话，"上兵伐谋，其次伐交，其次伐兵，其下攻城。"首先要用谋略，在这方面，我们与相关国家可以先用谋略解决问题，比如根据历史事实、国际法规，例如 1982 年的《海洋法公约》和 2002 年的《南海各方行为宣言》以理力争、依法力争，甚至可以进行谈判，这是一种政治智慧的体现。

另外还可以求同存异，以同化异，这些都是思路，所以我们还是主张首先用和平手段、外交途径解决争端，但也要两手抓，两手都要硬，在抓外交的同时也要做好维权的准备。为了稳定周边，我们有所顾虑，但我们周边的有些国家怎么就无所顾忌，他们不断地到我们的岛礁上宣示主权，有的国家进行针对性极强的登岛训练、夺岛训练和防岛训练，这本身就是在加剧摩擦，他们怎么一点儿都不怕？现在我们在自己的领海主权之内行使国防义务，这怎么叫"加剧摩擦"呢？《中华人民共和国宪法》赋予我们解放军的职责就是"捍卫国家主权和领土完整"，如果在这些地方没有军事存在，没有我们的国防存在，实际就是损害国家利益，就是失职，就是违宪，所以我们的《宪法》就是我们和对方谈判的重要筹码，是一个工具，《中华人民共和国宪法》是我们的根本大法，维护宪法的尊严，依法行事，就是硬道理。在这些方面，不要听人家说三道四。

网易新闻：您好像还提过建立"人民群众工作部"这样一个提案？

罗援：对，我的第六个提案就是《建议在各级党委建立人民群众工作部》，虽然把它放到第六，但在我自己的提案中，我觉得它的价值是最大的。最近胡锦涛总书记和习近平同志在各省市领导干部建立社会管理和服务机制研讨班上发表了重要讲话，胡主席讲了八点，习近平副主席也做了总结发言，都强调了执政为民、为人民服务的问题。

胡主席提出要建立和创新一种机制体制。这种机制体制如何建立、如何创新呢？引起了我的思考。对此我想到，要在党委体制内建立一个"人民群众工作部"，作为党委的第一大部。现在你可以分析一下我们党委所属的职能部门，党委有四个职能部门，一个是宣传部，一个是组织部，一个是纪检委，还有一个是统战部，前三个部都是为执政党服务的，宣传党的方针政策，为党选拔、任命干部，再一个就是监督党的干部。统战部做的是人民团体和民主党派的工作。谁来做人民群众的工作？你可以说这几个部门都是为人民服务的，乃至全党，都是为人民服务的，但有没有一个独立的职能部门，它的工作重点和工作力度是不一样的。我认为人民群众工作部应该有四项职能，也就是干四件事：

第一，了解民情民意，了解当地民众有哪些疾苦，有哪些急需解决的现实问题，本地区还潜在哪些问题，要体察民情民意，做到下情上达，把以前的"上访"变成"下访"。

第二，帮助党委制定做人民群众工作的方针政策，要创新这样一种工作体系、工作制度。

第三，协调各部门的工作，因为党委现在有很多部门，个案处理时，有的是由政法委解决，有的是社保部解决，有的是民政部解决，如何协调，形成一盘棋？应该由"人民群众工作部"来协调。

第四，代表党委去检查、监督、落实。以前信访办的职权不够，比一般部门矮半头，现在要把它改制升格为"人民群众工作部"。

网易新闻：这里有个疑问，您刚才说的"人民群众工作部"具体是由谁任命呢？是重组？还是重新建立一个机构？

罗援：对，有人提出这样就多了一个机构，本来应该精简机构的，反而又多了一个机构，我说不是，而是改制升格的问题。现在我们党委的信访办和政府的信访局是一个机构两块牌子，在政府叫信访局，在党委叫信访办，我现在的意思就是要把党政分开，政府信访局仍然从事接案办案的工作，党委信访办要升格，它不是具体的办事机构，而是政策指导机构，地位应该提高。

它和谁结合呢？现在党委里有一个政策研究室，其主要职责也是了解民情民意，但现在我们大多数政策研究室变成了党委的写作班子，写作班子也算制定政策吧，所以我认为我们应该把党委的政策研究室和信访办两者合在一块儿，机构上并没有增加，只是体制改革，整合资源。我觉得这是我们政治体制改革的一部分，更能体现我党执政为民、全心全意为人民服务的宗旨。历史上在战争年代我们就有"人民群众工作部"，那时我们和人民群众是鱼水关系，我们能打下江山，按陈毅同志说淮海战役的胜利就是山东人民拿小推车给我们推出来的。我们和人民群众是鱼水关系，现在仍然应该恢复鱼水关系，而不能像某些地方变成了油水关系，漂在人民群众之上，应该沉下去了解人民群众的疾苦。当然，我也意识到这个提案实行起来难度较大，因为它牵扯到了体制改革，牵扯到方方面面的利益，从下到上都要动，需要经过充分论证才能实行，作为政协委员，我只是提出个人建议。

网易新闻：我们还想借此机会和您讨论一下热点问题，比如航母问题，网友特别关心，中国有没有必要建航母，会不会因此增加海外的中国威胁论？

罗援：航母问题我看不用谈了吧，网上炒得很热络。我认为不管叫什么

"母舰"，中国必须要建一些大型海上自卫平台，这是国防的需要，是大国的象征，关于会不会引起国外疑虑，掀起新一轮军事威胁论，我觉得我们也不必太在意这件事。现在联合国五大常任理事国，四个常任理事国都有航空母舰，唯独中国一家没有航空母舰，怎么别的国家有航空母舰就不是威胁，中国有了航空母舰就是威胁？我们到目前为止还没有航空母舰，"中国威胁论"不是照样不绝于耳吗？现在我们还在口头上说建不建航空母舰，其他国家就在这儿说三道四，兴师问罪了，这不是双重标准吗？因此，我说对这个问题，我们也不必太在意，可能你接下来的问题就会问今年的军费问题，所以先抛开这个问题，我们来谈谈军费的问题，谈谈军事透明度的问题，因为我觉得这些都属于一揽子的问题，航母的问题也好，中国亮相新型武器装备也好，比如现在盛传的"东风"-21D导弹的出现，022隐形快艇的出现，再加上今年军费增加了12.7%，国际上肯定会引起一些议论，对这些议论我们可以做一些适度解释。因为我认为谈论"中国威胁论"的有两种人，一种是对中国不了解，我们应该做一些解释，有的是戴着有色眼镜，带着冷战思维来思考问题，对这些人你再怎么解释他也不信，硬是把"中国威胁论"的标签贴到你的脑门上，怎么摘也摘不下去，给你扣这顶帽子，对这种人你就很难解释了。

第一部分我可以做一些解释，现在我们军费的增长有两项原则，一是适度原则，我们不去和其他国家搞军备竞赛，不去跟其他国家追高、攀比规模，就是根据我们自己自卫防御的需要增加军费，只要够了就行，这是"适度原则"。

二是"合理原则"，在国家整个大盘子中，军费占的比重应该处于非常合理的规模，要能够最低限度地满足国防需求，我们不需要超出我们防御职责的军费，但起码要最低限度地保证国防安全不受损害。有句话说，再穷不能穷国防，如果国防不保，那将国之不国，所以军费首先要能够满足捍卫国家主权完整的最基本要求。这是我们的两项原则。

现在你们说中国军费增长，最近几年都是两位数，去年低一点，7.5%，今年再次变成了两位数，12.7%，"中国威胁论"又甚嚣尘上，我在接受国外媒体采访时有个记者追问我，非常简单，用了一个英文单词，"Why"，也就是为什么。我回答她也很简单，在这个英文单词的后面再加上一个英文单词，"not"，"Why not？"为什么不呢？我们完全有理由增加军费。

第一个 Why not，任何国家在面临分裂威胁时都要增加国防费，现在我们面临着"藏独"、"疆独"、"台独"威胁，虽然岛内出现了有利于和平发展的积极变化，"台独"受到了打击，但它并没有销声匿迹，我们还应该保持高度警惕，在这种情况下，我们为什么不能增加国防费？再加上周边安全环境，从去年以来大家可以看到，我们周边安全环境并不是平安无事的，在这种情况下我们增加国防费有什么不可以的？

第二个 Why not，全世界现在都在进行新军事变革、新军事转型，为什么唯独中国不能进行国防变革，要保持落后状态？这是完全没有道理的。

第三个 Why not，我们改革开放 30 年，胡锦涛总书记说，改革开放成果要全社会共享，从这次温家宝总理的政府工作报告中也可以看出，文教体育卫生各个方面都在享受改革开放的成果，为什么唯独军队不能享受？

第四个 Why not，就是我们的使命在拓展，不仅要面对传统威胁，还要应对非传统威胁，比如利比亚撤侨的问题，这就需要军队，我们还要到海上搜救，到亚丁湾护航，参加维和行动，参与国际反恐，搞联合军演……我们的任务使命在拓展，为什么不能增加国防费？

第五个 Why not，现在的物价在上涨，特别是跟军队相关的水电油料价格大幅上涨，军队为什么不能得到一些补贴？

第六个 Why not，现在有些西方国家盯着我们，说我们最近几年军费两位数增长，但他们不想想改革开放前十年我们是低速增长，当时国防费增长每年也就是 2%～4%，有的年份还是负增长，现在我们的两位数增长带有一种补偿性质，是一种追加形式，在这方面我们也不用避讳什么威胁不威胁，就要理直气壮，任何国家都可以增加军费，中国为什么不可以增加军费？美国现在是 5000 多亿军费，加上战争追加拨款，达到 7000 多亿美元，谁又说美国威胁论了，谁又让美国军事透明了呢？

在军费问题上，我们要改变观念，改变思路。温家宝总理讲的一句话是非常精辟的，"在中国，任何大的数字除以 13 亿都变成小数字，任何小问题乘以 13 亿都变成了大问题。"同样的问题用到军费上，再多的军费除以 230 万，都变成了一个小数字。现在我们看军费不要看它的绝对值是多少，而是要看它的相对值，体现在每个军人身上的含金量，要看军费在整个国家国民经济总量中所占的比重，要看它在国家总体财政支出中占的比重，在这些方面，中国都是非常低的。

网易新闻：这里有这样的质疑：如果按照您说的军费增长没问题，但最主要的是军费开支的透明度。目前我们有没有办法做到军费透明？

罗援："透明"也是国外攻击我们的常用语，我先要讲，透明是没有绝对透明的，只有相对透明，保密和透明是矛盾，任何国家都不能做到绝对透明，中国做不到，美国也做不到，要说美国绝对透明，那你设中央情报局干什么？设联邦调查局干什么？他们也不能做到绝对透明。

但我们要循序渐进，逐渐透明。现在我们有《国防白皮书》，每两年发表一次，我们参加了联合国常规武器登记的制度，参加了联合国军费透明制度，我们不是没有透明，我们透明了。现在很多人说"透明"，刚才我讲了几条原则：一是没有绝对透明，只有相对透明；二是透明不能危害国家的核心利益；三是透明要循序渐进，不可能改革开放 30 年就达到西方国家一两百年的透明水平；而且透明没有统一标准，不能强加于人，只能根据自觉自愿的原则来透明。

现在我就经常问西方国家，他们老说我们不透明，我说那你说说，我们哪点不透明了？所以我觉得透明还有一条重要原则，就是"意图透明"为主，这是首要原则。现在西方国家在讲威胁时有个公式，叫"威胁 = 意图 × 能力"，你有能力，但没有意图构不成威胁，或者你有意图但没有能力也构不成威胁。在这两方面我们都构不成威胁，我觉得我们是世界上意图最透明的国家，我们的军事战略方针是"积极防御"，是一种自卫性的战略方针，实施后发制人，不首先使用核武器，不对任何无核地区、无核国家使用核武器，没有一个国家能做到这么透明了，现在世界上只有中国做了承诺，这就是"意图透明"。所以说中国不透明是毫无根据的，而且我们的透明在逐渐和国际接轨，已经做了很大努力。我就想问一些人，你说我们不透明，那行，你们别老拿这个抽象标签往我们脑袋上贴，你说说我们哪点不透明，拿出具体事例来说我们透明不透明，另外你让我透明，首先问你做没做到。

对这个问题，我们不必太过于在意，尽量透明，但有些人就是用冷战思维看待中国，对这种人没有什么办法，走自己的路，让别人去说吧。

（网易新闻，2011 年 3 月 11 日）

谈航母：具备远洋战力后，防御战略不变

环球网军事：7月27日是一个值得铭记的日子，这一天，国防部首次对中国航母相关事宜做出正式回应，一时之间，中国航母计划吸引世界瞩目。今天我们有幸邀请到了中国军事科学学会常务理事兼副秘书长罗援少将，做客环球网访谈间，与网友就中国航母相关问题做在线交流！

罗援：非常高兴能到环球网就我们共同关心的中国航母问题交换一下看法。我虽然来自于陆军，但是我有很深的"蓝色情怀"。我记得几百年前，中国著名的航海家郑和曾经说过："欲国家富强，不可置海洋于不顾，财富取之于海洋，危险亦来自海上。"我想，这句话至今仍然是至理名言。

环球网军事：航母的作用大体上有这几个方面：训练、撤侨、救灾救援、反海盗巡逻，还有更重要的保家卫国、保护领土海疆等使命。7月28号，印媒对中国的第一艘航母仅用于实验和训练用途表示质疑，那么这艘航母的主要作用除了试验和训练之外，条件成熟时，是否可能出海执行巡逻任务，甚至是作战任务？

罗援：我们首先要分清训练舰、试验舰和作战舰艇是有重大区别的，他们的任务和使命是不一样的，训练舰主要是担负航母乘员和舰载机飞行员的训练任务。因此不必要装备那么多舰载武器装备，特别是训练舰上的燃料、油料、弹药要大大少于作战舰艇，以免一旦发生训练意外事故，引起不必要的损失。当然，我们的首艘航母虽然是训练和试验舰，但也不是银样蜡头枪，在必要的时候，经过改装，也会具备一定程度的作战能力。

我这里强调的是在必要的时候，兔子急了还会咬人，民船在必要的时候还能改装成作战舰艇，我们的这艘航母怎么就不能在特殊的时候具备特殊的功能呢？

环球网军事：有关第一艘作战型航母，环球网军事 7 月 26 日做了关于中国航母的网络调查，结果显示：认为应部署在东海的占 23.1%，认为应部署在南海的占 67.9%。假如中国第一艘作战型航母成军的话，将部署到何方，东海还是南海？

罗援：网友的意见反映了部分民意，从他们现在的倾向性意见来看，一旦我拥有具备作战功能的航空母舰，应该用于南海。但是，形势是变化的，航母的使用方向也是一个动态的过程。从现在开始，到航母真正的形成战斗力，恐怕还要五六年的时间，那时候的形势可能又发生了变化。所以说，我们航母的使用方向是根据当时的国防需求来决定，现在下结论也许为时过早。

环球网军事：按照通常的原则，保持 1 艘航母随时在海上尚不够，至少要有 3 艘在役，您认为中国需要几艘航母？根据环球网的调查，回答只需要 1 艘的只占 0.4%，3 艘的占 9.2%，4～6 艘的比例高达 66.7%，而认为像美国那样应该保持 10 艘左右的占到了 23.7%。请问罗将军，我们的航母数量以几艘为宜？而且有外媒称，除了"瓦良格"，还有新型航母在上海某造船厂建造，除了"瓦良格号"之外，我们是否将继续建造国产航母？

罗援：从理论上来看，一般有 3 艘航母才能形成有效战斗力，其中 1 艘执勤、1 艘训练、1 艘在船坞中维修。从我们周边国家来看，印度在 2014 年将会有 3 艘航空母舰；日本到 2014 年也将会有 3 艘准航空母舰。我想，我们要能有效地维护我们的海洋权益，至少不能低于这个数字。

当然，我们也没有必要和美国去"高比高，强比强"，我们还是要根据我们的国防需要，根据"合理、足够"的原则，拥有一定数量的航空母舰就可以了。我是"有航母论"，但不是"唯航母论"，除了航母，我们还要发展更多令敌人望而生畏的非对称撒手锏武器。

环球网军事：我们知道航母的建造是需要很多资金的，少则几十亿，多则上百亿，我们的问卷调查是，中国是否已有足够的经济实力来建造和养活航母？回答"中国已经有经济实力建造航母"的占 44.8%，回答"航母花费虽然高但也值得"的占据 53.4%，回答"应继续集中精力搞建设，不应急于建造航母"的占 1.8%。那么您认为，如果建造多艘航母，中国经济实力是否允许？组建航母编队，对中国经济发展是否也是一种促进？比如说拉动投资或者是相关产业的发展？

罗援： 我们发展航母的依据，首先是根据国防需求，其次，要考虑到国民经济的承受力，还要考虑到我们的科学技术水平。毋庸讳言，航空母舰是一个"吞金兽"，美国一艘"尼米兹"级航空母舰造价 60 亿美元；正在建造的"福特"级航空母舰，据美方披露，造价 80 亿美元。这些还是指航母的作战平台，如果再加上舰载机和辅助舰艇，一个航母编队造价 140 亿 ~ 160 亿美元。我们今年的国防费只有 960 亿美元，如果美国有什么，我们就造什么，那么我们最多造 8 个航母编队，解放军不吃不喝，仗没打就被别人拖垮了。苏联为什么解体？除了思想政治路线出现重大偏差之外，就是和美国搞军备竞赛，这个教训我们要汲取。

但是，航母也不光是一个单纯的"吞金兽"，它也会带来必要的经济效益，拉动高科技产业链的发展，比如美国的曼哈顿工程就带动了一些相关产业。我们看国防投入，不要光看投入的这一部分，更要看它的产出，它的产出就是给我们带来了安全，这是金钱换不来的，是无价之宝。

环球网军事： 刚才看到有网友留言说愿意捐自己一个月的工资来支持建造中国的国产航母，还问有没有捐献的途径，这个问题请这位网友咨询支持公益部门。这种心情令我们非常感动。

罗援： 国家兴亡，匹夫有责，如果我们全国人民都有这种爱国热情，其力量是不可估量的。

环球网军事： 在中国国防部发布有关中国航母的消息之后，日本官房长官枝野幸男表示，期待中方进一步提高军事的透明度，我们看到中国低调行为并没有平息"中国威胁论"，请问罗将军如何处理这种关系。我们看到美国现在有 11 艘航母，很少听说美国威胁论，是否可以这样认为：当中国更加强大之后，"中国威胁论"会不会有所减弱？对于"中国威胁论"，我们应当采取什么样的正确态度呢？

罗援：我也想问问日本官房长官枝野幸男，日本将排水量1.3万吨的"大隅号"说成是"大型运输舰"，将1.8万吨的"日向号"和"伊势号"称为"驱逐舰"，怎么就不向世人透明了呢？明明是准航空母舰，你们为什么要遮遮掩掩？ 透明没有绝对的透明，中国做不到，美国也做不到，否则，美国设立联邦调查局干什么？我们中国已经很透明了，信不信由你。

如果你总戴着有色眼镜看中国，再透明你也不会信，威胁不威胁只是一种心理感受，中国有句俗话，"不做亏心事，不怕鬼叫门"。如果你没有做有愧于中国的事，即便中国有了用于作战的航空母舰，你也不用担心；如果你做了有愧于中国的事，即便中国没有航空母舰，就是手里有根"打狗棍"，你也要小心。

环球网军事：我们看到，美国的军事基地可以说遍布全球，补给基地、停靠基地众多，日本也在吉布提建立了自己的补给点。那么中国海军航母舰队如果远洋航行，执行任务，补给问题如何解决？是否需要设立海外基地？

罗援：中国即便有了航母，具备了远洋作战的能力，我们近海防御的海军战略也不会改变。我们不争全球霸权，不会像美国那样"全球到达"，"前沿部署"。我们发展自己的海军，主要是为了看家护航。如果我们执行海外任务，也是根据联合国的要求和有关国家的请求而去。因此，他们应该为我们提供必要的海外补给，我们不在海外驻军的政策不会改变。

环球网军事：现在有很多在线网友问到"瓦良格号"航母是否会在八一建军节这一天出海试航。

罗援：这么重大的军事活动，只能由国防部发言人授权发布。

环球网军事：下面我们来谈一谈"瓦良格"航母的一些技术细节问题以及未来国产航母的细节问题。首先是动力系统，我们知道"瓦良格号"航母来到中国的时候，它的动力系统已经拆除，我们的航母试航时的动力系统用什么？是否是中国国产？或者是否需要外购？此外，很多网友问及中国未来航母是否有可能采用核动力。

罗援：据我所知，现在的训练舰是由八台蒸汽式锅炉和四台蒸汽轮机作为动力的，还是一艘常规动力航母。至于以后会不会有核动力航母，还是要根据当时的国防需求和我们的经济实力及科技水平而定。从目前来看，核动力航空母舰是一种发展趋向，它续航时间长，给舰载飞机预留的空间大，因此更具作战潜能。我们现在用"瓦良格号"作为试验舰，也是在投石问路，摸着石头过河，为我们以后的国产航母打下基础，探索道路。

环球网军事：除了动力系统之外，中国航母子系统国产化问题，有报道说，目前中国还无法自行生产甲板上的阻拦索所用的钢材，只能靠进口。这涉及基础工业、材料学，如果这方面不行，航母的使用寿命就会变短，那么我们关键部件或者关键材料的国产化如何解决？如果一直保持外购，是否是一种弊端？

罗援：这位网友提的问题很专业，也很重要，这正是为什么我们要在"瓦良格号"这个舶来品上面做试验的一个重要原因，就是要探索航母国产化的问题，包括航母的技术设计和材料工艺等问题。

环球网军事：我们知道这艘航母一直沿用原来的称呼"瓦良格号"，很多网友关注航母命名问题，我们看到很多驱逐舰、护卫舰用城市的名称命名，补给舰用湖泊的名称命名，美国航母用总统的名字命名。很多网友提到用郑成功这一名字命名，还有网友提到用历史人物，如"中山号"航母，哪一种命名适合呢？

罗援：我想这个问题我们可以搞一个有奖竞猜，大家各抒己见，但据我所知，这个问题已经有了内部考虑，到时候会给大家一个满意的答复。

环球网军事：下面这个问题是航母配套的关键问题，舰载机问题。此前网络上已经出现了被网友称为歼-15的舰载机试飞照片，是否能跟得上这艘航母试航的进度，试航的时候是否能搭载我们的舰载战斗机？我们看到"瓦良格号"航母采用的是滑跃起飞甲板，这有什么利弊？我们的航母是否会采用蒸汽弹射器？美国"福特"级航母会配备电磁弹射器，我们的航母有没有配备电磁弹射器的可能性？

罗援： 大家知道，航空母舰实际上就是一个飞机的起降平台，严格地说，没有舰载机的航母的试航是不完备的试航。因此，我认为真正意义的航母试航必然要搭载舰载机。至于舰载机的滑跃起飞方式和弹射起飞方式有什么不同，应该说各有利弊。现在世界航母只有美国和法国是采取弹射式起飞，其他国家都是滑跃式。这种起飞方式简单实用，但也存在技术缺陷，主要是起飞的舰载机重量不能太重。比如预警机就难以采取滑跃式起飞方式。到目前为止，只有美国一家，据说正在研发电磁弹射方式，这可能是最新、最先进的弹射方式，可根据飞机型号和重量给予不同的外加力。因此，更实用，更经济。

中国人有足够的聪明才智，凡是别的国家有的东西，我们都会在不久的将来也拥有。

环球网军事： 我们知道航母编队除了舰载机之外，还需要有驱逐舰、护卫舰作为潜艇的护卫，中国在这方面是否具备了为航母编队护航的条件？

罗援： 恰恰在这方面我们是有前瞻性考虑的，应该说我们是先有了驱逐舰、护卫舰和潜艇，再有航空母舰，可以说，是万事俱备，只欠东风。有了航母，我们再经过一段时间的磨合，将会形成有战斗力的航母编队。但是，这是未来时，而不是现在时。

环球网军事： 有网友提到中国航母能不能快点造，我们能从网友的留言中感受到其急切的心情，请罗将军谈一谈，我们追求建造航母的速度与保持稳妥性这两者之间的关系。

罗援： 在这方面，我们还是要走又好又快、科学发展的道路，心急吃不了热包子，更吃不上好包子，凡事欲速则不达。我们还是要按照科学规律来办事，一步一个脚印，稳步达到我们的目标。现在，虽然我们比别的国家晚了一百年，但后发有后发的优势，我们可以避免别人走过的弯路，而且可以把最先进的技术移植到我们的航母上来。航空母舰虽然是机械化时代的产物，但是只要我们嵌入信息化的要素，仍然是打赢信息化战争的尖兵利器。

环球网军事： 有网友提到我们的这艘"瓦良格"航母是几十年前淘汰的航母，甚至有网友称之为"破烂货"，有网友称这艘航母的船体是否会有老化的现象，我们这艘航母经过改装之后，会成为一艘什么样的航母？

罗援：我们可以看一下"瓦良格号"航空母舰的前身后世，它是俄罗斯现在唯一服役的航空母舰"库兹涅佐夫号"的姊妹舰。前者立项于1983年，后者立项于1982年，应该说是同一等级的作战舰艇。而且，"瓦良格号"在80年代中期对舰载雷达等设备又做了改进，从设计水平上甚至好于"库兹涅佐夫号"。到1991年，"瓦良格号"完工率已达到60%，但是，由于苏联的解体，使"瓦良格号"准备于1993年服役的愿望成了泡影。俄罗斯和乌克兰的总理在视察黑海造船厂时，曾经问造船厂厂长："需要什么条件才能使'瓦良格号'完工？"造船厂厂长回答："苏联、党中央、全国计划委员会、九个军工部门通力合作。"他说："建造航空母舰的必须是一个强国，但是，现在这个强国已经不复存在了。"

由此看来，"瓦良格号"最后被拍卖是苏联解体的悲哀，也是一个大国衰落的标志。最后"瓦良格号"能够花落中国，也是中国崛起复兴的一个标志。

"瓦良格号"冲破某些霸权国家的层层阻挠，在中国获得新生，使我们可以以较低的价格和较好的效费比获得了后发优势。虽然它不是一个最先进的航空母舰，但是有总比没有好。从零到一，既有量的变化，也有质的变化，从一到二，那只是一个量的变化。有了一，我们就可以有二、有三，有了比较好的，我们就可以有更好的。

环球网军事：广大军迷对国产装备关注度极高，也千方百计获取各方面新装备的图片，甚至亲赴装备研发单位附近，拍摄现场图片，比如歼-20首飞的时候，为了拍摄高质量的图片，有人或者爬墙或者上树，被称为"爬墙党"，请问罗将军如何看待这种现象，你想对"爬墙党"们说些什么？

罗援：首先我还是喜欢把"爬墙党"称为是军事发烧友或者军迷，我觉得军迷有积极的一面，他们增强了全民的国防意识，在某些方面普及了国防知识。我本人就从这些军事发烧友中获取了不少教益，不管是鼓励的，还是批评的，我都很感动，我应该感谢他们。但是我还是希望这些军事发烧友要有大局意识和保密观念，毕竟"兵者国之大事"，保守党和国家的秘密必须慎之又慎。

（环球网，2011年7月29日）

中国离国防现代化还有多远

今年 9 月 17 日是第 11 个全民国防教育日，一踏上上海这块热土就感受到了涌动的国防热。今天借"文汇讲堂"向大家汇报一下我对中国国防现代化建设和周边安全环境的几点看法。

全球热点：关注"中国军事透明"

美对台售武升级再一次违背了《中美八一七联合公报》中的三个承诺，一旦中国核心利益受到侵害，我们别无选择，当誓死捍卫。

最近中国的国防问题在世界上引起了热议，美国出台了《中国军力评估报告》，日本出台了新版的防务白皮书，在这两个报告中都无理地要求我们进行军事透明，尤其针对我们正在改装的航母说三道四。

我撰文反驳日本，一个战败国有什么权利要求一个战胜国对它军事透明？现在的焦点不是中国向日本军事透明，而是日本的军力发展必须置于受害国的共同监视之下，日本必须对它最近的军事动向作出说明和解释：为什么偷偷发展进攻性航母？去年 3 月，日本直升机驱逐舰"日向号"已经下海，明年 3 月，"日向"级的第二艘舰"伊势号"也要下海，这哪里是什么驱逐舰，明明是直升机航母，其 1 万多吨级的吨位相当于英国的"无敌号"航空母舰。更严重的是，日本拟在 2014 年下水一个型号为 22DDH 的直升机驱逐舰，2 万多吨级，上面预留了能停放固定翼飞机的甲板空间，同时，日本正在谋划购买美国的 F-35C 型舰载机，如果如愿，22DDH 就将成为一个典型的航空母舰。日本是一个战败国，国际法规定不允许发展进攻性母舰。

日本必须要对亚洲人民，对中国人民有所交代！

美国拥有 11 艘核动力航母，占世界航母的一半，最近还在搞电磁发射舰载机的航母，你美国为何不向世界人民透明？更为严重的是，美国屡屡违反自己的政治承诺，最明显的例子就是对台军售。在《中美八一七联合公报》第六条款中美国承诺：不寻求一项长期对台军售的政策；美国对台军售的品质和数量不能超过中美建交时期的水平；美国对台军售要逐渐减少，并最终解决这个问题。中美建交时期美国对台军售只有 2.4 亿美元，卖给台湾的是"霍克"导弹。现在美国对台军售 64 亿美元，卖给台湾的是"爱国者"-3 导弹，数量、品质都远远超过了中美建交时期的水平。这次美国对台军售有两大突破，第一个是数量，是历次对台军售比较多的一次。美国对台军售有三次达到 60 亿美元左右，一是老布什时期，1992 年美国卖给台湾 150 架 F-16 战斗机，价值 60 亿美元。接着是小布什政府售武 64 亿美元。再就是这次，奥巴马政府将卖给台湾 59.3 亿美元的军火；第二个突破是这次军售的进攻性大大增强，机载武器包括最新型的 AIM-9X 导弹，还有 AIM-120 中程空对空导弹，特别值得注意的是，还有对地攻击的杰达姆炸弹，以及对舰进攻的导弹，这就使 F-16 战机具备了进攻性，不仅违反了《中美八一七联合公报》的原则，也突破了美国自己国内制定的所谓《对台关系法》，后者规定只允许向台湾出售防御性武器。美国总要求中国当一个负责任的大国，你美国为什么不率先垂范？对台军售问题，不是卖什么和不卖什么的问题，而是国与国之间最基本的政治信誉的问题，也不存在"做错了"和"做得比较错"的问题，只要卖，就是错，就在我们坚决反对之列。

最近我们刚刚公布了中国政府和平发展白皮书，白皮书最大的亮点、最大的历史贡献，就是明确了我们的核心利益。什么是核心利益？美国把国家利益分成三个层次，最内层的叫核心利益，规定一旦美国本土遭到大规模入侵、遭到大规模杀伤性武器袭击、遭到大规模恐怖袭击，将不惜一切代价大打出手。所以美国在根本就没有搞清楚"9·11"到底是谁策划的情况下，三个月之内就打了阿富汗战争。为什么？触动了它的核心利益。由此可见核心利益有三大要素：不可侵犯，不可更改，不可讨论。谁触犯了中国的核心利益，我们必定坚决反击。

国防需求拉动军力提升，强国必须强军

被形势所逼，我国国防现代化水平有了长足的发展，向着质量效能型和科技密集型发展，目标是建成信息化军队，打赢信息化战争。

中国的军力目前在世界上处于一个什么位势？众说纷纭，我们可以用事实来讲话。2009年的国庆大阅兵展示了我们最先进的装备，但并不是所有，"国之利器不可示之于人"。但从中也可以看出我们的装备发生了四个方面大的变化。

第一，实现了部分代的跨越，主要的标志是展示了一些"代标"性的武器装备。在这次阅兵中我们展示了很多三代装备，表明我军已经形成了以三代为主干，以二代为主体的装备体系。比如99G坦克，比如歼-10飞机、04式履带战车，都属于三代装备。

第二，填补了某些装备的空白，形成了全频谱的跃升。国防部长梁光烈说，西方主要强国有的武器装备，我军都已经基本具备了。而且我军形成了一个完整的生产链，从研发到生产、装备、维修，我们可以全寿命地管理。能做到这一点的，在世界上并不多。比如KJ2000预警机，中国曾想购买以色列的费尔康，英国的前哨预警机，都被美国人阻止了，我们不得不下决心自己研发。

第三，一些武器装备的战技术指标已处于世界领先地位。并不是所有的技术指标都处于世界先进水平，但是部分装备的部分战技术指标处于世界领先地位。如"东风"-21D导弹，外界称它是航空母舰的撒手锏。

第四，实现了武器装备的一体化发展，信息化程度有了大幅度跃升，由于我军大多数装备实现了信息化改造，可以产生1+1>2的效果。

为何有这些变化？主观上，中国军队建设实行了两个转变，由数量规模型转向质量效能型，由人力密集型转向科技密集型。我们正在实行双重的历史任务，一个是机械化建设任务，同时实行跨越式、复合式发展，要完成信息化建设的任务。总之中国要建设一支信息化的军队，要准备打赢一场信息

化的战争。

客观上，是外界两大形势所迫。1999 年发生了炸馆事件，面对严峻的国际形势，中国领导人认识到，如果国防建设长期滞后于经济建设，落后就要挨打。于是，把国防建设和经济建设关系作了一个大的调整——两者要协调发展，同步发展，要建设一个军民融合型的国防。

2007 年、2008 年为了应对台湾复杂的选举形势，军队也做好了应对最坏情况的准备。后来由于两岸关系的改善，这些装备没有完全用到东南沿海，但是对于提升我军的现代化水平起到了促进的作用。

这两件事说明，不是我们解放军好战，要扩军备战，而是我们被形势所迫，被形势所逼，是形势逼人强。

周边安全环境并不太平，忘战必危

我国最大的外部安全威胁是美国的全方位战略威胁，在军事上表现为三链一圈，即三道封锁线外加一道包围圈。

搞战略研究，必须搞清主要的威胁来自何方。我认为，我们最主要的外部威胁来自美国对我们全方位的战略威胁。南海、中印边境即便出现冲突，也只是局部的冲突。

美国对我们的威胁，我概括为制度威胁和军事威胁。美国政府每年用于对外颠覆、渗透、干涉的战略经费达到 44 亿美元，以前主要是对前苏联，现在主要是对中国。

三道封锁线，第一道就是第一岛链：日本列岛、琉球列岛、台湾、菲律宾；第二岛链：小笠原群岛、马里亚纳群岛、关岛；第三岛链即夏威夷群岛。

在第一岛链，重点是提高驻韩美军的战略机动能力，加快美日军事一体化进程。美国在亚太地区有五大军事同盟，其中三大军事同盟在第一岛链，上有美日军事同盟、美韩军事同盟，下有美菲军事同盟，中间有一个台湾，虽然不是同盟，但是是盟友。也就是说，美国有四大军事盟友围堵在第一岛链，试图把我们这条"中国龙"困死成一条"中国虫"。

在第二岛链，重点是提高关岛的战略威慑和打击能力。美军驻关岛的战略轰炸机可以在 4 小时内飞抵东南沿海，攻击核潜艇可在 40 小时内飞抵台海作战阵位。美国在关岛有两大军事基地，一是安德森空军基地，一是阿卜拉港海军基地。在安德森空军基地，美国停驻了最先进的 F-22 战斗机，美国总共有 F-22 战斗机 165 架，其中 60 架部署在亚太地区。美国在关岛的战略轰炸机中队，常年处于战备执行状态。在关岛还部署了"全球鹰"无人机，航程达到 1300 英里。所以美国参谋长联席会议主席马伦到访中国时，陈炳德将军对美国提出了严正的交涉：为何美国无人机常年在东海、南海进行抵近侦察？应该有所交代。美国在关岛的海军基地正在扩大深水港，以便停泊核动力航母和潜艇。

第三岛链就是在夏威夷，主要是强化驻夏威夷美军的指挥控制机能，增强投送和保障能力。美军把太平洋总部设在夏威夷。

除了这三道封锁线，美国还对我们形成了一个满月形的包围圈，在我周边摆子布势。

美国在东南亚已经获得了菲律宾、印尼等十多个军事基地的准入权，最近南海出现风波，美国扬言要把最先进的濒海舰部署在新加坡的樟宜港。美国正在加强对马六甲海峡通道的控制。在南亚，美国与印度结成战略伙伴关系，卖给印度 100 多亿美元的军火，现在印度正在筹建攻击编队放在中印边境，美国要卖给印度 10 架 C-17 型运输机。再往上就到了中亚，这本来是俄罗斯的势力范围，但现在美国以反恐为名在中亚建立了十几个军事基地，其中一个基地距新疆只有 250 多公里。再往北是蒙古，蒙古和美国并不接壤，但是蒙古把美国作为第三邻国，正加强军事合作，进行联合军事演习。再往东北就到了朝鲜半岛，这是大家比较关注的热点地区，前一段时间美韩以朝鲜袭击了"天安舰"为由，在临近我们的黄海地区进行大规模的军事演习，我军高级将领马晓天在第一时间表态坚决反对，外交部四次发表声明表示反对，我们军方学者也多次表明我们的观点。

由此可见，美国已在我周边构建了三链一圈的军事遏制态势。

对美国战略围堵，第一坚决反对，第二不怕

黄海对中国具有战略意义，不能任人为所欲为。有备才能无患。

为何坚决反对美国航母到黄海？有人认为军方反应过度，其实不然，我们有自己的考虑。

首先，从历史上看，我国在黄海地区是有历史伤痕的，多次外敌入侵就是以黄海为跳板抵达我们内陆，甲午海战就发生在这一地区。第二，从地缘战略来看，黄海地区是京畿门户，军机要地。距北京仅500公里，航母作战距离是600～700公里，舰载机——F-18大黄蜂战斗机对地攻击半径1065公里，我们不能不防，何况我们的三大军区、两大舰队都聚集于此。第三，从地理上看，它是一个咽喉要道，若将蜂腰部拦腰卡断，我内海舰艇将难以走向大洋。第四，从稳定朝鲜半岛局势来看，"天安舰"事件尚未解决，祸首至今无定论，不能节外生枝，火上添油。后来果然爆发了延平岛事件，证明我们的预测非常准确。第五，从中美军事关系改善来看，当时马晓天副总长已经邀请美国国防部长盖茨访华，结果你把航空母舰抵到我家门口，我们岂能结城下之盟？所以，我引用毛泽东的一句名言，叫做"睡榻之畔，岂容他人鼾声四起"。

由于种种的原因，美国宣布，航母不参加黄海军演。但不久爆发了延平岛事件，美国再次宣布航母要参加黄海军演，我们又进行了第二波次的反制。我在媒体上连续发表三篇文章予以驳斥，第一篇文章的标题是《美国的炮舰政策可以休矣》，美国依靠炮舰政策迅速地结束了伊拉克战争、阿富汗战争，现在也即将结束利比亚战争。但是留下了伊拉克问题、阿富汗问题，甚至利比亚问题。这些问题的解决要比战争本身复杂得多、棘手得多。

第二篇文章跟美国打民意牌，美国提倡尊重民意，那也要尊重中国的民意。民意可以载舟，民意也可以覆舟。这个舟就包括航母。我们没航母，美国人逼迫我们研制航母，逼迫着我们研究抗击敌方航空母舰的手段。

我在第三篇文章指出：一个国家要有尊严，一支军队要有威严，人不犯

我，我不犯人，人若犯我，我必犯人。这对中国人民和军队来说，绝对不是一句戏言。

两岸军人同根生，应携手捍卫"祖权"

这些观点亮出后，引起了较大反响。台湾的媒体采访我对两岸关系看法时，我说两岸军队，同源于黄浦北伐，分镳于"四一二"血案，携手于抗战御侮，搏杀于内战纷争，现在我们又到了一个新的历史起点，我们两岸军人要携起手来共同捍卫"祖权"。

我还说了三句话，第一句，台海太小，难容我中国军人文韬武略之大智大勇，让我们摆脱狭隘的地域观念，还我以叱咤风云的中华大舞台。你不要光盯着台海，我们还有东海、南海、钓鱼岛的问题。我们要携起手来共同捍卫"祖权"。

第二句，军事视野太窄，难容我中国军人博大胸怀，让我们摆脱单纯的军事定势，再显我中华上兵伐谋之兵法精髓。《孙子兵法》讲，"上兵伐谋，其次伐交，其次伐兵，其下攻城。"攻城是迫不得已的最后手段。所以两岸军人，要用我们的政治智慧、政治魄力，来解决台湾问题。

第三句，一万年太久，难了中国几代人统一夙愿，让我们摆脱消极等待的心态，给全世界一个惊喜，给全世界一个榜样。

我觉得我们这一代中国人、中国军人要有一种历史的担当和责任，不能把台湾问题一代一代拖下去，台湾问题夜长梦多，我们要有忧患意识。

东海之争缘于经济利益和地缘战略利益

如果在东海中日大陆架、钓鱼岛问题上不寸土必争，将面临海洋国土、资源的丢失，战略空间的受挤压。

东海问题、钓鱼岛问题主要是受两大利益的驱动，一是经济利益，二是地缘战略利益。从经济利益来看，据有关勘测数据表明，东海的油气储量约77亿吨，至少够我国使用80年。日本国土资源大臣说，这些海域中埋藏着足够日本消耗320年的锰，1300年的钴，100年的镍，100年的天然气，以及其他矿物资源和渔业资源。一旦拥有了这些资源，日本将从一个资源小国变成一个资源大国。

从更深层次的地缘战略利益考虑。我们的大陆架在向日本延伸时，突然遇到冲绳海沟，一下子下沉了2940米。根据《国际海洋法公约》，这个冲绳海沟以西都是中国的大陆架，以东才是日本的大陆架。但问题在钓鱼岛。钓鱼岛在冲绳海沟上沿，在冲绳海沟以西。如果钓鱼岛属于日本，中日将共同拥有这个大陆架。根据《海洋法公约》，日本就提出了要中间线划分，一旦用中间线划分，我们将丢失大量的海洋国土、海洋资源。更严重的后果是，美日将把我们封死在中间线以西，我们的战略空间将被大大挤压。因此，我们对钓鱼岛必须寸土必争。

（"文汇讲堂"第45期，2011年9月25日）

鹰胆鸽魂——罗援将军论国防

中国军队的"新"与"变"

2011 年，中国军队在信息化条件下的威慑和实战能力有所增强。

2011 年，是一个多事之秋，可以用"乱"、"险"、"变"几个字来概括。

2012 年，中国应以一种"淡定"、"从容"、"进取"的姿态应对世界风云变幻。

武器装备接近世界领先地位

总体来看，对于中国军事发展来说，2011 年是一个充满了"新"的年份：新装备、新编制、新观念、新气象。

过去一年中，有一大批新型装备交付部队。得益于这些装备，中国军队在信息化条件下的威慑和实战能力有所增强。

具体而言，2011 年中国军队在装备上的发展体现为四个方面。

其一，武器装备部分实现了代际跨越，比如，歼 -10、歼 -11B 战斗机，99G 坦克，04 式履带步兵突击战车等装备都属于第三代装备。

其二，填补了某些装备的空白，西方主要强国有的武器装备种类中国军队都已经基本具备。比如巡航导弹、无人机、KJ2000 预警机、加油机，特别是 2011 年亮相的航母和歼 -20 飞机，表明中国军队的武器装备实现了全频谱的跃升。

其三，一些武器装备的战技术指标已经接近世界领先地位，例如 DF-21 弹道导弹、DF-31A 战略洲际导弹、03 式多管火箭炮的某些战技术指标等。

其四，实现了武器装备的一体化发展，信息化程度有了大幅度跃升。比如机动雷达等信息化装备。由于中国军队大多数武器装备实现了信息化改造，可以产生 1+1>2 的效果。海军武器装备进入导弹化、电子化、自动化和信息化的新阶段。052C 导弹驱逐舰、054A 导弹护卫舰等新型水面舰艇以及一批常规潜艇和核潜艇的陆续服役表明中国海军的综合自卫防御能力有了进一步的提升。

在航天方面，我国也已经进入世界强国之列，即将成为宇航空间站俱乐部的成员之一。当然，我们发展航天事业，包括实现"天宫一号"与"神八"的对接，主要用于科学考察和造福人类和平事业，不会去搞外层空间军事化，更不会在外层空间搞军备竞赛。

但是，毋庸讳言，"天宫一号"和"神八"的成功对接，表明我国在火箭发射，对航天飞行目标的侦测、捕捉、监控、感知、对接等技术上已经相当成熟。一旦军民两用，将能够极大提高中国军队的自卫反击能力。

目前，2009 年大阅兵时展示的一大批先进武器装备已经列装，为我国的国防和军队建设提供了强有力的物质技术支撑。特别值得一提的是，中国军队已经将自主创新视为战略基点。

虽然由于战略目标不一样，科研起点不一样，军费投入不一样，我们和世界军事强国在武器装备方面还存在一定的差距，但从最近几年媒体逐渐披露的装备可以看出，中国军队已经初步形成了以三代为骨干、以二代为主体的装备体系。

展望 2012 年的中国军事发展，也可以用一个字来概括，那就是"变"：新装备变为新的战斗力，新编制变为新的效益，新观念变为新的战斗力增长点，新气象变为新起点、新动力。

战略智囊机构抢占制高点

2011 年中国军队还有一个值得关注的动向，在一年之内，总参谋部已经新成立或改编了三个正军级部门——信息化部、战略规划部和军训部。这几个部门的成立，意味着中国军队正在积极建设一支信息化的军队，为信息化战争做准备，抢占制高点。

战略规划部和信息化部是中央军委的主要智囊机构和信息化指挥控制协调掌控枢纽，为军队的发展规划和改革方案以及信息化建设提供顶层设计，拟制长远规划，贡献智力支撑。它们也是全军战略规划和信息指挥、保障的协调部门，可以跨总部跨军兵种地合理配置战略资源、减少内耗，通过综合集成将效益最大化。

此外，这两个部门还是为未来设计蓝图的机构，具有前瞻性。凡事预则立，不预则废，战略规划部可以走一步看十步，看十步走一步，减少决策的盲目性、随机性，未雨绸缪，抢占先机先利。

2011 年，解放军四总部的高层人事调整继续有条不紊地进行，有多名履历丰富的高级将领被充实进领导层。可以看出，军队的干部选拔任用制度调整改革已经取得初步成效，选人、用人环境有了明显改善。

通过构建指挥军官考评体系，军队进一步明确了考评标准，规范了考评程序，改进了考评办法，完善了监督机制，解决了干部考核失全、失真、失准、失误的问题。现在，无论是考评干部，还是任用干部，都已形成一套发扬民主的程序以及落实民主的措施方法，使选人、用人更加公正和科学。

可以确信，今后军队选拔任用干部将围绕核心军事能力提升和促进部队建设科学发展，变得更加透明、民主、规范、科学。

透明化增信释疑

军队的透明化不仅仅表现在干部任用方面。近年来，中国军队不断拓宽对外传播的平台和渠道，信息发布制度已经逐渐完善。中国军队的外宣工作，可以起到与相关国家增信释疑的作用，塑造中国软实力。具体而言，通过国防部发言人制度、颁布国防白皮书、进行人际交流等方式，可以塑造中国军队透明、务实的形象。

过去一年中，中国在军事安全领域合作上也展现出更积极的姿态——3月 31 日发表了《2010 年中国国防白皮书》；5 月召开了中美战略安全对话，陈炳德总参谋长访美；6 月中国国务委员兼国防部长梁光烈率团参加香格里拉对话会，这是中国历年来派出的级别最高的代表团；随后，梁光烈出访了新加坡、印尼、菲律宾；12 月中美、中印分别举行了防务磋商，此外，中国还与一些周边国家进行了联合军演。

从这些军事外交活动可以看出，中方本着更主动、更具建设性的态度参与地区安全合作。

随着中国综合国力的提升和国家利益的拓展，中国正在为世界和平与地区安全稳定作出新贡献，提供新的国际公共产品和安全保障。例如，中国海军积极参加了亚丁湾国际护航，2011 年已派出第十批远洋护航编队。再比如，中国军队的军机、军舰积极参加了利比亚的撤侨任务；中国的救援队、医疗队还参加了日本大地震的救援活动。未来，中国军队将更多地在世人面前展现良好形象。

"和平崛起"不等于挂免战牌

从世界范围看，2011 年是一个多事之秋，可以用"乱"、"险"、"变"几个字来概括。"乱"是指中东、北非动乱频发，战乱不已；"险"是指全球金融危机尚未平息，欧债危机又险象丛生；"变"是指全球战略格局及力量结构正面临冷战结束以来新的一轮大调整、大变革。

中国应以一种淡定、从容、进取的姿态应对世界风云变幻。

淡定，就是处乱不惊，不为外部干扰所左右。纵横捭阖，利用矛盾，分化瓦解，软硬兼施，收放有度，把我们的朋友争取得越多越好，把我们的敌人孤立得越少越好。该斗争的时候绝不手软，该合作的时候绝不错过机会，一切以国家利益为最终考量。

从容，就是按既定政策办，坚持改革开放不动摇。首先把自己的事情办好，把中国发展起来，把我们的党建设成为廉洁奉公的执政党，把我们的军队建设成为战无不胜的铁军，把我们的社会建设成为贫富大体均衡的和谐社会，我们就会立于不败之地。

进取，就是要与时俱进，绝不守成。"韬光养晦"必须与"有所作为"结合起来，"和平崛起"绝不等于挂免战牌。特别是在事关国家尊严、主权和领土完整的核心利益时，不能一味"韬光养晦"。

"韬光养晦"政策的倡导者邓小平当时讲的是四句话："善于守拙，决不当头，韬光养晦，有所作为"，他同时又强调"要维护我们独立自主、不信邪、不怕鬼的形象。我们不能示弱。你越怕，越示弱，人家劲头就越大。并不是你软了人家就对你好一些，反倒是你软了人家看不起你"。

　　可见，在关系国家独立主权的问题上，邓小平是主张"硬"而不是"软"的。该亮剑时要亮剑，该出手时要出手。只有把"我们有和平解决争端的意愿"和"我们也不乏用非和平手段维护国家核心利益的意志"结合起来，才能有效地遏战、止战，并在必要的时候胜战。战与和的最终取向，就是国家的核心利益不能受损。

　　　　　　　　　　　　　　　　　（《南方周末》，2012 年 1 月 4 日）

中国每增加一分钱军费都是为了和平

中国网：今年中国军费预算增长是 11.2%。今年 GDP 增长首次调降到 7.5%，军费也比去年 12.7% 的增长减少了，这两个数据同时下降说明什么？

罗援：境外媒体和舆论有一个不太正常的心态，就是把我们的军费放在三镜之下。一个是聚焦镜，只盯着中国不盯着别的国家。有的国家的军费在 2011 年是 7250 亿美元，我们在 2011 年的军费才 930 亿美元。一个是放大镜，把我们的军费无限地放大。我们现在是增长了 11.2%，但有的境外研究机构把我们的军费说成是两位数、三位数地增长。第三个镜是有色眼镜，戴着意识形态的有色眼镜来看中国，我们再怎么透明，他也不信。

中国网：军费问题陷入了一个悖论，增长速度过快的时候他担忧你在搞军备竞赛；增长得慢他又说你不透明。中国的军费和国外的统计口径是否有区别？

罗援：有一些是由于计算方法的不一样。但不管怎么说也不至于把我们的军费扩大到两倍、三倍。我觉得军费问题不在别的，关键是你的意图是什么。中国现在每增加一分钱都是为了和平，而有的国家只要增加一美元都是为了战争。美国的军费构成其中有一项就是战争追加拨款。我们中国的军费构成里哪有战争追加拨款？我们所有钱都是和平追加拨款。中国是联合国五大常任理事国近 30 年中唯一没有打过仗的，为什么给我们贴上军事威胁论的标签？美国几乎每四年打一回仗，但他的总统却能获得诺贝尔和平奖。

中国网：每年的军费预算大概包含几大类，用在哪些地方？

罗援：我们的军费这几年的使用基本是比较平衡的，就是人头费和活动费还有装备费都各占 1/3。人头费就是官兵的福利待遇，要养着这么多兵，人头费应该占 1/3；活动费是要使训练执勤保持正常的战备水平，活动费占 1/3；再一个是我们的装备费占 1/3。

中国网：2010 年的国防白皮书里谈到军费用于提高士兵军官的生活待遇以及用于边防士兵的训练、改善生活条件。中国军人的福利待遇、工资水平目前是什么水平？

罗援：这几年应该说是有比较大的涨幅，但很多基层官兵还没有完全达到中等收入水平。我们很多基层指战员在边海防，家属、子女上学的问题、就业的问题，带来了很多的负担。现在随军家属的条件放宽了，但是他们很多进城就失业了。官兵在家属安置、子女就业以及最后的生老病死等福利待遇方面还是有很大差距的。

中国网：就是说不是简单地发工资这么简单。

罗援：我有一个提案《军队地位及福利待遇法》，其中有一项就是军人待遇要和 CPI 物价挂钩，和公务员的薪金上涨挂钩。军队的工资是非常透明的，他们没有年终奖，只有职务工资、军龄工资、基本工资，以及一些福利，加在一块儿就是收入。军队现在的工资有了一定的提高，但是由于物价上涨，还有其他的一些问题，还是存在着一些困难的。但是我觉得作为一个军人不会去计较这些，给多少都是党和国家、人民给我们的一种待遇，我们军人精忠报国的志愿是不会动摇的。

中国网：您认为军人的福利待遇达到什么样的水平算是正常的？

罗援：国际上通用的一个标准，就是军人一般比公务员高出 20%，再一个就是要和 CPI 挂钩，物价上涨，军人的津贴也要适当地提高。还有一项就是很多军人担负着危险的、有风险的岗位工作，这要给予特殊岗位补贴。比如说有很多是有核辐射的，像这样在危险岗位工作的指战员要给他们另外的补贴。再一个就是地区差别，不同的地区应该有差别，不同的岗位应该有差别。总之我觉得按照军人的付出应该有相应的回报。

中国网：国防白皮书从 1998 年开始发布，透明程度也是一步一步提升，从总的数据细化到现役部队的花销，那我们能不能期待以后在哪些方面还可能更透明一点？

罗援：透明的问题没有一个统一的标准。你以前不可想象，把我们的军费包括绝对值和相对值都对外公布，甚至我的军兵种所占的一些比例也对外公布，但是我们现在基本都做到了。比如我们18个集团军这个数字以前是绝对保密的，但在我们的白皮书中已经公布出来了。现在西方国家还让我们进一步透明，包括我们军兵种所占的比例是多少，坦克装甲车的数量是多少，我觉得这些有点过了。透明只有相对透明，没有绝对透明。西方国家也做不到。我们不能陷入西方国家的透明陷阱。你给我设计好，你叫我透明什么我就透明什么。

中国网：就是我们自主自愿地透露军费开支，在这样一个纵向的进展中有没有可能还有其他可以公开的？

罗援：透明的目的首先是要增信释疑，就是把所有的家底都亮出来，人家该说你中国军事威胁论还说中国军事威胁论。所以透明的问题对于一些大国来讲，比如对美国来讲，他可以把相当大的部分透明。这种透明是什么？对其他国家是一种威慑。透明不透明，不是目的。什么是目的？维护国家的利益这才是目的。

中国网：从去年11月国际舆论都非常关注美国将把自己的战略往亚太地区转移，您如何评价这次转移？

罗援：这次转移我觉得美国需要向中国做出一个解释，美国到亚太来干什么来了？你说是经济转向亚太，我觉得这是值得欢迎的。但是美国重返亚太是军事重返亚太，是要加强军事同盟。你说要在澳大利亚加强驻军，澳大利亚面临什么安全威胁了？为什么要在澳大利亚增加驻军？你说要在菲律宾加强驻军，菲律宾有什么威胁？为什么要在菲律宾驻军？你说在亚太要保护航道安全，你的航道安全什么时候受过侵犯了？所以这个问题美国必须要向中国进行军事透明。

中国网：目前我们没有听到官方正式的解释。

罗援：美国在亚太地区我给他概括的是"5321"战略布局。美国在亚太地区有五大军事同盟，美菲、美澳、美泰、美日、美韩，再一个就是五大军事基地群。东北亚军事基地群封锁中国从内海走向西太平洋北边的通道；东南亚军事基地群控制我们从太平洋走向印度洋的战略通道；关岛军事基地群是收回来的一个拳头；澳新军事基地群是美军信息战的枢纽；夏威夷是美军的指挥、通讯和交通的枢纽。美国利用三道岛链对我形成了三道封锁线，日本和澳大利亚是其在亚太的两个战略支撑点。

中国网：所以您认为"5321"的战略布局是对中国的一个遏制？

罗援：这个话都不用我来说，我们宁肯信其有，不可信其无。美国必须拿出实际行动来解释你不是针对中国。你首先可以做几件事让我们解除对你的戒心。第一你的军机、军舰不要到我们的临海地区进行频繁的、高强度的侦察。第二是对台军售中止，这个对你不是过高的要求，你就是要履行《八一七公报》，这个已经20年了，美国要兑现承诺。第三件事，美国要放弃对华歧视性的法案。但是我们现在没有看到，你现在一个劲地以中国为主要的竞争对手，甚至一些演习把中国作为假想敌，这种情况下我们不能没有防人之心。

中国网：美国宣布未来十年的军费预算削减了4500亿美元，这相当于是在有限的预算内加强在亚太地区的投入，你如何看待这种集中力量部署战略的举动？

罗援：我认为这并不是一种战略扩张而是以攻为守。看美国以前的战略调整大部分都是属于在上升期的一种调整，除了经济不景气还有其他的原因。还有伊拉克战争和阿富汗战争是套在美国脖子上的两道枷锁，再一个国内的经济不景气，失业率居高不下，你再拿什么钱到亚太地区来。所以它想重返亚太不是始于今日，在小布什上台的时候就改变了克林顿提出来的中美不是战略伙伴关系，定位中美现在是战略竞争关系，把中国作为潜在的对手。但这时候爆发了"9·11"事件，打乱了他的步伐，现在是当时的战略调整的延续。此一时彼一时，现在已经不是当时的情况了，美国的实力不是处于上升期，而是处于一种相对的下降，也不是说现在就下降了，但是相比较起来现在已经开始下降了。在这个时候进行这种战略扩张我觉得它是心有余而力不足。

中国网：新闻发布会上，我们的外长也明确表示欢迎美国在亚太地区发挥建设性的作用。从国防的角度来理解建设性的作用是什么样的？

罗援：就是维持亚太地区的和平稳定，不能再乱上加乱，本来南海地区已经很乱了，美国没来之前南海各国还在 2002 年签署了《南海各方行为宣言》，那时候南海问题已经开始降温了，怎么又升温了呢？就是美国到这儿来搅混水、拉偏架。这时候美国要保持亚太地区的和平和稳定。重返亚太，应该是到这里来发挥建设性作用，可以到这儿来搞经济建设，大家互利共赢，这种是有可能的。但是现在不是，美国是军舰重返了，那就难免会有这种擦枪走火的风险。

中国网：有分析认为"金色眼镜蛇"军演已经超过了一般意义上的军演，特别是在制海权的争夺上，是不是表明他们已经作出选择了呢？

罗援：那当然了，"金色眼镜蛇"演习原来是美国和他的一些军事同盟国的双边演习，但现在变成了一种多边演习，演习的地点临近我们的南海地区，参演国除了传统的美日韩还有新马泰再加上印尼。这个演习里怎么就没有中国？现在一般认为这个演习把谁排除在外，谁有可能就是它的一个针对对象。再一个就是演习科目的设定，搞一些登陆、反登陆，它说是搞一些反恐演习，但又说是假定某一方抢占了岛礁或者是开发平台。从装备也可以看出正在演练新提出来的空海一体战。这些要素联合起来分析就可以看出，美国在亚太地区频繁地进行军事演习的目的到底是什么。

中国网：中国在海外参建的工程越来越多，海外中国人受到的非传统威胁也在加大，有舆论再次呼吁我们要海外驻军，您的看法是什么？

罗援：不在海外驻军，在海外没有军事基地，我认为这个政策还是应该坚持的。因为不可能在别的国家驻军，如果在别的国家驻军等于别的国家的主权要让渡给你了，这实际上还是侵犯别的国家的主权。现在世界上动乱的国家多了，我们是不是都要驻军？这个驻军供给保障如何来解决？它的行动怎么和相关国家或者是法律相对接都是问题。

中国网：在不驻军的情况下如何能保障海外中国人的安全？

罗援：我觉得还是主要靠驻在国，就是驻在国有义务保障我们海外华人的安全。再一个就是我们的使馆要不断地给海外华人和我们在海外工作的员工、职工进行安全方面的教育，在必要的时候要提出安全预警。一旦出现了情况，我们的使馆和驻外武官处要和他们的保安部队进行密切的磋商，要积极地营救。在大量的侨民撤出的时候我们的军队要派军机军舰接，进行撤侨的工作。有大的自然灾害的时候我们也要进行救援工作。

中国网： 中国军队在保护安全方面还是作为一个机动灵活的力量？

罗援： 对，作为一个机动灵活的力量。再一个是海外基地的问题，现在有一些人炒作中国要在海外建立军事基地，实际上我觉得是没有多大益处的，在这方面我们还是要坚持我们的自卫性的国防政策，我们和平、独立、自主的外交政策，还是按这条路走下去，我们不称霸不在海外驻军，但是我们要非常有效地维护我们国家的利益。

中国网： 您今年的提案里提到了要把部队的文艺兵跟作战部队的制服进行区分，这是出于什么考虑？

罗援： 一些民众对我们军队的体制、编制以及整个序列没有搞清楚。现在作战部队和文艺兵、文体兵在制服上有类似的地方。因此，产生了一种误解，认为军队有唱歌、跳舞、打球的将军。其实现在军队没有所谓的文职将军，文体兵走的是专业技术序列，军队走的是作战部队序列，但由于服饰上比较接近，所以产生了唱歌跳舞的也可以当将军的误会，士兵的成长机制也受到了影响。有基层士兵也反映情况说他们摸爬滚打非常地辛苦，但是要想晋升为排长、连长并不是很容易的事。有的文体特招兵当兵的第一天就可以享受团职、师职待遇，这对作战部队官兵是不太公正的。

中国网： 确实我们看到一些军艺歌手很年轻，没有那么长的军龄，为什么可以享受到高的待遇呢？

罗援： 那还是贡献不同。我说区别开并不是对文体兵有什么看法，他们也是凭着自己的才艺和能力得到了肯定。但是就是把服饰上区别开，作为文体的人员他们可以穿得更漂亮一点，但让人一看他还是军人。文体人员我还是很尊重的，他们是我们先进军事文化的主力军，对提振军心士气起到了积极的作用，而且也是我军的优良传统的延续，但要与作战部队走不同的序列。

（中国网，2012 年 3 月 8 日）

腐败是战斗力的第一杀手

最近，解放军四总部提出按战斗力标准花钱办事，将经费投向投量向"能打仗、打胜仗"聚焦，抓住了军队建设的根本，反映了我军的根本职能和战略任务，也是军事斗争准备的根本出发点和落脚点。军队是国家机器的重要组成部分，军队的分工有别于其他社会群体。军队必须强化打仗思想，做好打仗准备，提高打仗能力，坚持打仗标准。口号喊得震天响，训练时花拳绣腿，关键时刻，拉不出去、打不胜，那么，军队工作只能打零分。

很难想象一支腐败的军队能够为国家克敌制胜。现在有研究表明，甲午海战前，北洋舰队的装备并不比日本舰队差。战前 20 余年，日本对海军的拨款只相当于同期清廷对海军投入的 60%。北洋舰队在战场上遭遇溃败的原因并非炮舰不坚利，而是与军队腐败有很大的关系。据记载，清朝前期，军纪尚可，后期就出现吞吃军饷和用军用装备经商的情况，而且愈演愈烈。当时《北洋海军章程》规定，总兵以下的官兵，终年须住在船上，但实际上有一半官兵晚上在岸上跟家人同住。北洋海军甚至用舰船走私行销鸦片，各种兵器疏于保养，用于练习的弹药被走私倒卖。如此腐败的军队不堪一击显然也不奇怪了。历史的教训引人深思。

经费投向投量决定了是建设一支能战斗的军队，还是建立一支享受的军队甚至腐败的军队。现在广大官兵和人民群众对军队内部的一些腐败现象深恶痛绝，一些人超标准配车、超标准住房，用公款吃喝旅游；一些人大搞形象工程，变相盖楼堂馆所，极大地破坏了我军的形象，也在一定程度上影响了军民鱼水关系。古人说："从善如登，从恶如崩。"腐败是战斗力的第一破坏力。四总部的规定从源头上杜绝了腐败的资金来源，不朝不该流向的地方投入，不扩大投资的规模，你再怎么腐？你再怎么超？这就可以在一定程度上遏制腐败势头。

经费投向投量决定了军队现代化的进程和速度。我军原本就军费有限，铺张浪费是极大的犯罪，投向决策失误也是极大的犯罪。我军还是要提倡艰苦朴素的工作作风和生活作风，好钢必须用在刀刃上。有些单位搞形象工程、门面工程，贪大求洋，其实就是消耗我们的战斗力。有限的经费一定要优先保障军事斗争准备、信息化建设、高新技术武器装备建设、新型作战力量建设、实战化军事训练、新型军事人才培养、政策制度调整改革等，提高经费使用效益。不能到处撒金，而要点豆成金，多造令敌人望而生畏的撒手锏武器。

经费投向投量必须纳入法制化的轨道。经费的预算、审批、分配、支付、结算报销和审核审计必须机制化、规范化，不能个人说了算。把决定和使用钱的人都规范于制度的框架之内，使其有法可依，违法必究，并接受纪检、群众和舆论的监督，增强财经法规制度的执行力和约束力。

我军建军初期，物质条件极为有限，但却屡次击败武器装备胜于我军数倍的对手，靠的就是军队的良好作风。军队的廉洁决定着军队的战斗力，更关系到民心向背。我们期待即将在军队兴起的厉行节约之新风，能够使我军在新的形势下，发扬光荣传统，锤炼成一支拒腐蚀永不沾的强军劲旅。

（《环球时报》，2013 年 2 月 26 日）

解读中国"鹰派"

核心提示："鹰派"由英文 War Hawk 翻译而来，形容好战的政客和军人，源起于1812年美英战争。"鹰派"议员们的鼓动，促成美国独立后第一次对外战争，美国意图占领加拿大，但最终导致白宫被英军占领并焚毁，美国国歌在这场战争中被创作出来。

罗援，被美国称为中国"鹰派"代表人物。第二届世界和平论坛上，凤凰网独家对话罗援，解读中国"鹰派"的理性作为。罗援表示，中国需要理性的"鹰派"，与美国"鹰派"不同的是，中国"鹰派"不好战，而现在任何国家都不能打败中国军队，唯有腐败会让中国未战先败。针对"斯诺登事件"，罗援指出，国际社会讨论网络安全合作时应警惕美国贼喊捉贼的行为，保证全人类共享网络安全与自由；而在国内，微博是舆论战场，也是交流平台，网络言论要有底线。此外，罗援特别强调，民族主义不等同于爱国主义，需要正确引导，避免走向极端。

凤凰网资讯：您曾被美国称为中国"鹰派"，您认为，中国"鹰派"与美国"鹰派"有哪些不同？

罗援：我一再说我是理性的"鹰派"，不是莽撞的"鹰派"，我从来没有说过一些过激性的言论。

我觉得中国讲的"鹰派"和西方讲的"鹰派"，或者说，理性"鹰派"和莽撞"鹰派"区别是：第一，中国崇尚和平，不穷兵黩武，而有些国家则一味以战争解决问题；第二，虽然中国崇尚和平，但中国也要备战。《孙子兵法》中说，"兵者，国之大事也。死生之地，存亡之道，不可不察也。"我们对战争是慎战而不好战，备战而不轻易言战。

我对理性"鹰派"的另一个认识是，我们不是纯粹的愤世嫉俗，我们有忧患意识，但又主张要有大局观，冷静、客观地提出有建设性的意见。比如我提出了很多建议，已经被采纳，像设立南海特别行政区，组建海岸警备队；而在中美关系上，我也提出了很多有建设性的意见，并进行一些开拓性工作，此前我和我的团队就和美国卡内基和平基金会共同完成了一个名为中美安全关注调查的项目，这个项目旨在观察中美两国普通民众、精英群体对彼此的看法、评价，当然，也包括安全领域的问题，进而分析讨论两国舆论对彼此的差异化表述及可能带来的问题。

最后很有意思的是，包括美国前驻华大使芮效俭、前助理国务卿约瑟夫·奈等在内的很多美国学者都说，从罗援的表述看，不觉得你是一个强硬派，而是一个非常理性的学者。

所以我觉得，中美双方，无论是"鹰派"还是"鸽派"，需要通过沟通交流，提出建设性的意见，而不是互相指责、谩骂，只有这样才能促进中美发展新型大国关系。新型大国关系的一个核心要点是互相尊重，相信在不断的交流中，美国会感受到中国"鹰派"的理性。

凤凰网资讯：如何评价"斯诺登事件"以及美国在此事上的反应？

罗援："斯诺登事件"使美国处于一个非常尴尬的境地，由以前的原告变成了现在的被告，也令全世界人民都在质疑美国一直坚持的所谓普世价值观。美国长期以来采取双重标准处理国际事务，对外牺牲别国安全获取自己的绝对安全；对内牺牲民众的隐私换取政府的绝对安全。所以"斯诺登事件"对美国最大的冲击，就是极大挫伤了美国人权卫士的形象，同时也揭露了美国利己主义与伪善的真实面目。

特别是在美国对中国网络攻击的指责上，现在终于真相大白，美国实际上是贼喊捉贼、欲盖弥彰。对于美国的这种态度与做法，希望国际社会在讨论网络安全合作时，给予高度重视。我们应当共同制定一种游戏规则，用以加强全人类共享的网络安全与网络自由。这种安全与自由不能建立在一方绝对安全，其他各方相对不安全的基础上；对于网络活动的透明要求，更不能允许只有一个国家绝对的单向透明，而其他国家都处于被透明的局面出现。

中美已经成立了网络安全工作组，希望"斯诺登事件"能使中美双方将彼此的摩擦点变为合作点，回到谈判桌前进行平等对话，共同解决网络安全难题。我们也希望"斯诺登事件"能成为美国反思自己的双重标准与霸权主义的重要契机。

凤凰网资讯：您开通微博也有一段时间，怎么看这块舆论阵地发挥的作用？对微博上网友对您的批评和骂声怎么应对？军方提出要打好舆论战，在您看来，怎么才能打好舆论战？

罗援：实际上，"斯诺登事件"已经在舆论战上给我们敲响了警钟。舆论战、网络战并不是一个虚幻的名词，它真实地存在于我们的生活中，舆论战是一个没有硝烟的战场。"斯诺登事件"暴露出美国利用网络技术对中国政府核心部门、私人机构以及公众进行窃听与监控，需要引起我们的高度重视。现在，美国对其他国家的监控可谓上天入海，上到通信卫星，下到海底电缆，无孔不入。

除了技术层面的防范，舆论引导与管控也应该引起我们高度警惕。斯诺登公开的信息显示，美国利用一些网站，不仅仅对中国进行网络监控，还在网络上进行舆论引导。

我注意到美国前驻华大使洪博培在美国参选时提出，"我们应该联合我们的盟友和中国国内的支持者，他们是被称为互联网一代的年轻人。中国有5亿互联网用户，8000万博主。他们将带来变化，类似的变化将扳倒中国（take China down）。与此同时我们将获得上升机会，并找回我们的经济生产力量。这就是我作为总统所要做的。"这是他在美国 CBS 电视台辩论活动上的发言，我认为，他一语道破了美国的真实目的，就是要通过网络来扳倒中国，争取美国再上升的机会，这完全是一种冷战思维。

当然对于中国国内的微博，我觉得还是要从两方面看，这里肯定有西方渗透的因素，但更多的还应看到，广大网友对中国经济建设、国防安全等各方面的关心，要区别对待。所以我这次上微博，有一个比较大的感受，这也是北京大学一位教授提出的一个非常好的忠告：网络既是我们的舆论阵地，同时也是和广大网友进行交流的平台，可以通过这个平台倾听一些不同的声音，跟网友们进行互动。我觉得这是非常善意的提醒。

不过网络言论也应该有底线，发牢骚可以，但不可以攻击我们的社会制度，不可以攻击我们的党，不可以攻击我们的军队，不可以攻击老一辈革命家。这四个"不可以"也是符合宪法规范的。现在很多人提出所谓的"宪政"，那么要求宪政，本身就应该遵守宪法，而宪法规定的四个坚持就是我们不能动摇的底线。

凤凰网资讯：中国军队正在扫除不正之风，打击军队腐败，保持军人本色。如何评价豪华轿车挂军牌的现象？军方规定价值45万元以上为豪华车，有何依据？腐败与不正之风给中国军队造成了什么影响？如何才能有效打击军队腐败？什么是军人本色？

罗援：我认为，大力整顿军队不正之风是非常有必要的。在军车问题上，相关部门既要考虑政治因素，也要考虑经济因素和整体费效比的情况，不能因为反对腐败又造成新的浪费，决策失误将是最大的浪费，在这方面我不是专家，就不做更多评论。

但在军队建设层面，我认为，应该做到看大抓小，看大就是首先要提升军队战斗力，而战斗力的第一杀手，我认为就是腐败问题，现在没有任何一个国家能打败我们这样的一支军队，唯有腐败问题会让我们未战先败。

凤凰网资讯：今年初，中国军队开始公开部队番号。如何评价他国对中国军队不透明的批评，以及对中国透明化的要求？

罗援：透明与不透明是相对概念，没有绝对的透明，中国做不到，美国也做不到，如果美国能做到绝对透明，又何必设立中央情报局、国家安全局、联邦调查局等等情报和安全保密组织。如果要做到绝对透明，请美国把它部署在中国周边的一些监控体系拿出来透明化。美国是不会做到绝对透明的，也不要指望别国以牺牲本国利益和军事机密来换取一个廉价的"军事透明"奖章。

中国军队的透明化进程正一步一步与国际接轨。中国从以前不发表国防白皮书到现在发布，从不公布部队番号到逐步公布，都是中国军队不断透明化的表现。但透明要一步步进行，目前透明化还没有统一标准，不能说美国标准就是中国的标准、世界的标准。至少从现阶段来看，美国设定透明化标准，并不以共同利益而是美国利益为基础。既然没有符合各方利益的统一标准，我们就要根据中国的国家利益和实际情况，推进中国版的透明化。

此外，透明并不是目的，只是手段，其目的是为了增信释疑，为了增进互信、加强沟通，也是为了化解他国对中国的猜忌与误解，避免引发不必要的争端。透明不是万能的，有些人戴着有色眼镜看人，你再透明也无用，对于这些人我们只能说，信不信由你了，我们走自己的路，任人去说吧！

凤凰网资讯：如何评价国内民族主义情绪高涨这一现象？

罗援：谈到民族主义，就要分辨它的定义。民族主义不等同于种族主义、民粹主义，也不等同于极端民族主义和狭隘民族主义，如果民族主义只是完全从自己民族的利益出发，走极端化的发展道路，是我们坚决反对的。

但有些人有意无意地把民族主义和爱国主义混淆，这是不正确的。我们坚决反对狭隘的民族主义，爱国主义和民族主义是两个概念，既有联系，又有区别，任何国家都应该有爱国主义的存在，这关乎国家的认同与凝聚，如果没有了国家认同感，那么国家将会涣散，就会被人欺凌，所以中国现在讲中国梦，中国梦就是爱国主义的一种表现。

如果民族主义走向了极端，就会带来负面影响。中国历史上有这样的反面教训，所以对于民族主义，中国必须给予正确引导和必要教育，并制定相应的规范。

我要强调的是，民族主义不等同于爱国主义，爱国主义是中国需要弘扬的，不要因为有了民族主义而扼杀、矮化或抹黑爱国主义。

凤凰网资讯：近来，中国周边安全局势不断恶化，朝鲜半岛核危机、中日钓鱼岛争端还有菲律宾持续在南海问题上挑衅中国，中国如何应对安全局势的变化？这一地区是否会发生战争？作为一个军人，您认为，如何对待战争与和平的关系？

罗援：最近我去美国参加了一次学术交流活动，这个活动给我设计的题目是《中国和平崛起面临的外部挑战》，我把挑战归纳为两个海、三个领域：两个海指东海和南海，三个领域指外层空间、网络空间和金融领域。

东海的钓鱼岛问题，由日本挑起来，去年中日邦交 40 周年，我们本要举行隆重纪念活动，但由于日方提出了购岛计划，使我们的纪念活动搁浅，也给中日关系蒙上浓重的阴影。南海的黄岩岛、仁爱礁事件，以及菲律宾枪杀我台湾渔民等等，也是一些声索国不顾中国国家主权与南海各方利益进行挑衅，制造危机。

在处理危机时，我们保持了极大克制和忍耐，始终主张"搁置争议，共同开发"。外界十分关心中国是否会使用武力，正说明这一地区局势已经十分紧张。但是否以和平手段解决问题，并不是中国一家说了算，尽管中国一再呼吁和平，但这需要各方响应。

今天王毅部长在讲话中不仅提到维护和平的一面，也讲到坚定维护国家主权和领土完整的一面。为缓解局势，和平解决争端，我认为，有关国家要和中国释放的善意同向而行，而不能背道而驰，背道而驰只会激化矛盾。

既然今天的主题是和平论坛，那么我们今天在这里谈的都是和平问题，和平是中华民族的一种文化底蕴。战争，对于国家来讲，则是最后的、迫不得已的选项，但对军人来讲，打赢战争则是我们的职责所在，这是社会分工所决定的，在这方面，我认为和平发展并不意味着中国已经挂起了免战牌。刘源将军讲过，军人最知道战争的残酷，而在战场上流血牺牲的也是军人，这意味着不到迫不得已，我们不会使用战争手段解决问题，但是一旦把战争强加给中国，中国也绝对不惧怕战争。只有有备才能无患，只有敢战方能言和，这就是战争与和平问题的辩证法。

忘战必危，好战必亡，这是中国千年古训，也是我对战与和这个问题的理解。《中华人民共和国宪法》赋予我们军人的职责就是"捍卫国家的主权和领土完整"，如果军人一天到晚不思打仗、不会打仗、不敢打仗，到时候打不赢战争，那你就是最大的违宪、最大的失职。

凤凰网资讯：朝鲜坚持发展核武器，如何评价朝鲜的举动？朝鲜今年连续核试验，引起中国民众强烈不满，甚至有人认为中国对朝鲜政策需要调整，您怎么看这种反应？中国对朝政策是否需要调整？朝鲜不听话，怎么办？

罗援：我认为在解决朝鲜拥核问题时，首先应该考虑朝鲜为什么要拥核。我和朝鲜学者接触过，他们提出了这么几个问题：第一，现在国际社会主张朝鲜半岛无核化，但是实际上变成了朝鲜无核化，他们认为不公允。我就和他们说，朝鲜半岛只有朝鲜在研发核武器，韩国的核武器，或者说美国部署在韩国的核武器早就在 1992 年时撤出了，但他们认为现在并没有方法来证实韩国无核化。

第二，现在虽然韩日没有核武器，但美国对韩日进行核保护，所以朝鲜认为韩日也是拥有核武器的。基于这一点，朝鲜提出了两个解决方案，或者美国撤销对韩国和日本的核保护，或者向朝鲜也提供核保护，总之必须使朝鲜半岛处于一种平等状态。

除了从安全方面考虑，朝鲜还有经济、能源等方面的需求，尤其是能源匮乏，将直接影响朝鲜的经济发展。朝鲜认为，自己曾经和美国签署了框架协议，但美国撕毁协议，朝鲜并没有得到相应补偿，特别是两个轻水反应堆。

与此同时，美国给朝鲜戴了两顶帽子，一个是流氓国家，一个是支持恐怖主义的国家，所以朝鲜没法融入国际社会。从这些角度看，朝鲜拥核主要为了自保。

但是朝鲜拥核对中国构成了安全威胁，首先是改变了中国周边的核安全环境，美国可以借机在韩国重新部署核武器，甚至有可能导致日韩直接成为拥核国家。

同时，鉴于日本核事故的影响，朝鲜对核设施的控制管理能力和防护能力都有限，一旦核设施发生泄露或遭到他国的军事打击，那么核辐射范围将达到400～1400公里，中国1/4的国土将受到核污染。

还有一个问题，朝鲜一旦出现内乱，将有大量难民从陆路和海路涌入中国，中国也将背上沉重的政治、经济包袱。

此外，朝鲜一旦发生核扩散行为，使得恐怖主义分子直接或间接获取核技术，将对整个亚太地区安全环境构成新的威胁。这些都有可能带来不可控的危害，所以说朝鲜拥核，中国真心实意的反对。

习近平主席在博鳌会论坛中也谈到，任何国家不能为一己之私把一个地区乃至世界搞乱。我觉得这个问题应该引起朝鲜关注。中国对朝鲜的援助，不仅出于道义上的考虑，也是基于中国充分关注朝鲜国家利益，那么朝鲜现在也应该顾及中国的国家利益。在这个问题上，我个人认为即便是亲兄弟，也要明算账。

解决朝核问题，我认为要做到三无，无核、无战、无乱。无核，指朝鲜无论因何种理由，都不能拥有核武器。无战，指不管南北双方现在谁打第一枪，国际社会上的相关各方都不应该支持。无乱，指朝鲜半岛不能发生动乱。虽然中国参加了国际社会对朝鲜的制裁，但我认为中国的制裁和西方的制裁目的不一样。中国的制裁，希望朝鲜能够兑现承诺，放弃核计划，只要朝鲜回到无核立场，我认为，中国的制裁就可以告一段落；但西方的制裁是以压促乱，以压促变，妄图通过外力干涉朝鲜内政，制造动乱，从而颠覆朝鲜政权。

凤凰网资讯："神十"与"天宫"在军事上有哪些意义？

罗援："神十"成功，说明中国航天技术有了新的突破与发展。当然如今军民之间有很多互通性，比如对接、卫星捕捉等等。在遵守和平利用外层空间的原则下，中国也希望在外层空间站有一席之地，为日后制定有关游戏规则争取更多发言权。

凤凰网资讯：如何看待中俄海军在日本海举行联合军演？是否有针

对性？

罗援：中俄之间是全面战略协作伙伴关系，中国和俄罗斯面临着共同压力，也有共同利益。如果没有一些比较常态化的军事演习，反倒与中俄全面战略协作伙伴关系不相匹配。

此外，中俄联合军事演习，很早之前就已和各方进行磋商，不是一个临时动议。当然有些国家仍然会有所猜测，我觉得也只能由他们去了，因为脑袋长在他们头上，他们怎么想是他们自己的事，即使我们不搞联合军演，他们也会疑神疑鬼，说三道四。我觉得不做亏心事，不怕鬼叫门，如果没有做对中国理亏的事，就不必去担惊受怕。

凤凰网资讯：中俄美三国，为何唯有中国承诺不首先使用核武器？有何措施保障在他国"先发制人"后的中国核反击能力？

罗援：中国核战略是为国防政策服务。后发制人的思想，也叫积极防御的思想，已经深深植根在中国国防政策当中。国际社会不必产生不必要的猜疑，因为中国一贯主张后发制人的核战略，是一种防御性战略。中国强调的是第二次打击能力，或者叫做核报复能力。

但往往后发制人所需成本要比先发制人高很多。因为要躲过别国第一波打击，保证反击能力，首先就要解决生存问题，而先发制人是进攻性策略，不需要解决生存问题，所以坚持先发制人的国家在这方面投入的军费只需解决如何第一轮全部消灭对手的问题，但我们则需要多考虑第一步如何生存，第二步如何彻底摧毁威胁源。所以后发的成本肯定比先发的高，但这也是维护和平必须付出的成本。

西方国家不断攻击中国有隐性军费，就是因为他们根本没有把中国为实施"后发制人"国防政策所要付出的成本和代价考虑进去，就是因为他们不愿意相信任何一个国家真心实意维护和平，因为他们自身就没有这种思维模式。所谓先发制人战略，无论在战略层面上还是在战术层面上，都要求尽可能多的杀伤对手，宁肯错杀，也不能漏杀。这种想法已经在一些国家的军事战略中根深蒂固。

从全球安全局势的高度看，如果大家都效法先发制人的核战略，那么核战争的风险就会升到极致，但如果都能像中国一样，那么理论上说，没有人首先使用核武器，也就没有人启用核反击，核战争的风险就会降到最小。

两种极端情况在当今复杂的国际环境中都不太可能出现，中国扮演的平衡角色十分重要，西方领导人十分清楚这一点，但与此同时，西方仍然不断抨击中国军费问题，那么他们的真实意图就需要我们认真推敲，他们是否真正希望亚太地区乃至世界和平稳定，也引人思考。

（凤凰网资讯，2013 年 7 月 3 日）

面对安全威胁，中国增加多少军费都合情合理

据报道，中国计划将 2014 年国防预算由 2013 年的 7202 亿人民币提高 12%，达到约 8082 亿元人民币，约合 1320 亿美元。另据美国 2013 年公布的 2014 财年国防预算法案，美国今年的国防预算约为 5521 亿美元。中国军费预算仅为美国同期的 1/4。

一个国家的军费，是根据一个国家的国防需求、安全威胁和经济发展、科技水平的基础来决定的，它是一个国家的内部事务，别国无权说三道四。

从已公布的 2013 财年国防费总量排序来看，中国与美国及周边国家相比排名第 2，排在前 5 名的分别是：美国 6330 亿美元，中国 1143 亿美元，俄罗斯 700 亿美元，日本 534 亿美元，印度 400 亿美元。这个排名应该是和中国的经济总量相匹配的，也符合国际社会需要中国提供更多的国际义务和国际公共产品的期盼。中国是一支和平的力量，中国每增加一分军费，都是给世界和平增加了一份筹码。

与 2012 年相比，除美国由于伊拉克战争、阿富汗战争告一段落，加之经济不景气而减少了 380 亿美元之外，其他前 5 名国家的军费都呈上升之势。中国增加了 103 亿美元，俄罗斯增加了 148 亿美元，日本增加了 4.54 亿美元，印度增加了 10 亿美元。就连我周边国家菲律宾、印尼也分别增加了 4.5 亿美元和 6 亿美元。特别值得重视的是，2013 年日本首次在 11 年后实现了军费的正增长，2014 财年军费预算再创新高，达到 468 亿美元，增幅 2.8%。

以 2011 财年结算结果来看，一些大国和周边国家国防费占 GDP 比重平均 2.4%，美国占 4.9%，俄罗斯占 4.3%，韩国占 2.9%，印度占 2.8%，中

国只有 1.28%。周边国家国防费占财政支出比重平均 9.8%，其中美国占 19.6%，俄罗斯占 16%，印度占 13%，中国台湾地区占 16%，中国只占 6%。中国这么一个大国不求最高值，接近一下平均值总不为过吧。

从人均军费来看，中国更低。因此，中国的军费从相对值来看，处于低水平。现在的问题是，怎样把有限的军费用在刀刃上，向"打胜仗"、"保平安"聚焦。

我们现在面临的安全环境并不乐观，一些与我有领土领海纠纷的国家，漠视我国通过对话谈判来解决争端的和平善意，特别是日本右翼分子试图修改和平宪法，重走军国主义老路，我们不能不防。

最近发生的昆明恐怖袭击惨案，提醒我们恐怖主义分子惨无人道、丧尽天良、无孔不入，为了保护人民群众的生命财产安全，加大多少安全投入都不为过，人民群众都是可以理解的。当年，美国遭受"9·11"恐怖袭击后，不是也大幅增加军费吗？现在中国为了保卫国家的安危、保护民众的安全，有一百个理由增加军费，没得商量！那些"人权卫士"这时候出来说三道四，太不地道了吧！

今年是甲午战争 120 周年祭日，重温历史上落后就要挨打的惨痛教训，面对现实恐怖主义惨无人道的血腥袭击，我们的军费不是太多了，而是远远不够。

中国现在正在进行的反腐倡廉运动，也给我们增加军费、提高军费的使用效益提供了有利条件。笔者根据媒体公布的不完全统计，自 2010 年至 2013 年，仅从地市级以上 38 名贪官身上搜缴出来的赃款贿款即有 36.3019 亿元人民币（折合 6.05 亿美元），若把这些赃款以及经过警示而未流失的隐形赃款都用于国防建设，将极大地提高我国的国防实力。按外媒估算，我国可以 3000 万美元造一架三代机，若真如此，仅公布的 36.3019 亿元赃款即可造 20 余架先进战机，这还不算低级别的贪腐赃款。由此看来，只要我们厉行节约，科学管理，把好钢用在刀刃上，就可以令有限的军费产生最大的效益，最大限度地满足国防和国家安全的需求。

（2014 年 3 月 6 日）

"痛思"甲午的意义在于拒绝耻辱
——甲午战争惨败的十大教训

核心提示：我认为甲午战争惨败的十大教训是：一、国殇伤在政体上，体制落后必然挨打。二、战败败在贪腐上，腐败不除，未战先败。三、强国必须强军，军不强最多是一个富国，永远成不了强国。四、强军必须观念创新，观念落后，满盘皆输。五、强军重在塑造军魂，无勇之军将是散沙一盘。六、强军必须强装备，装备强在于量够质优。七、强军必须常备不懈，有备才能无患。八、强军必须综合集成，任一短板将导致全局失败。九、强军必须有灵活机动的战略战术，剑不如人剑法要过人。十、敢战方能言和，战场上得不到的东西谈判桌上也很难得到。

2014 年是甲午战争 120 周年，120 年前中日之间进行了一场震惊世界的战争，中国战败，与日本政府签订了丧权辱国的不平等条约——《中日马关条约》。《马关条约》规定：（一）中国承认朝鲜独立。（二）中国向日本割让山东半岛、辽东半岛、台湾和澎湖列岛。（三）中国赔偿军费白银 2 亿两（加上赎回辽东半岛的 3000 万两共 2.3 亿两）。以及新开通商口岸，增加内河航线等共 11 款。

甲午战败及《马关条约》的签订，使中国陷入更加深重的灾难。巨额战争赔款相当于全国 3 年的财政收入，清政府根本无力承受，只能向英法德俄列强贷款，不但利息很高，还要以海关、税收、财政的管理权作抵押。大面积割让国土直接导致帝国主义列强掀起瓜分中国的狂潮。

战后的几年里，列强纷纷在中国划分势力范围。中国原来的藩属国朝鲜沦为日本的殖民地，成为日本侵略中国的跳板，中国东北部的安全受到严重威胁。台湾被日本割占，使数百万骨肉同胞离开祖国的怀抱，饱受欺凌 50 余年。

日本则是战争的最大受益者，得到了价值 1 亿两白银的战利品和 2.3 亿两的赔款。这笔巨款相当于日本当时 7 年的财政收入，日本外相陆奥宗光兴高采烈地说："在这笔赔款之前，根本没有料到会有几亿日元，本国全部收入只有 8 千万日元，一想到现在会有 3 亿 5 千万日元滚滚而来，无论政府和私人都觉得无比的富裕！"战后，日本经济和军事实力飞速扩张，为其在上世纪 30 年代大举侵华埋下伏笔。

总之，甲午战败和《马关条约》的签订使中国陷入深重的民族危机，面临生死存亡的关头。在中国近代的对外战争中，中日甲午战争可以说是规模最大，失败最惨，影响最深，后果最重，教训最多的一次战争。正因为如此，重新反思这段历史，也最具现实意义。

我认为，甲午战争惨败的教训主要有十条：

一、国殇伤在政体上，体制落后必然挨打。

19 世纪后期，主要资本主义国家已经完成了向帝国主义阶段的转变，资本输出具有特别重要的意义，这必然引起新一轮对殖民地更加激烈的争夺。于是，地大物博的半封建、半殖民地中国便成为帝国主义列强眼中的猎物。从鸦片战争开始，帝国主义对中国的侵略和掠夺愈演愈烈。而此时，中国大陆战祸连接，内忧外患频仍，导致国库空虚，财力窘困，清政府只得横征暴敛，竭泽而渔，影响所及，民不聊生，怨声载道。慈禧太后垂帘听政以来，重用宦官，偏听偏信，政治腐败、经济腐败加上吏治腐败，使国运岌岌可危。李鸿章奉命创建海军，建设国防力量，虽学习西方之经验，但只学其皮表，未触实质。而慈禧太后竟将建军之大量军费挪用，其中就用来作为修建三海及颐和园之用款。

反观日本，自 1866 年明治维新以来，建立新政，充实国力，汲取西方文化之精髓，摒弃不合时宜之思维，提出"开拓万里波涛"，"耀皇威于海外"的口号，走上资本主义发展道路。1887年3月14日，正当中国准备挪用包括海军购舰专款大修颐和园之际，日皇谕令从皇室内库中提取30万元（相当皇室经费1/10）作为购建海军舰船之补助用费。谕令既出，全国影从，至是年9月，集资即达100余万元。两相比较，高下立现，由此可见大清帝国首先败在国体政体上，甲午之战，其实是两种社会制度的较量；甲午之败，有其历史的必然性。

二、战败败在贪腐上，腐败不除，未战先败。

当时，清廷修缮三海工程，有人估计费用在300万两以上，几乎可添购清政府当时的主力舰"定远"、"镇远"舰各一艘。光绪七年至十七年10年间海军专项拨款应在4600万两，即便扣除相关因素也在3680万两左右。这10年间，北洋海军共购买军舰9艘，花费总额充其量为1100万两以内，存付两抵，有近2600万两白银被中饱私囊。在黄海海战之前6个月，北洋舰队申请紧急换装部分速射炮并补充弹药，以应紧急之需。而李鸿章竟然以慈禧太后祝寿需要用款，不敢转请为名，予以拒绝。当光绪二十年十月初十（1894年11月7日），清廷为慈禧太后大庆六十寿辰之日，正是我辽东半岛大连湾陷落敌手之时，而清廷统治者却在铺张扬厉，强颜欢笑，此腐朽政权焉能不败！

三、强国必须强军，军不强最多是一个富国，永远成不了强国。

在中日开战之前，中国的经济、军事实力并不比日本差，从经济上看，甲午战前日本的重工业还比较薄弱，轻工业中也只有纺织业比较发达与中国相当。钢铁、煤、铜、煤油、机器制造的产量都比中国低得多。有数据表明，当时清政府的GDP相当于世界GDP总量的1/3，不可谓不富。但清政府疏于国防建设，有国无防，有军不强，特别是海军建设，即便从西方国家购买了一些军舰，也基本是摆设，有的舰是有舰无炮，有的舰是有炮无弹，被外人讥讽为"存在舰队"。更有甚者，自光绪十五年至甲午中日战争 6 年间，竟然只舰未添。原来清政府的海军是世界第八，亚洲第一，此时已被日本赶超。开战前 3 个月，李鸿章预感到这种危机，拟为北洋海军换新式炮 21 尊，竟因海军衙门与户部意见相左，难筹此款，而不得不先为"镇远"、"定远"两舰购买快炮 12 尊。而此时，日本几乎所有舰船都已安装速射炮，这就为甲午之战埋下了隐患。甲午战败后，清政府签订《马关条约》，承诺赔款白银两万万两，约为 1842 年及 1860 年对英法赔款之 7 倍，超过中国全年之收入。要知今日何必当初，若当年早将此数额之银两用于购买北洋舰队急需之速射炮及开花弹，何止开战仓皇至此？

四、强军必须观念创新，观念落后，满盘皆输。

进入 19 世纪 90 年代，"巨舰重炮"之观念已经被"快船快炮"之观念所替代，海上作战的首要目标，由以往之击毁战船转为注重杀伤舰上有生力量。所以，当时新型舰船趋向于减少大口径主炮数量，而以众多中口径速射炮代之。在黄海海战中，日本舰队装备大型速射炮 71 门，小型速射炮 154 门；而北洋舰队仅有大型速射炮 2 门，小型速射炮 130 门。与敌相比，大型速射炮远逊于敌。在 10 分钟内发射弹药，中日之比是 33 ：185，换言之，也就是说，在同一时间内，日本舰队的发射量是北洋舰队的 6 倍。由此可见，虽然在战舰的总吨位上，北洋舰队并不比日军差，但由于作战理念落后，导致优劣转换，北洋舰队在战力上处于下风。

五、强军重在塑造军魂，无勇之军将是散沙一盘。

岳飞云："文官不爱钱，武官不怕死，则天下太平矣！"中华民族不乏精忠报国之仁人志士。甲午战争中，北洋舰队 10 个管带 7 个以身殉职。管带邓世昌为保护旗舰，下令向敌先锋舰"吉野号"猛冲，以求同归于尽，不幸中敌鱼雷，连同邓世昌在内 200 余人与舰同沉，忠烈殉国。1895 年 2 月 3 日日军占领威海卫城，提督丁汝昌坐镇指挥的刘公岛成为孤岛，日本联合舰队司令伊东佑亨曾致书丁汝昌劝降，遭丁汝昌拒绝。5 日凌晨，旗舰"定远"舰中雷搁浅，仍做"水炮台"使用，继续搏战。10 日，"定远"舰弹药告罄，管带刘步蟾下令将舰炸沉，以免资敌，并毅然自杀与舰共亡。11 日，丁汝昌在洋员和威海营务处提调牛昶昞等主降将领的胁迫下，拒降自杀。洋员和牛昶昞等又推署"镇远"管带杨用霖出面主持投降事宜，杨用霖拒不从命，自杀殉国。这些舍生取义者，虽败犹荣。但在甲午战争中亦有"怕死畏葸"之将领，临阵脱逃。平壤之战中，大同江南岸、玄武门外、城西南三大战场，只有玄武门陷落，此时对清军来说，战事尚有可为，但清军总指挥叶志超，却竖白旗停止抵抗，并下令全军撤退。6 天里，清军狂奔 500 里，于 21 日渡鸭绿江回国，日军占领朝鲜全境。在黄海激战中，"致远"、"经远"二舰不幸被敌军击沉，"济远"、"广甲"、"扬威"三舰惊恐万状，仓皇逃窜，"济远"舰还可耻地挂起白旗，不但削弱了战斗力，还严重地扰乱了军心。在金旅之战中，日军分三路向大连湾进攻，清军不战自溃，日军又开始向旅顺进逼。当时旅顺地区清军有七统领，道员龚照玙为前敌营务处总办，有"隐帅"之称，共辖 33 营，约 1.3 万人。18 日，日军前锋进犯土城子，龚照玙竟置诸军于不顾，乘鱼雷艇逃往烟台。19 日，黄仕林、赵怀业、卫汝成三统领也先后潜逃。清军群龙无首，成鸟兽散。

六、强军必须强装备，装备强在于量够质优。

固然，人是决定战争胜负的决定性因素，但武器装备也是重要因素。对于海军战力之评估，通常以拥有舰船数量与总吨位作为依据，据有关资料表明，甲午战争爆发之前，中国海军（包括北洋、南洋及粤洋三大舰队）共有军舰 78 艘，总排水量 8.5 万吨左右。日本海军则有军舰 31 艘，总排水量 7.2 万吨左右。中国在规模数量上占有上风。但军力的比较，不只是绝对值的比较，还应包括相对值的较量。比如，在黄海海战中，北洋舰队参战兵力为 12 艘战舰（实为 10 艘，"平远"舰与"广丙"舰未参战），总吨位 3.442 万吨；日本参战兵力为 12 艘战舰，总吨位 3.9684 万吨，数量上难分伯仲。而在建军质量上，则中国军队处于劣势。北洋舰队之主力舰"定远"和"镇

远"两艘铁甲舰，舰首炮塔之 4 门主炮，由于设计缺陷，只能正向直射；8
门 12 英寸口径炮，仅有作战用开花弹 3 颗（1 颗在"定远"舰，2 颗在"镇
远"舰），其余皆为实心练习弹。其他各舰所配弹药也不多，据传每炮仅有
15 颗。海战中，后续补充弹药，或者与火炮口径不符，弃之无用；或者质
量太差，弹身布满小孔，炮弹未出炮口即炸膛；或者弹身铜箍太厚，必须先
锉小才能入膛；还有的炮弹底火引信受潮，击发时成哑弹……如此等等，北
洋水兵纵有三头六臂，也回天无力。

七、强军必须常备不懈，有备才能无患。

1880 年起，日本全力扩充军力，举国上下士气高昂，以赶超中国为奋
斗目标，准备进行一场以"国运相赌"的战争。截至甲午战争前夕，日本
已经建立了一支拥有 6.3 万名常备兵和 23 万预备兵的陆军和排水量 7.2 万
吨的海军，超过了北洋海军。中国一些有识之士对此有清醒的认识，如两
江总督沈葆桢、台湾巡抚刘铭传等看出"倭人不可轻视"，但朝廷和大部
分政要对日本的认识还停留在"蕞尔小邦"的阶段，"不以倭人为意"。李
鸿章也认为"倭人为远患而非近忧"。在日本倾全国之力扩充军备，战争
危险日益迫近的紧要关头，清政府反而放松了国防建设，以财政紧张为
由，削减军费预算，从 1888 年开始停止购进军舰，1891 年停止拨付海军
的器械弹药经费。中国就是在这样一种毫无戒备的状态下，迎来了一场命
运攸关的战争。

八、强军必须综合集成，任一短板将导致全局失败。

海上作战，舰队远离陆上指挥中心，应有独立高效的指挥机构。黄海
海战，北洋舰队以"定远"舰为旗舰，提督丁汝昌、副提督德国人汉纳根均
位于此舰上。而通常做法是在旗舰上建立指挥中心，由提督坐镇指挥；另于
主力舰"镇远"舰上建立预备指挥中心，以备万一，接替指挥。但因为丁汝
昌、汉纳根均不谙海战，不能担当舰队实际指挥权，只得由旗舰管带刘步蟾
代为执行，同时北洋舰队又未在"镇远"舰上建立预备指挥中心，指定代

理指挥官。因此，交战初期，当"定远"舰被敌炮击中，无法升旗发布号令时，北洋舰队各舰即陷入各自为战境地，缺乏协同作战，不能集中兵力火力，乃使敌"比睿"、"赤城"、"西京丸"等被重创之船，侥幸脱逃。

情报战输人一头也是导致甲午战败的重要原因。1894 年 6 月 23 日，一份由清政府驻日公使汪凤藻发给清政府总理衙门的密电被日军截获，由于日方事先已经知道这份电报的内容，日军电信课长佐藤爱磨很容易地破解了中方密码的编排规律，掌握了清政府的密钥。一个月后的 7 月 21 日，清军雇用"高升号"等三艘英国轮船，秘密向朝鲜牙山运送 2500 名淮军将士。虽然清军是一次绝密军事行动，又租用的是英国商船，本认为万无一失。但由于行动电报被日军破译，日本联合舰队偷袭了这支清军舰队，导致清军损失惨重，"高升号"上的 800 名江淮子弟兵葬身大海。黄海海战中，日军在破译的电码中得知，北洋水师的军舰将于 1894 年 9 月 15 日运送兵员在大东沟登陆，于是，日本联合舰队在大东沟附近设伏，导致北洋水师惨败。

通信联络是构成舰船战斗力的重要因素之一。甲午海战中，北洋舰队发布指挥号令全部依赖旗舰以旗令达成。但没想到交战不久，旗舰"定远"舰前桅被敌炮击中折断，无法悬旗发令。"镇远"舰虽然未伤桅杆，但旗缆被炮火焚毁，亦无法代发号令，各舰失去统一指挥，遂导致敌舰当沉未沉，我军当胜未胜之结局，通信中断实为重要原因之一。

海上作战远离陆地依托，又离不开陆地依托，应建立完善的后勤机构，自舰船补给、维修以至武器弹药、机器机件、卫生医疗等，缺一不可。最为迫切之需求是弹药供应及战损维护两项。而恰恰在这两项上，北洋水师严重不足，黄海海战中，"定远"舰受伤千余处，舵机锚机均被击毁；"镇远"舰锚机亦被损坏。两舰返回旅顺基地，虽有船坞，但无备用零部件之储存，无法恢复战斗力，最终贻误战机。

九、强军必须有灵活机动的战略战术，剑不如人剑法要过人。

技术决定战术，由于北洋舰队两艘主力铁甲舰受炮塔装置的限制及主炮位置的制约，只能采用单行雁形阵为接敌阵形，但对右翼两艘舰船"超勇号"和"扬威号"之战力未加慎重考虑与加强，以致在日军第一游击队4艘战舰全力冲击下，这两艘舰一伤一沉，阵形随之被打乱。在战术运用上，单行雁形阵运用之妙在于全力冲刺日军的鱼贯阵形，攻击日方由我阵形前方经过的每一艘舰船。但令人扼腕的是，在冲击时，北洋舰队反而将航速由8节降为6节，形成无力之冲击，最终难以达成预期之目的。

十、敢战方能言和，战场上得不到的东西谈判桌上也很难得到。

甲午战争始终存在着主战派与主和派之争，当时中国最高统治者中掌握实权的慈禧太后、奕䜣等都是主和派，李鸿章也坚决主张"羁縻为上，力保和局"。他们一直致力于争取英俄德法美等国家的调停，以达到求和目的。李鸿章想利用各国之间的利益冲突遏制日本，解除中日军事对峙。但他显然对外国干预成功的可能性期望太高了，过分依赖外交斡旋而放松了军事努力。李鸿章首先请求英国调停，他考虑英国在华既得利益最多，日本侵华"英人必不答应"。但没有想到英国和日本已经在背后进行了交易。李鸿章转而请求俄国干涉。但这时俄国西伯利亚铁路尚未修通，在远东争夺的筹码还不够，并不想和日本闹翻，只是进行了一番口舌之争了事。清政府还请求德、法两国调停，那更是徒劳无益，白白浪费时间。英俄德法调停落空后，李鸿章竟异想天开地寄希望于美国调停。美国则回复说："美国抱严正的中立态度，只能用友谊的方式影响日本。"实际上美国并不是什么中立的态度，而完全是偏袒日本。美国在支持日本侵华的路上远比其他国家走得远，给日本提供军事贷款，派遣军事顾问，运送军用物资，包庇日本间谍，甚至允许日本军舰挂美国国旗蒙蔽中国海军。

1894年6月，大战在即，日本积极调兵遣将，李鸿章不是运筹帷幄，积极备战，而是设想利用外力，挟制日本，迫日本从韩撤兵，恢复和平。

清政府的主战派心急如焚，光绪皇帝下谕旨说："他国劝阻，亦徒托之空言，应预筹战守之计。"朝中众臣责备李鸿章，"观望迁延，寸筹莫展，一味因循玩误，险要之地，拱手让于外人。"遗憾的是，清政府并没有听进这些忠言，反而一味妥协示好，消极避战，结果不仅没有摆脱战争的厄运，而且使中华民族背负了割地赔款的奇耻大辱。

事实证明，要想求得和平，只有良好的愿望是不行的，靠别人不如靠自己，以夷制夷必将被夷所制。我们必须加强军备，且有英明的决断，抓住战机该出手时就出手。战争不相信眼泪，弱国无外交，战场上如果没有胜算，谈判桌上肯定什么也得不到。甲午战争的历史教训，充分证明了这个真理。

反思甲午战争的历史教训，就是要痛定思痛，通过审视历史，解读现在，放眼未来。现在的中国已经不是 120 年前的中国，现在的日本也不是 120 年前的日本，现在的世界更不是 120 年前的世界。甲午战争的硝烟虽然已经散尽，但甲午战争的警钟却亘古长鸣，牢记国耻，勿忘国殇，富国强军，锐意进取，居安思危，常备不懈，警惕日本军国主义复活，杜绝甲午耻辱再现，这就是我们痛思甲午战争的意义所在。

（2014 年 3 月 7 日）

注：本文经编辑发表于《参考消息》。

语录不仅要挂在墙上，更要落实在行动上

最近，经习近平主席和军委领导批准，全军和武警部队各级党委（支部）会议室统一悬挂毛泽东、邓小平、江泽民、胡锦涛、习近平重要题词指示。这表明我军仍然在继承和弘扬我军的光荣传统和优良作风，坚持党指挥枪的原则，始终把思想政治工作作为我军的生命线。这是对那些鼓吹军队非党化、非政治化，企图割裂我党我军领导人的历史地位的政治图谋的有力回击。

纵观五位统帅题词，一以贯之的灵魂就是坚定正确的政治方向，就是对党的绝对忠诚。坚持党对军队的绝对领导是具有中国特色社会主义的标志性特征之一，是中国军队有别于其他国家军队的本质性特征，也是保证中国长治久安的根本性措施。没有这一条，一遇有风吹草动，中国就会像近期一些国家那样出现动乱，最后倒霉的还是老百姓。

别动不动就拿什么"军人干政"来说事，说什么西方治国原则是"军人不干政"，完全是伪命题。一些国家在大选前，将票箱运到海外军事基地拉选票，叫不叫军人干政？一些国家的军人和军工利益集团不仅干预本国的政治，还推翻别国的民选政府，叫不叫军人干政？美国政府刚刚信誓旦旦地说，在钓鱼岛问题上"不选边站"，驻日本冲绳美军总司令、现役海军陆战队中将威斯勒 (Wissler)，就扬言要派"鱼鹰"多用途运输机到钓鱼岛去，叫不叫军人干政？美国军方频频窃听别国政要私密，叫不叫军人干政？日本防务官员一再大放厥词，挑衅中国的国家利益，叫不叫军人干政？凭什么"只许州官放火，不许百姓点灯"，中国国防部发言人和军方学者一发声就被戴

上"军人干政"的帽子，难道面对别国的挑衅，中国军人只能三缄其口、逆来顺受才是不干政，岂有此理！别鼓噪什么"军队国家化"，正因为中国军队置于党的绝对领导之下，才能保证中国军人不越位、不擅权，但在关键时刻也会不缺席、不失声。

五位统帅始终将中国军队的使命和任务定位在战斗队上，能打仗、打胜仗是中国军队建设和改革的出发点和归宿点。今后仗怎么打，军队就怎么建；我们的作战对手怕什么，我们就发展什么；我们现在存在什么短板，我们就补什么。这就叫做"目标牵引，问题导向"。未来将打一场什么样的战争？将打一场信息化的战争，这种作战样式是将各个作战要素高度综合集成的体系作战。因此，我们一定要提升基于信息系统的体系作战能力，加大高技术军兵种的投入力度，向海军、空军、二炮部队倾斜，提高我军近海作战能力和利用、控制空间的能力。

从这次对马航失联飞机的搜救来看，我军力量建设上还有一些短板，比如，"腿"还不够长，缺乏一些远距离大型投送工具，如远程运输机、大型海上运输和作战平台；"眼"还不够尖，侦察、探测手段有限，且分辨率还不够高。这些都有待于进一步改进。我们要敢于正视问题，只有平时善于发现问题、解决问题，才能在战时减少流血牺牲。新一轮的军队改革就是要动真格的，哪怕断臂割腕也在所不惜。比如"头重、脚轻、尾巴长"的问题已经成为长期制约军队战斗力提升的痼疾，必须下大力解决；领导体制要扁平化、精干化、高效化、一体化；力量结构要高度综合集成，优化组合，陆军模块化、空军隐形化、海军两栖化、二炮机动化应该成为一个发展方向；要从规章制度、编制体制上解决非战斗人员过多，官兵比例不协调的问题；要从政策制度上保证把那些"天天想打仗、会打仗、敢打仗"的优秀干部和士兵提拔到关键岗位上；要通过改革极大地提升全军指战员的积极性，确保祖国一声令下，招之即来，来之能战，战之必胜。

五位统帅的题词还一致强调弘扬我军的光荣传统和优良作风，坚持人民军队的性质和宗旨，这是保证我军打胜仗的根本保障和力量基础。那些将自己凌驾于人民群众之上，脱离群众、搞特权、耍态度、开霸王车等恶习，极大地损害了我军的形象，虽然是极少数人的作为，但影响极坏，成为害群之马，必须加强教育、严格纪律、整饬军纪。军队并非生活在真空地带，社会上的腐败现象也渗透到军队，与军队相对封闭的特点相结合，形成腐蚀军队战斗力的第一杀手，军队再现代化，如果没有革命化，腐败就有更大的活动空间。腐败不除，未战先败。120 年前的甲午战争已经给我们敲响了警钟。现在，中国已经不是 120 年前的中国，没有任何一个国家的战靴再能踏上中国的国土，唯一能打败我们的，就是我们自己。

由此可见，现在重温领袖们的教诲和警言是多么有意义啊！但是，我们不应该只是把它们挂在墙上，更应该把它们记在心上，落实在行动上。

（2014 年 3 月 18 日）

注：本文经编辑发表于《环球时报》。

反腐旨在重拾民心，重振士气，捍卫红色政权

今天讲"问题中国"，从现象上讲，我认为有五个问题值得注意。

第一个是人心向背。我把这个问题排在反腐之前。因为民心可以载舟，也可以覆舟。毛泽东讲，谁是我们的敌人，谁是我们的朋友，这个问题是革命的首要问题。现在的问题是，这个首要问题我们解决没解决好？我们说联系群众，但现在群众是谁？共产党今天的依靠力量是谁？以前讲是工农兵学商，但现在的工农群众，很多人对我们怨声载道。他觉得你们是既得利益者，再怎么发展，都跟自己没关系。富的太富，穷的太穷。其实共产党办没办好事？办的好事多了去了。你看几乎所有的县市政建设都很漂亮，马路高楼修得很讲究。可是老百姓为什么还这么多怨言？问题就在于我们改革的红利到底应该落到谁身上。土地革命战争时，一句"耕者有其田"，就调动了亿万人民的积极性；我想，现在一句"居者有其屋"，"病者有其医"也能调动广大人民群众的积极性。

再一个就是怎么对待"兵"的问题，特别是复转军人，还包括一些参加过作战的人员。对他们怎么看？现在有些地方把他们看作是一个"不稳定"的因素，"维稳"动不动就是冲着这些人来。老实说，真要打江山、保江山，还得靠这伙人，绝对是铁杆儿，绝对忠诚。现在参加过抗美援朝战争的老兵已经不多了，即便他们13岁、14岁参军，也已进入暮年，来日不多了。我们应该给他们一些待遇、一些荣誉。我们国家现在出得起这笔钱。哪怕是从贪官污吏手上没收的钱拿点出来，也够这些老兵用的。这是在传承一种民族精神。把复转军人和抗美援朝老兵等参战人员

安排好点，安抚人心，顶雄师百万。能够为共产党上战场的这些人，你不依靠他，把他边缘化了，这怎么行？有些地方一天到晚防着复转军人，生怕他们聚会、闹事，这是出现了方向性的大问题。根本不必担心他们聚会，他们长期受党的教育，大多数是共产党员、共青团员，是有觉悟、识大局、听招呼的。他们在一些红色纪念日聚会，绝对是聚集正能量，应该支持。我常想，一旦发生颜色革命，一旦发生大规模恐怖袭击事件，谁来挺我们的共产党政权？只有作为新中国受益者的工农大众，只有红色政权的保卫者，他们与我们的红色政权息息相关，是一个生命共同体。我们联系群众，首先要联系他们。当然，还应该包括"学"和"商"，也就是爱国知识分子和爱国企业家。他们团结在一起，才是人民群众的主体和大多数。所以我认为，人心向背的问题，依靠对象的问题，这才是革命的首要问题。

第二个问题是腐败恶疾。腐败是战斗力的第一杀手，腐败不除，未战先败。甲午战败，重要的原因是败在贪腐。现在这种从上到下的腐败完全超出我们的想象。最近中央处理了徐才厚、周永康的问题，这些硕鼠蛀虫居然爬到了中央高层，这是多么触目惊心啊！除了他们贪腐的经济数字惊人不说，最可怕的是腐败已经渗透到党的肌体，形成吏治腐败，这才是最要命的。他们形成了一个官官相护的利益共同体，行贿、受贿、买官、卖官，权钱交易，厚颜无耻。当年国民党败退台湾，躬身反省，最大的教训之一就是吏治腐败猛于虎，逆向淘汰，精英流失，贪腐成风。

虽然，当前我们党的优良传统和军内健康力量在军内仍是主流，而且极大地抵制和制约了歪风邪气，但贪腐的危害性仍不能低估。可以想象，在那些贪官把持的部门，能够使用一身正气的人吗？有受贿的，就有行贿的。而这些人可能还在那里坐享其成。他们除了跑官买官那点小九九，还有就是现在想方设法销赃灭迹，哪里还有什么心思谋打仗？说实在的，真让他们去打仗，他们未必敢打，打也未必能胜！

想想刘源政委查谷俊山的贪腐问题时，几经磨难。后来刘源横下一条心说，我虽然没上过战场，但我也死过几回，活过几回，我宁肯乌纱帽不要了，也要把贪官拿下来。何等的胆识和气魄！正是由于他的坚持和担当，特别是对党的一片赤诚，才推动了军内反腐。

但是这也让人感到后怕。如果不是刘源和刘源们，特别是中央的支持，这件事的结果会怎么样？很难想象！现在部队成了什么样子？一些贪官庸才竟然在作威作福。一弄就是几百万、上亿元，这个钱是怎么来的？房子十几套、几十套，怎么来的？这里面肯定是有漏洞的，体制上、监督机制上都有问题。还有，共产党党员的党性到哪里去了，我们进行了那么多的教育，是否走了过场？退一万步，就是不进行这些教育，凭着天地良心，也不至于这样贪得无厌、不知廉耻呀！这些败类将党性让位于私欲，将良知出卖给资本，将权力变现为钞票，堕落为没有底线的官场食利者。

吏治腐败非常可怕，它会伤筋动骨，它会挫伤一大批人的积极性。长此以往，部队还能不能打仗？很难说！看看现在有些部队用的人，那些管钱、管人、管物的人和首长身边的人，非正常提拔，而与打仗相关部门的人却被边缘化了。这个问题非常重要，涉及军队的用人导向和军心士气的问题，这对军队来说是致命的。

当务之急是要启用一批对党忠诚、清正廉洁、有担当、有才华的优秀干部到关键岗位。政策决定以后，干部就是决定性的因素。应尽快拨乱反正，恢复部队的光荣传统，向能打仗、打胜仗上聚焦。

第三个问题是舆论阵地失守。现在一些网站上，你不骂共产党，不骂毛泽东，都不好意思上这个网。在网上谈共产党、谈社会主义，好像都已经被边缘化、被地下化了。一些人一天到晚嚷嚷着要实行"宪政"，但宪法里明明写着要坚持"四项基本原则"，他们怎么公然违宪！这个问题是怎么造成的？怎么几十年的时间咱们连个舆论阵地都丢掉了？文化战、舆论战，这本是共产党打胜仗的法宝之一啊。习主席在这方面讲了很多话，讲得非常好，非常到位。但有的单位就是令不行，禁不止。"8·19"讲话提出，网络是意识形态的主战场。既然是主战场，我们现在的主力军在什么地方？我们怎么来打赢这个仗？有没有一个战略规划？

我们有没有自己的网络平台，有没有自己的"水军"，自己的网络"大V"、意见领袖？云山同志亲自抓这个领域，抓得很有力。但一些网站和媒体阳奉阴违，到目前为止，网上还大量充斥"五反言论"（反党、反政府、反军、反社会主义、反老一辈革命家），很多人仍然在诬陷、造谣、诽谤、骂人，污言秽语。一些有正义感的网民举报他们，一些网站或者置之不理，或者以"投诉由于内容不符，未能通过审核"为由一推四六五，或者很快让这些举报、澄清事实的帖子沉底，反而让那些造谣、诽谤的帖子置顶，长期置于吸引人眼球的显著位置上。现在中国的舆论环境已经够宽松、够包容的啦，网民提意见、监督，甚至批评政府工作中的问题，各级政府一直采取欢迎的态度，有则改之无则加勉。但如果以"言论自由"为名企图推翻共产党政权，搞乱中国，我们坚决不允许！

我们再也不能给那些别有用心的人提供舆论阵地，再也不能让他们围攻我们的同志。为什么他们现在还在网上如此猖獗？难道这就是"言论自由"吗？习总书记告诫全党，"我们必须把意识形态的领导权、管理权、话语权牢牢掌握在手中，任何时候都不能旁落，否则就要犯无可挽回的历史性错误"。难道还不令我们警醒吗？网络这个阵地我们绝不能拱手相让。戴旭说得对，我们要坚守好这个"上甘岭"！不能让那些别有用心的人占领阵地，肆意诬蔑我们党和我们的社会主义制度！如果对这些人听之任之，今后他们就是颜色革命的社会基础，就是社会动荡的隐患。

第四个问题是反形式主义的问题。中央抓这个问题很有必要，当年延安整风就是从抓"反对党八股"开始的。但是现在党八股仍在党内盛行，官话、套话、大话、空话、假话不绝于耳。我到基层去讲课，发现下面仍然是会议多、工作组多，现在有了视频手段，反而给多开会增加了便利条件；一些地方官员反官僚主义下基层，前呼后拥，给基层增加了新的负担，疲于接待，疲于听指示，没有多少时间抓工作。我认为，我们密切联系群众的活动最主要的是，应该围绕恢复党的优良传统展开，其实不用什么花里胡哨的标语口号，我们需要践行的内容很简单：党的宗旨——全心全意为人民服务；党的思想政治路线——实事求是；党的三大作风——理论联系实际，密切联系群众，批评与自我批评。有了这三条，一定是得民心的党。我们树立的典型也不在多，而在于精，要有针对性，要有说服力，要分层次：高级领导干部学习周恩来，中层干部学习焦裕禄，基层干部学习王进喜，老百姓学习雷锋。如此，党风、民风会有一个大的改变。

第五个问题是安全环境。我国面临对外维护国家主权、安全、发展利益，对内维护政治安全和社会稳定的双重压力，各种可以预见和难以预见的风险因素明显增多。那这些问题是怎么造成的？我们在战略上、在安全政策上是不是有需要反思的地方？现在是内忧外患，恐怖袭击是空前的，西方国家对我们的直接或间接围堵也是空前的，美英幕后支持的香港"占中"行动就给我们敲响了警钟。我们必须要有忧患意识，不能采取鸵鸟政策，视而不见。我们必须未雨绸缪，积极应对。

以上五个问题，我是从现象上分析。我认为，最后还是要从体制上和政治思想路线上来找这些问题的根子，并根除这些隐患。

（《经济导刊》"问题中国，进步中国"研讨会，2014 年 7 月 6 日）

追问甲午，没有假如，只有知耻而后勇

核心提示：今年是甲午战争 120 周年纪念日，人们从不同的角度反思甲午，教训惨痛，锥心刺骨。痛定思痛之后，人们又做出进一步的追问，假如所归纳的这些教训都不存在，又会是一种什么样的结局？

一、假如北洋水师的炮弹当时全部炸响，又是否能改变结局？

在战术上会有改善，但在战略上无济于事。以黄海海战为例，当时日本舰队装备大型速射炮 71 门，小型速射炮 154 门；而北洋舰队只有大型速射炮 2 门，小型速射炮 130 门，大型速射炮远逊于敌。也就是说，在 10 分钟内中日发射弹药之比为 33∶185。换言之，在同一时间内，日本舰队的发射量是北洋舰队的 6 倍。另外，北洋舰队主力舰"定远号"和"镇远号"仅有作战用开花弹 3 枚（1 枚在"定远"舰，2 枚在"镇远"舰），其余皆为实心练习弹。其他各舰所配弹药也不多，据传说每炮仅有炮弹 15 枚。可以设想，即便这些炮弹全部炸响，又有多大作用？

二、假如当时日本没有获得关于清军的情报，战局结果又是否可能改写？

若无情报保障，会增大战争迷雾，减少战争的透明度，也许会使清军获得局部的主动权，但也不会改变战争的结局。《孙子兵法》曰："知己知彼，百战不殆；知己而不知彼，一胜一负。"具体到甲午海战，假如日本联合舰队没有准确获取清军的情报，将会增加战争的盖然性，丰岛海战、黄海海战可能会由伏击战变为遭遇战。但日军由于早有准备，将会打一场预有准备的遭遇战，其在兵力对比、求战意志，乃至在战法上都占有优势，因此，获胜也是在意料之中的事。

三、假如北洋水师没有采用雁形阵，能否改变战局？

技术决定战术。由于当时北洋水师的两艘主力铁甲舰的主炮都置于舰艏，而且只能直射不能旁射，这就决定了北洋水师采取单行雁形阵。按理说，这种阵法也无不可。雁形阵接敌之妙在于向日军的鱼贯阵全力冲击。但不知何故，在接敌时，北洋水师竟将航速由8节降为6节，形成无力冲击。而且，未对右翼战力较弱的"超勇号"和"扬威号"给予有效掩护，以致在日军第一游击队4艘军舰的全力冲击下，"扬威"、"超勇"一伤一沉，阵形随之被打乱。更不能容忍的是当"志远"、"经远"两舰不幸被敌击沉后，"济远"、"广甲"、"扬威"三舰竟临阵脱逃，"济远"舰还可耻地挂起白旗，不但打乱了队形，而且严重扰乱了军心。

四、假如李鸿章不是一个人在战斗，又能否改写战争结局？

梁启超曾经说过，"今日世界之竞争，不在国家而在国民。"甲午战败后，他在总结教训时又说，"是故我国民之大患，在于不知国家为何物，国民一盘散沙，不知为何而战，为谁而战。国破未必家亡，只是更换王朝姓氏。"甲午战后，一位日本官员到湖北沙市这个港口城市访问，官员和民众竟无一人知道刚刚发生过一场决定中华民族命运的战争。"民心可以载舟，民心亦可以覆舟"，甲午战争表现得淋漓尽致，岂止是一个或者N个李鸿章所能挽救的。

五、假如没有叶志超这样的怯战者，又是否可能改变战争结局？

岳飞云："文官不爱钱，武官不怕死，则天下太平矣。"如果清军将士都如邓世昌等精忠报国之士，战场局面会有一个很大的改观。毛泽东曾经说过，胜利往往产生于再坚持一下之中。这种情况在中国人民解放军的战争史中屡见不鲜。但这种英勇顽强的战斗作风，需要理想信念的支撑，需要平时的教育和历练。而且这种勇敢必须是群威群胆，光靠某些个人的匹夫之勇，无济于事。比如，甲午战争中，北洋舰队十个管带七个殉职，在世界海战史中罕见，但仍然没有阻止北洋水师全军覆没的厄运。这就不能不从根上找原因了。刘亚洲上将曾说过，"死一条鱼，那是鱼的问题；死一河鱼，则是水的问题了。"清军不乏英勇忠贞之士，但清政府不委以重任；清军官兵许多人立志以身许国，但清政府采取消极避战之策，硬是不打，精兵骁将空有报国之志。

六、假如援军到位，结果又将如何？

清代著名思想家黄遵宪在甲午战争中悲情地说："噫吁哉！海陆军！人力合，我力分。如蠖屈，不能伸。如斗鸡，不能群。"这一方面要检讨中国文化中的劣根性，善于窝里斗；另一方面要检讨当时的体制。清朝军事工业分属不同洋务集团，成为官员私产。战争中日军缴获清军装备型号之多，令日军瞠目结舌，仅北洋水师炮台上的火炮型号竟多达 84 种。更有甚者，北洋舰队被围于威海军港待降时，1000 吨级的鱼雷舰"广丙号"竟然提出，本舰属于广东水师，只是去年来威海参加秋季会操的，未参战，应放还。在世界海战史中传为笑柄。

七、假如清廷拖下去，能否改变结局？

假如能拖下去，也是苟延残喘。过得了初一，挨不过十五。1867 年曾国藩的幕僚赵烈文私下推断，大清帝国不出 50 年就会灭亡。曾国藩听后，无奈哀叹，"我日夜望早死，不愿看到国家抽心一烂，土崩瓦解"的局面。当时清政府"帝后两堂暗斗于内，翁李两党倾轧于外"，地方和军队派系林立。将领把军队作为争权夺利的资本，战时只顾自保，互不配合。官绅军民是没有共同灵魂的乌合之众。清军战败，有其历史的必然性。

八、甲午，没有假如，甲午战争最重要的教训是哪些？

我在给《参考消息》撰写的文章中，曾经把甲午战争失败的原因概括为十大教训：一、国殇伤在政体上，体制落后必然挨打。二、战败败在贪腐上，腐败不除，未战先败。三、强国必须强军，军不强最多是一个富国，永远成不了强国。四、强军必须观念创新，观念落后，满盘皆输。五、强军重在塑造军魂，无勇之军将是散沙一盘。六、强军必须强装备，装备强在于量够质优。七、强军必须常备不懈，有备才能无患。八、强军必须综合集成，任一短板将导致全局失败。九、强军必须有灵活机动的战略战术，剑不如人剑法要过人。十、敢战方能言和，战场上得不到的东西谈判桌上也很难得到。我认为其中第一、二、五个问题更为重要。

事实证明，要想求得和平，只有良好的愿望是不行的，靠别人不如靠自己，以夷制夷必将被夷所制。我们必须加强军备，且有英明的决断，抓住战机，该出手时就出手。战争不相信眼泪，弱国无外交，战场上如果没有胜算，谈判桌上肯定什么也得不到。甲午战争的历史教训，充分证明了这个真理。

甲午，没有假如，只有知耻而后勇！

（北京电视台《军情解码》，2014 年 7 月 13 日）

鹰胆鸽魂——罗援将军论国防

429

贪腐不除，未战先败

核心提示："甲午战败败在贪腐上，腐败不除，未战先败。"立足历史，观照现实。在甲午120周年之际，如何推进军队反腐？

澎湃新闻：军队反腐在整体的军队改革中扮演一个什么样的角色？

罗援：军队是我们国家安全的敏感部门，是国家机器的强力部门，如果出现腐败现象，对国家来讲是致命的。从甲午战争就可以看出，战败主要是败在贪腐上。

现在任何一个国家要说能把中国打败，要把他们的军靴踏上中国的国土，这种可能性已经不大了。现在唯一能打败我们自己的就是腐败问题，所以腐败是战斗力第一杀手，是民族精神最大的腐蚀剂。

澎湃新闻：2014 年 7 月 25 日，解放军四总部、军委纪委发布了《关于进一步做好离退休干部违规住房用车问题清理工作的通知》。这一通知下发后会产生怎样的效应？

罗援：老干部对这方面的问题总体来说还是拥护的。因为贪腐问题在我们军队是深恶痛绝的，特别是老干部，他们看到我们的光荣传统受到损害，他们是痛心疾首的。

现在进行的清退活动，我觉得是有明确标准的，明确了什么是应该清退的、什么是不应该清退的。如果是政策范围内，可以不清退。但是如果你超出标准了，就要清退。

这个问题我们不是按人治，而是按法治，只要是回到依法治军的轨道上，这些问题我觉得大家都是拥护的。

澎湃新闻：十八大后，中央军委先后颁布了"禁酒令"等通知，今年，又出现了"大老虎"先后落马的现象。你怎么评价十八大后军队反腐的整体思路？

罗援：现在中央大力抓腐败问题，打老虎打苍蝇。像中央军委原副主席徐才厚、总后勤部原副部长谷俊山等人，中央都能下决心处理，鼓舞了军队的士气。腐败问题影响军队积极性，包括用人的不公和另一些贪腐现象，这些对军队的杀伤力非常大。

但是也要看到，军队的健康力量还是占主流的。军队的军魂仍在，光荣传统仍在。正是因为这些，才制约了一些腐败现象的发生。

所以中央军委主席习近平一方面强调反腐败，另一方面重在恢复我军的光荣传统，特别是聚焦在能打仗、打胜仗这点上。这就抓住了我们军队建军的宗旨，恢复了我们全心全意为人民服务的光荣传统。

澎湃新闻：军队反腐的趋势如何？下一步会怎么走？

罗援：反腐要走上法治建设的轨道。十八届四中全会马上就要召开，四中全会一个重要内容就是要进行法治建设。法治建设一定会要求依法行事。

澎湃新闻：军队反腐会面对什么样的阻力吗？

罗援：有阻力就克服阻力。首先全军指战员还是拥护中央决策的。因为我们党从建军开始，就是党指挥枪。军队永远置于党的领导之下。

在这种情况下，党的声音就是全军指战员的声音。这不是一句大话，这已经融入全军指战员的血液中了。反腐不允许有任何死角和杂音，如果出现阻力就一定会搬掉阻力。

（澎湃新闻，2014 年 8 月 14 日）

弘扬民族精神，继往开来

——解读设立烈士日

8月25日，国务院向全国人大常委会提请审议"关于设立烈士纪念日的议案"，拟将每年9月30日确定为烈士纪念日。

议案一旦通过，9月30日将成为今年设立的第三个涉及国防安全领域的纪念日。今年年初，全国人大常委会曾通过决定，分别将9月3日确定为中国人民抗日战争胜利纪念日，将12月13日确定为南京大屠杀死难者国家公祭日。

澎湃新闻：议案中烈士的范围应当如何界定？

罗援：我曾在2011年提出"建议设立中华民族英烈纪念日"的提案，其中"英烈"的表述和这次审议决定中"烈士"的表述相契合，内容上也相契合。

"烈士"应当是一个包容性更强的概念，不仅包括共产党英烈，还包括国民党的抗战英烈，以及民主党派和所有为国捐躯的仁人志士。这是从民族大义考虑问题，视野更宽阔，感召力更强，也能被各界所接受。

人民英雄纪念碑上，由周恩来题写的碑文中写道，"由此上溯到一千八百四十年，从那时起，为了反对内外敌人，争取民族独立和人民自由幸福，在历次斗争中牺牲的人民英雄们永垂不朽！"这里提到的"上溯到一千八百四十年"，也是一种说明。

澎湃新闻：设立烈士纪念日有怎样的意义？

罗援：从胡锦涛任国家主席时期开始，每逢 10 月 1 日会在天安门广场举行纪念活动，向人民英雄纪念碑敬献花篮。习近平上任后，继承了这一传统，在今年 10 月 1 日也冒雨率党政军领导同志参加在天安门广场举行的缅怀革命先烈的活动，并在全民族抗战 77 周年纪念日发表讲话，这些都是传承民族精神的举动。

现在存在的问题是，在一些地方和一些人的心目中英烈们的英名和贡献越来越被淡忘了。有些烈士陵园荒芜了，有些被商业化了，甚至在进行房地产开发。

"忘记了过去，就意味着背叛"，纪念日的设立体现了中华民族追终慎远的传统美德，我们纪念的是一个国家的民族魂。一个国家如果没有民族魂，就等于没有脊梁骨，将永远站立不起来。

澎湃新闻：烈士纪念日为什么拟定为 9 月 30 日？

罗援：我在提案中曾建议将纪念日设在清明节的前一天，先敬先烈再敬先人。

而这次国务院的议案提议设在国庆前一天，应该有更高的立意，就是在国家庆典日，喝水不忘掘井人，传承历史，继往开来。

澎湃新闻：烈士纪念日会举行怎样的纪念活动？

罗援：我想党和国家领导人都会在这一天去人民英雄纪念碑，敬献花篮，缅怀为民族解放、独立做出贡献的先烈。

各界群众，包括青年和少先队员，可能还有部队指战员也会去人民英雄纪念碑参加纪念活动。新党员举行入党宣誓，少先队员进行缅怀先烈的主题活动。

我在提案中提出，这一纪念日应该成为全国的大祭，各级党政军领导，应该送上对先烈的敬仰和缅怀。中央领导可以在天安门广场祭奠英烈，地方领导可以在烈士陵园举行纪念活动。

利用纪念日的契机，可以对烈士安身之地和纪念场所进行祭扫、修缮。这个纪念日不应该仅仅是形式上的，还要注意内容。比如对烈属给予精神上和物质上的抚恤、关爱。

澎湃新闻：今年是建国 65 周年，"十一"例行举行的向人民英雄纪念碑敬献花篮的活动会不会和 9 月 30 日的活动安排合在一起呢？

罗援：国庆日和烈士日在庆典上的安排不同，现在还不能做推测。

澎湃新闻：如果烈士纪念日议案通过，将是今年设立的第三个涉及国防安全领域的纪念日。今年年初，全国人大常委会通过决定，分别将 9 月 3 日确定为中国人民抗日战争胜利纪念日，将 12 月 13 日确定为南京大屠杀死难者国家公祭日。为什么会在一年之内提出三个纪念日？

罗援：首先，这和中央提出的建立社会主义核心价值观相吻合。第二，国家主席习近平多次呼吁弘扬民族精神，其中包括爱国主义和革命英雄主义。设立纪念日与弘扬民族精神的号召相一致。

另外，这届中央领导提出了实现中国梦的号召，这正是无数先烈孜孜以求的强国梦，与先烈的忘我奉献不可分割，设立纪念日也是弘扬一种继往开来的精神，是软实力建设的一部分。

澎湃新闻：三个纪念日都与日本有一些关系，有没有这方面的考量？

罗援：日本在中华民族近代史上给我们民族造成重大灾难，前事不忘，后事之师，只有警钟长鸣，才能使中日两国都坚持走和平发展的道路。同时，在抗日战争中，中华民族空前觉醒，同仇敌忾，用血肉筑成新的长城，集中体现了中华民族的民族精神。在实现中国梦的征程中，海峡两岸的华夏子孙都应该继承和弘扬这种共御外辱的民族精神。

当前，日本政要多次参拜靖国神社，把被远东军事法庭审判的甲级战犯作为民族英雄顶礼膜拜，扭曲历史，伤害其他国家人民的感情。我们设立抗战胜利纪念日，包括南京大屠杀纪念日，也是要还历史本来面目，不容日本军国主义分子翻历史的旧案，将战争罪犯牢牢地钉在历史的耻辱柱上。

当然，我们也应注意到，烈士纪念日，不仅局限于纪念抗日战争中的烈士，凡是中国历史上为民族独立、解放做出贡献的英雄都应该被铭记。

澎湃新闻：您在担任全国政协委员时，还提出了哪些提案，落实情况如何？

罗援：我一共提出过 25 个提案，其中已落实的有 9 个，若连同这次通过的设立"烈士纪念日"的议案，共有 10 个提案落到了实处，它们分别是：成立国家安全委员会、在国庆游行的行列中设立老兵方队、组建国家海岸警卫队、促请韩国归葬中国人民志愿军烈士遗骸、设立南海特别行政区、设立航空识别区、在各级党委设立人民群众工作部等。

澎湃新闻：您认为军队政协委员应当扮演怎样的角色？

罗援：军队政协委员主要职能是为国防建设鼓与呼，为军队建设鼓与呼，想着兵，念着民，反映基层官兵的心声，也要反映一般老百姓的诉求。

要意识到自己的责任和担当，不辱使命。首先要有责任心，当好军队指战员的"传声筒"。第二是要特别注重调查研究，一切提案要有理、有例、有据。

（澎湃新闻，2014 年 8 月 28 日）

军训废存由"法"说了算

当前，对军训的存废问题，众说纷纭。人情有柔性，但法律则有刚性。《中华人民共和国兵役法》《中华人民共和国国防教育法》规定，"凡是具有中国国籍的所有大学生和高中生都要参与学校统一组织的军事训练，高校军训被纳入必修课程，高中生军训则属于社会实践活动，高中生的军事技能训练和军事知识讲座考核成绩加载本人学籍档案"，这是不可触动的铁律。除非立法机构"修法"，否则，法律的尊严神圣不可侵犯。

事实证明，当年，将军训写入法律条文，不是心血来潮，更不是"左"的表现。它是国情的需要、国防的需要，也是国际竞争的需要。

我国长时间实行独生子女政策，可怜天下父母心，对独生子女的溺爱，不可避免地对我国青少年成长造成一种先天不足。加上一些社会上不良风气的诱导，一些媒体追逐庸俗化倾向，娘娘腔十足，脂粉气太重，造成阴柔之气上升，阳刚之气下降，在部分青少年当中形成了"柔性化"、"中性化"、"孤僻化"的倾向，在思想意志品格上变成"弱势群体"。这种先天不足，只有通过后天来弥补。无疑，军训是给孩子们"增钙补气"的有效手段，也应该是大多数父母的心愿。

从我国的国防人口构成来看，知识青年所占比例越来越大，高中生、大学生将是我国兵源的主体。在参军前对他们进行役前教育，可以缩短他们由"民"到"兵"的距离，减少他们入伍后单兵科目、共同科目的训练时间，起到事半功倍的作用。对广大未入伍的青少年来讲，军训也是一座大熔炉。通过军训的"淬火"，可以使受训者受到爱国情怀的熏陶，增强国防意识，增加集体荣誉感、团队精神和耐压能力。必要的养成教育，如队列训练、整理内务、一日生活制度的规范，虽然不能保证人人持之以恒（退役军人也做不到这一点），但会对青少年的生理、心理成长起到潜移默化的影响，终生受益。

从国际竞争的角度来看，少年强，则国家强。许多西方国家都把军训作为国家公立教育的一部分，虽然没有中国的军训制度，却有类似的童军制度，其特征也是把一些军队的训练方法用于训练 6 ～ 20 岁的青少年，其中最典型的是美国。日本学生的军训，包括实弹射击、格斗术、伤口包扎、担架制作等等。在模拟的战场环境下去训练学生，培养青少年的尚武精神。中日青少年在国际夏令营中曾经有过一次"过招"，结果中国学生的体能、自理能力、抗压能力都逊于日本。长此以往，在未来的国际竞争中，中国在起跑线上就会输人一筹。

事实证明，在我国应试教育与独生子女文化已经形成的大背景下，军训制度面临的不是制度存废问题，而是如何加强和提升质量的问题。

必须指出的是，在这次湖南龙口军训事件中，军队要承担更大的责任。必须从严治军，不管教官是正规军还是预备役人员，打人都是不对的，都是军队的耻辱，都给人民军队脸上抹黑。军队必须恢复和弘扬我军的光荣传统，当年，毛泽东带领我军高级将领重唱《三大纪律八项注意》的良苦用心，至今仍然值得我们反省和深思。

对龙口事件，我们既不能因噎废食，以偏概全，以个别孤立事件否定军训全局；也不能文过饰非，对军训中存在的问题熟视无睹。军训必须严格依照《兵役法》《国防教育法》《教育法》行事。对于军训的教官，应有非常严格的资质要求。教官本身一定要军政素质良好，能够以身作则，同时应该接受有关教育学、心理学的培训。各级军训主管单位要周密规划，严格管理，不能放任自流。要加强与家长、学校和学生的沟通，听取他们的意见，要提供必要的后勤保证，做好意外事件的处置预案。军训内容要与时俱进，要不断更新训练大纲，增加一些自卫防身、灾难逃生、应对恐怖袭击的技能和心理训练，传授我军的光荣历史，增加军训中的科技知识含量和趣味性，普及现代国防理念以及现代国防科学技术知识，培养学生爱军习武的国防意识。

（2014 年 9 月 5 日）

鹰胆鸽魂——罗援将军论国防

437

新型司令机关应实现四个转变

最近，军委主席习近平与军委领导集体观看了全军"学演训考评"工作和现地演练录像，表明习主席作为全军改革领导小组组长，亲历亲为，对军队军事改革亲自策划、亲自指导、亲自督查，特别对部队的实战化训练给予高度重视。

昨天，在全军参谋长会议上，习主席又特别强调建设新型司令机关，表明习主席对部队首脑机关建设的高度重视。什么是新型司令机关？我个人的理解是要实现四个转变，即：

一、战争模式由打赢机械化战争向打赢信息化战争转变；

二、指挥体系由多层次树状结构向扁平化网状结构转变；

三、指挥对象由单一军兵种的协同作战、合同作战向多军兵种深度融合的体系作战、联合作战转变；

四、参谋知识结构由技能型向技能与谋略相结合、由专才向专才与通才相结合转变。

关键的因素是提高司令机关组织指挥部队打胜仗的能力，在有限的时间段内，最大限度地发挥部队的作战效能。要解决长期困扰部队的"头重脚轻尾巴长"的问题，减少指挥层次，提高指挥效能，使司令机关适应信息化作战特点，实现指挥、控制、计算机网络、情报、侦察、通讯、打击、保障无缝链接，提高谋略水平，为能打仗、打胜仗提供智力保障。

（2014年9月24日）

全军政治工作会议十大亮点

——为习主席点赞，为军队加油

今天在新闻里听到习主席在全军政治工作会议上的讲话，倍感振奋！老红军又回来了，人民子弟兵又回来了，军魂军威又回来了！这是我们积压在心头多年的呼唤，这是党心军心民心的集结。

我认为这次会议有十大亮点：

一是充分肯定了毛泽东同志在我军建设上的丰功伟绩，向我军的伟大缔造者毛泽东同志表达了全军指战员的敬仰和缅怀。尽管风云变幻，但马克思列宁主义、毛泽东思想、邓小平理论、"三个代表"重要思想、科学发展观始终是我军一脉相承、一以贯之的力量源泉和行动指南，任何试图在党史军史和军队建设中"去毛化"、"非毛化"和"妖毛化"的企图都是不能得逞的。毛泽东军事思想及其精髓仍然是指引我军打胜仗的不二法宝。

二是传承红色基因，回归红军传统。现在有一些人认为"红军传统已经过时"，"谈红色变"。习主席则亲历亲为，带头践行我军光荣传统。他心系老区，心系老红军，心系老革命和军烈属，与老区人民促膝而谈，嘘寒问暖，让我们又看到了当年老红军的身影，又感受到军民鱼水情。润物细无声，这种春风化雨般的温暖必将转化为巨大的动力，激励全国人民与党同心同德，踏着革命先烈们的足迹前进。

三是铸牢强军之魂，确保党指挥枪。习主席将全军政治工作会议会址选在古田，寓意深远。这里是我们党确立政治建军原则的诞生之地，是我军政治工作的奠基之地，是新型人民军队定型的腾飞之地。针对当前某些人极力鼓吹"军队非党化、非政治化"和"军队国家化"，继承和发扬古田会议精神具有特殊的意义。党指挥枪是中国特色建军路线的核心，是我军身经百战锤炼出来的军魂，别听一些人鼓噪什么"军队国家化"，中国军队凭什么一定要走西方国家的老路？也许"军队国家化"在别的国家行得通，但在中国行不通，它不符合中国的国情。把党和军队分离，必将陷入亡党亡国的险境。不信，请看军史，请看国际共运史。

四是以兵为本，强基固本。军队建设必须充分尊重官兵的主体地位和创造精神，促进官兵全面发展，切实维护官兵权益，不断改善官兵的物质和文化生活条件，进一步调动官兵的积极性。这次，习主席与11位部队基层干部和英模代表围坐在一起吃"红军饭"，体现了他心系基层、情系官兵的治军理念。打胜仗，最终要靠基层官兵；传承军队传统，最终要靠青年军人，这是我军的希望所在。

五是总结了我军政治工作的光荣传统。主要包括：坚持党指挥枪的根本原则和制度，坚持全心全意为人民服务的根本宗旨，坚持实事求是的思想路线，坚持群众路线的根本作风，坚持用科学理论武装官兵，坚持围绕党和军队中心任务发挥服务保证作用，坚持公道正派选拔使用干部，坚持官兵一致、发扬民主，坚持实行自觉的严格的纪律，坚持艰苦奋斗、牺牲奉献的革命精神，坚持党员干部带头、以身作则，等等。

六是提出了加强和改进新形势下我军政治工作的"四个确立"和"五个着力"，即"把理想信念在全军牢固立起来，把党性原则在全军牢固立起来，把战斗力标准在全军牢固立起来，把政治工作威信在全军牢固立起来"；"着力抓好铸牢军魂工作，着力抓好高中级干部管理，着力抓好作风建设和反腐败斗争，着力抓好战斗精神培育，着力抓好政治工作创新发展"。

七是从徐才厚案件举一反三，一针见血地针砭我军建设的不足。习近平指出，出现这些问题原因是多方面的，最根本的还是理想信念、党性原则、革命精神、组织纪律、思想作风等方面出了问题，要从政治工作

与国旗同在

的角度进行反思，认真总结教育者本身受教育不够，对领导干部管理失之于宽、失之于软，监督体系功能没有得到有效发挥，制度建设存在漏洞的教训，认真研究怎么认识、怎么解决这些问题。

八是再次强调战斗力标准是军队建设唯一的根本的标准。要求政治工作向能打仗、打胜仗聚焦，探索政治工作服务保证战斗力生成和维持的作用机理，形成有利于提高战斗力的舆论导向、工作导向、用人导向、政策导向，把政治工作贯穿到战斗力建设各个环节。这样就彻底解决了军政两张皮的问题。

九是强调从严治军必须从高级领导干部抓起。我军有别于其他军队的特点是官兵平等，艰苦朴素，高级干部以身作则，身先士卒。而现在却出现了徐才厚这样的贪官，脱离人民群众、脱离部队官兵、脱离我军的光荣传统，实在是我军的耻辱。上梁不正下梁歪，上有所好，下必甚焉。反腐必须从高级领导干部查起，否则，只能是走过场；反腐必须由军队带头，否则，全民就没有一个学习的标杆。政策决定以后，干部就是决定性的因素。如何选好人，用好人，习主席提出了几条硬标准，就是要做到对党忠诚、善谋打仗、敢于担当、实绩突出、清正廉洁。要着力培养有灵魂、有本事、有血性、有品德的新一代革命军人。这里最耀眼的是"对党忠诚"、"清正廉洁"、"有本事"、"有血性"，这可能就是习主席新的军队用人观和提倡的为官之道。

十是重提马克思主义战争观和我军根本职能教育，加强军事文化建设。一度一些人不敢再提马列主义的战争观，反对一切战争，混淆正义战争和非正义战争、反侵略战争和侵略战争的本质区别，在社会上和军队内部造成一些混乱。例如军人备战、言战，被斥为"好战"；军队加强现代化建设，被斥为"军备竞赛"；军人强调居安思危的忧患意识，被斥为"军人干政"。笑话，军队不准备打仗留着军队干什么？军队建设就是要向能打仗、打胜仗聚焦，在祖国需要我们的时候，招之即来，来之能战，战之能胜。现在社会上有一种不好的风气，就是阴柔之气上升，阳刚之气下降；一些电视娱乐节目娘娘腔太重，脂粉气太浓……长此以往，一旦国家有难，我们的民族将缺乏凝聚力、战斗力和生命力。因此，塑造新型军事文化，发扬"一不怕苦、二不怕死"的革命精神，从难从严从实战要求出发摔打部队，增强军事职业吸引力和军人使命感、荣誉感，培养全民和全军指战员爱国主义和革命英雄主义精神，是十分有必要的。

总之，习主席主持召开的全军政治工作会议，让我们看到了希望，看到了奔头。为习主席点赞，为军队建设加油！

（2014 年 11 月 2 日）

理想信念和红色元素是人民军队抹杀不了的胎记

核心提示：全军政治工作会议在古田召开，具有里程碑式的意义，是在向中共传统回归。理想信念、红色元素是我们这支人民军队抹杀不了的胎记，以爱国主义、革命英雄主义、社会主义核心价值观为主旋律的红色文化，是提升民族精神的动力。

此次会议还对困扰军队的"非毛化"、"非红化"、"非党化"、"非战化"和"非政治化"五种错误思潮，起到正本清源、拨乱反正的作用。

从北京文艺座谈会到全军政治工作会议，这两次会议一脉相承，传递出高层强化意识形态、抵制歪门邪道、弘扬新风正气、重拾党心民心的强烈政治信号。

全军政治工作会议在古田召开的四层深意

凤凰网：时隔15年后，全军政治工作会议再一次召开，且由习近平亲自提议在古田召开。而85年前的古田会议重申了党对军队的绝对领导，确立了思想建党、政治建军的原则，这次会议被视为决定了中共和中国军队的历史走向。这次全军政治工作会议也被称为"新古田会议"。此次会议具有怎样的深意？

罗援：此次全军政治工作会议选在古田这样一个奠定我军思想政治工作原则、确定党对军队绝对领导的地方召开，具有里程碑式的意义，具体来讲就是：回归传统，破解"五非"，重振士气，锻造军魂。

古田会议确立了思想建党、政治建军的原则，确立了党对军队工作的绝对领导。应该说，前一段，党的思想政治工作、党的优良传统曾一度有所淡化，此次会议选择在古田召开，是在重温党的历史、回归党的传统。我看后非常振奋，感觉老红军传统回来了，人民子弟兵的传统回来了。

其二，新古田会议破解了近些年困扰我军建设的"五非"迷思，即"非毛化"、"非红化"、"非党化"、"非战化"和"非政治化"，起到了正本清源、拨乱反正的作用。

三是重振士气。对现在军队中存在的一些不正之风，比如贪污腐化、用人不公、弄虚作假等现象，全军指战员是深恶痛绝的。这次会议开得顺军心、得军心，特别是以军纪军法惩处徐才厚这样的高级军官深得军心。同时，这次古田会议也是对外界恶意攻击抹黑军队的一次回击，证明我们的军队仍是威武之师、文明之师、正义之师，是党和人民完全可以信赖的力量，让军人找回了荣誉感和尊严。

四是锻造军魂。确保党对军队的绝对领导，是中国军队凝神聚气的灵魂。通过这次会议，全军指战员的思想进一步统一在中央军委的号令之下，大家发自内心地对习主席的重大战略举措拥护、支持，从思想上，组织上，行动上，都与中央保持高度一致。"加强纪律性，革命无不胜"，只要军队稳了，我们的国家就会稳定，实现中国梦就有了安全保障。

凤凰网：此次参会人员，包括四总部领导，大单位主要领导和政治部主任，军委办公厅领导，副大军区级和军级单位政治委员，总部和大单位机关有关人员，以及公安部有关领导。从参会人员上来讲，规格与以往有什么不同？

罗援：这次四总部、各大单位军政主官和各大单位副职以上的政治工作干部以及军级政治委员悉数到会，特别是这次还有公安部的有关领导参加，等于是国家机器的强力部门都参加了，从总部机关一竿子插到集团军，减少了传达层次，保证了会议的原汁原味。而且枪杆子、笔杆子，两手都要抓，两手都要硬，使文武之道都聚集到军队工作中心，形成合力。

文艺座谈会到新古田会议传递的政治信号

凤凰网：从北京文艺座谈会到新古田会议，都可以在历史上找到清晰的坐标，将这两次会议结合起来看，透露出的是怎样的政治信号？

罗援：文艺座谈会和新古田会议，可以说这两个会议是一脉相承的。传递了以下几个政治信号：强化意识形态，抵制歪门邪道，弘扬新风正气，重拾党心民心。

首先是意识形态问题。现在一提意识形态，有人就认为是文化大革命、阶级斗争、无产阶级专政。因此意识形态逐渐被淡化，很多人不敢在这方面发声。你淡化，人家却在强化。看这几年意识形态领域乌烟瘴气，难道还不值得我们警觉吗？习近平执政后，讲理想信念，讲共产党的党性原则，理直气壮，敢于担当，坚持真理，纠正错误。

这两次会议传递的第二个信号就是要抵制一些歪门邪道。现在有很多低俗、庸俗、黄色、黑色的东西，沉渣泛起，让曾经打江山的老一辈和随同打江山的人民群众痛心疾首。不破不立，不把这些东西破掉，就无法树立起社会主义核心价值观。

这两次会议都吹来一股清新之风，虽然讲的都是意识形态领域的问题，但不是形式主义的官话、套话，而是大家喜闻乐见的一些言语，包括会风、文风、工作作风。就是要弘扬正气，唱响主旋律，聚集正能量。

最后一点，意在重拾党心民心。正是由于一段时间内我们党确确实实出现了问题，全党、全军、全民，都是忧心忡忡。习近平敢于正视矛盾，而且以刮骨疗毒、壮士断臂的气魄和胆量予以纠偏，重新凝聚了党心、军心、民心。

在改革进入深水区的情况下，很多问题不动不行了，特别是意识形态方面的问题，这才有习近平大刀阔斧地恢复我们的光荣传统，整饬我们的军纪，确保军令政令畅通，这一切都有现实的迫切性。上层建筑的改革和经济基础的改革必须成龙配套，相辅相成。

新古田会议是对"非毛化"的拨乱反正

凤凰网：你提到目前困扰军队的"五非"迷思，对军队的影响有多大？你认为这"五非"迷思是怎么来的？

罗援：一是"非毛化"。现在有人对毛泽东在我军建设中的领导地位、毛泽东的建军思想提出质疑和非议，通过歪曲历史、篡改历史、虚化历史，试图在我军建设中"非毛化"、"去毛化"、"妖毛化"，动摇我们建军的根基。毛泽东军事思想，不是一个人的成果，是一代领导集体智慧的结晶，至今仍是指引我军打胜仗的不二法宝，西方国家有人曾经说，"不怕中国军队现代化，就怕中国军队毛泽东化"。不管此话是真是假，它反映了许多人的心声。一些人对毛泽东指指点点，除了别有用心，就是不自量力，让他们来指挥一个小小的战斗，恐怕都会一败涂地。当然，毛泽东晚年犯了一些错误，在党的十一届六中全会通过的《关于建国以来党的若干历史问题的决议》中，已经给予了评价，表现了我党有自我纠偏的能力，何必再翻历史的旧案？这次政工会议，习近平带领全军高级将领向毛泽东表示了崇高的敬意和缅怀，对毛泽东的历史功绩给予了充分的肯定，这是对"非毛化"的一种拨乱反正。

二是"非党化"。现在有些人提出军队国家化，实际上是想让军队摆脱党的领导，他们下一步的图谋就是实行国家多党制，从而使共产党大权旁落，这势必造成中国的混乱和社会的分裂。我们的军队之所以非国家化，是由中国政治体制决定的，即中国共产党领导的社会主义制度。不同于西方国家的多党制，中国是共产党一党执政，党的利益、国家的利益、人民的利益高度统一。我们这支军队的最高统帅机构——中央军事委员会，实行一个机构两块牌子，在国家叫"中华人民共和国中央军事委员会"，在党叫"中国共产党中央军事委员会"，由此可见，党对军队的领导，就是国家对军队的领导，并不矛盾。"军队国家化"，对西方国家适用，但对中国并不适用，我们为什么一定要走西方的老路？以前，我们将军队置于党的绝对领导之下，由胜利走向胜利。将"军队国家化"，说白了就是"西方化"，军队还能否打胜仗，我们没有见到实践的检验，我们看到的只是前苏联的解体。因此，就像习近平总书记所说的鞋子原理那样，我们穿着自己的"解放鞋"走得很好，为什么一定要换上别人的高跟鞋？在我们前进的道路上，会有许多坎坷，我们只要根据新情况，把鞋带松一松或紧一紧就行了，但没有必要换鞋子。

三是"非红化"。现在有些人"谈红色变"，有些人认为以前的光荣传统过时了，还有一些人一提"红色"就认为是回到文化大革命了，就认为是"左倾"回潮，这完全是一种误解。不能因为个别人的某些做法就因噎废食、谈红色变。我们这支军队要牢记我们从哪里来，到哪里去，不能忘本！理想信念、红色元素是我们这支人民军队抹杀不了的胎记，你想规避也规避不了。试图将军队的本色淡化、杂化，只能使人民的军队变质变色。以爱国主义、革命英雄主义、社会主义核心价值观为主旋律的红色文化，是塑造我们军队软实力的基本内容，是提升民族精神的动力。因此，在这方面我们不能畏首畏脚，应该理直气壮地唱响红色文化主旋律。

四是"非战化"。因为和平时期长了，有些人对军队的根本职能在认知上发生了偏差，认为和平时期应该建和平军，再提打仗就是违背时代主题。笑话，军队不准备打仗，留着军队干什么？任何军队都是国家机器的重要组成部分，都是保卫国家领土主权的中坚力量，我们不能被"暖风熏得游人醉"，军队还是要叫响准备打、能打仗、打胜仗的口号。

最后是"非政治化"。军队当前出现的种种歪风邪气，特别是徐才厚的问题，给我们敲响了警钟，就是思想政治工作这根弦放松了。正如习主席指出，出现这些问题原因是多方面的，最根本的还是理想信念、党性原则、革命精神、组织纪律、思想作风等方面出了问题。要从政治工作的角度进行反思，认真总结教育者本身受教育不够、对领导干部管理失之于宽失之于软、监督体系功能没有得到有效发挥、制度建设存在漏洞等教训，认真研究怎么认识、怎么解决这些问题。还要根据新的形势改进思想政治工作，确保军队的忠诚度、纯洁度和硬度。

这五种错误思潮的流行，在我看来主要是通过这样几个渠道：一是西方媒体对中国进行捧杀或者棒杀，造谣生事，煽风点火；二是数量不多但影响却很大的网络大Ｖ，他们当中不乏"反党、反军、反人民、反社会主义、反老一辈革命家和英模人物"的"五反分子"；三是一些地下非法出版物，肆意抹黑中国共产党的历史和老一辈革命家的形象，实际上是想动摇颠覆我们党执政的合法性；四是一些无良学者，打着为民请命、学术争鸣的旗号，蛊惑人心，对党的历史和政策进行诽谤、抹黑；五是通过释放"糖衣炮弹"或推销"心灵鸡汤"，使人在不知不觉中接受了他们意识形态的灌输。

强调军人有血性针对的是"四和"论调

凤凰网： 习近平上任之初就提出能打仗、打胜仗，在这次古田会议上也特别提到把战斗力标准在全军牢固立起来，提高军人的血性。强调军队战斗力，针对的是什么现象？

罗援： 这次习主席讲话提到，要着力培养有灵魂、有本事、有血性、有品德的新一代革命军人，首次把"有血性"作为塑造新型军人的标准之一，这实际上和习近平主持军委工作以来提出军队要向能打仗、打胜仗聚焦是一致的。

强调军队的战斗力，主要是针对当前的"四和"现象：和平麻痹、和平主义、和平建军、和平演变。

和平麻痹，就是一些人对我们周边的安全环境过于乐观，对一些心怀叵测的国家对我国安全构成的威胁，或者视而不见，采取鸵鸟主义政策；或者掉以轻心，没有忧患意识。在思想上放松警惕，在心理上不设防。

和平主义，这里特指泛和平主义，或者叫绥靖主义。认为什么问题只能用和平手段来解决，否则就大逆不道，完全混淆了正义战争和非正义战争，反侵略战争和侵略战争的本质区别。实际上，和平主义只是一种理想态的一厢情愿，在霸权主义存在的现实生活中是不可能实现的。我们只有有备才能无患，只有能战方能言和。这就是和平与战争问题的辩证法。我们必须做好两手准备，争取和，准备打。

第三是和平建军，和平时期四平八稳建设军队，怕出事故，怕担风险，怕负责任，报喜不报忧，把部队的棱角、血性全都抹平了，变成了毫无斗志的小绵羊。

前三个"和平"，还是思想认识上的问题，和平演变则是意识形态的大是大非问题，西方透过不健康的文化和价值观对中国军队进行腐蚀，军队前一段暴露的贪腐分子和一些变节分子就给我们敲响了警钟。

凤凰网：如何提高军队的战斗力？

罗援：提高部队的战斗力，我觉得有七点：

一是以作战为牵引，仗怎么打，军队就怎么建；二是引入对抗思想，瞄准假想敌，从难、从严、从实战出发摔打部队；三是把战斗力标准作为衡量部队各项工作的硬指标；四是强军必须强将，要把一门心思谋打仗、会打仗、敢打仗的血性干部提拔到关键岗位；五是绷紧战备弦，枕戈待旦，确保一声令下，开得动、打得赢；六是加强战斗精神教育，确立"首战用我，用我必胜"；"当排头兵、打头阵"；敢于亮剑、善于亮剑的战斗精神；七是军队各项工作，包括军事工作、思想政治工作、后勤保障工作、装备建设工作，都向能打仗、打胜仗精确聚焦，形成合力。

刘源、廖锡龙举报谷俊山打开军队反腐突破口

凤凰网：你提到刘源在军队反腐中以"乌纱帽"相搏，刘源查处谷俊山案件背后面临哪些阻力？是如何拿下谷俊山的？

罗援：一些细节现在还不便披露，但随着徐才厚和谷俊山的案件曝光，可以感觉到军内健康力量和丑恶力量斗争的严峻性。毕竟健康力量

是占主流的，军魂仍在，军心未泯。军队有一大批像刘源这样对贪腐深恶痛绝、对党绝对忠诚的卫士。

说实在的，凭刘源的家庭背景和大军区正职，官拜上将的地位，他完全可以独善其身，但是他眼里揉不进沙子，以对党对军队高度负责的态度，率先向军中贪腐开炮。

刘源和总后勤部党委一班人，以党委的名义举报谷俊山的贪腐问题，没想到谷俊山在某些人的指使下反而很猖狂，说"我后面也有人"。时任中央军委委员、总后勤部部长的廖锡龙听到这话震怒，说"我廖锡龙上过战场，死都不怕，还怕一个贪官？"刘源当时也怒不可遏，拍案而起，说"我刘源没上过战场，但也死过几回，活过几回。我宁可乌纱帽不要了，也要拿下这个贪官！"他们再次上报谷俊山的问题，终于邪不压正，在党中央的大力支持下，打开了军队反腐的突破口。

凤凰网：打掉徐才厚、谷俊山这样的军中大老虎后，针对高级将领的军内反腐是不是到此为止？

罗援：习主席讲要一查到底，彻底肃清徐才厚案件的影响，查到哪级是哪级，查到哪个人是哪个人。中央讲刮骨疗毒、壮士断腕，从对周永康、徐才厚的处理来看，是说到做到。我认为反腐是一个长期、复杂、艰巨的任务，只有进行时，没有完成时。四中全会以后，将在法律的框架之内加大执法力度，对腐败保持高压态势。

凤凰网：习近平在这次会议上首次公开提到外界关注的徐才厚案，称要"深刻反思教训，彻底肃清影响"。徐才厚、谷俊山案件的教训有哪些？下一步军内反腐的方向是什么？

罗援：我认为，起码有以下几个教训：

一要从严治军，必须从高级干部抓起。上梁不正下梁歪，上有所好下必甚焉。

二要加强监督体制，包括上下监督、内外监督，巡视制度要常态化、暗箱化。

三要恢复党内正常民主生活制度，开展批评与自我批评，要敢于撕破情面，敢于"拉袖子"。

四是完善用人和财务制度，沿着徐才厚和谷俊山的犯罪路线图寻找漏洞，做到亡羊补牢。

最后，要实行问责制。今后下级军官提拔，要由上级主要军官推荐，干部部门考核，党委集体认可。一旦任职干部出现问题，负责推荐的主要领导干部、政治机关和本级党委要追究责任。

四中全会后，军队建设会更注重于制度和法治建设，将权力和"钱袋子"规范在法律制度的笼子里。

如何重塑年轻军人的理想信念

凤凰网： 习近平特别强调理想信念和干部军人的价值观，新古田会议很重要的一点是解决从哪里来，包括王岐山反腐的思路，"不敢腐、不能腐、不想腐"，最终落脚点在"不想腐"，说到底最终要靠自律。我们现在是一个多元社会，价值观也呈现多元化。一种观点则认为制度约束是根本。怎么理解这二者的关系？如何重塑新一代军人的理想信念和价值观？

罗援： 理想信念和制度是相辅相成的，理想信念是灵魂，是精神支柱。一个人必须要有精神，否则只能是行尸走肉。但精神也需要制度保障。当年我们的老一辈革命家，在那样艰苦卓绝的环境里，保持军队永不溃散，英勇善战，主要是靠理想信念，同时也有制度的保障。从三湾改编到古田会议，以及此后的历次军委会议，确立了一整套严格的政治制度，成为军队永不溃散的强有力保障。

但我认为对军人来说，理想信念尤为重要。我在给学生上课时常讲一件事情，我回老家四川广元参加红军入川作战 80 周年纪念大会时，特地谒拜了巴中市的红军烈士陵园，你往那里一站就是心灵上的震撼和洗礼。白花花一片，几万个墓碑，几乎都是无字碑。这些红军烈士牺牲的时候都很年轻，比如我父亲参军时只有十五六岁，和他一起参军的 23 个小伙伴，等到新中国成立时，只剩下他和李开湘几个人了。一位小伙伴在临牺牲前对我父亲交待，"罗青长，把红旗插遍全中国！"就是这句话激励我父亲走完了革命征程。那些红军烈士们，一无所求，就是为了理想信念，献出了自己年轻的生命，我们今天的幸福生活，人家一天都没有享用，甚至连自己的名字都没有留下来。面对这些先烈，我们扪心自问，我们还有什么资格不把工作搞好？还有什么脸面搞贪污腐败？

但是也要看到，不管现在社会上对军队有什么样的议论，在最危险的时候，冲在一线的还是人民子弟兵。汶川地震时，我看到一支部队把自己的臂章改了，改成铁军，一般来讲这是不符合军队规定的。这支部队就是我们的王牌部队 127 师（原来的叶挺独立团）。我当时非常激动，感到这就是一种无形的战斗力。想到铁军，每个将士都会冲到第一线，不负铁军殊荣；民众也会有一种信赖和希望，知道解放军的王牌部队上来了，有救了。

这就是我们这支军队绵延不断的血脉传承，从哪里来，往哪里去，现在要干什么，这里有一种跨越时空的历史传承，这是我们这支军队特有的无价之宝。假如军队非党化后，这段历史将出现断层。

现在怎么样凝聚军心？如何重塑军人的理想信念？如何让年轻军人接受光荣传统？怎么做好今天的政治工作？这是摆在我们面前全新的课题。单纯的说教做不到，生硬的灌输可能适得其反。一定要考虑如何适应网络时代的新特点，以官兵喜闻乐见的方式使思想政治工作入耳、入脑、入心。

对国家反恐的五条建议

凤凰网：面对暴力恐怖威胁，国家反恐怖主义法草案即将出台。在国家反恐方面，作为军人，有怎样的建议？

罗援：首先，要界定恐怖的定义，明确谁是我们的打击对象。恐怖主义有三个要素：采取极端手段，滥杀无辜，造成社会恐慌。凡是符合这三大要素的都是恐怖主义，不能采取双重标准，杀死美国人的就叫恐怖主义，杀死中国人的就不叫恐怖主义，就往民族宗教问题上扯。

其次，反恐要有准确的情报。知己知彼才能百战不殆，有了情报才可以进行稳、准、狠地打击。而且可以防患于未然，将恐怖活动扼杀在苗头中。如果出了事再反恐，已经造成损失了，而且恐怖主义分子也已经达到目的了。

此外，对恐怖分子和恐怖组织要进行精确打击，不能扩大化。要严格区分恐怖问题和民族、宗教问题。

最后，要把专业力量和民众力量结合起来。反恐以专业力量为主，需要组建专门的反恐突击队，配备专业反恐器材和自卫武器，人员要进行反恐训练。民众的力量主要是提供线索。我不太主张让大妈戴红箍上街，不如把复转军人组织起来，成立一个由公安部、民政部统一指挥的安保公司，吸收复转军人，既解决就业问题，又能发挥他们的特长，而且这些人绝对忠诚可靠。现在一些地方把复转军人作为维稳对象，错了，他们应该成为维稳、反恐骨干。

（凤凰网，2014 年 11 月 10 日）

鹰胆鸽魂——罗援将军论国防

453

撼山易，撼解放军难

撼山易，撼解放军难。我之所以发出这样的感慨，更甚之是愤慨，出于两方面的原因：一是军内出现了像徐才厚、谷俊山这样的败类，试图以个人的功名利禄来侵蚀我军的肌体，腐蚀我军的灵魂，使我们痛心疾首；二是一些别有用心的人攻其一点不及其余，试图以偏概全，从外部抹黑我们这支人民的军队，使我们义愤填膺。不管是蛀虫内部的"空心化"还是蚍蜉外部的"妖魔化"都难以撼动我们这支共和国的钢铁脊梁和人民民主专政的坚强柱石。

军内腐败是表象，变质变色是实质。因为贪腐与我军的性质、宗旨格格不入，背道而驰。贪腐就意味着与民争利。在我国革命战争年代，老百姓缩衣节食，硬是用手推车推出了革命战争的胜利，而如今，军内贪官以权谋私，贪赃枉法，与人民群众离心离德，他们的所得，就是老百姓的所失，这样发展下去，我军就会失去打胜仗的胜利之本。贪腐就意味着与兵抢食。我军建军的光荣传统是艰苦朴素，官兵平等。而军内贪腐分子败坏了我们的传家之宝，他们的所得，就是从士兵的嘴里夺食，再多的军费也难于填满他们的欲壑，上下不能同欲，何以制敌？贪腐更意味着培育懦夫，一天到晚都在想着跑官、买官的人，哪里还有精力谋打仗？一天到晚都在守着自己的小金库、将军府的人，哪里还有报国之志，杀敌之勇？因此，腐败是战斗力的第一杀手，腐败不除，未战先败。

但军内腐败不是军队的主流，人民军队的军魂仍在，传统仍在。几颗老鼠屎坏不了一锅汤，我们既不能低估徐才厚等人的危害，也不能夸大他们的影响。这就彰显出"党指挥枪"的优越性，任何别有用心的人，谁也别想以自己的个人意志来影响这支军队，这支军队只听命于党，只服从于党和国家的最高统帅。徐才厚案件再一次证明"党指挥枪"的原则是多么的重要！正因为军队中有一批像总后党委这样的坚强堡垒和像刘源政委这样的忠诚卫士，才能自我纠偏，刮骨疗毒。这时候，那些人怎么不出来说"不许军人干政"了，军人不问政，毒瘤何以剔除。难道只允许"大Ｖ"涉军，对军人施放明枪暗箭，不允许军人挺身而出，捍卫红色政权？也别有意放大徐才厚案件，它只是局部，不是全体，与230万全军指战员相比，他们只能是一小撮。把他们的能量无限扩大，只能使亲者痛仇者快。别忘了，一旦天灾降临，冲在一线的还是人民的子弟兵；一旦外敌入侵，用血肉之躯保家卫国的还是共和国的忠诚卫士；一旦颜色革命爆发，人民军队仍然是无产阶级专政的坚强柱石。这支军队在任何情况下，都是党和人民完全可以信赖的一支人民子弟兵。好好珍惜这支军队，爱护这支军队，我们欢迎批评监督，但绝对不能自毁长城。

到底是军队反腐重要，还是抵制颜色革命重要？这是一个问题的两个方面。内因是根据，外因是条件。打铁首先要靠自身硬，堡垒最容易从内部攻破，只要军队有了"拒腐蚀，永不沾"的抵御能力，任何糖衣炮弹都奈何我不得。但也不能低估颜色革命的破坏力，腐败是为了让你解除免疫力，颜色革命是为了要你的命，让你改弦更张，亡党亡国。由此可见，腐败与颜色革命的实质都是一样的，就是让红色政权变质。

但是，任何反军乱军的企图都是不能得逞的。"沉舟侧畔千帆过，病树前头万木春"，涤荡了腐败，人民军队将阔步前进。

（2014 年 12 月 11 日）

注：此文经编辑发表于《环球时报》。

设立国家公祭日的五大意义

今天是第一个法定的南京大屠杀死难者国家公祭日，在此向无辜死难者致哀！向卫国捐躯者致敬！向人类杀人恶魔笔伐！特撰此文血祭中华英灵。

十二届全国人大常委会第七次会议正式通过了《关于设立南京大屠杀死难者国家公祭日决定草案》。这意味着从今年起，南京大屠杀死难者的悼念仪式将正式升格到国家的法律性层面。

国家公祭日的设立有五大意义：

其一，沉重打击日本右翼试图歪曲、抹杀历史的企图。自安倍政权上台后，发表一系列否认日本侵略历史的言论，说什么"关于侵略的定义，不管是学术界还是国际上都尚无定论"。名古屋市长河村隆之更是直接否认南京大屠杀。日本广播协会（NHK）经营委员百田尚树今年 2 月 3 日在东京街头的公开演讲中声称，根本不存在南京大屠杀，一时间，各种各样否认南京大屠杀的言论甚嚣尘上。你到日本访问，经常可以看到有人在街头散发传单，告诉你，南京大屠杀是谎言、是战胜国强加给战败国的诬陷。说实在的，一个民族不怕犯错误，甚至犯罪，但最怕无视历史、歪曲历史、亵渎历史。南京大屠杀是日本侵略者对中国人民犯下的滔天罪行，铁证如山，《远东国际法庭判决书》中写道："日本兵完全像一群被放纵的野蛮人似的来污辱这个城市"，他们"单独的或者二三人为一小集团在全市游荡，施行杀人、强奸、抢劫、放火"，终至在大街小巷都横陈被害者的尸体。"江边流水尽为之赤，城内外所有河渠、沟壑无不填满尸体"。据 1946 年 2 月中国南京军事法庭查证：日军集体大屠杀 28 案，19 万人；零散屠杀 858 案，15 万人。日军在南京进行了长达六个星期的大屠杀，中国军民被枪杀和活埋者达 30 多万人。除了当时法庭的判决之外，还有侵华日军各级指挥机构当时的命令和军官的记录为直接物证，以及中国幸存者的血泪控诉，还有例如《拉贝日记》《魏特琳日记》等国际人士提供的证言和美国牧师约翰·马吉 1937 年拍摄记录下的南京大屠杀长度达 105 分钟的电影胶片为证，这些无可辩驳的事实证实日本侵略者犯下的惨绝人寰的暴行，日本想赖是赖不掉的。

其二，彰显对生命的敬畏、对人权的尊重。日本号称已经进入现代民主社会，但日本右翼分子对于野蛮社会的大屠杀，却没有一丝一毫的愧疚感，何以与现代人为伍。日本号称尊重死者，认为死者为大，死者即神。由此，日本右翼分子不顾国际社会的一再谴责，一意孤行参拜供奉有日本战犯灵位的靖国神社。既然死者是神，那么被日本军国主义分子屠杀的南京 30 万生灵和被日本侵略者屠杀的 3500 万中国人民算不算是神，应该不应该得到稍有良心的日本人的最起码的忏悔和尊重，要知道，那些冤魂曾经都是一个一个鲜活的生命啊！别道貌岸然地说什么尊重人权，要尊重人权，就从尊重别国国民最起码的生存权做起，就老老实实地到南京大屠杀纪念馆去谢罪，否则，收起那一套骗人的鬼话。中国设立南京大屠杀纪念日才是真正尊重人权，敬畏生命，谴责暴行。12 月 13 日，不应该仅是中国的国殇日，更应该是日本的国耻日，忏悔日。

其三，将中国的悲哀融入世界的悲哀，将屠杀变为人类文明不能忘记的负遗产。残忍、嗜血、虐待是人类扭曲的变态心理，是阻碍人类文明发展的毒瘤，是人类共同的敌人，理应被全人类唾弃。因此，世界上许多国家都以设立大屠杀纪念日和纪念馆的形式来祭奠被杀人恶魔残害的无辜平民，与此同时，提醒人们不忘历史，警惕噩梦重演。例如，波兰的奥斯维辛集中营解放纪念日，德国的大屠杀受害者纪念日，俄罗斯的卫国战争胜利纪念日，以色列的大屠杀纪念日，美国的珍珠港事件纪念日等，现在又加上一个中国的南京大屠杀纪念日，这就使中国的国祭日具有了世界意义，必将在国际上引起更大的重视与震动，成为世界人民集体记忆中的重要组成部分。各国都有自己的痛苦，当各国的痛苦聚集在一起时，就会悲催出一股巨大的能量。痛苦也许会随着时间的流逝而逐渐淡化，但疤痕永在。世界人民共同的悲惨记忆将警示人们，不要好了伤疤忘了疼。对二战的清算，不仅是两个民族之间的清算，更是人类对自己的清算；不仅是对罪恶行为的清算，更是对精神根源的清算。在军国主义的亚洲策源地，二战的精神废墟从未得到彻底清理。而魔鬼，正在这个废墟下等待着重生，企图再次借尸大和民族，吞噬世界。警惕啊！

其四，反思中华文化，激扬民族精神。短短六个星期之内，30万骨肉同胞生灵涂炭，这一方面反映了日本军国主义分子的残忍，另一方面，也反映了当时中国国力、军力的孱弱，国民政府指挥无方，一些国民党部队临阵脱逃，而民众则毫无组织，散沙一盘，束手待命。更有甚者，充当"带路党"，引领日本侵略者指认已经解除武装的中国军人。中华文化中的善良、中庸、隐忍，在日本军国主义的屠刀下，不堪一击，日本军国主义绝对不会慈悲为怀，放弃抵抗就意味着死亡，

人为刀俎，我为鱼肉，南京大屠杀给我们全民族敲响了警钟。30万中国人的生命付出，非但没有换来日本人的同情，反而遭到日本右翼分子的耻笑、羞辱，甚至成为他们否定、质疑南京大屠杀真实性的笑柄。事实告诉我们，面对侵略，我们只能万众一心，冒着敌人的炮火，前进，前进，前进进！

其五，痛击汉奸言论，正本清源。国家公祭日的设立，也是对当下一些汉奸言论和糊涂认识的有力鞭挞。在中国历史上不乏精忠报国之士，但也有一些媚外通敌的软骨头。比如，现在有一些人扬言"我们要纪念战胜国的阵亡将士，同样应该纪念战败国的阵亡将士"。试问，当你看到那些被挑在刺刀尖上的婴儿和被"战败国的将士"奸淫后剖腹的幼女老妪时，你还能去纪念他们吗？当这些罹难者是你的母亲妻女时，你还能去纪念那些"战败国的阵亡将士"吗？当你面对的是开展杀人竞赛的刽子手井敏明和野田毅时，你还能去纪念这些杀人恶魔吗？简直是混账言论！还有一些人拾日本人的牙慧，以纠缠南京大屠杀具体的被害人数来质疑南京大屠杀的真实性，难道铁

板钉钉的历史证据还能推翻吗？依据远东国际军事法庭认定，侵华日军南京大屠杀的人数不低于 35 万；南京审判战犯的军事法庭认定，侵华日军南京大屠杀的人数不低于 34 万；根据埋尸记录，侵华日军南京大屠杀的人数不低于 37 万。这些数据难道还不足以给日本侵略军定罪吗？老实告诉这些替日本人张目的"公知"，杀死一个中国人也是犯罪，更何况是 30 万无辜百姓！试图玩数字游戏来替日本人开脱罪责的企图是徒劳的。

南京大屠杀的硝烟虽然已经散尽，但南京大屠杀的警钟却在亘古长鸣。牢记国耻，勿忘国殇，富国强军，锐意进取，居安思危，常备不懈，警惕日本军国主义复活，杜绝南京大屠杀再现，这就是设立国家公祭日的意义所在。

（2014 年 12 月 13 日）

注：此文经编辑发表于《解放军报》。

手莫伸，伸手必被抓

中国军队权威部门 15 日对外公布了 2014 年军队查处军级以上干部重大贪腐案件情况。这是中国军方首次发布"打虎榜"，落马的 16 名高级军官中，15 人为少将及以上军衔，其中 5 人为副大军区级及以上将领。

中国军队权威部门主动公布"打虎榜"，说明"反腐无死角，反腐零容忍"绝对不是一句空话。军队必须在勤政廉洁方面走在前列。在这方面，军队反腐要更加严格，"腐"与"败"是一对孪兄弟，"腐败虎"不除，军队就会成为"纸老虎"。要想真正提升军队战斗力，军人必须一身正气，两袖清风，不怕死，不贪财，否则就要再现甲午国耻，国民党之所以败退台湾，军队贪腐、脱离群众不能不说是重要原因。因此，军队反腐一定要上升到巩固政权、提升战斗力的战略高度，目前几乎没有哪个国家有能力和胆量打败中国，唯一能打败我们的就是我们自己，腐败不除，未战先败，腐败是军队战斗力的第一杀手。

军队主动公布反腐信息，说明军队内部的健康力量仍然是主流，军队的各级党组织和广大党员仍然起到了中流砥柱的作用，中国军队具备自我完善、自我纠偏的能力和足够的信心、勇气。邪不压正，我们的军队仍是一支党和人民完全可以信赖的人民子弟兵。

军队绝不仅仅是被动地、消极地反腐，而是敢于以刮骨疗毒、壮士断臂的精神直面问题，主动出击。中央一声令下，军队闻风而动，再次体现了"党指挥枪"的绝对可信度和执行度，这也是军队战斗力的一种体现。

这一重要举措释放了一个信号，"反腐正在进行时，而不是处于完成时"，宜将剩勇追穷寇，不可沽名学霸王，对于徐才厚案件对军队造成的杀伤，绝对不可以掉以轻心，这种杀伤不只是经济犯罪的问题，更涉及军队的思想政治工作、理想信念、干部使用，乃至整个军队的战斗力提升问题。既不能把军队腐败的问题无限夸大，把军队说得一无是处，也不能低估徐才厚案件对军队造成的"内伤"。

通过互联网向整个社会发布榜单这种新形式，是军队自揭家丑，通过互联网集中曝光贪腐分子，将起到敲山震虎、惩前毖后的作用。这次军队主动曝光、主动亮剑，是对腐败分子的震慑，警告他们莫图一时之快，莫贪一时之利，最终落得身败名裂的下场；也是对后人的警示，劝诫他们要以此为戒，不敢腐、不能腐、不想腐，增强自身免疫力。牢记老一辈教诲，"手莫伸，伸手必被抓"。法网恢恢，疏而不漏。对法律、对军纪必须保持一种敬畏。这次军队公布"打虎榜"，也是中国军队适应信息化时代的新特点采取的新举措，军队的军事透明不仅是军事装备发展上的透明，还包括军队革命化、正规化建设方面的透明，不仅包括硬件透明，还要包括软件的透明。而这种透明不应该完全是应西方国家要求而进行的，还要主动向国内的民众透明，使公众对军队的建设更加心中有数、有底，从而从某种程度上加大民众对军队建设的知情权、监督权，更好地支持军队建设、拥护军队建设，更好地体现我们子弟兵的"人民"本色。

事实上，从强力"打虎拍蝇"，到高压正风肃纪，再到频密建章立制，从严治军已成十八大以来的新常态。2015 年，中国军队将在法制框架下继续保持高压反腐态势，并向纵深发展。

（2015 年 1 月 16 日）

遵义会议永放光芒

今年 1 月 15 日是遵义会议召开 80 周年纪念日，我们深切缅怀我军的伟大统帅毛泽东同志，深切缅怀老一辈革命家和广大红军指战员浴血奋战的峥嵘岁月，感恩他们为中国人民的解放事业和中华民族的伟大复兴所作出的不懈探索和付出的无私奉献。他们的丰功伟绩将永彪青史。

遵义会议是在我党生死攸关的紧急关头召开的一次扭转乾坤的重要会议。所以说是生死攸关，就是阴阳两重天，命悬一线。这一线就是遵义会议。所以说是扭转乾坤，就是遵义会议之前，红军开始遭受失败挫折，遵义会议之后，红军从胜利走向胜利，直至最后夺取全中国的解放。

现在有些别有用心的人对毛泽东战争年代的丰功伟绩说三道四，但遵义会议前后史实的鲜明对照，雄辩地证明毛泽东高超的军事指挥艺术起码在当时无人堪比；现在，也绝不是几个文人骚客所能轻易诋毁和抹杀的。遵义会议之前，中央红军进行了五次艰苦卓绝的反"围剿"斗争，前三次，在毛泽东的亲自指挥下，都取得了胜利；第四次，毛泽东虽然被剥夺了指挥权，但在毛泽东军事思想的指引下，仍然取得了胜利。但第五次，由于排斥了毛泽东正确的战略战术，大好形势逆转，红军被迫实施战略转移。实践证明，在毛泽东军事思想指引下就可以打胜仗，否则就要打败仗。遵义会议之前，在强渡湘江战役中，红军由出发时的 8.6 万人锐减到 4 万人，到遵义会议召开前也就剩下 3 万人左右。遵义会议之后，毛泽东重返军队领导岗位，率领红军"四渡赤水出奇兵，乌江天险重飞渡，调虎离山袭金沙"，一路攻关夺隘，红军绝路逢生，彻底摆脱了被动局面。由此可见，毛泽东的领导地位是在胜与败的较量中选择出来的，毛泽东军事思想是在血与火的考验之中淬炼出来的。什么叫实践出真知，这就是实践出真知；什么叫时势造英雄，这就是时势造英雄。

不错，毛泽东同志在晚年是犯过错误，那是在寻求民族独立自由，人民幸福安康道路上的不懈探索，在此之前，他曾以自家六个亲人的牺牲为代价来进行这种"上下求索"。这期间有成功，有失败，我们全党都应该认真总结这些经验教训。毛泽东是人不是神。他在性格上是凡人，有凡人的喜怒哀乐，也有凡人的功过是非；但他在统领全局上的文韬武略则绝对是伟人，具有凡人不可企及的雄才大略。这也是他之所以屡屡不能被小人、恶人击倒、撼动的原因。鹰飞得再低也比鸡飞得高，鸡飞得再高也永远成不了鹰。

遵义会议是我党我军历史的重大转折点，它的伟大之处在于，中国的红色势力第一次独立自主地确定了自己的路线，第一次独立自主地选定了自己的领导人。苦难由此辉煌，辉煌由此更加耀眼，正如加勒比海的飓风就是在蝴蝶翅膀振动的效应中悄然掀起，星星之火从此成燎原之势，势不可当。

（2015 年 1 月 20 日）

二战清源，身为中国人的自豪

现在西方史学界一谈起二战，脑中浮现的就是苏德战场的惨烈、诺曼底登陆的激烈、太平洋战场的悲烈，而鲜谈中国战场的壮烈。即便谈起中国战场时，又强调置日本法西斯于死命的美国那两颗原子弹和苏联出兵远东的意义，而鲜谈中国军队14年抗战的决定性意义。中国战场在世界反法西斯战争中的地位到底如何？中国军队在抗日战争中的作用到底如何？该是正本清源的时候啦。身为中国人，我们为中华民族在这场史无前例的世界大战中所做出的贡献，感到骄傲和自豪。

一、中国抗日战争对世界反法西斯战争胜利的贡献功不可没。中国的抗战，使日本陆军的主力深陷中国战场，无法实施"北进"计划，苏联避免了两线作战的致命危险。在卫国战争最危急的时候，苏联先后从远东地区抽调54万兵力、5000多门火炮、3300多辆坦克，大大加强了西线对德作战力量。斯大林曾谈到，"只有当日本侵略者的手脚被捆住的时候，我们才能在德国侵略者一旦进攻我国的时候，避免两线作战"。中国抗战还迟滞了日本的"南进"步伐。太平洋战争爆发后，日本陆军主力有35个师团被牵制在中国战场，派往太平洋战场的仅10个师团。罗斯福总统曾说："假如没有中国，假如中国被打垮，你想有多少师团的日本兵可以调到其他方面来作战？他们可以马上打下澳洲，打下印度……"丘吉尔说："如果日本进军西印度洋，必然会导致我方在中东的全部阵地崩溃，能防止上述局势出现的只有中国。"

二、中国军民对战胜日本法西斯的贡献功不可没。首先，中国对日作战时间最长。从九一八事变起到日本投降共 14 年，其中局部抗战 6 年，全面抗战 8 年。美国对日作战从太平洋战争爆发到日本投降，时间不到 4 年；苏联从 1945 年对日宣战到日本投降，时间不到 1 个月。其次，中国在对日作战中起到了主力军作用。太平洋战争爆发前，中国军队在 1938 年抗击了日本陆军的 94%，1940 年抗击了日本陆军的 78%；太平洋战争爆发后，中国军队分别在 1942 年和 1943 年抗击了日本陆军的 64% 和 54%。1945 年日本战败时，向中国投降的日军人数达 128.3 万（不含关东军），是日本海外各战场中投降人数最多的。更为重要的是，中国在抗战中取得了辉煌战果，付出了巨大的民族牺牲。整个抗战期间，中国军民共毙伤俘日军 155 万余人，自身伤亡 3500 多万人，按 1937 年比值折算，直接经济损失 1000 多亿美元，间接经济损失 5000 多亿美元。而苏军在远东战役中伤亡 3.2 万余人，美军在太平洋战场伤亡 32 万余人。由此，我们可以理直气壮地说，中国人民是战胜日本法西斯的主力军。中国的持久抗战是战胜日本法西斯的决定性因素，苏联参战和美国投放原子弹只是加速了日本投降。

三、中国共产党对全民族抗战胜利的贡献功不可没。一是，倡导建立并坚决维护了抗日民族统一战线，创造性地解决了长期困扰中国的力量凝聚问题。鸦片战争以来，中国人民抗击外敌入侵的斗争屡战屡败，根本原因就在于不能凝聚全民族的力量共御外侮。九一八事变后，中国共产党率先高举武装抗日的旗帜，率先倡导建立抗日民族统一战线，实现了近代以来不曾有过的全民族共同抗敌的崭新局面。假设没有共产党摒弃前嫌，和平解决西安事变；假设没有共产党在以后长达 8 年的抗战中，忍辱负重，坚持统一战线，就不会有抗战的胜利。二是，提出并贯彻了全面抗战路线和持久战的战略总方针，创造性地解决了以弱胜强的战争方略问题，形成了人民战争的汪洋大海。三是，开辟了广阔的敌后战场，承担了最困难的战略任务。全面抗战开始后，共产党创造性地把游击战争提高到战略地位，领导八路军、新四军、华南抗日游击队和东北抗日联军等抗日武装力量，深入敌后，形成了广阔的敌后战场。在长达 5 年的战略相持阶段，抗击了大部分日军和几乎全部伪军，成为抗战的中坚力量。整个战争期间，共产党领导的抗日武装对敌作战 12.5 万次，消灭日、伪军 171.4 万人，人民军队发展到 120 余万人，建立了约 100 万平方公里、近 1 亿人口的抗日根据地。一些人污蔑共产党军队"游而不击"，若果真如此，岂能取得如此辉煌的战绩？

四、国民党中的抗战将士在对日作战中的贡献功不可没。抗战期间，国民党军共进行大规模会战 22 次、重要战斗 1000 余次，伤亡 320 余万人，旅以上将领牺牲 189 人。这些抗战英烈的功绩将永彪青史。虽然，国民党在抗战初期，坚持"攘外必先安内"的政策，贻误了战机；在相持阶段，掀起三次反共高潮，干了亲者痛仇者快的事，在战略指导方面也有许多值得反思的地方。有人以国民党组织的会战多来证明国民党的贡献大，但问题是，国民党是执政党，掌握着所有粮秣弹药和外援，你不组织抵抗，让谁来组织？如果让共产党来组织，恐怕比消极防御的片面抗战要打得巧、打得好。不过总体而言，国民党最终还是坚持了抗战，值得肯定。

现在有些人拿国共两党牺牲的将领多少来说事，其实这里有许多不可比性。第一，国民党当时掌握着全国的战略资源，具有执政优势；第二，当时国民党军队有 180 个师的编制，而出于"限共"的考虑，只给了共产党三个师和一个新四军的编制；第三，国民党军队的一些阵亡将领是牺牲后追封的，而共产党军队的大部分军官并未受衔。若以共产党团以上干部相当于国民党将军来算，共产党军队牺牲的将领将高于国民党军。有统计表明，从九一八事变，到对日最后决战，中华民族至少有 414 位将领捐躯，其中共产党武装 206 位，国民党军 189 位，民众武装 19 位。在 189 位殉国的国民党将领中，时为国民革命军军长，或上将或被追晋上将者有 12 位，共产党军队中正军职以上干部（包括东北抗联）牺牲者 18 位。在抗战中，首位殉国者为十九路军少将滕久岳，最后一位殉国者为八路军冀南军区第一分区司令员桂干生。

现在不是为国共两党争功的时候，在抗战中为国捐躯的将士们都是中华民族的英雄，都是中国人民的好儿女！抗日战争也不是哪一党哪一派的胜利，而是中华民族的伟大胜利，是中华民族的骄傲。

中国人民为战胜日本法西斯、夺取世界反法西斯战争的胜利建立了丰功伟绩，这是任何人都不能抹杀也抹杀不了的历史结论。

（2015 年 1 月 30 日）

注：此文经编辑发表于《环球时报》。

·忠诚篇·

我和那些人那些事

WO HE NA XIE REN NA XIE SHI

题记

精忠报国。

——岳飞

咬定青山不放松，立根原在破岩中。千磨万击还坚劲，任尔东西南北风。

——郑板桥

我们正在前进，我们正在做我们的前人从来没有做过的极其光荣伟大的事业。我们的目的一定要达到，我们的目的一定能够达到！

——毛泽东

争当有灵魂、有本事、有血性、有品德的革命军人。

——习近平

启示

我们一代代薪火相传，传承的应是革命精神和优良传统，而不是特权。我们要时刻牢记，自己从哪里来，到哪里去。人民群众是我们的再生父母，是我们的生命之源。

——罗援

亲爱的父亲走了，干干净净、清清白白地走了。他带走了许多永远的秘密，但却给我们留下了永恒的忠诚。

——罗援

军人不仅要敢战，还要善战，关键是胜战。

——罗援

军队的任务就是两项——备战和胜战。军队只有两个时期——打仗和准备打仗的时期。战场上没有亚军，只有冠军。

——罗援

军人都应该是"鹰派"，但我们是理性的"鹰派"，而不是莽撞的"鹰派"。我们长着鹰的眼睛和爪子，我们又长着鸽子的头脑和心脏。我们尚武，但我们更向往和平。

——罗援

"老兵方队"背后的故事

核心提示：祖国 60 华诞马上就要到了，在这次全球瞩目的新中国国庆 60 周年庆祝活动中，有一项内容虽然不像阅兵方队和装备那样引人注目，却让人充满了崇敬和感慨。这就是参加庆典活动的"老兵方队"。他们曾用青春和热血，创立并保卫了新中国。当他们乘坐的花车驶过天安门广场的时候，我们是否应该深思一下，在这个举国欢腾的时刻，还有哪些需要我们来铭记与纪念？

"老兵方队"想法酝酿已久：前辈对党无限忠诚　弹片触发灵感

新华网：您提倡国庆活动应有老兵方队，您是什么时候有这个想法的？

罗援：这个想法酝酿已久了，每次看到俄罗斯在举行卫国战争、胜利纪念日和二战盟军进行诺曼底登陆胜利纪念日的时候，他们都有老兵参加纪念活动，这种想法就油然而生。当时看到这些老兵身着戎装、戴着功勋章，精神矍铄地走过的时候，我就感慨万千，这些老人是值得尊重的。特别是在俄罗斯举行世界反法西斯战争胜利 60 周年纪念，这些老兵从检阅台面前通过的时候，各国元首全部起立，然后鼓掌向这些老兵致敬，普京总统眼中也是含着热泪。当时我就想，什么时候我们这些开国将帅，为共和国建立作出重大贡献的老兵也能接受这种欢呼，接受这种荣誉，那该多好啊，也让我们这些老战士在世界人民面前展现他们的风采。在两会期间,我又广泛征求了民众的意见,他们也是希望在这次国庆60周年之际,在国庆庆典中再现老兵的身影,他们大多也有这种愿望。对我触动最深的,是有一位革命老前辈的后代给我写信说,我们的父辈身上可能有这样那样的不足,但是他们对党是绝对忠诚的,很多人在临走的时候,他们身上是带着敌人的弹片走的。弹片就触发了我的灵感,也是我提交这个提案的原始动力。在共和国成立60周年的时候不能忘记为共和国流血牺牲的先烈先辈、英雄,要给他们崇高的礼遇。

新华网:您在这次国庆当中提议老兵方队得到媒体的高度关注,不知道您怎么看待媒体的反映?

罗援:这也反映了一种民心民意。我提出这个议案以后,媒体上做了报道,我几乎天天都能收到老兵的来信,他们渴望到天安门前对党和人民做一次汇报,表达对党和人民的忠贞。最近媒体也做了广泛报道,说我这个提案已经被有关领导和部门采纳,我也非常高兴。我自己填了一首词表达兴奋的心情,《贺老兵方队》。

时间紧迫:和父亲参加革命的23个伙伴建国时没剩几个了

新华网:我知道您父亲是著名的罗青长将军,这是否也与您的"老兵情结"有很大的关系?

罗援:这个要做一点小小的更正,我的父亲不是将军,他是一位老红军,但是长征之后他就进入我党的隐蔽战线,所以在1955年授衔的时候,如果从他的经历和当时的职务授将衔是没有问题的,但因为是隐蔽战线的同志,他就和隐蔽战线的无名英雄一样,没有得到这种殊荣,没有授到将军,但是他们默默无闻地为共和国无私奉献,他们的精神也值得我们学习和崇敬。我的父亲经常谈到这个问题,他们是参加革命的无数先驱的幸存者。最近我刚到我的老家四川广元参加了一个红军塔的揭幕仪式,我的老家苍溪在1933年到1935年期间,一共向红军输送了3万优秀儿女。当时苍溪县只有29万人,说明几乎10个人就有一个参加红军。这些人到达延安的时候,剩下不足 2000 人。和我父亲一块儿参加红军的有 23 个小伙伴，等到建国再回到老家时只剩下他和李开湘几个人了。

这个让我非常有感触，我们的开国将领张震将军在授衔时就感慨万千，说"一将功成万骨枯"。这些人是值得我们怀念和崇敬的。你讲的老兵情结，就是我们的父辈创造的事业是值得敬重的，是值得我们去发扬光大的。通过这次阅兵展示老兵的身影，不仅是对他们的一种肯定，对他们的一种褒奖，更重要的是我们没有忘记为共和国的建立而牺牲的这些先烈们，特别是默默无闻的先烈。我们曾经说过，忘记了过去就意味着背叛，那些老同志也谈到，我们不怕死亡，但是我们怕被遗忘。如果说他们开创的事业在我们这一代人手中中断了，我觉得这是我们终身的遗憾和罪过，在我们这一代还是要把他们的光荣传统继承下来，发扬光大的。

兵故事：十大元帅有七个重伤

新华网：您所认识的老兵年龄最大的有多少岁了？有没有给您留下最深刻印象的老兵和他们的故事？

罗援：我认识的老兵里有很多开国将帅。开国的十大元帅、十个大将都已经先后作古，现在上将只剩下吕正操老人一个人。开国中将，在我提提案的时候还有 10 个人，但是现在剩下的只有 8 个人，这给我一种紧迫感，如果现在再不把这种荣誉给他们，对我们是一种遗憾，对这些老人来说也是带着遗憾离去。他们未必参加这次阅兵，但是通过这种形式表示党和人民没有忘记他们，表达党和人民对他们的一种肯定和褒奖，将对他们是一种鼓舞和慰藉，我觉得这种形式非常有必要。在他们身上确实体现了中华民族非常优秀的品质。

如果说中间有什么事情让我最感动，让我最感动的是我们的一位记者搞了一个调查报告，他调查了一下，我们的开国将帅身上有多少战伤，十大元帅有七个重伤，受伤最多的是刘伯承元帅。十个大将七个受重伤，受伤最多的是徐海东大将。去年军事科学院建院 50 周年，建了一个院史馆，镇馆之宝是我们的粟裕大将火化时从头颅骨里发现的三块弹片，这三块弹片伴随着粟裕大将的大半个人生。这些事迹让我非常感动，这些开国将领凭着他们对党的忠诚，凭着对人民的热爱，靠着一不怕苦、二不怕死的精神打下了天下，所以在国庆 60 周年的时候我们不能忘记为我们打下天下作出重大贡献的这些开国将帅。

尚兵习武：一个民族要有一种阳刚之气

新华网：从您的接触中，现在部队的年轻人如何看待革命战争中的英雄和先烈？

罗援：这需要我们进行爱国主义教育。在每颗年轻的心中都有爱国主义的或者说英雄主义的情结，这种情结我们要调动和激发。我觉得通过这次国庆大阅兵和在游行中增加老兵方队，会调动他们对英雄的崇拜，以及爱国主义的激情，这是非常有必要的。因为我到地方大学给他们讲过课，有一次我在讲课完了以后，许多大学生走上台，他们非常激动，说我们要报名参军。我觉得这个民族还是有尚兵习武传统的，要有这种精神，要有一种阳刚之气，这种阳刚之气是怎么培养出来的，他不是光靠空洞说教就能解决的问题，需要有非常形象的国防教育、爱国主义教育，我觉得国庆大阅兵和老兵方队在这方面就可以提供一个非常生动的、现实的教育，激发国民爱国热情，增强尚兵习武的情趣。

严格遴选：考虑身体状况和年龄结构

新华网：这次参加阅兵的老兵您是怎么认识的？他们现在的情况怎么样？

罗援：我认识的并不多，是有关部门通过严格的遴选过程确定的。我想遴选条件第一是考虑到这些老同志的身体状况，第二是考虑到他们的代表性，考虑他们的年龄结构。虽然人员不多，但是代表着各个时期，红军时期不是很多，由于身体原因不能参加这次大游行，但是我们在心中仍然怀念他们，记着他们为共和国的成立立下的不朽功勋。我虽然不认识这次来参加阅兵的这些老同志，但是从一些来信、来访中我也非常受感动。有一个从东北黑龙江来的老战士，他在 1949 年开国阅兵时在金水桥下面亲自聆听了毛泽东主席宣布中华人民共和国成立，"中国人民从此站起来了"。这位老人叫张春和，黑龙江省宁安市人，1947 年参军，今年是 79 岁，曾经是公安一师的一位战士。

他听到我的提案以后，就非常激动，给我写了一封信，说我当年作为一个小鬼参加了第一次阅兵，现在是近 80 的老人了，我希望能有最后一次机会向党和人民表示我们的忠诚。当时我也把他的愿望向有关部门作了反映，但由于人数有限，这次主要是京内的老兵，没有惊动京外的老兵，所以这次张春和老人没有能加入方队。但是让我非常感动的是，前几天我突然接到他的电话，他说他带着他的女儿已经千里迢迢来到了北京，他说还想最后争取一下，来实现自己的愿望。他说即便实现不了，我已经到了北京，能在祖国首都享受这种举国欢庆的气氛，也算了了我的一份心愿。我说你怎么知道我的电话，他说通过各个方面最后找到我的电话，向我提出了这个请求。

我又把他的愿望向有关部门作了反映，但是由于种种原因的限制，他不一定能实现自己的愿望，但是我确实衷心地祝愿这位老人健康长寿，安度晚年，我们应该向他致以崇高的敬意，他们为共和国的建立是立下汗马功劳的。

逐步完善：更多老兵将参加"老兵方队"

新华网：我们过去都讲"老战斗英雄"，现在您提出"老兵"这个词是否也意味着更广泛的意义？

罗援：因为在这次提出提案以后，我接到很多民众的来信来访，他们也谈到了，"老兵"范围是不是应该包括历次自卫战争，例如抗美援朝作战、边境反击作战的老兵们。我觉得可能随着时间的推移，这些老同志、这些老兵会进入到"老兵方队"的行列里，但是这次因为是建国 60 周年，我们是 5 年一小庆，10 年一大庆，在今年大庆，主要还是表彰和褒奖开国元勋，为建立共和国而作出重大贡献的这些老战士，对他们来说也更加紧迫一些。我们从 1949 年算，当时这些老同志即便以非常小的岁数，比如 15 岁参军，到现在也 75 岁了，所以对他们来讲更加紧迫一些，再到建国 70 周年、80 周年的时候，这些老同志健在的就不会很多了，所以还是先给这些开国英雄们这种殊荣。以后随着时间的推移，我觉得参加抗美援朝作战、边境反击作战的老同志、老兵也应该归入到"老兵方队"里。

"老兵方队"这次是首次设立，所以还有些经验需要摸索、总结，还要探索一个更加健全、更加合理的方案，立一些规矩。目前还处于探索中，所以这次人数不是很多。以后随着时间的推移，还会更加完善。

文化历史传统不同，各国国庆庆祝大不一样

新华网：大部分国家都有国庆日，但是国庆日确定的依据也不一样，例如法国是以攻占巴士底狱的 7 月 14 日为国庆日，而美国则以独立日的概念来代替国庆日，这肯定带来国庆纪念方式、纪念活动上的差别，您能详细说说吗？

罗援：我觉得各个国家出于文化传统、历史传统差异，所以在庆祝国庆日的时候，方式方法、模式、组织形式也都不太一样。有的国家比较提倡活泼、喜庆、欢快，有些国家提倡隆重、庄严。有些国家是由民众自发组织，有些是把它作为一种国家行为，由国家来组织。有些国家比较喜欢张扬个性，手舞足蹈，像嘉年华、狂欢节一样，有些国家展示他的国威、军威。各个国家的情况不太一样。你刚才介绍了，美国有美国的情况，以前我在丹麦当过副武官，我也感受过他们的一些庆典。它有两个节日，一个是以宪法日为国庆日，还有就是以女王的生日为国家庆典。它搞这个活动时，表示对王室的崇拜、尊重，很多人聚集在王室前面的大广场上，女王乘着马车出来，接受群众的欢呼，她在这个时候也向国民表示她的关心、关怀。

新华网：有没有阅兵式？

罗援：阅兵式比较简单，在前面有一个皇家卫队，有的在吹着风笛，有的骑着高头大马，有的敲着鼓，女王坐着马车出来。他们的庆典是追求欢快、活泼，属于这样一种风格。有些国家比较强调庄严、隆重，比如说你讲

到法国，巴士底狱纪念日，是在凯旋门前，先由飞机从凯旋门上空低空掠过，拉出彩带，接着是陆海空部队从检阅台通过。是彰显国威、军威的方式。特别是俄罗斯，1941年在卫国战争最紧急的关头举行了一场红场阅兵，当时战略预备队小伙子们就是迈着正步从红场通过，参加完阅兵就直接开赴前线，那就是一种出征式的阅兵、誓师性的阅兵，到现在俄罗斯仍然保持着这个传统。美国以独立日作为国庆日，它的阅兵跟我们的阅兵不一样，主要是从各国请来一些军乐队，都是非常有名的军乐队，包括他们自己有名的军乐队，一些高官贵人、政府政要、社会名流，也有老兵参加他们的阅兵活动。

新华网：国外的庆典活动有没有纪念老兵或者向英雄致敬的方式？

罗援：美国是有的。美国有一个阵亡将士纪念日，在每年5月最后一周的周一。在这一天，政府的政要要到"阿灵顿"公墓向阵亡将士表示敬意哀悼，他们要点长明灯，吹长熄号，一些老战士拿着以前的军旗向历次战争中阵亡的将士们表示他们的怀念和敬意。他们还将每年的11月11日作为老兵节，老兵节是自发性的，就是这个州的老兵自发地组织起来，穿上当年的军装，挂上功勋章，在街上游行。不管是各个国家的国庆日或者老兵日，不管形式怎么样，但是首先有一点是共同的，就是这个日子是他们重要的爱国日，是对老兵表示敬意的节日和盛典。

阅兵意义：四分军事六分政治

新华网：阅兵是我们在国庆当中的重头戏，除此以外还有哪些应该关注？

罗援：这次阅兵，如果从它的军事意义和政治意义来讲，可以说是4：6，四分军事意义，六分政治意义，我认为政治意义大于军事意义。因为很多民众观看国庆阅兵时，更多的是关注我们的武器装备首次亮相，我们的军力达到了什么水平。但我觉得更重要的是这次游行和阅兵体现了我们的民族精神，这是一种文化层面的挖掘和拓展，这种政治上的意义要远远大于军事上的意义。特别是我们这支部队，通过阅兵可以看出我们的小伙子们走着整齐的队列，迈着矫健的步伐，精神饱满，显示了我们军队的威武之师、文明之师、胜利之师的形象。这种民族精神的张扬我觉得是更重要的。在游行队伍中，老同志受到了党和人民的尊重，体现了以人为本的执政理念，虽然参阅人数不多，但是体现了党和人民对这些老同志的关怀，对他们的肯定。

游行当中有 60 个花车，既体现象征意义，建国 60 周年，又体现全民族的大团结、大和谐，56 个民族都有代表，各个省市都有代表。体现我们是一个和谐社会，以人为本，科学发展。深层次的问题、人文精神在这里得到了非常好的诠释。在这次要看军力的展示，更要看民族精神的张扬。

阅兵亮点：将给世界一个惊喜

新华网：新中国成立以来经历了 13 次阅兵，这是第 14 次，这次和以往相比有什么不同？或者说有什么亮点？

罗援：这个问题有点超前了，因为阅兵还没有开始，只是对阅兵有一种期待，现在心情都非常激动。但是现在阅兵的一些细节已经有一些披露，从中也可以解读一些信号和信息。比如这次在方队规模组成上，和以往有所区别，比如 1999 年阅兵地面方队是 17 个，装备方队是 25 个，空中梯队是 10 个，今年有增有减。地面方队今年是 14 个，比 1999 年减了 3 个。装备方队今年是 30 个，比 1999 年增加了 5 个。空中梯队今年是 12 个。这反映了什么问题呢？反映了两个转变，就是由以前的规模数量型向质量效益型的转变，由人力密集型向科技密集型的转变。就是现在高科技含量的元素在大大增加。

再有就是从装备上也可以看出，我们在由半机械化、机械化向信息化迈进，可以看到在预演中的一些装备，这些装备不是一个单件平台，是系统作战的一个体系。在开国阅兵时，我们的武器装备叫万国博览会，来自十多个国家，大多数是我们缴获的武器装备。当时我们感到自豪的是，这些都是我们的战利品，我们是拿着敌人的枪炮参加阅兵。到 50 年代时就自己研发了一些装备，自制、仿制和引进的一些装备。今年全部的装备都是我们自制的，**90%** 的装备是首次亮相。值得我们自豪的是一些装备的新型号首次亮相，再有就是虽然以前这型号出现过，但是我们把它升级换代了，信息化程度提高。从这些就可以看出，我们的部队也在实现几个跨越，由以前的骡马化、摩托化、机械化，向着现在的信息化迈进。

再有可以期待的就是这次展示的装备，我认为是带有代标性的亮相，就是它的出现说明我们的武器装备已经达到了新的阶段。比如 99 坦克，这个就属于三代坦克，我们的预警机，这也是新型装备，表示我们的空中预警、空中指挥、空中管制能力已经达到了世界先进水平。我们的歼 -10，是自主研发的带有代标性的第三代飞机。在陆军装备中，大家也可以期待，我们在陆军装备中还有很多新的装备，可能大家在阅兵中可以一饱眼福，肯定会感到非常振奋，除了一般的民众，我觉得更多的是那些军事专家、军事发烧友，甚至是国外的军事专家，他们看到我们这些装备会感到为之一振。为什么我们的总指挥说将给全世界人民、全国人民一个惊喜，我们大家都在期待。

新华网：有网友问，据媒体报道，这次还有外国留学生参加国庆群众游行，那么未来会不会有外国军队参与我们的阅兵？比如 2009 年法国就邀请了印度军队参加国庆阅兵。

罗援：这可能是网友的美好愿望，但是各个国家有各个国家的特点和特色。比如我们中国的特色是综合性。正如前面我们讲了我们的庆典风格是隆重庄严，这个风格在我们阅兵当中就体现出来了。讲欢庆活泼这块，就在我们后边的群众游行当中就体现出来了。所以我们有我们的特点，不一定去效仿其他国家。这位网友提出了他自己很好的愿望，但是我觉得实现的可能性不太大，因为毕竟有我们自己的国情，有我们自己的传统，有我们自己国家庆典的模式。

新华网：您认为中国国庆作为国家的重大节日，除了阅兵、群众游行，将来还会有什么更丰富的内容？

罗援：如果说丰富的内容，我认为主要是在阅兵中更体现武器装备的透明度和部队的精神风貌所要达到的程度，这里更多的是高科技元素大大增加，信息化含量将加大，整体作战、联合作战能力将大大提高。对这些将有一个展示，甚至一些新的装备、新的理念可能会在阅兵中有所体现。在民众当中，除了政治符号的显示之外，可能会更加欢快活泼，文化元素将更加多元化，将更加丰富多彩，张扬年轻人的个性，毕竟现在和以前年轻人的文化兴趣是不太一样的。

（新华网，2009 年 9 月 29 日）

于无声处建奇功

——共和国不会忘记隐蔽战线上的无名英雄们

党的隐蔽战线工作是党和国家革命事业不可分割的重要组成部分，隐蔽战线上的无名英雄们是党的钢铁脊梁，是共和国的忠诚卫士。

今年是中华人民共和国成立 60 周年，光阴荏苒，日月不淹。在举国欢庆的日子里，人们更加怀念为新中国的建立而流血牺牲的无数仁人志士，特别是隐蔽战线上的无名英雄们。

毛泽东曾经指出，"我们要消灭敌人，就要有两种战争，一种是公开的战争，一种是隐蔽的战争。"历史充分证明，党的隐蔽战线工作是党和国家革命事业不可分割的重要组成部分，隐蔽战线上的无名英雄们是党的钢铁脊梁，是共和国的忠诚卫士。

中国共产党情报工作的创始人周恩来同志说过："有了党，就有党的情报保卫工作。"中国共产党的隐蔽战线工作伴随着党的诞生而诞生，伴随着党的成长而成长，伴随着党的胜利而胜利。

从 1927 年 5 月中央军委特务工作处在武汉创建，至 1949 年 10 月 1 日中华人民共和国诞生，党的隐蔽战线工作从无到有，由小到大，走过了 22 年的光辉战斗历程，这是一段前仆后继的斗争史，是一场没有硝烟的生死搏杀。

1921 年 7 月 23 日，中国共产党在上海法租界望志路 106 号召开第一次全国代表大会。会议进行到第八天，法租界巡捕房密探闯进这幢房子内来侦察，幸亏楼下有人放哨，未让其入内。会议代表们闻讯后，迅速转移。这样代表大会才得以在嘉兴南湖一条游船上继续召开。

由此可见，中国共产党自成立之初起，就围绕情报保卫工作展开了斗争。只不过，当时的情报工作仅局限于预警性、保卫性情报。

"四一二"反革命政变后，时任党中央军委书记的周恩来从血的教训中认识到：在严重的白色恐怖下，党的安全成为最重大、最迫切的问题。必须建立一个从事情报保卫工作的专业机构，同敌人进行隐蔽斗争，及时掌握国民党内部反动倾向增长的动态，特别是反动势力破坏我党的准确动向。因此，周恩来根据列宁创建"契卡"的原则和经验，于1927年5月在汉口成立了以情报、保卫工作为主要任务的"特务工作处"，直接归中央军委领导。

中央军委特务工作处成立的时间不长，就获取了许多有价值的情报。例如，了解到国民革命军第二方面军总司令张发奎阴谋解除叶挺同志（张发奎部第十一军二十四师师长）和贺龙同志（张发奎部第二十军军长）兵权的情报；了解到汪精卫同蒋介石策划所谓"宁汉合作"并在汉口召开所谓"分共会议"准备叛变革命的情况。因此，当汪精卫在1927年7月15日叛变时，我党避开了敌人的突然袭击，减少了损失，保存了武装力量，为发动"八一"南昌起义准备了条件。这同蒋介石发动"四一二"反革命政变时期我党几乎茫然无知的情况已经截然不同了。

特务工作处的成立解决了我党的情报保卫组织从无到有的问题，它的成立表明党的隐蔽战线工作是阶级斗争的产物，是被国民党反动派逼出来的；它的初期活动也表明，党的隐蔽战线工作是党获取阶级斗争主动权的重要工具，有组织的情报保卫工作，为及时揭露敌人的反共阴谋，保卫党中央的安全发挥了重要作用，基本扭转了过去面对敌人的突然袭击毫无准备的被动局面。

"七一五"汪精卫继蒋介石之后叛变革命，轰轰烈烈的大革命遭到失败。我党召开"八七"会议，清算了陈独秀的右倾机会主义错误，从此中国革命进入了一个新的历史时期。

1927年11月，周恩来在领导"八一"南昌起义后由东江前线回到上海，担任临时中央政治局委员，负责中央组织部和军委工作。他在军委特务工作处的基础上，建立了中央特科。这是我党系统的专业情报保卫组织。特科的主要任务是及时探取敌人破坏我党的阴谋，向党中央报警，惩处对党构成重大威胁的叛徒、内奸，保卫党中央和领导人的安全，营救被敌人逮捕的同志。在敌情十分严峻的情况下，特科发挥了无可替代的作用。陈云同志曾评价说，中央特科是在周恩来同志直接领导下的党的战斗堡垒，是一个有战斗力的白区党的地下组织。

抗战初期，由于建立了抗日民族统一战线，党从过去长期被封锁和隔绝的狭小范围走向全中国。为了适应全国抗战的形势，1937年5月，党中央在延安召开了白区党代表会议，会议由刘少奇等主持。会议清算了党在白区工作中长期存在的"左"倾冒险主义、关门主义和宗派主义，指出白区工作必须随着新的形势和阶级关系发生的重大变化而彻底转变。

抗战进入相持阶段以后，日伪和国民党顽固派派遣大批奸细特务混入革命根据地，进行暗害和间谍活动。为此，1939年2月18日中共中央建立了中央社会部，主要负责根据地的锄奸肃特工作。围绕这一中心任务，进一步发展了敌占区和国统区的保卫性情报工作，并获取了一些重要的军政情报。

1941年，敌后战场已经成为抗日的主战场，我党面临许多全国性和国际性的战略决策问题。为此，党中央作出《关于增强党性的决定》和《关于调查研究的决定》，高度重视调查研究工作，指出主观主义是党性不纯的第一表现，强调了解情况是决定政策和行动的基础，把情报工作提高到政治和思想的原则高度。为此，于1941年9月成立了中央情报部。

中央情报部的建立是我党情报工作发展过程中的重大转折点，是由报警性和保卫性的情报工作转变为军政战略性情报工作、由零星的情报搜集发展到周密系统的调查研究工作的重要标志。在这一时期，较系统全面地总结了历史经验，制定出具有中国特色的情报工作的基本方针、政策和做法，开创出情报工作的崭新局面，逐步形成了我党情报工作所具有的独特风格。抗日战争时期的情报工作有力地配合了党的中心任务，在民族斗争和阶级斗争艰险复杂的形势下经受了锻炼和考验，得到了全面、深入的发展而走向成熟。

在解放战争中，各级情报组织始终把敌人要害部门和战略要地作为侦

鹰胆鸽魂——罗援将军论国防

485

察重点，瞄准国民党的政治、军事、特务等决策指挥机关，开展情报搜集活动，特别是向胡宗南、傅作义、白崇禧等一批国民党高级军事头目身边派出我重要情工人员，及时反馈敌人的重要军事阴谋，如军事部署、重要军事会议、重大作战计划等。同时获取了与解放战争密切关联的重要政治、经济、国际、敌特和国民党统治区人民生活和人民民主运动等的情报，对配合解放战争起到了重要作用。

总之，由于中央情报部及时调整、充实和组建了情报机构和情报队伍，对隐蔽战线工作进行了全面部署和重点派遣，因此，在整个解放战争期间，充分调动了情工人员的积极性和主动性，卓有成效地发挥了情报工作的重要作用，向党中央和中央军委提供了大量有价值的战略战术情报，紧密地配合了解放战争各阶段的政治、军事斗争，圆满地完成了党中央赋予的艰巨任务。在残酷的阶级斗争烈火中，情报工作受到严峻考验与锻炼，日益发展壮大，可以说，这一时期中国共产党的情报工作发展到了鼎盛时期。

我党的隐蔽战线工作是由毛泽东直接领导，由周恩来具体指挥、布局和实施的。

如果按毛泽东的说法，他在军事指挥上的得意之笔是"四渡赤水"和"三大战役"；那么，周恩来在隐蔽战线上的得意之笔应该是他领导的"龙潭三杰"和"后三杰"，以及他在敌人核心要害部门布下的"闲棋"、"冷子"和刺向敌人心窝的利剑。

"龙潭三杰"是李克农、钱壮飞和胡底。1928年春，钱壮飞为躲避北平政府通缉，来到上海，以其多才多艺的才华考入无线电训练班，后在徐恩曾任局长的上海无线电管理局工作。由于钱壮飞"工作勤奋、忠诚、有能力"（徐恩曾在《无形的战斗》中的评价），深得徐恩曾的赏识。1929年12月，徐恩曾调任国民党中央组织部总务科科长，不久兼任调查科（即中统前身）科长，特意将钱壮飞留在身边当他的私人机要秘书。当李克农和钱壮飞将国民党扩大反共特务组织的消息告诉党组织后，周恩来指示中央特科的同志："你们把他拿过来。"于是，李克农、钱壮飞、胡底就成了中央特科情报科（负责人是陈赓）领导下的一个坚强战斗集体，李克农任党小组组长。

他们打入敌人的心脏，为党做了大量的工作。利用国民党内部的派系矛盾，设立和控制了国民党公开的情报机关：钱壮飞任"民智通讯社"负责人、李克农任上海无线电管理局广播新闻编辑、胡底任天津"长城通讯社"负责人。他们利用徐恩曾好色的特点，创造机会，获取了他随身携带的高级密码本。利用工作之便，获取了许多反映蒋介石亲自策划的"围剿"江西革命根据地的军事情报，有力地配合了苏区红军的作战，为红军取得两次反"围剿"斗争的胜利作出了重要贡献。

"龙潭三杰"对党作出的杰出贡献，是及时了解了敌人企图危害我党中央安全的阴谋活动，一举粉碎了叛徒顾顺章及其主子蒋介石妄图将我党中央在沪领导人一网打尽的阴谋，为我党隐蔽战线事业谱写了光辉的篇章。

1931 年 4 月，时任中央政治局候补委员、主持中央特科工作的顾顺章，在完成护送张国焘、陈昌浩去鄂豫皖苏区的任务后，违反保密纪律，在汉口街头卖艺，被捕叛变。他很快供出我党驻武汉的交通机关和红二方面军驻武汉办事处，致使十余人被捕。更为严重的是，他提出要亲自见蒋介石，试图出卖上海党中央机关和所有中央负责人的住址。在此千钧一发之际，打入敌人心脏的钱壮飞，截获了武汉特务组织发给徐恩曾（当时到上海度周末）的数封急电，并及时通过李克农、陈赓等同志向党中央作了汇报。周恩来在陈云同志的大力协助下，立即组织党中央大转移，使瞿秋白、秦邦宪、李维汉、王稼祥、任弼时、刘伯承、叶剑英、聂荣臻等一批中央负责人幸免于难。这的确是中国共产党同国民党在隐蔽战线上进行的一次惊心动魄的生死搏斗。"龙潭三杰"的事迹被认为是"可能改写中国近代历史的故事"。毛泽东同志夸奖他们是立了大功的，如果不是他们，当时许多中央领导同志都不存在了。可见"龙潭三杰"功劳之大，可见情报工作之重要。

"后三杰"是指打入到胡宗南身边从事情报工作的陈忠经、熊向晖和申健。他们组成三人小组，实行单线联系，先后由吴德峰、罗青长、曾三、王中等人领导。

陈忠经是北大学生自治会的主席，是"社联"成员，后任三青团组训组组长、陕西省团部书记、国民党陕西省党部委员、《新秦日报》社董事长。

熊向晖是清华大学的中共秘密党员，民先队的组织委员兼秘书，后任胡宗南的侍从副官、贴身机要秘书，成为胡的嫡系亲信。申健是汉中西北大学的进步学生，后任三青团西安市分团部书记。他们各自利用自己的才华和社会关系取得了胡宗南的信任，被委以重任。董必武等同志指示他们"不入虎穴，焉得虎子"，"要想办法影响、争取胡宗南抗日到底"。

三人小组和西安其他情报组织搜集了大量情报资料，其中有西安各党政军民机关调查详表，防止异党活动方案，胡宗南特务系统概况、电报密码，蒋胡的战略动向，胡宗南军队的战斗序列、编制、番号、主官姓名、装备、人数、驻地、军事部署和作战计划等重要情报。

特别是熊向晖获取的国民党第八战区司令长官朱绍良草拟的进攻我陕北军队的"作战计划"，以及西安其他情报组织提供的情报，对我军粉碎国民党发动的第三次反共高潮起到了重要作用。当时，我在延安的兵力只有一个保安团、一个警卫团，没有野战部队。所以党中央采取了紧急措施，由朱德于7月4日和6日分别给胡宗南、蒋介石发电报，抗议他们进犯陕甘宁边区的挑衅活动，7月9日召开3万余人参加的紧急动员大会，揭露蒋介石的阴谋，并通电全国各党派、各报纸，呼吁停止内战。7月12日，毛泽东根据各方面搜集来的情报和材料，撰写了《质问国民党》一文，以《解放日报》社论的形式公开发表。该文列举了大量事实，其中也包括胡宗南把原来对付日寇的河防第一军、第十六军和第九十军等三个军调到边区来积极准备进攻我军的事实。毛泽东的文章义正词严，指出这是国民党和胡宗南不打日本人，破坏抗战、破坏团结的行为，要求他们立即撤军。本来胡宗南进攻陕甘宁边区是要采取所谓的"闪击战"，"攻其不备"。现在事实都被公开了，无"奇"可言，而且共产党又严阵以待，胡宗南只好作罢，下令收兵。

日本投降后，蒋介石更加紧策划进攻陕甘宁边区的军事阴谋，我党有关情报组织及时上报了敌人调动兵力向我边区进攻的重要军事情报，有力地配合了陕北作战。在1947年3月，蒋介石命令胡宗南向延安发起进攻的关键时刻，熊向晖设法通过西安情报组织，及时上报了敌人进攻延安的计划，为党中央的战略决策发挥了重要作用。当年，毛泽东和中央情报部对西安情报系统的工作曾给予了高度评价，认为他们的情报对中央工作有很大帮助，称赞西安的情报工作是全国的模范。

周恩来还派遣大批优秀干部打入敌人的心脏，在国民党的党政军核心机要部门及其负责人身边建立了一批重要的情报网络和关系。例如：

派潘汉年到上海和香港开展情报工作。潘汉年是我党隐蔽战线上的一名艺术大师，他巧妙地把公开的工作和秘密的工作结合起来。他曾领导中央特科的工作，并组织和指挥华南地区的情报工作，他所领导的情报组织及时获取了德军进攻苏联"一触即发"的重要情报，及时反映了日美谈判内幕，以及日军决定"南下"的战略意图。特别是通过日籍反战人士中西功、西里龙夫等人的分析研判，作出日本将会在 12 月 7 日前后对美国发动进攻的准确判断，最早发出了太平洋战争的警号。这一战略情报，被美国中央情报局认为是"第二次世界大战最有战略价值的两件情报工作"之一。为了保证中国人民政治协商会议胜利召开，潘汉年等情报系统还利用长期建立的秘密交通线和一些特殊的社会关系，负责安排了李济深、沈钧儒、黄炎培、马寅初、马叙伦、郭沫若、沈雁冰等一大批民主党派和无党派进步人士秘密离开香港，安全转移到解放区。先后组织了数百人秘密转移，没有一次失误，这是情报部门的一项重大功绩。

派沈安娜打入国民党中央党部机要处当机要速记。她曾获取国民党五届五中全会起草的《限制异党活动办法》和《异党问题处置办法》的原件，国民党五届九中全会通过的反共清党文件等重要情报，为我党粉碎国民党的反共高潮作出了贡献。在 1946 年 1 月召开的国民政府政治协商会议期间，沈安娜通过丈夫华明之，将国民党"党团会"商定的谈判方案报告我党，使中共代表团预作准备，掌握了谈判的主动权。

派阎宝航以国民政府军事委员会委员长行营参议、国民党军事委员会政治部设计委员和宋美龄领导的"新生活运动总会"（会长是宋美龄）书记的特殊身份，开展情报搜集活动。他曾及时上报了德军进攻苏联准确时间的重要情报，中央情报部在与其他来报进行综合分析后，以党中央名义通报苏方，为苏方提前做好战斗准备发挥了重要作用，为国际反法西斯战争的胜利作出了贡献。抗日战争后期，他又经中共中央及时向苏军提供了日本关东军的军事部署图等军事情报，为苏军迅速全歼日本的关东军立了首功，为中国人民抗日战争的最后胜利作出了杰出的贡献。

在党中央正确的情报方针指引下，在周恩来的具体领导下，各情报系统和广大情工人员进行了艰苦卓绝、卓有成效的工作。例如：及时获取了1938年年底国民党、三青团发布的"限共"条文，汪精卫当汉奸的内幕，以及国民党内部摩擦和斗争等重要情报。及时上报了蒋介石要召开国民党代表大会和国民参政会的方案，财经方面的方案，同德国关系的内部文件，以及获取了蒋介石已下定决心要发动内战的重要战略情报。紧密配合我晋冀鲁豫部队取得了"上党战役"的伟大胜利。争取了高树勋率部起义，痛击了蒋介石向北进犯的嚣张气焰。策动蒋介石非嫡系部队西北军在内战中保持中立。紧密配合第一次解放长春。及时获取敌人企图轰炸我四平驻军的情报。为配合我军在中原突围，及时提供了重要情报。配合我军在陇海路的破击战，提供了情报保障。及时获得敌人进攻承德的情报。完全掌握了敌人进攻张家口市的计划。紧密配合我军在华北、华东和华中地区的作战。紧密配合我军粉碎了敌人发动的重点进攻。在我东北野战军发动的几次攻势作战中起了重要作用。配合我晋察冀野战军攻势作战，取得了清风店战役的伟大胜利，对解放石家庄起了重要作用。配合我华东野战军攻势作战，致使敌人一个军被歼，一个军逃窜。紧密配合了辽沈战役、淮海战役、平津战役和渡江作战。积极做好分化瓦解敌人的工作，策动大批国民党将领率部起义，并为粉碎国民党的"和谈"阴谋提供了重要情报，配合解放和接管城市做了大量工作。

以上只是我党隐蔽战线工作的一部分，由此可以窥见周恩来之大智大勇，他不愧是运筹我党隐蔽战线工作的卓越领导者。新中国建国初期，周恩来曾经设宴款待国民党留在北京的谈判代表团成员，熊向晖作陪。张治中惊讶地说："没想到，你熊老弟也起义了！"周恩来解释道："今天我给大家透露一个秘密，熊向晖同志不是起义，而是归队。"张治中听后，感慨万分地说，以前只知道蒋介石在政治上、军事上远不是共产党的对手，今天才知道蒋介石在情报上也远不是共产党的对手。此话一语中的。

我党的情报工作者是中华民族的优秀儿女，是党的忠诚卫士，是由特殊材料锻造的人。在他们的身上体现了中国共产党人的铮铮铁骨和浩然正气。

对党绝对忠诚。由于情报工作的特殊性，情报工作者常常被人误解，甚至冤枉，因此，周恩来同志要求他们顾全大局，任劳任怨，有苦不说，有气不叫。几十年来，我党的情工人员忠实地执行了这条原则，甘当无名英雄。在这方面的杰出代表是匡亚明同志、关露同志和潘汉年同志。1932 年，白色恐怖时期，敌人诬陷匡亚明同志叛变，当时敌情严峻，党内有些同志对他产生了怀疑。匡亚明同志被敌人逮捕后，历经严刑拷打，坚贞不屈。被党组织营救出来后，不计前嫌，坦然地说，共产党员在革命生涯中，不但事业有成败，有时也会受到委曲甚至冤枉，能否以坦荡胸怀正确对待，也是非常严峻的考验。

关露同志在上世纪 30 年代是与丁玲、张爱玲齐名的女作家，"左联"的中坚力量。她受党组织派遣，不惜"自毁名誉"，顶着"汉奸文人"的骂名，主动与汪伪政权特工总部头目李士群接近，了解李的思想动态。后来，又打入日寇特务机关主办的《女声》杂志社，以此为掩护从事对日情报工作，直至抗战胜利。虽然遭到不明真相的朋友们的误解，但她默默不语，心中深藏着对共产主义的信念和对党的忠诚。

潘汉年同志是我党隐蔽战线的杰出领导人，立有大功。可是，解放后被错定为"内奸"，但他对自己的理想信念至死不渝。在狱中他仍写下了"又是一年终岁暮，难忘往事走延安""天摇地动倒流水，但愿冬寒化早春"的感人诗句。最终党中央为他平反昭雪，恢复了名誉。

淡泊名利，任劳任怨。隐蔽战线工作任务艰巨，情况复杂，环境危险，常处于被动状态，有些工作需要数年、数十年，甚至更长时间的"潜伏"才能打开局面，取得成效，即使做出了成绩也不能公开宣扬，这就要求情报工作者必须不计名利，甘当无名英雄。为了保存党中央文献资料的完整和保护它的安全，隐蔽战线上的许多无名英雄默默地奉献着，有些人甚至献出了宝贵的生命。陈为人是 1921 年入党的老党员，曾任满洲省委临时省委书记。

因工作需要，党组织决定让他负责保管中央文库。在白色恐怖极为严重的恶劣环境下，他带病工作，夫人韩慧英一度被捕，他又与组织失去了联系。在极端危险和困难的情况下，陈为人坚守自己的誓言：以生命来保护党的文献。为了缩小目标，陈为人通宵达旦地整理文件，将空白纸边剪下来，厚纸换簿纸，大字改小字。为了避免被叛徒认出，陈为人同志不能外出找工作，就节衣缩食，甚至变卖御寒衣物和家中的物件，以支付房租。他克服了种种常人难以想象的困难，终于把党中央文献完好无损地交给了组织。但陈为人同志却因长期缺乏营养，久病不医而献出了 38 岁的年轻生命。

隐形将军韩练成，在中原大战中，曾营救蒋介石于危难之中，深受蒋介石赏识、提携，被蒋介石钦点列入黄浦系，号称"赏穿黄马褂的人"。先后官拜师长、军长、"委员长"侍从室参谋、参军处参军等显赫要职。然而，信仰使然，他始终在黑暗中徘徊、探索，最终与董必武、周恩来取得联系，成为我党重要的情报工作者。国民党党史专家称韩练成将军为"导致神州陆沉的军事共谍"。毛泽东称赞他，蒋委员长身边有你们这些人，我这个小小的指挥部不仅指挥解放军，也调动得了国民党的百万大军；周恩来称他为没有办理入党手续的共产党员；朱德赞扬他为党、为革命立了大功，立了奇功。但是，韩练成将军从来不居功自傲。1955 年授衔时，韩练成同志明确表示："我干革命本来就不是为了功名利禄。"他坚持按入党时的职务、级别，接受授予中将军衔，并将发给他的作为起义将领的奖金全部交了党费。

阎又文 1938 年秘密加入中国共产党，后被任命为傅作义的随身秘书、对外发言人，"剿总"办公室副主任等要职，掌握傅作义的最高机密。他为党提供了大量有价值的情报和傅作义的思想动态。为促使傅作义率部起义和北平和平解放作出了突出贡献。但解放后，由于工作需要，他一直保持着双重身份，名为国民党起义将领，实为党的统战工作者，直到去世都没有公开共产党员的身份。

出淤泥而不染。由于隐蔽战线工作的特殊性，情报工作者大多数要有良好的掩护条件和优厚的生活环境。他们一些人开洋车，出入烟馆、酒店，但却能洁身自好，慎独慎行；一些人在家住洋房，出门穿绸缎，但因工作经费紧张，竟过着食不果腹的日子。他们当中的许多人出身于名门望族，或与高官显赫有着千丝万缕的社会关系。但我党的情报工作者们不为优厚的物质条件所诱惑，坚贞不渝地为党工作。共产党员李时雨，深入虎穴，潜入汪伪政府，深得汉奸陈公博信任，担任立法委员、国民党特别党部常务委员兼秘书长，但他不为高官厚禄所利诱，与敌人"同流"而"不合污"，为我党获取了大量情报。

伪满洲国总理张景惠的儿子张梦实，本可以在汉奸老子的"庇荫"下，享受荣华富贵，但他毅然决然和家庭划清界限，投身革命，冒着生命危险，为我党提供情报。

在隐蔽战线的队伍里，有几位巾帼英雄特别令人钦佩。一位是北平情报工作负责人陈叔亮的夫人康黛沙，她是著名爱国民族资本家康心如的女儿。由于隐蔽工作性质需要，康大小姐的中共党员身份一直没有公开。直到抗战胜利，周恩来、邓颖超、李克农、叶剑英才在北京饭店为她和陈叔亮举行了婚礼，场面隆重热烈。证婚人是叶剑英和李克农。这件事在北平轰动一时，共产党、国民党的报纸都登载了他们两人结婚的消息。除此之外，香港道亨银行总经理的女儿董慧是潘汉年的夫人，她也是我党隐蔽战线的杰出战士。另外，傅作义、杨虎城、邓宝珊等人的女儿，都抛弃富裕的家庭和舒适的生活，凭信念投身到革命队伍当中。就连蒋介石最亲信的机要秘书陈布雷的女儿陈琏及其丈夫袁永熙也是共产党员。

威武不能屈。在这里重点介绍几位我党隐蔽战线的无名英雄。

张露萍等七烈士。张露萍于1938年加入中国共产党，1939年受党派遣，担任党在国民党军统局的地下党支部书记，在敌人最森严、最机密的特务首脑机关里，构建了党的"红色电台"，获取了许多重要情报。1940年3月，地下党支部遭到破坏，张露萍等七人被捕，引发了震惊国民党上下的"军统电台案"。在监狱中，张露萍等人同军统特务进行了长期坚贞不屈的斗争，于1945年7月14日被国民党杀害。同时殉难的还有张蔚林、冯传庆、赵力耕、陈国柱、王席珍等六人。他们不愧是党的好儿女。

丁行等北平五烈士。1946年，叶剑英在与国民党谈判过程中，敏锐地察觉国民党对停止内战毫无诚意，华北战略地位极为重要，必须加强该地区的情报工作。为此，他和李克农等同志先后在国民党军事部门发展了丁行、谢士炎、朱建国、赵良璋、石淳等五位同志为我党的情工人员。这五位同志当时在国民党要害部门身居要职，谢士炎时任国民党第十一战区长官司令部少将处长、丁行任该司令部少将副处长，其他几位同志也分别担任校、尉级高参，但他们不为高官厚禄所动，在极端危险的环境里为党提供了大量有价值的情报。1947年年底，他们所属的情报组织遭敌人破坏，谢士炎等五位同志相继被捕并被押往南京，历经敌人严刑拷打，坚贞不屈。1948年10月19日，蒋介石亲自下令将他们杀害。在刑场上，他们视死如归，大义凛然，怒斥敌人反共反人民的斑斑劣迹，表现了共产党人的浩然正气和铮铮铁骨。

钟琪、董健民夫妻烈士。1947年年初，党中央为掌握东北战局，派钟琪夫妇携带通讯密码前往敌占区。在他们乘坐的商船被蒋军军舰发现的危急关头，钟琪、董健民夫妇毅然决然作出生死抉择，宁可牺牲全家人的生命，也绝不能让党的机密落入敌人手中。他们把携带的秘密文件贴在胸前，抱起被敌人弹片击中、不满两岁的孩子，一家三口紧紧搂在一起，跳入波涛汹涌的大海，他们用自己的生命谱写了一曲"誓与密码共存亡"的壮丽悲歌。在浩瀚的大海中，他们的生命获得了永恒。

李白烈士，是著名电影《永不消逝的电波》中的主人公李侠的原型。1925年入党，1930年参加红军。1937年受党组织派遣赴上海从事党的秘密电台工作。1948年12月30日，被国民党逮捕。在狱中，李白经受了高官厚禄的利诱，经受了严刑拷打的摧残，但他始终坚贞不屈。1949年5月7日，被国民党秘密杀害，年仅39岁。

毛泽东对我党隐蔽战线上的无名英雄们曾给予高度赞誉，他说，以后解放了，若授勋，首先应该授予他们。

我党隐蔽战线的无名英雄们，为共和国的诞生建立了不朽的功勋，党和人民不会忘记他们，他们所建立的光辉业绩将永载中华民族伟大复兴的光辉史册。

我的父亲罗青长的情报生涯

陈晓楠：徐向前元帅曾经说过，在我们的四方面军之中，出了两个无名英雄，其中之一就是罗青长。16 岁参加红军，长征路上的红小鬼，三过雪山草地，这是罗青长早年的经历。红军长征到达陕北之后，罗青长进入枣园训练班学习，随后进入中央社会部，从此，罗青长就与情报工作结缘，再也没有离开这个岗位。上个世纪 70 年代初期，罗青长开始主管中央调查部工作，随后担任部长，成为中共中央情报部门的首脑。作为历史的见证者，罗青长经历了许多重大历史事件，亲自参与了很多幕后工作，在这条看不见的战线上，罗青长可以说是一个传奇式的人物。

解说：1963 年 4 月 4 日，《人民日报》刊登了一则消息，宣布刘少奇主席即将出访亚洲四国，作为国家元首，这是刘少奇第一次进行国事访问。也就是在同一时间，罗青长所在的中央调查部正在为这次出访做着紧张的准备工作，因为此前，他们截获了一个重大的情报。

罗援：当时我们的情报、保卫部门就知道国民党要实施一个"湘江案"，为什么叫"湘江案"呢？因为它主要的刺杀对象是刘少奇主席，刘少奇主席是湖南人，所以代号叫"湘江案"。

解说：对于这个情报，中央非常重视，为了确保刘少奇出访安全，1963 年 3 月，中央成立了安全领导小组，并且设置了前线和后方两个保障小组。

罗援：这个前线就是代表团，也就是代表团的成员，我父亲就在前方，他主要担任这个安全领导小组的组长，他对外是代表团的秘书长，对内是这个代表团的党支部书记，后方的总指挥是周恩来总理，具体负责的是中办主任杨尚昆，和中央调查部部长孔原，他们当时把后方的指挥部设在中南海。

解说：情报显示，实施刺杀的是国民党设在柬埔寨的情报小组。为了在刘少奇出访之前消除隐患，中央调查部派出了袁庚、吴济生、王树人等得力干将，前往金边参与破案工作。

罗援：其中发现有一个老华侨叫做肖成，这个人是有正义感和爱国之心的，给他做工作以后他就为我所用，把国民党西贡的第三工作站往金边情报组织传递的信件先拿到我们的使馆来。我们的使馆这时候又从公安部找了几个破案专家，其中一个叫姚良骏，这个同志应该是立了大功了，他利用一些技术手段，解密了敌人的密信，发现了敌人要设置的爆炸点的具体位置。

解说：初战告捷，不过形势也并不乐观，因为危险因素并没有消除，而此时按照预定计划，刘少奇柬埔寨之行已经迫在眉睫。

罗援：当时这个代表团内部也有一些不同的看法，那么就以刘少奇主席、陈毅副总理，还有黄镇，还有我爸爸，以他们四个人的名义给中央写了一封信，说是由于敌情严峻，是否可以推迟对柬埔寨的访问。总理拿到信以后就向毛泽东主席做了汇报，毛泽东主席有个批示，就叫"按期访问，限期破案"。应该说主席是从整个国际形势的大局出发，从中国和柬埔寨两国关系出发，即使有一定的风险，也要到柬埔寨去。当时刘少奇主席的态度也非常的坚定，他说他们就是冲着我来的，那我就更要去。

解说：作为前线安全领导小组的组长，罗青长感到责任重大，虽然案件有了初步的进展，但是多年情报工作的经验，让罗青长不得不加倍地谨慎小心。

罗援：在这个时候，我父亲也确确实实对整个出访的一些细节做了一些周密的部署，特别我父亲提到了龚澎阿姨，她当时是新闻司司长，是随代表团出访的，我父亲说龚澎是非常精明干练的女同志，她出了一个主意，每年五一的时候，昆明都要举行大规模的群众游行，她说这次我们就利用这个机会，让刘少奇主席和陈毅副总理到主席台检阅群众队伍，然后我们马上向境内外发新闻稿，新闻稿一发出去以后，刘少奇主席和陈毅副总理率代表团，就乘飞机直飞柬埔寨。我父亲说这是一个非常好的主意，这叫虚晃一枪，暗度陈仓。

解说：1963 年 5 月 1 日，刘少奇率领代表团如期到达柬埔寨首都金边。为了欢迎中国客人，以西哈努克为首的柬埔寨王室全体出动，前往机场欢迎。

罗援：在这之前，就是在出发前不到 48 小时，我们的情报组织，已经破获了国民党要埋藏炸弹的一个爆炸点。28 日凌晨王幼平大使向柬埔寨的宾努亲王做了通报，宾努亲王又向西哈努克亲王做了汇报，西哈努克亲王采取了紧急措施，一个是进行了全途戒严，一个是从波成东机场到皇宫的路上全途进行了搜索，最后果然在一个拱形的房间里头发现通往公路的一个地道，地道里埋有炸药，有导火索有雷管，而且柬埔寨的保安部队捕获了一个国民党的行动特务。在刘主席到柬埔寨前的不到 48 小时内，破获了这么一个爆炸案。非常的惊险！

解说：尽管案件告破，罗青长仍然不敢疏忽大意，从机场到柬埔寨王宫还有相当长的一段路程，国民党情报组织是否还设置了其他爆破点，或者准备了其他方案，这些都是难以预料的未知数。

罗援：为了做到万无一失，当时我父亲采取了一些措施，第一就是在这整个车队的坐车上都挂上了中国国旗和柬埔寨国旗，以此来迷惑敌人；第二我父亲坐到了第一辆轿车上，第一辆轿车按礼宾规矩来讲应该是刘少奇主席和西哈努克的母亲，也就是他的国母应该坐的，但是这次我父亲坐在第一辆轿车上。

上车以后，陈老总就跟我父亲开玩笑，说小老乡啊，怎么样啊？我父亲说没什么，照常走啊。陈老总就开玩笑，说这一次你可要当替死鬼了。我父亲说无所谓了，职责所在。那年我父亲也就是 45 岁左右。当然这次访问还是很成功的，可以说是有惊无险。

解说：出访结束后，周恩来总理在钓鱼台宴请公安部、调查部、外交部和其他侨委的有功人员，在宴会上，刘少奇主席也发表了讲话，对于在座的

罗青长夫妇

有关人员表示感谢。

罗援：在"湘江案"结束以后，我的父亲向周恩来总理汇报整个过程，周恩来总理说了一句话，就是说一定要保护好肖成，肖成是为国家立了大功的。所以我父亲后来也跟相关的部门协调，给肖成做了一个非常妥善的安排。到了现在，我的父亲还非常想念肖成，他常常说，祝肖成好人一路平安。

解说：这是一幅拍摄于1947年的照片，在罗援的印象之中，这也是父亲年轻时代唯一的一张照片。那一年他的父亲罗青长只有29岁。

罗援：在帮助我父亲整理他的这些资料的时候，我们想看看能不能像其他一些老前辈那样，能找出解放前的一些照片，但是找遍了他的整个历史照片，只找到了一张，就是在陕北和毛泽东主席转战陕北的时候，在小河村的小河边上照了一张照片。其他再也没有找到他历史上存留下来的照片，这是由于他的工作性质所决定的，限定他不能有更多的照片。

所以说现在外头一提起我父亲罗青长，大家都知道他是总理办公室副主任或者是国务院副秘书长，他实际身份是中央调查部副部长，最后当了中央调查部的部长，这段经历很多人都不是很清楚。

解说：其实，罗青长的真实身份，不仅局外人无从知晓，少年时代的罗援对于父亲的经历和从事的工作也并不了解。

罗援：我们当时都生活在机关大院里头，外头对我们这个大院感觉比较神秘，所以有些人也不太理解，说这是一个特务机关。我们听了以后特别气愤，我们的父母怎么成了特务？当时我们认为特务就是一个贬义词，后来，随着年龄的增长，我们才知道，这个特务也有褒义的意思，就是特殊任务，我刚一当兵就是在警卫团的特务连。

解说：直到上个世纪 90 年代，因为一个偶然的机会，罗援对于父亲所走过的道路以及经历的风雨有了一个系统的了解。

罗援：他 16 岁参加了红军，跟他一块儿参军的有 23 个小伙伴，等到 1952 年他再返回老家的时候，只剩下他和李开湘几个人了。

这段经历对我父亲一生的影响都特别大，他经常说，我是那个战争年代的幸存者，我要加倍努力工作，才能对得起生我养我的巴山蜀水的父老乡亲，才能对得起为革命牺牲的无数先烈和那些小伙伴。

解说：跟随红四方面军到达陕北之后不久，罗青长被选调到中央党校的高级班学习，他以优异成绩毕业，留在党校任教。

罗援：以后又把他派往中央社会部的枣园训练班，这是中央社会部办的第一个情报保卫训练班，以前有保卫训练班，这是情报保卫训练班，我父亲既是它的学员同时也兼任它的党支部书记。这个枣园训练班训练的时间并不长，就是四个月，这四个月可以说给我父亲的情报生涯打下了非常坚实的一个基础，他在这里学到了一些情报的理论，情报的原则，情报的一些规章制度，特别是一些情报手段。

这一特殊的职业教育，对他的一生的影响都非常大，他就说他年轻的时候就到了枣园训练班，他一直记着，当时的社会部的一个老副部长叫陈刚说了三句话，这三句话他一直牢记在心里，就是"不该知的即不求知，不该说的即不说，不该交往的即不交往"，所以他一直按照这么三句话办事，这一辈子他应该说是非常谨慎、低调的。

解说：1938 年年底，罗青长从枣园训练班毕业，很快，他就被派往西安八路军办事处，担任林伯渠的机要秘书，与此同时罗青长还兼任西安八路军办事处的党支部书记。

罗援：你想想我父亲他就是一个从山沟里出来的四川娃，突然到了这么一个灯红酒绿的现代化城市，开始有很多方面他都不适应，比如他给我讲，电灯怎么开关，热水怎么调节，他都不会，但是很快他就适应了敌后的生活和工作环境。

那个时候他就 18 岁，到达西安的时候，他还负责保卫工作，要和敌人斗智斗勇，他就和他的小伙伴，颜泰隆、张耀祠等，用没有胶卷的照相机去给西安办事处外面的那些小特务照相，因为当时国民党派了很多的小特务，化装成修鞋匠，在门口摆地摊，实际上是监视西安八路军办事处的一些活动。我父亲他们就拿着没有胶卷的照相机，因为当时胶卷很贵，给这些小特务照相，吓得小特务抱头鼠窜，这是他在西安八路军办事处的一段工作经历。很快不到半年的时间他就转到了中央社会部西安吴德峰情报系统，就转到地下了，从事情报工作。

解说：建国初期，在国民党的一份刊物上，曾经把吴德峰、李克农与康生并称为中共情报系统的三大巨头。罗援说，父亲每每提起吴德峰，都怀着深厚的感情，父亲也曾经说过，吴德峰是把他领向情报道路的一个领路人。

罗援：确实如此，当时我父亲跟吴德峰伯伯，他们就是以表哥表弟相称，直到现在他的子女见到我的父亲和母亲，都叫表叔表婶。

解说：进入吴德峰情报系统之后，罗青长从地上转入地下，为了隐蔽工作的需要，罗青长从西安八路军办事处搬了出来，他的公开身份是杨虎城三十八军中尉书记员，随后还担任了国民党三青团西京分团的办事员，而他的真实工作，则是负责联络和指导一些重要的情报关系。

罗援：他也有一些非常惊险的经历，就是说在敌后工作确确实实还是随时随地都面临着一种生死考验，也有非常惊心动魄的一些故事。我父亲给我讲过一个。当时他们西安情报组织的一些机密文件，都保存在一个保密箱里，这个文件箱当时寄存在一个地下党员的家里，这个地下党员后来思想发生了动摇，他说这个保密箱放在他家里，将会给他们家带来杀身之祸，所以就催促着我父亲尽快把这个保密箱取走。

解说：此时，危险迫在眉睫，一旦保密箱落入敌手，不但罗青长有生命危险，也会给地下组织造成巨大的危害。在请示了上级之后，罗青长决定冒险取回保密箱。

罗援：把这个保密箱拿出来以后，他到了接头地点，等着和他接头的，是和他单线联系的陶斯咏叔叔，等了半天没有等到，而这个时候西安全城戒严，国民党部队三步一哨五步一岗，甚至小学生背着的书包他们都要搜查，当时我父亲非常紧张，如果在接头地点等着和他接头的陶斯咏叔叔可能是凶多吉少，所以他就下决心，反正穿着一身国民党军官的制服，他就叫来一辆黄包车，把装有机密文件的保密箱压在座位底下，就开始闯关。

解说： 罗援还记得，父亲回忆的时候说，多亏了那一身国民党军官的制服，沿途的哨卡并没有过多地阻拦和盘查，在他的指挥下，黄包车一步步接近目的地。

罗援： 他经过八路军办事处门口的时候，非常机警的一个箭步跳下来，拎着保密箱跑到了八路军办事处的门里头，在大门口八路军办事处的主任，就是周子健伯伯和王平阿姨，还有跟我爸爸单线联系的陶斯咏叔叔在门口等着他，生怕他出现问题。这一场西安历险记虽然是有惊无险，但是给我父亲留下非常深刻的印象，他以后一直携带着这个保密箱，一直到前几年他把这个保密箱作为一个历史的见证，送给了西安八路军办事处的展览馆。

解说： 当时的西安是西北的中心，也是国民党重点经营的城市，罗青长从事的隐蔽战线的工作，时刻面临着危险。不过，西安岁月也不总是惊心动魄，在紧张的工作中，罗青长也体会到了友情和亲情，与此同时，他还收获了一份爱情。

罗援： 那是 1940 年的时候，我的母亲杜希健，经延安社会部的报务大队的培训，把她派往西安吴德峰情报系统。当时派了很多女青年到敌后工作，这和咱们看到的《潜伏》那个电视剧有些不太相同的地方，和那个翠萍是完全两样的，派去的这些女青年都是非常优秀的，文化素质、专业知识，都是非常良好非常优秀的。我母亲当时是搭乘周恩来副主席的卡车到的西安，然后分到了西安吴德峰情报系统做报务员，正好由我父亲领导，在白色恐怖非常恶劣的环境里，他们朝夕相处生死与共，就逐渐相互之间产生一种爱慕的感情。

解说： 1940 年，抗日战争步入最为艰苦的阶段，罗援经常听父亲提起那一年的"双十节"，那是国民政府的国庆日，就在这一天，日本敌机飞临西安上空。

罗援： 当时全城老百姓都跑空袭，就是往防空洞里跑，我父亲担心机密文件和电台的安全，所以他和这些群众是反向跑，他往密点跑。他到了密点，非常吃惊，我的母亲，一个不到 20 岁的大姑娘，神情自若地坐在那里，守候在电台旁边，一下就让我父亲对我母亲的爱慕之情升华为崇高的革命的爱情，就是在刺耳的空袭警报声中，我的父亲向我的母亲倾吐了他的心声。后来经过党组织批准，他们在敌后结成了革命伴侣，这在我们隐蔽战线是非常常见的一个情况。在我父母举行结婚典礼时，没有鲜花，没有美酒，也没有什么宏大的场面，外面只有北风的呼啸声，还有刺耳的警笛声。

解说： 罗青长后来回忆说，当年来参加他婚礼的，只有陶斯咏和他的女儿，而陶斯咏是和他单线联系的地下交通员。正是由于隐蔽工作这种特有的严格纪律，才确保了情报系统的安全。罗援曾经听父亲讲起过这样一件趣事。

罗援： 他的主要联系对象就是后来被周恩来总理称为"情报后三杰"的熊向晖、陈忠经、申健。

我父亲虽然是负责对这个三人小组的情报指导和情报联络，但是他一直没有见到熊向晖伯伯，直到新中国成立以后，熊向晖伯伯从美国回来以后，我父亲才见到他。当时我父亲带着熊向晖伯伯去见周恩来总理，正好周恩来总理正在宴请国民党北平代表团的成员，国民党北平代表团的主要成员邵力子、张治中一看到熊向晖伯伯都大吃一惊，说，没想到熊老弟你也起义了！总理当时笑着跟他们说，今天我给你们透露一个秘密，熊向晖同志不是起义，熊向晖同志是归队。当年我们把熊向晖同志派到胡宗南身旁，并不是说要去收集情报，而是要帮助胡宗南抗日，但是胡宗南走向了反共的道路，我们才启用熊向晖同志做一些自卫的行动。当时张治中先生听了以后，非常感慨，他说我以前只知道蒋介石打仗不如毛泽东、周恩来，现在我才知道，蒋介石搞特务工作，也不如毛泽东、周恩来，焉能不败？

解说： 中央社会部成立伊始，罗青长就成为了其中的一员。70 年过去了，作为中共情报战线的元老级的人物，罗青长见证了隐蔽战线的辉煌与成就，也亲历了情报部门的发展壮大。1941 年，罗青长结束了在西安的潜伏，回到离别三年的延安，进入社会部的核心部门。他先是担任社会部的副部长李克农的秘书，随后进入了社会部的一室工作。

在 1946 年，国共内战硝烟再起，中央社会部的工作也更加艰巨，情报工作更是成为重中之重。

解说：1947 年 3 月 18 日的晚上，国民党军进攻延安的枪炮声已经清晰可辨，直到此时，毛泽东、周恩来等人率领的中央纵队才从容告别延安，开始了转战陕北的历程。当年 29 岁的罗青长，也是中央纵队的成员之一。

罗援：当时中央撤出延安以后，敌情是非常严峻的。国民党部胡宗南部队将近有 20 万人，毛泽东同志带领的这个中央纵队只有 800 人，其中 400 人是警卫部队，400 人是一些工作人员。当时叫中央纵队，后来化名为九支队。九支队的司令是任弼时同志，政委是陆定一同志，参谋长是叶子龙同志，副参谋长是汪东兴同志。我父亲就负责情报工作，他当时是中央社会部的一室主任，二室主任是汪东兴同志，他是负责保卫工作，这个班子非常的精干。当时毛泽东主席给自己化名叫李得胜，周副主席给自己化名叫胡必成，我们的领导人，一个叫得胜，一个叫必成，寓意着我们的革命必定成功。

解说：这支不足千人的队伍，面临着国民党数十万大军的围堵和追击，最终化险为夷，其中情报部门的贡献功不可没。

罗援：毛泽东主席和周恩来副主席，当时说了这么一句话：我们在陕北，天天都有得用的情报，胡宗南的一举一动都在我们的掌控之中，正因为能做到知彼知己，所以才能百战不殆。我父亲在当时主要是负责做情报保障工作。我们现在都知道，情报工作可以作为一个自卫的手段，同时也可以作为一种进攻的武器。

解说：获取敌人的资料，是情报工作基本的要求。然而活学活用这些资料，则是情报工作的更高境界，罗援就听父亲讲过，在转战陕北的过程中发生的一件事情。

罗援：刚撤出延安不久，中央在子长县的双湖峪召开了一个军事会议，当召开军事会议的时候，突然遭到了国民党飞机的轰炸，四架野马式飞机，到双湖峪地区进行狂轰滥炸。这时候周副主席就在思考一个问题，就是怎么我们的行踪被敌人发现了呢？他就启用我们的一些情报关系。最后了解到，敌人现在有了无线电侦测系统，通过无线电侦测，发现了在双湖峪地区有无线电电波，有无线电电台在活动，所以他认定那里可能是我们中共的一个高级指挥机关。

解说： 毛泽东和周恩来等人在分析了获得的情报之后，决定将计就计，利用国民党使用的无线电测向仪器，调动国民党的部队。

罗援： 把我们前线的各个纵队的电台，都集中到延安以东的延川地区，就在那里进行无线电佯动，你可以发明码电报，也可以频繁地进行无线电问答，这都可以。但是这时候我们的主力部队正在向清涧地区集结，与此同时，胡宗南的一个主力师，就是七十六师，师长叫廖昂，给胡宗南发电报，要救援，他说共军的主力已经朝清涧附近在运动。胡宗南就给他回话说根本不可能，共军主力正在延川地区，可能要向延安有所动作，我现在不可能去救援你。

解说： 此刻，彭德怀率领的西北野战军，已经对廖昂率领的七十六师形成合围之势，身处清涧这个险地，廖昂无力突围，只能一日数电，向胡宗南求援。

罗援： 廖昂再发电报的时候，就说现在共军已经登城，如果你再不来救援，我不成功便成仁。这时候胡宗南才知道上当了，再派部队去增援已经为时过晚，这就是说，情报工作在这个寂静的战场、无形的战场上发挥了独特的作用。

解说： 1947年中共中央转战陕北，虽然险象环生，但是以毛泽东为首的中央，却始终没有离开陕北，对于那一段经历罗青长一直难以忘怀。

罗援： 我记得我父亲给我讲，有一次主席带着他和王诤伯伯、童小鹏伯伯到了黄河边上。这时候主席突然兴致大发，他就把手往腰上一叉，就是现在说的摆了个 pose，然后把我父亲和王诤伯伯叫过来，说跟我一块儿，咱们照张相。后有黄河，前有追兵，敌人能奈我何？那个气势非常大。然后就叫小鹏伯伯给他照相。结果由于一些技术的原因，这个照片没有留下来，我父亲经常跟小鹏伯伯开玩笑说，小鹏同志你照了一辈子相，最有历史意义的照片没有留下来。当时主席为什么能在那么艰苦的环境下，在兵力对比那么悬殊的情况下，还能坚守在陕北？一个是他的雄才大略，另外就是陕北有特殊的地形，还有良好的群众基础，特别是情报工作起了至关重要的作用。

解说：上个世纪90年代，罗青长开始梳理自己的革命经历。罗援说，父亲今年虽然已经是92岁的耄耋老人，但是对于往昔的人与事仍然铭记在心。他在回忆时还会经常提起一些人们耳熟能详的名字，比如董必武、陈云，还有聂荣臻、叶剑英和陈赓，他们不但是重量级领导人，同时也是中共情报系统的领导者。

罗援：特别是还要讲到这个情报战线的那些无名英雄，比如"情报前三杰"李克农、钱壮飞、胡底，"情报后三杰"熊向晖、陈忠经、申健。以及北平五烈士，谢士炎等，还有《永不消失的电波》里的原型李白。

解说：除此之外，情报战线上还有一批特殊的潜伏者，比如阎宝航、阎又文，还有韩练成以及沈安娜等人。他们之中有的人曾是国民党的高官、名将，甚至有人就在蒋介石身边工作。罗青长非常清楚，他们为中共情报系统作出的贡献非同寻常。情报工作性质特殊，有些人不但遭到误解，甚至遭受冤屈，为此罗青长痛心之余，也尽自己的一切可能去为他们奔走。

罗援：刚到军事科学院，我是在战史部工作，我当时翻阅大量以前的原始资料的时候，经常看到一个"小开密电"、"小开悉"、"据小开悉"。我回去就问，我说这小开是谁啊？我父亲说小开就是潘汉年。大量的非常重要的情报，都是小开提供的，所以当时主席对潘汉年的工作，也是赞赏有加的。当时社会部的一个老副部长陈刚，说是小开在上海耍得非常开，小开就是小老板的意思了，潘汉年风度翩翩，为人处世精明干练，确实把情报工作做得非常活。

解说：抗战时期，潘汉年一直在华东做情报工作，成绩卓著，由于一个偶然的机会，他迫不得已与南京伪政府的头面人物汪精卫有过一次会面。

罗援：他实际上有机会把这个问题说清楚，因为他当时就是被挟持见了汪精卫，这个问题按当时的情报规定和制度来讲，他是允许的。在延安开七大的时候，他也有机会讲清楚，他在跟主席交谈时，他说想把有些事跟主席交代一下，但是主席当时误认为他是要谈饶漱石的事，所以把这个机会就错过去了。

解说： 然而也就是这次发生在抗战之中的偶然事件，却让潘汉年在建国之后的 1955 年，陷入了一个冤假错案之中。

罗援： 到了 1955 年，"高饶事件"的时候，中央有一个规定，就是所有的历史问题都要交代清楚，如果不交代清楚，以后查出来罪加三等，那么这时候潘汉年又想起往事，他就跟陈老总汇报了。因为当时华东代表团团长是陈毅同志。陈毅同志说这个事太大了，你要给中央写一个报告，潘汉年就给中央写了一个报告。

解说： 在罗青长印象中，潘汉年的经历非常清楚，在与中央的往来电报中，每项行动也都是有案可查，如果指任潘汉年是特务、内奸，并没有强有力的证据。

罗援： 后来总理说，这样，你去跟克农同志去讲讲，由克农同志组织一个审查小组，把潘汉年历史上的问题审查一下。后来李克农伯伯就组织了一个审查小组，由我父亲来担任审查小组的组长，组员有孔原伯伯的夫人许明阿姨，还有公安部十二局局长狄飞。

解说： 调查组翻阅了潘汉年的历史档案，并且按照时间顺序和文件类型两条线进行过滤比对。在罗青长的主持下，这项细致的工作整整持续了三个月。

罗援： 最后他们给中央提供了一个报告，在这个报告里他们提出了很多反证意见，这在当时是非常难能可贵的。在 50 年代的时候，一言堂的这种不良的风气，已经逐渐在形成。在主席已经有定论的情况下，当时在李克农部长的亲自领导下，中央调查部的这个小组，能提供一些反证材料，应该是非常难能可贵的，但是由于主席已经有话，无法改变整个的局面。但是最后在审查的过程中也没有查出更多的问题，所以，罗瑞卿伯伯他们又提出来，说是对潘汉年可以假释。在"文革"前，潘汉年应该已经有了一些相对的自由了。

解说： 然而随着"文革"的到来，特别是"彭罗陆杨"事件的爆发，让潘汉年再次遭受灭顶之灾，他受到假释也成为罗瑞卿包庇"坏人"的罪证，潘汉年第二次身陷囹圄，被判处无期徒刑。

罗援： 一直到了十一届三中全会，在会上很多人提出来，潘汉年的问题应该重新审查。我父亲也到处奔走，为潘汉年的平反去呼吁，但是真正起作用的应该是陈云伯伯，他说了一句话，就是潘汉年案不翻，我死不瞑目。正是由于陈云伯伯登高一呼，我父亲的工作就更加得力了。所以经过方方面面的工作，最后，潘汉年终于平反昭雪了。

解说： 上个世纪70年代，罗青长出任中央调查部部长一职。不过，他的这个身份，却并不为人们所熟知，罗青长对外的公开职务是国务院副秘书长和周恩来总理办公室的副主任。对于周恩来，罗青长也怀有深厚的感情。

罗援： 我父亲一直在这条隐蔽战线工作，应该也就是直接在周恩来同志的领导下，从事隐蔽战线的工作。特别是转战陕北以后，他们有了更亲密的接触，因为转战陕北的人非常少，而负责情报工作的，当时主要就是我父亲，他作为一室主任一直追随在毛泽东和周恩来身边。我父亲与总理这种友情应该四十多年了，就保持这种上下级的关系，一直到最后，总理去世。他送了总理最后一程，与总理的卫士张树迎、高振普一起将总理的骨灰撒向祖国的大地。

解说： 多年追随周恩来的经历，也让罗青长受益匪浅，在罗援看来，对于父亲来说，无论是工作还是生活，甚至为人处世，都受到周恩来的巨大影响。

罗援： 胡耀邦总书记曾经说过，周恩来是全党楷模。就是说他的为人、道德、文章，方方面面都给我们树立了一个非常好的榜样。这方面对我父亲的影响也是非常大的。包括生活上，我父亲就给我举了一个例子。我看到我父亲有一双棕色的皮凉鞋，但是他一直舍不得穿。我就问，为什么这双凉鞋你不穿呢？他就给我讲了一个故事。有一次他到总理那去汇报工作，看到总理正在跟他的卫士长成元功在那发脾气。为什么呢？他一打听，原来是成元功看到总理的皮鞋已经磨得不成样了，他就悄悄地帮总理去在外面定制了一双皮凉鞋。总理看到以后，说我的鞋还能穿，我为什么要换一双鞋穿，你给我退回去。成元功叔叔说，这是量体裁衣啊，我是按照你的脚去定制的这双凉鞋，怎么退回去。总理说，你既然退不回去，就给其他工作人员穿，反正我不穿。这时候正好我父亲进去汇报工作，总理说，小罗你的脚跟我的脚差不多，这双鞋就给你了。这样我父亲就得到了这么一双凉鞋。这件事一是体现了总理对他的下属的关心，另外也是体现他艰苦朴素的生活作风，所以这些方面的言传身教对我父亲的影响，耳濡目染，影响非常大。我父亲就把这双皮凉鞋先保存着，后来他又送到了淮安周恩来纪念馆。从这一件小事就体现出总理对他的下属的这种影响。

解说：建国之后，罗青长参与了很多重大事件的处理，其中有不少次都是周恩来亲自坐镇指挥。从 1966 年"文革"开始，罗青长与周恩来的关系更加紧密起来。

罗援：因为那时候，总理是在独撑危局，他周边的几个副总理，他下面的部长，很多都被打倒了。我父亲作为总理办公室的副主任，就经常伴随在总理的身边，总理也给他交办一些事情，包括一些保卫上的事情，一些外交上的事情，统战工作的事情，我父亲都参与了。

解说：1975 年 9 月，周恩来看到《参考消息》转载的一篇海外专稿《访蒋经国旧部蔡省三》，当即批示罗青长、钱加栋等人找相关人员对这份材料进行分析，弄清真相。罗青长还记得，在批件的最后，周恩来连写了四个"托"字，足见他对于台湾问题的重视。此时的周恩来其实已经癌症晚期，病情不断恶化。

罗援：总理是 1976 年 1 月 8 日去世的。1975 年 12 月 20 日，也就是在临终的十几天前，这一天总理醒过来以后，就多次提出来说要见青长同志，总理的卫士就给我爸爸打电话。当时我爸爸也是非常想念总理，所以他当时马上准备去，但这时候又传出来消息说，这个事还要请示政治局。而当时政治局的成员张春桥、江青他们这伙人还都没有起床，这个事就报到了小平同志那里，小平同志说，总理已经病成这个样，想见谁就见谁。

解说： 罗青长后来回忆说，他首先前往中南海西花厅，面见邓颖超，邓颖超特别叮嘱他，总理的身体状况非常不好，要少说多听。

罗援： 我父亲又到了医院，当见到总理的时候，总理的头发、眉毛、胡须都特别长，当时我父亲非常心痛，就说我代表我们党政军的领导同志们，祝总理早日康复。总理说，真没想到，我一病病成这个样子，他说我的时间也不多，咱们抓紧时间谈谈工作吧。坐下来以后，总理关心的还是台湾问题，关心的还是台湾的一些老朋友，和为人民做出过有益工作的这些人，嘱咐我父亲不要忘记他们。总理当时说话已经很吃力了，但他这个时候想的还是别人，他说，对不起，你让我休息休息，咱们过一会儿再谈。过了一会儿，总理再谈的时候，神志已经不是非常清楚了，这样，我父亲就退出来了。当时一直等到下午，想等总理再清醒的时候跟总理继续谈下去，再继续聆听总理的教诲，但是没想到这是最后的一别了。到下午的时候，邓妈妈来了，我父亲问还能不能再看看总理。邓妈妈说，他现在可能神志已经不很清楚了。在这种情况下，我父亲只得撤出来了，这是他和总理的最后一面。

解说： 周恩来去世之后，遵从他生前的意愿，骨灰抛洒进江河湖海。作为周恩来的老部下，罗青长和总理生前党支部的工作人员，亲自参加了骨灰抛洒仪式，陪伴周恩来走完了最后一程。

罗援： 总理去世以后，我父亲作为治丧办公室的主要成员之一，去撒总理骨灰的时候，选的最后一个播撒点是黄河的入海处。它意味着什么？就意味着总理的骨灰漂过了大海，漂过了台湾海峡，漂到了对岸，这也意味着了却了总理一个魂牵梦绕的台湾梦，统一梦。2008年是我父亲诞辰90周年，我也给我父亲写了一首祝贺他生日的诗。我这首诗是这么写的：巴山蜀水育英雄，虎穴龙潭见忠诚。于无声处听惊雷，于无形处建奇功。喜迎华夏飞腾日，更待宝岛入怀中。堂堂正正九十载，郁郁葱葱不老松。我为什么要说"喜盼华夏飞腾日，更待宝岛入怀中"？因为我父亲他这一辈子都是在和国民党打交道，他现在仍然心系着祖国的统一，心系着宝岛的回归。

（《中国记忆》，2010年5月29日，2010年6月5日）

冰清玉洁独立寒秋傲霜雪 丹心素裹智闯虎穴斗敌顽

——悼沈安娜阿姨

这篇悼念文章是我在外地、手头没有资料的情况下写的，后经沈安娜阿姨的女儿华克放姐姐的提示，我又做了部分史料和文字的修改，发表于下：

安娜阿姨走了，她是一直坚持到端午节那天走的，像屈原一样是带着对祖国的无限热爱和对人民的深深眷恋走的。从此以后，每当端午节，我们在纪念爱国诗人屈原的时候，也会想起这位隐蔽战线上的巾帼英雄。

安娜阿姨从入院到去世也就半年多的时间，医院不止四次报病危，期间还经过一次手术，临终前近十天没有尿，但安娜阿姨一直顽强地坚持着，一次又一次地闯过死亡的门槛，创造着生命的奇迹，展现着共产党人强大的生命力。被安娜阿姨的事迹和精神所感动，301 医院的外科专家，我党隐蔽战线另一位巾帼英雄朱枫烈士的外甥女——顾卓云主任，她已许久不上手术台了，而这次她不顾 77 岁高龄和医疗风险，亲自主刀为 95 岁高龄的安娜阿姨做了最后一次手术。安娜阿姨的乐观精神和顽强意志感动着每一个人，连安娜阿姨的主治医生都说她是由特殊材料制成的人。

是的，安娜阿姨确实是由特殊材料制成的共产党人。凭其才华、出身门第、气质容貌，她完全可以在国民党旧政府谋得一个好的前途。但是，安娜阿姨自青年时代就立志报国，在同样的热血青年、也是安娜阿姨后来的终身

罗青长与沈安娜

伴侣华明之伯伯的影响下，她献身革命，于 1935 年打入国民党浙江省政府任速记，为党搜集情报。1938 ~ 1949 年，在周恩来的指派下，打入国民党中央党部做速记员，以国民党特别党员身份作掩护，在国民党核心部门潜伏战斗，在蒋介石主持的党、政、军高层会议上为党搜集大量重要情报。有一张最经典的照片最能说明问题。蒋介石在主席台上发表讲话，旁边坐着一位速记员，谁也不会想到这位美丽端庄的小姐竟是中共秘密党员——沈安娜。安娜阿姨于 1946 年 4 月底，在重庆国共和谈、全国内战爆发之前，为党中央提供了一批有战略预警价值的重要情报，获得周恩来副主席"迅速准确"的高度评价和嘉奖，1949 年获中共中央集体通令嘉奖，1989 年获国家安全部颁发的荣誉奖章及荣誉证书。

安娜阿姨从来不谈自己的传奇人生和特殊贡献。据她的女儿华克放说，曾有好几家影视公司要以安娜阿姨为原型拍摄影视作品。但是，有些编导根本不了解我党情报工作的精髓和我党情工人员的优良品质，他们只知道"美女手枪"，与我党的情报工作传统和作风格格不入。因此，都被安娜阿姨婉拒了。但是，当安娜阿姨获得国家安全部颁发的抗日战争纪念章时，她竟抑制不住自己内心的喜悦，佩戴着纪念章，兴高采烈地来到我们家，一定要和我的父亲合影，她觉得有了这个纪念章，一辈子的付出都值得了。多么可爱的老人，多么值得尊敬的无名英雄。

安娜阿姨一家和我们一家亲如一家。"文革"期间，我的父母挨整，安娜阿姨始终对他们信任、尊重。我们家几兄弟每当路过上海时，她都要把我们接到家中，用她家里当时能搞到的最好的饭菜招待我们，现在想起来，也就是几个鸡蛋，一碗牛奶，但在当时确实已经来之不易了，特别是在我父母处于逆境时，她还能这样对待我们，让我们很感动，"滴水之恩"，让我们牢记终生。以后安娜阿姨搬到北京，和我们家有了更多的接触，成了我们家的座上宾，我们这些孩子都为我们能有这么一位和蔼可亲又具有传奇色彩的阿姨而骄傲。令我永远不能忘记的是，去年8月的一天，我在院子里看见安娜阿姨坐在轮椅上，由她的女儿小放姐姐推着在"散步"，她远远看见我，马上把我叫过去，询问我父亲的身体状况，而且一再叮嘱小放姐姐，国庆节那天，一定要推着她去看我的父亲。没想到，国庆节前，安娜阿姨就住进了医院，她的愿望竟然成了永远的梦……

听说安娜阿姨病危，我们兄弟几个代表父亲去看望安娜阿姨，安娜阿姨依稀辨认出我们，顽强地伸出手来和我们握手，我们看见她眼中闪烁着泪花。听小放姐姐讲，安娜阿姨处于昏迷状态时，嘴里还在喃喃自语，讲一些早年白色恐怖时期的话，"我暴露了？他们抓人了，从后门跑……"医护人员和护工听后疑惑不解，我听后却哽咽了，阿姨，你太累了，你一生中承载着太多的秘密，肩负着太多的使命，经历着太多的惊险，你该歇歇了。安娜阿姨，你一路走好，我们会永远想念你的！

沈安娜阿姨的告别式于20日在八宝山革命烈士公墓举行，据说备具哀荣，中组部部长李源潮称赞安娜阿姨是对党有重大贡献的隐蔽战线英雄。我想，这对她来说是当之无愧的。

可惜，那天我在兰州讲课，没能赶上送安娜阿姨最后一程。我含泪写了一副挽联，表达我对我亲爱的安娜阿姨的崇高敬意："冰清玉洁独立寒秋傲霜雪 丹心素裹智闯虎穴斗敌顽"。安娜阿姨安息吧！

（2010 年 6 月 22 日）

80、90后爱国潜质都一样

核心提示：中国军事科学院世界军事研究部副部长、中国军事科学学会副秘书长罗援近日就自己的军旅生涯接受了《文汇报》的采访。罗援在接受采访时表示，自己的理想信念、世界观、性格爱好和价值取向都跟父亲的教导分不开。罗援还希望年轻人不要忘本，他认为80、90后并非舆论说的是"缺失的一代"，他们的爱国潜质都一样，关键在于怎么教育。

《文汇报》：您的名字罗援是否有特别含义？

罗援：我出生于1950年抗美援朝期间，我这个名字罗援就是由此而来。我们家其他几个孩子的名字也都有时代特征。大哥罗抗，抗日战争；二哥罗挺，挺进中原；老三罗援，抗美援朝；老四罗振，振兴中华，等等。六个孩子都是父亲根据时代取的名，每个字都带提手旁，意味着威武不屈。

《文汇报》：从言论及作品看，您身上的军人情结十分浓厚，这与生长在军人家庭是否有关？能否和我们分享一下具体事例？

罗援：准确地说，我们并不算军人家庭。读书时填家庭出身，有工人、农民、革命军人、革命干部，我父亲当时在党中央、政府机关工作，属于革命干部，和革命军人不一样。当然，他也是老红军，从"红小鬼"一路走来，16岁参军，三过雪山草地，1955年所在部队集体转业，改建为中共中央调查部，1983年又与相关单位组成国家安全部。我曾经在他90大寿写过一首祝寿诗："巴山蜀水育英雄，虎穴龙潭见忠诚。于无声处听惊雷，于无形处建奇功。"这首诗算是对他革命经历的一个概括和称颂吧。我的理想信念、世界观、性格爱好甚至价值取向都跟父亲的教导分不开。

长征时期，他和同乡伙伴在老家四川苍溪参加红军，其中最要好的一个伙伴，因为总是乐观地咧着嘴笑，所以外号"张豁嘴"，过草地时饥寒交迫，再也没有力气前行，他跟我父亲说："青长同志，我不行了，你们把红旗插遍全中国吧！"我父亲一直铭记战友的临终嘱托，并以此教育子女。他主张艰苦朴素，衣服几个孩子轮着穿，补丁累累也不觉得寒碜。孩子们都剃秃瓢，自己买剃头刀相互理发。暑假时，父亲还让我们到时传祥清洁队掏大粪，背着大粪桶走街串巷，跌跌撞撞，没人觉得辛苦，因为父亲教育我们劳动最光荣。他还利用假期把我们送到部队当小兵，当时还有其他一些领导人的孩子一起摸爬滚打，比如刘少奇的儿子刘源，董必武的儿子董良翮等。寒假时又把我们送到东北旺大队，和农民同吃同住同劳动。作为农民的孩子，我父亲没有忘本，也希望子女不要忘本。这对我的影响非常大。

父亲对我们既严格又民主。我们家每月都召开一次家庭民主会议，孩子可以对父母提出批评，父母也可以对孩子提出要求。尽管工作很忙，父亲仍用他的方式让我们感受到父爱。小学每次开家长会，他都骑着自行车亲自去，因此我小学成绩单上都有父亲的亲笔签名。

《文汇报》：如今您自己也是一位父亲，而且是军人父亲，您觉得，对于孩子的革命教育应该怎样进行？您父亲的方式是否在您这里得到延续？

罗援：我觉得革命传统教育应该是一种红色基因传承，家风家训，我父亲的方式当然在我们身上有所延续，但现在和当时有些不一样，所以还得根据不同情况稍微调整。我感触比较深的是，"文革"后禁演十多年的红色经典史诗《长征组歌》首次在北京展览馆演出，一票难求，我和爱人想方设法买到三张票，带着刚上小学的女儿一起去看。当时我和爱人看得感慨万千，热血沸腾，但我女儿看着看着就睡着了。当时我就特别气愤，把她训了一顿，这么感人的歌曲和场面你怎么能睡觉！我爱人劝我说，孩子现在学习负担特别重，在她看来，坐在这里不是为了受教育，而是休息。通过这件事我觉得，教育不应是灌输式的，而应潜移默化，润物细无声。所以我对女儿的教育更多是以身作则，并且在她能接受的场合，以喜闻乐见的方式进行。

随着年龄增长，孩子有了自己的辨别能力，她积极组织唱红歌、跳红舞，多次在演讲比赛中获奖，现在已经申请加入中国共产党。

《文汇报》：当前革命传统教育有所缺失，80后刚出来时甚至被称为"垮掉的一代"，那么，您如何看待青年人的爱国主义革命传统教育？

罗援：我们的孩子并非舆论说的是"缺失的一代"，关键在于你怎么教育。有一次讲完课，一个大学生问我对90后的看法。我说，我脑子里从来没有80、90后的概念。硬生生将50、60、70、80、90划分开，造成割裂和代际隔阂，实在有点别有用心。现在80、90后无非生活条件优越一点，但爱国潜质都一样，关键是怎么把它激发出来。当初奥运护圣火等一些大事件，一夜之间，全球五星红旗高高飘扬，不都是年轻人做的？我有一次去八一中学宣讲周恩来精神，一个多小时讲下来，孩子们都聚精会神，很多人感动地哭了。第二天校长拿着一个孩子的日记给我看，日记写道："罗援将军今天的一堂课改变了我的人生轨迹，我知道我的人生目标是什么，就是要像周恩来那样做一个自强不息，全心全意为人民服务的人。"所以，无论是60、70后还是80、90后，其实都是革命的后代，他们共同构成中华民族的新锐力量。关键问题在于如何培养，怎样正面教育和诱导。

《文汇报》：您曾经对《亮剑》表示赞赏。那么对于当前比较火热的军事题材类影视剧和文学作品，您如何看？这类影视剧对爱国主义教育是否有促进作用？

罗援：我觉得这种题材的影视剧非常有必要，是另一种形式的教育，寓教于乐。在理想信念有所缺失、世风日下、物欲横流的情况下，我们提倡这种民族精神，弘扬这种主旋律具有特殊的意义。像《亮剑》《人间正道是沧桑》《潜伏》等，都是红色经典。这对社会氛围的构建、民族精神的提升、理想信念的升华都很有帮助。我并非反对流行文化，它有自己的价值和市场，但它不能成为文化主流，成为我们的主流价值观，它充其量就是消遣解闷的角色，成为文化补充。

我以前也说过，一个民族必须有尚武精神，尚武就是阳刚之气。当下某些影视剧追求庸俗，娱乐大众，娘娘腔和脂粉气太重，这会腐蚀民族精神和奋斗意志，一旦危难当头，将是国家凝聚力的腐蚀剂，所以不妨从长远的战略高度来考虑这种社会现象。

《文汇报》：2009 年您曾建议在建国 60 周年阅兵盛典中增加老兵方队。当时为什么会有这样一个想法？触发的灵感是什么？

罗援：我对部队感情很深，那是生死之交的战友情，所以当我有能力时就应该为他们的利益呼吁。激发老兵方队的主要灵感是我父亲一个老战友的孩子给我写了一封信，他说建国 60 周年之际不能忘记那些为国流血牺牲的前辈，他们对党和国家绝对忠诚，比如十大元帅，七个受过重伤，其中最多的是刘伯承，他 9 次受伤，身上有 10 块弹片；十个大将也有七个受过重伤，最多的是徐海东，身上有 20 块弹片。据说受伤最多的将军是昆明军区副司令员徐其孝，当记者采访时问他身上有多少弹片，他说数都数不清，光看肚皮就有 30 多块，但我可以骄傲地告诉你，这些弹片都在前面，说明我不是逃兵。2008 年军事科学院建院 50 周年，设立了一个院史馆，镇馆之宝就是科学院老政委、战功赫赫的粟裕大将火化时在头颅中发现的三块弹片。他生前一直头疼，但不知道具体原因，火化后才发现这三块弹片。

这些事件震撼了我，这正是"一不怕死，二不怕苦"的民族精神所在，

罗援和贺龙元帅之女向老兵方队致敬

是我党的不朽勋章。英雄应该被铭记！当时提案一出，就得到贾庆林主席高度重视，随后便被采纳。浴血奋战老兵方队就这样成立了，当时我作为全国政协委员，和贺龙元帅的女儿贺捷生一起，在观礼台上看到这些老军人，心里非常激动，我们情不自禁地向他们行了一个庄严的军礼。

《文汇报》： 一般印象中，军人可能在文学上有所欠缺，但您的文学修养却和军事素质一样过硬。请问您对文学的热爱来自谁的影响？在阅读上有何偏向？

罗援： 你这个理解还是有些片面。其实我们的人民军队不仅是武装集团，也是文化集团。没有文化的军队将是一支愚蠢的军队。毛主席及其他很多共和国将领都是文韬武略，也留下了脍炙人口的篇章。军队其实是一所大学校，青年人来到军队不仅学习军事，陶冶情操，而且学习文化。就我个人的人生经历来看，从基层战士到文书，再到参谋、研究员也都必须有一定的文字表达能力。

我在这方面其实也受到父亲的影响。他虽然是泥腿子出身，但作为初中生，当时在红军中也算小知识分子啦，在文学上有些造诣。除此之外，我的小学语文潘老师，中学语文鲍老师都对我影响很大。鲍老师当时经常把我的作文当成范文。我至今和他们保持联系，教师节就去探望。到了军事科学院后，利用业余时间我自学报考了北师大中文系，这段经历也给了我很大帮助。不过我看书较杂，理论功底还不够扎实，闲暇时也会研究一下诗词格律。现在有了网络，我也开始追赶潮流，在网上看电子书比较多。

《文汇报》： 您的作品中《满江红》偏多，这是您军人的身份和部队经历使然吗？您自己最满意哪首作品？

罗援： 文若其人，按婉约派和豪放派来区分，我想我还是属于豪放派吧，这跟本人的性格和经历恐怕有很大关系。当然，反过来说文学熏陶对人格、价值取向、兴趣爱好确有潜移默化的影响。对于我来说，文章主要还是要有一种激情和不吐不快的感觉在推动，它是感情的宣泄。我的词大部分按格律平仄来填，少部分也不太拘泥格律，因为太恪守旧规，容易因文害意，所以我更偏重情感的抒发。

新兵照

至于作品，不能说最满意，应该说感情最激荡的是 2008 年汶川大地震时，我含泪而作的那首《满江红·国殇》。当时惊闻哀讯，悲痛万分，又看到我们的战士将生死置之度外，全力参与救援工作，有一股激情萦绕在心，不吐不快。于是我在下半阕感慨道："撼山易，试军否？"它援引自"撼山易，撼岳家军难。"我们的军队就有这种不输于岳家军的泰山压顶不弯腰的英雄气概。

《文汇报》：1968 年入伍在基层摔打，1978 年调入军事科学院工作，从一名普通战士到军事科学院世界军事研究部副部长。能够取得今天的成绩，您觉得自己的秘诀在哪里？

罗援：我觉得，人这一辈子必须知恩、感恩、报恩。我的军旅生涯一路上都有"贵人"相助，伯乐相知。

1968 年因为时代原因，我失去当兵资格，能进部队要感谢我父亲的老战友刘忠将军，他冒着政治风险把我送进云南边防部队。在部队中，从一名基层战士提升为军作训处参谋。又要感谢老军长董占林，他在基层部队视察时，将我"捡"了出来。参谋业务的提高则得益于老处长李凡、章士奇、尹维学。1978 年从野战部队走向军事科学研究的最高殿堂，则要感谢张晶将军，他当时是《军事学术》的编辑，曾为我修改推荐论文，是我军事研究的领路人。在军事科学院，老副院长李际均给我教诲最多，令我的军事理论水平再次得到提升。当然，我的老战友何其宗将军、刘学斌、张铁民、蔡四维等也一直在学习和工作上给我很多帮助与指导。人贵有自知之明，可以说，没有他们就没有现在的我。我这一生非常有幸，得遇诸多恩师益友，所以，我也时时鞭策自己，不能辜负他们的培养和期望。

（《文汇报》，2011 年 10 月 8 日）

军人都应该是"鹰派"

核心提示：近日，英国路透社发文称，中国的"鹰派"开始抬头，在南海问题上采取攻势立场。俄罗斯媒体也说，中国的"鹰派"试图对日打"冲绳牌"……一时，中国"鹰派"成了热门词汇。

2010 年，罗援到美国参加一个战略对话活动。做自我介绍时，美方一位学者说："罗援将军，你不用介绍了，我们都在关注你的观点，你是解放军的强硬派代表。"

记者："鹰派"(War Hawk) 一词源于美国，直译为"好战分子"。后被用来形容那些主张采取强势外交手段或积极军事扩张的人士、团体或势力。许多人一直避免将这个词用在自己身上，你怎么看？

罗援：我欣然接受中国军中"鹰派"这个称号，军人应有自己的语言风格和爱国情怀，军人都应该是"鹰派"，这是我们的职责和使命所在。但我要在前面加一个定语，就是"理性"。

血管里流着"强硬"的血

记者：您的父亲罗青长，是中共隐秘战线的元老级人物。1973 年，又成为继李克农、孔原之后中央调查部第三任部长，如今已 94 岁高龄（注：2014 年已去世），你如何评价你父亲？

罗援：我父亲这辈子干过三件大事。第一，保卫毛泽东，追随毛泽东、周恩来转战陕北，为党中央及时提供了情报保障。第二，保卫周恩来，参与

强硬来自父辈的传承

破获了国民党特务企图谋害周恩来的"克什米尔公主号事件"。第三，保卫刘少奇，参与侦破了国民党特务刺杀刘少奇的"湘江案"。1963年，刘少奇作为国家主席出访柬埔寨，父亲担任前方安全领导小组组长。在刘少奇到达柬埔寨前不到48小时，安保人员就在车队必经之路下方发现了一条埋有炸药、雷管的地道，并捕获了一个国民党特务。为确保安全，父亲临时和刘少奇交换了座车。陈毅开玩笑说，"小老乡，这一次你可要当替死鬼了。"父亲回答说，"无所谓啦，职责所在嘛。"

我从小就对军营充满向往。可因为父亲被打成"走资派"，那时连当兵的资格都被取消了。"1968年，还是父亲的老战友、解放军高等军事学院副院长刘忠冒着政治风险将我送到云南边陲他的老部队，才圆了我的当兵梦。可是，为了隐瞒身份，当上了一名不发军装、没有领章帽徽的生产兵。白天放牛、割草、垫牛圈，晚上就睡在牛棚里。身上被跳蚤咬得浑身是包，感染后，血水脓水混在一起，奇痒无比，每天最大的乐趣，就是放牛归来能在泉水边冲个澡。

"要文攻武备，不能文守武废"

记者：后来你都做了什么，尤其在学习方面？

罗援：在部队时，我一有空就抱着本书看，战友们戏称为患了"知识饥饿症"。什么都想学，学外语、学中国文学、学军事理论、学军事技术。特别是迷恋军事理论，还经常给军事科学院主办的《军事学术》杂志投稿。当论文变成铅字的时候，激动的心情溢于言表。我永远忘不了帮我修改第一篇学术论文的编辑张晶，是他将我领进了军事科学的最高殿堂。

"文革"后，军事科学院急需补充人员，1978年，因经常在《军事学术》杂志发表文章而正式调入军科院。在此之前，我也在总参测绘学院、石家庄高级陆军学院、解放军国际关系学院、国防大学深造，是石家庄高级陆军学院不多的全优生之一。

作为一名专门从事战史、战略和外军研究的军事科研人员，不仅要智力报国，还须针对时弊在媒体上发表见解或者上书国家建言献策。解放军总后勤部政委刘源有一个观点说得好，现在要"文攻武备"，而不能"文守武废"，一定要发出自己的声音。我当然知道，一旦"发声"的火候掌握不好，或者被曲解，是有风险的。但无欲则刚，当你真正将党、国家和人民的利益放在最高位置时，就不会瞻前顾后、患得患失。

记者：早在十多年前，您就因敢言在国际舞台上受到关注。2000年，您以访问学者的身份来到美国。在一个报告会上，北约最高司令克拉克就美军在科索沃战争中如何进行精确打击进行了论述，据说您有精彩的舌战？

罗援：是的，场内坐着很多政要。我刚到美国，胆子也挺大，没多想就站起来提问，"我是中国的军事学者。既然你们的精确打击能打得那么准，为什么会'误炸'中国的大使馆？"

后来应邀到美国战略与国际问题研究中心发表《中美关系中的台湾因素》演讲。有学者提问："如果两岸发生军事冲突，美国进行军事介入，中国怎么办？"我不假思索地回答："我们中国人民解放军是热爱和平的，但我们决不惧怕战争。如果美国一定要把战争强加到我们头上，那我们只有奋起抗争。我们的原则是，'人不犯我，我不犯人；人若犯我，我必犯人！'"当时在座的几位台湾退役将领，都是参加过抗日战争的老军人。听了我的话，他们激动地举起拐杖，起身高呼："解放军好样的！解放军有种！"

记者：关于两岸关系，《华盛顿日报》解读说，"解放军大校罗援警告陈水扁，是战是和，系于一念之间，统则和，独则战，独立与和平之间不能画等号。"香港《中国评论》也发表文章称，"罗援大校的发言表达了中国人民解放军'宁失千军，不失寸土'的坚定决心，引起了包括克林顿总统的高级顾问李硕在内的数名参议员的高度重视，认为解放军的强硬立场不容忽视。"有这事吗？

罗援：对的，只要我们能不卑不亢，敢于直言，也是能得到国际社会认可的，起码（别国）不敢小看你。

严辞警告菲律宾"老实点"

记者：罗将军，你对当前的东海、南海怎么看？或你有什么高见？

罗援：首先，要对周边战略环境进行研判和分析。情况明，才能决心大。其次，是针对一些具体的事件，我们该如何应对，作出战略上的思考。必须拿出自己的对策建议，有建议比发牢骚好，哪怕你说错了，起码给决策者也提供一个参照系。2009年1月28日，菲律宾将南沙群岛中的部分岛屿和黄岩岛划为菲律宾领土；3月5日，马来西亚总理巴达维登陆南沙群岛弹丸礁，宣示马来西亚"拥有"此片领土……以往都说，弱国无外交，中国现在已经不是弱国，相关国家不要把中国的克制忍让认为是软弱可欺。我国长久以来"重大陆轻海洋"，今后应朝着大洋的方向发展，建立自己的"蓝水海军"，保护国家利益不受别国侵犯。2012年年初，我在媒体上发表署名文章《菲律宾，别太过分》，警告菲方"老实点"。

黄岩岛事件发生后，我们的"渔政310"先到了，可没过两天又先行撤离。我很不理解，为什么菲律宾没撤，我们倒要撤？这能起到什么作用？于是写下了《在黄岩岛不应"撤火"，而应增兵》，提出应将黄岩岛作为"撬动南海困局的杠杆"，"树立一个解决南海问题的模式：凡是挑衅我底线的，必须要受到惩罚"，"不能让菲律宾没受任何惩罚就全身而退，不能让它体面下台。"

写此文前，我的确有过一番思想斗争：有关部门可能有自己的考虑，我的言论也可能会引起一些非议，但出于对国家和民族的一种责任感，我不说谁说？最终觉得不吐不快，还是写了。事后这种强硬言论甚至引来菲律宾总统阿基诺三世的回应，抱怨中国政府对军方强硬派的"挑衅性观点"不予压制。

在钓鱼岛问题上，我的表态同样强硬："应设立军事演习区、导弹试射区，必要时也可以设立航空兵的靶场。美国曾经将钓鱼岛作为美军航空兵的靶场，它是中国的领土，我们为什么不可以？"

发表自己的立场和观点，也曾感受到来自国内外的压力，但更多的，却是国内对军方学者发声的信任与宽容。一位军方领导曾对我推心置腹地说："你提出的这些观点虽然强硬，却也的确有理有据。"

最后我想说，对"泛和平主义"要进行批判，和平崛起不等于挂上了免战牌，不能一味的让"暖风熏得游人醉"。军人不言战，谁再言战？我们只有带头对非正义战争说不，才能赢得国际社会正义力量的支持，同时占领道德制高点。

注：本文据《人民日报海外版》2012 年 8 月 31 日同名文章编辑而成。

鹰胆鸽魂——罗援将军论国防

523

我是理性"鹰派"

《南方人物周刊》：你参加过抗美援老挝作战，这段经历对你有什么影响？

罗援：刻骨铭心，我觉得上过战场和没上过战场是不一样的，1972年，我22岁，也算是热血青年，积极报名上前线……战场情况是瞬息万变的，是难以预料的。当时美国飞机也经常进行轰炸，我们确实面临的是生死考验，只有在那个时候我才觉得，我真正成为一个战士。……我当时是作战参谋，我们军工作组负责指挥、协调我们军在老挝的高炮部队和地面警卫部队，有人说你去了怎么没打仗，打仗怎么没打死？提这样问题的人就有些矫情了，我们倒要反问一下，我们为国家上战场的时候你们又在哪里？

《南方人物周刊》：这段战争经历会对你的战争观产生什么具体的影响？

罗援：战争观，第一，当祖国需要我们的时候，我们要义无反顾，作为军人，就是为祖国而战，这就是我们的使命。第二，战争也是非常惨烈的。军人要一不怕苦，二不怕死。但毕竟是一个个生命，对这些生命我们也要珍惜。即便这场战争降临，不可避免，也要尽量以最小的代价获取最大的胜利。军人不仅要敢战，还要善战，关键是胜战。

《南方人物周刊》：你在战场上碰到过比较危险的事情吗？

罗援：我们那时候就是一些轰炸，另外还有地面特务。

《南方人物周刊》：《环球人物》报道说有次你们挂了床单出去，引起敌军关注，遭遇了危险。

罗援：那是我们高炮营的一段经历。我们十一军专门出了一本书，叫《苍海军魂》，就讲我们这支部队参加老挝作战和中越反击作战的经历。这个事例在《苍海军魂》中有记载。

《南方人物周刊》：那个年代过来，上过战场，会对美国有种复杂的感情？

罗援：我们整个的对美国的态度，很多是一个历史的概念。我接触美国人时就发现，你要跟某一个美国的个体，比如学者来进行交流，会觉得双方之间还是很友好的，也很坦诚，但作为一个整体来看，就有问题。我觉得现在问题不在中国，中国没想去挑衅美国，中国的军机军舰没有到你美国附近去进行侦察，是你美国频繁到我这里来侦察，所以中美要发展关系，首先要建立一种互信，现在这种互信的基础比较脆弱。

《南方人物周刊》：你会和美国朋友、同行，就这些问题辩论，包括去美访学，这对你对美国的认识有什么样的影响？

罗援：我最大的一个印象是，与美国人民进行个体交流，他们很多人都非常坦诚，非常友好。我曾和一个共和党的老人进行交流，他研究中国哲学，认为一分为二是一种阴谋论。我就跟他讲一分为二是一种哲学观，毛泽东讲的对立统一是一种辩证法的观点。我举了一些对立统一的事例，证明一分为二不是一种阴谋。让我感到非常感动的是，当我临离开美国之前，这位老人一定要请我吃一顿饭，饭后非要送我回办公室，在送我回办公室的时候，我吃惊地发现这位老人系着安全带坐在车里半天不走，我再回头看，老人已经泪流满面。我当时非常感动，就上前拥抱了他，他说我已经80多岁了，我可能再没有机会去中国，但我很喜欢你这样的中国人，因为你非常坦诚。我们和其他国家的一些学者、军人聊天，就光喝酒，没有像你我这样坦诚、面向心灵的对话。所以他非常感动，他说通过和你的接触，我觉得中国是一个非常友善的国度。通过这个经历，我就觉得，美国的事，问题是你要去做他们人民的工作，我觉得我们很多工作是没有做到位。

对美国不是讲软话还是讲硬话的问题，该表达我们的政策主张的时候，还是要理直气壮。我记得在 CSIS 的一次研讨会上，有一位美国学者提出，如果美国介入台湾问题，你们中国人会怎么办。我就说，我们中国人是热爱和平的，我们不愿意和美国人打仗，但如果美国一定要把战争强加到我们头上，我们也绝对不惧怕战争，我们的原则就是人不犯我，我不犯人，人若犯我，我必犯人。没想到，我这句话说了以后，台湾的一些退役将领站起来举着拐棍喊，"解放军好样的"，"解放军有种。"我更没想到的是，我讲完了之后，当时一位美国高官竟然很绅士地过来跟我握手，说你讲得不错，很直率。所以我觉得该表达我们观点的时候，还是要表达我们的观点。我认为理性的"鹰派"，要刚柔兼济。

《南方人物周刊》：是不是就基于这些，美国会把你定位为"鹰派"？

罗援：我觉得有时候也是媒体炒作，我 12 月份刚去美国，他们学术界的一些重量级人物到场，他们听了我的发言以后说，我们不觉得你罗援是一个强硬派啊，我们觉得你还是挺理性的。其实有些时候是媒体炒作，不过我们的表达方式和一般学者、官员相比还是有一些军方色彩。

《南方人物周刊》：之前报道说，李际均将军（退）下来后，美国人很高兴。

罗援：这个事确实有。他们国防部长期政策研究室的一位官员到我们军科来访问，问李际均将军到哪儿去了。我说他退休了。他很吃惊，说，这对我们来讲是一件好事，因为李际均对我们美国比较强硬。我就问他，那你知道现在李际均干什么去了吗？他说退休了还能干什么，在家养老呗。我就说不对，他现在还在带一些博士生，又带出了好多小李际均。他又说，啊，这对我们又不是一个好消息。

《南方人物周刊》：有那么一种说法，李际均将军退休跟美国的活动有关系？

罗援：前一段《人民日报海外版》登了半版，披露美国中央情报局有一个"老鼠计划"①。

①《中情局的"猎鹰"计划》，刊载于《人民日报海外版》2012年8月31日第10版，摘自《环球人物》2012年第21期。

《南方人物周刊》：这是真的吗？

罗援：我不得而知，这是媒体说的，我不清楚具体情况。我也是从报纸上看到的。

《南方人物周刊》：你觉得在现代战争中，舆论战占多大分量？

罗援：在网络时代，舆论战当然有很大影响力了。有些起到煽情的作用，有些可以进行战略欺骗、战略误导，这在网络时代，在信息化时代具有很大杀伤力。

《南方人物周刊》：我看到文章中提到刘源将军说要文攻武备，不能做文守武废。文攻和文守有什么区别？需要什么样的人做什么努力？

罗援：文攻就是要进行正确的舆论导向，把我们要表达的理念传递出去，抢占舆论制高点，道德制高点，而不能去误导或扭曲正确的方向，应该是一种正能量的释放，要有利于我们去维护国家利益，赢得自卫战争的胜利，要朝这个方向进行正确的引导。

《南方人物周刊》：中国现在的军事透明化也在推进，今年也有更多的军演，这些迹象是不是表明一种转变？

罗援：演习的次数不能说比以前多，而应该说比以前透明了，我们说有40多场，实际上和美国一年在亚太地区1000多场军演相比，我们不算多。再一个呢，老让中国军事透明，而我们一旦透明点什么东西，有些人就说三道四，说你是军事威胁。你想想我们现在白皮书已经对外公布了，我们有18个集团军，除了陆军，我们还有海空军和二炮部队，按军以上单位来平分，40多场军演，一个军级单位一年都不一定轮得到一场。"养兵千日用兵一时"，不搞点演习，养着军队干什么？我们训练，要理直气壮，军队的任务就两项——训练和打仗，这又是我的"鹰派"语言了——军队的职能就是准备打胜仗，军队只有两个时期，打仗的时期和准备打仗的时期。战场上没有亚军，只有冠军。

《南方人物周刊》：你在《环球时报》上发表的文章比较强硬，曾说在发表之前自己也会迟疑，知道这种强硬表达会引起争议，为什么还要发？

罗援：回过头来看，我觉得我的表达还是比较理性的。当然，也有值得反思的地方……我觉得这个没有什么，关键还是国家利益。如果是从国家利益出发，我觉得就应是无欲则刚嘛。

《南方人物周刊》：当时菲律宾的阿基诺三世对你的一些强硬言论是有抱怨的，这对你有影响吗？

罗援：当时他是说了，我记不清他说的什么事了。

《南方人物周刊》：就说中国政府对军队里的强硬派不管不顾。

罗援：那次我说了什么强硬观点？

《南方人物周刊》：在黄岩岛不应撤火，而应增兵。类似于这样的话。

罗援：好像不是，他似乎是问，为什么罗援提出要在南海建立特别行政区？菲律宾的问题，我觉得不是我们的反应是硬了还是软了的问题，关键是谁造成的这个问题，要是菲律宾没挑衅黄岩岛的事，我绝对不会说这样的话，既然你挑衅了我们的国家利益，你又不想承受任何代价，全身而退，那肯定不行，这是我们对它的一种警示。另外，现在西方总要胁迫中国要有多元化的声音，要舆论自由，那我们现在出现了这么一种声音，他们就说三道四，难道就只许有一种声音？

《南方人物周刊》：也有一种担心是强硬言论出来后会加剧周边紧张局势。

罗援：没有这种强硬言论，周边局势也已经非常复杂了，而且可能就是没有强硬的声音，周边才变成现在这么个局面。如果早早有强硬的声音，可能局势还不是现在这么个情况。

《南方人物周刊》：今年两会期间，外交部副部长崔天凯在回应"外交政策过于软弱"等质疑时，把中国比作金庸小说里的大侠，"真正的大侠从来不会两句话不合心意，就拔出剑来砍，那都是二三流的角色。"外交部另一位副部长傅莹在回答记者提问时说："民众希望政府强硬"，"从政策上讲，中国坚持独立自主的和平外交政策。"你对外交官的说法是怎么样一个评价？

罗援：我对一些外交官非常敬佩。特别是傅莹，我跟她应该是多年的好朋友了，我第一次领教她的外交风范，就是我们一起去参加东盟地区论坛，当时外界总是说外交部缺钙，但我看傅莹，她有时候是谈笑风生，有时候也是吵得脸红脖子粗，那个时候我就觉得我们的外交人员确实不简单，他们在第一线维护我们的国家利益。他们柔中带刚，跟我们军人在说话的风格上不太一样，但我觉得他们是很有智慧的。

《南方人物周刊》：你会接受他们一些拐弯抹角的外交辞令吗？

罗援：有时候得用，比如我跟你谈，我也得用，不一定完全是我自己的真实想法，因为你要上报纸，对舆论会有一定程度的引导作用，因此有时说些中性语言我觉得还是非常必要的。我也经常想，如果遇到同一个问题，作为外交官应该怎么说。傅莹也说，她有时也看我的一些东西，"你们讲一些强硬的观点也是对的，这样我们在外交斗争中起码有张牌——可以对外国官方说，你们老说我们外交硬，现在中国老百姓，也包括军人，他们反而认为外交部比较软。"军事和外交是一辆车的两个轴，要相互配合。文武之道，一张一弛。

《南方人物周刊》：你会把自己放在外交官的角色上去想问题吗？

罗援：有时候会啊，因为我也当过外交官，曾经是驻丹麦的副武官。有时候我在说话的时候，也会想到，王毅会怎么说，傅莹会怎么说。我这个协会里面，有一大半顾问都是原来的老外交官，我们也经常进行交流，他们也会说罗援你可以保持你的风格，但有些也可以表达得更艺术一点。

《南方人物周刊》：能不能举一个具体的例子、一句话，如果是军人怎么说，是外交官怎么表达？

罗援：比如我们外交部发言人谈到钓鱼岛和周边国家争端的时候，他的表态肯定是，我们主张以和平方式来解决争端，但是不能危害我们的主权利益，他基本就说两句话。但作为我们军人来讲，同样的问题，我们的军人外交家，陈老总（陈毅元帅），他可能就会这么讲：善有善报恶有恶报，不是不报时机未到，时机一到一切都报。这个表态你说有没有智慧？而且军人的阳刚之气也在里头。

我觉得外交和军事不太一样，军事上就是要向"能打仗、打胜仗"聚焦。外交很多时候是一个谈判的艺术，甚至是一种讨价还价和妥协的艺术。这次傅莹的讲话不亢不卑，我马上在微博上写了向傅莹学习。

《南方人物周刊》：你的柔的这一面是一开始就有的吗？

罗援：我觉得我是一开始就有的，毕竟我还是当过外交官，周总理的一些风格风范对我还是有很深的影响。我也经常提醒自己要学习周恩来的外交思想，外交风格。现在是很多媒体宣扬了我比较硬的那一面，我柔的那一面就没有去更多关注。我觉得我还是刚柔并济，柔中带刚、刚中有柔。

《南方人物周刊》：你的各种身份（军人、外交官、战略促进会副会长、教授等）中你最喜欢哪一个？

罗援：军人。

《南方人物周刊》：毫不犹豫？

罗援：对。

《南方人物周刊》：为什么？

罗援：我觉得有这么个军人的经历是我这一生的荣幸吧。男人，没有当兵的经历应该说是一种缺憾。军队对我这一生的影响是非常大的，说军队是一个大熔炉，大学校，我觉得一点都不为过。特别是最近，这次微博风波，最力挺我的，理解我的，还是我的战友，我的战友马上出来给我证实：罗援上过战场，罗援不是贪生怕死之辈。让我非常感动。军队确确实实是这么一个战斗的集体，毕竟是一块儿摸爬滚打，吃一锅饭长大的，在战场上我们生死与共，在战场上你可以为我挡子弹，我也可以为你挡子弹，有这些战友让我感到幸运。

《南方人物周刊》：你现在对舆论是怎么样的心理？对微博是不是心有余悸？

罗援：不是心有余悸，但对这个新媒体我还有一个熟悉的过程，我没想到，为了澄清"传单事件"，当天下午，瞬间就有7万8万的粉丝，现在已经29万了。这个对我来说，是一个新领域，和博客不一样，我当时看见

《环球时报》登了一篇北大教授写的文章，对我挺有启示，他说这个领域对军方学者还是比较陌生的领域，你得熟悉这个环境，不是光来战斗的，还是要结交些朋友。我觉得这个建议是很善意的提醒，我到这里来，首先是作为一个平等的人来跟大家交流，然后是作为军方学者，来谈我们对于国际形势、国防建设的一些关注。

《南方人物周刊》：通过这个，会对网络战争、舆论战有新的认识吗？

罗援：有一个新的认识，但这个认识还是要逐渐地感悟、深化。

（《南方人物周刊》，2013 年第 9 期）

鹰胆鸽魂——罗援将军论国防

531

堂堂正正九十六　郁郁葱葱不老松
——缅怀亲爱的父亲

　　我亲爱的父亲罗青长不幸于 4 月 15 日与世长辞，享年 96 岁。4 月 21 日党和国家以最高礼遇为家父送行，虽然由于他的特殊身份和生前的交待，家父去世的消息发布的形式和内容作了低调处理，有些不宜对外公布，但数千的普通百姓和他这条战线上的老领导、老部下以及他的亲属们，还有许许多多他曾经帮助过的我们认识和不认识的人都来向他致以最后的敬意。

　　一位从江西南昌赶来的普通民众，我们素不相识，他仅是从网上知道家父去世的消息，自费买火车票，提前一天赶来八宝山，只是想为剩下不多的老红军送行；俞渤驾机起义的五名英雄，现在仅存的一位老人，打电话诉说当年家父骑着自行车从西柏坡赶到石家庄，代表周副主席，欢迎他们加入到人民革命的行列，动情之处，泣不成声；许多开国元勋和将帅们的后代们、

父辈教诲

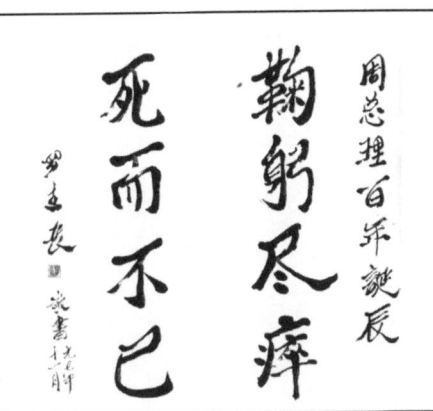

继承父辈

情报部门的老领导李克农、孔原、邹大鹏、冯铉以及"情报前后三杰"、吴德峰、潘汉年、王世英、谭政文、刘少文、阎宝航、韩练成、沈安娜、吴石、朱枫、涂作潮等无名英雄的子女们也以不同方式表示哀悼，闫又文烈士的儿女们相约来到家父的灵堂吊唁，说如果没有家父出来为他们的父亲正名、落实政策和对他们无微不至的关爱，他们现在可能还是另外一种生活境遇……几天之内，我们听到、见到了无数感人的故事，催人泪下，使我们对家父有了更深层次的认识。

党和人民群众给予家父如此哀荣，这不仅是对老人家一生无私奉献精神的充分肯定，也是对隐蔽战线所有无名英雄们的最高褒奖。家父常说："我是一个普通农民的儿子，是党把我引进了革命的队伍，由一名红小鬼成长为情报干部，能在毛泽东、周恩来的直接领导下从事情报工作，为革命竭尽绵薄之力，是我此生之大幸！"

父亲一辈子在隐蔽战线默默无闻地奉献，他多次将生死置之度外，保卫党和国家领导人的安全，出色完成了中央交办的一些特殊任务。但他处事低调，不事张扬。他曾经交待，后事从简，把部分骨灰与母亲的骨灰一起撒到长城脚下。他老人家和母亲生前有约，"我们是在民族危亡之际，唱着《义勇军进行曲》走到了一起，今后我们也要相聚在长城脚下，默默地为国家祈福。"

亲爱的父亲走了，干干净净、清清白白地走了，他带走了许多永远的秘密，但却给我们留下了永恒的忠诚。我们自当继承父辈遗风、遗志，在习近平同志为总书记的党中央领导下，恪尽职守，鞠躬尽瘁，全心全意为人民服务！

在此，特向在我父亲去世后，诸位关心他、缅怀他的网友、战友和朋友们致以衷心的感谢！

最后，把我在父亲九十大寿时写的祝寿词献给他：

> 雪山草地育英雄，虎穴龙潭见忠诚。
> 于无声处听惊雷，于无形处立奇功。
> 喜迎华夏飞腾日，更待一统圆梦中。
> 堂堂正正九十载，郁郁葱葱不老松。

亲爱的父亲安息吧！

（2014 年 4 月 30 日）

我的武官生涯

1991～1993年，大概有一年八个月的时间，我担任了中国驻丹麦国防副武官。虽然时间不长，但这段经历给我留下了非常深刻的印象。

揭开武官的神秘面纱

可能在大多数人的眼中，武官是很神秘的，甚至有人以为武官就像电影中的间谍007一样，时不时要飞车、交火、窃取情报。但实际上，它与间谍是两码事。武官是我国派往驻在国武装力量的代表，主要职责是和驻在国搞好军事交往，加强军事合作、军事联系，其次才是情报官员，俗称"白手套"。尽管在各国看来，武官搜集情报的职责是心照不宣的，但无论如何，武官都是以一个外交官的身份对外出现的。武官跟间谍最根本的区别是，前者是在驻在国法律允许的范围内，用一种公开的身份、公开的手段，来获取一些公开的信息，既不使用非法手段，也不会颠覆驻在国安全。与其称之为搜集情报，我们

丹麦武官生活

武官活动

更愿意称之为获取信息。而后者则相反。此外，各国还设有专门的机构对武官进行管理和联络，方便武官之间进行信息交流。武官有外交豁免权，倘若武官违反驻在国法律，则极有可能会被驱逐而不是逮捕。

就我国来说，武官主要由相关职能部门派出，也有一部分是从野战部队、军队院校和科研单位中选拔出来的，标准相当高：不仅业务上要精通，更重要的是政治上必须过硬。新中国成立以后，周恩来总理曾召集一大批有战争经验的将军担任新中国第一代武官，主要派驻社会主义国家。丹麦虽然是资本主义国家，但它在 1950 年就承认了中华人民共和国的合法地位，所以我们也派驻有武官。尽管丹麦曾经就所谓人权问题与我国有过个别的小摩擦，但总的来讲，我们跟丹麦不存在什么根本性的利害冲突，关系相对不错。等到我被派驻丹麦的时候，这已经成为一种外交制度的延续了。

20 世纪 90 年代，我正在军事科学院工作，得知相关职能部门需要招一批既懂作战，又有些军事理论，还有一定外语基础的人才，作为武官力量的补充，我就斗胆去报考了武官班，没想到竟然考上了。后来，又到解放军国际关系学院、国防大学进行培训，最后被派驻丹麦。

其实，做武官一点儿也不神秘。我们平时都是从公开的信息中或者通过武官之间的交流，来分析、获取有用的信息，为我国所用。正因为这种频繁的交往，使得我们同很多国家的武官都建立了深厚的友谊，这也为我们工作的开展提供了不少便利的条件。

比如，丹麦属于北约组织，我国则不是，所以有时候武官团里的活动就不会邀请我们，有些信息很难及时获取。但我和某国驻丹麦的武官交情很深，他经常邀请我到他们家里去做客。有一次他告诉我，他接到了通知，要去参加丹麦销毁"百人队长"坦克的活动。得知我不在此次活动的邀请范围后，他便主动提出带我去。于是我开着车，载着他们一大家子到了现场。毕竟我是黄皮肤、黑头发，很扎眼，一下车便成为记者追逐的对象。他们纷纷问我，为什么能到这儿来参加北约的活动，我一时之间不便回答，于是灵机一动，跑到观众席里把那位武官的小孩抱了起来，开始逗小孩玩。记者见状，也就不好再进去继续追问了，我则顺利地得到了想要的信息。但这不是我们偷偷摸摸地搞来的，无非就是我没有受到邀请，但是"曲线救国"，通过别的途径迂回地达到了自己的目的。

除了获取信息，武官还有很多事务性的工作，为我国与驻在国之间的军事交流、军事合作提供保障。比如，现在常见的联合军演，或者国家领导人、军事代表团等到驻在国出访，前期都是由武官与驻在国来进行沟通，并在其出访丹麦的时候做好服务工作，保证其出访安全。我在丹麦一年多的时间里，就曾接待中共中央书记处书记李瑞环、对外经济贸易部副部长吴仪等中央领导人对丹麦进行访问。我国军事五项队到丹麦参加比赛，我们为他们提供了相关国家的情况，还要安排住宿等，做好整个赛程的接待工作。一些军工企业来进行技术交流，也都需要我们协助其工作。同样的，我们也要联系驻在国的国防秘书，为驻在国军事人员访问中国安排日程。另外，我们还担负着我国使馆的安全保卫任务。

由于丹麦这个国家比较小，所以我们只派驻有国防武官，武官处里也就是三四个人。但像美国这样的超级大国就不同了，我们派驻的国防武官还下设有陆军武官、空军武官、海军武官等，都是从不同军种中派出的。他们的级别比较高，国防武官是由副军级干部来担任的。

作为武官上的第一堂课

去往丹麦之前，在订机票的时候，工作人员出了一点小差错：本该订去哥本哈根的机票，结果订到的是到阿姆斯特丹的，中途需要经停罗马尼亚换机票。正好当时我国驻罗马尼亚的武官是我的同班同学，他就带我去参观了东欧剧变不久后的罗马尼亚。

因我父亲曾和中央领导到罗马尼亚参加原罗马尼亚工人党中央第一书记乔治乌 - 德治的葬礼，于是我提出想到乔治乌 - 德治纪念塔去祭拜一下。没想到，快走到纪念塔前才发现，这座纪念塔已经改名为无名纪念塔了，并且有哨兵把守，不允许一般民众进入。正在我们一筹莫展之际，塔里走出一位戴鸭舌帽的老人，当他得知我们是中国人以后，就跟哨兵解释说我们是他邀请来参观纪念塔的朋友，我们这才得以进去。

老人一边带领我们参观，一边自我介绍说他是原罗马尼亚共产党党员，这座纪念塔就是他作为工程师设计建造的，所以仍然继续负责纪念塔的管理工作。

让我颇为感慨的是，纪念塔四周原本都是由大理石铺成的墓地，安葬的是原罗马尼亚政治局委员，但是当时我们看到的场景是墓地基本已经清空了，只有两个人的墓地还保留原状。而原本安放原罗共中央委员骨灰盒的弧形走廊，以及安放乔治乌 - 德治及其夫人棺椁的地下室也都空空如也了。

我们问老人这是怎么回事。他回答说，罗马尼亚革命后，这些墓地就全部清空了。按照本国的宪法，如果墓地主人没有直系亲属在世，他的墓地就不能再动了，这才有两个人的墓地还保留在原地。说着说着，老人掉下了眼泪，他十分动情地对我们说："罗马尼亚革命后，罗马尼亚共产党人就死无葬身之地了。现在我们把希望都寄托在了中国共产党人的身上，希望你们把社会主义旗帜继续扛下去。"

在与老人的谈话中，我们了解到，他原来被分配的房子一经私有化，便被房主收回，全家只得挤在一个很小的房间里。革命前，不管怎么样老百姓都还能吃上肉，革命后连吃个面包都要到街上排队。的确，当时我们在罗马尼亚的路上还可以看到这样的场景。当然，这是我当时的所见所闻，现在如何,不得而知,但愿比当时好一些。

此外,我还看到罗马尼亚有很多高楼大厦,已经都快完工了,布满了吊塔和脚手架,但成了烂尾工程。这是因为原来罗马尼亚共产党有一个五年计划,其中一个目标是让90%以上的老百姓都有住房,这项工程进入到第四年的时候恰好发生了东欧剧变,此计划功亏一篑。当时罗马尼亚任何一个私有企业都没有实力接收这么庞大的工程,所以就只能任其烂尾了。我们感到非常惋惜:革命后,老百姓其实并没有得到实惠。

我们两人还去寻找了罗共原总书记尼古拉·齐奥塞斯库的墓地,这当时在罗马尼亚也是保密的。我们听说是在一个无名公墓里,便沿路打听。到了之后,我们给了卖花的老太太一点小费,让她带路。我们发现在两个墓地之间的路上,被老百姓堆起来一个土包,上面撒满了鲜花,布满了长明烛。据说这就是当年齐奥塞斯库被执行枪决的地方,一名士兵把这个消息透露了出来,所以老百姓才自发到这里纪念他。由此可以看出,虽然很多人对齐奥塞斯库统治后期的腐败现象深恶痛绝,但对罗马尼亚共产党、对他本人还是存有一定的感情的。

一个偶然的机会,机票的错签令我第一次近距离地接触到了国外的社会。尤其是这个曾经的社会主义国家,在经历了惨痛的革命,变成资本主义社会不久后,仍然满目疮痍。这是我走出国门,成为武官之后上的第一堂课,令我感悟颇深:如果当初所谓颜色革命或者东欧剧变的命运降临到中国,那么倒霉的不只是所有的共产党员,受苦难最深重的还是广大的老百姓。

风光背后的甘甜苦辣

做武官表面看起来很风光,但实际上却有很多苦衷。比如,武官的一举一动都有可能在其他国家的监控之下,尤其是有些敏感国家,只要武官一出门,后面马上就会有人上来跟梢。因此我们万事都须小心谨慎。我这种严谨的工作作风,得益于我的父亲罗青长。虽然当武官是我的个人选择,与父亲无关,但他一辈子从事的都是情报工作,他对情报的一些感悟,还是对我产生了潜移默化的影响。比如他始终坚持"三不"原则，即不该知道的即不打听，不该说的即不议论，不该传播的即守口如瓶。我们在担任武官的时候，同样也要严守相关的保密纪律。在这方面，我没有出过任何差错。

我出国担任武官的时候正值改革开放之初，所以组织上对我们的限制很多：将近两年的时间里，不让带夫人，不让带子女，要一个人在国外工作。因此，每一次有国家举办招待会，只要是有中国武官参加的，他们都感到非常头疼。因为按国际惯例，武官要偕夫人参加招待会，并且要一位先生、一位夫人这样穿插着坐，唯有中国是一个武官孤零零地去参加，每次安排都得煞费心思。这还不是最令我们尴尬的问题，真正尴尬的是，那会儿我们虽然拿的是双份工资，即国内的工资照发，在国外也拿工资，但加起来仍然很低，跟其他国家武官的司机拿的工资差不多。所以，当时我们在丹麦有一个不成文的规定，那就是当其他国家问我们的薪金的时候，我们都闭口不谈，在相当长的一段时间里，薪金都是我们羞于启齿的事情。现在则不同了，不仅家属子女可以带出去，而且工资也提高了，这是我们国力提升和外交更加成熟的表现。

不过，武官的经历也让我受益良多。到丹麦之前，一讲到资本主义国家，在我的固有印象里，负面的评价还是比较多的。然而，真正到了丹麦，给我的第一印象则迥然不同。令我印象深刻的事物有三样：超市、私人轿车、自然环境。当时我们国内只有百货大楼，还没有超市入驻，也很少有人会拥有私人轿车，而这里的超市货品琳琅满目，路边全都停着私人轿车，并且自然环境非常好，蓝天白云、绿地花丛，尖顶红瓦哥德式的小屋，似乎让人来到了安徒生的童话世界。不仅如此，丹麦的社会福利还非常好，号称每一个公民从摇篮到坟墓都由国家来提供保障。虽然相应的税收非常高，但基本上都能用到纳税人身上。我觉得这是值得我们借鉴的地方。当然，丹麦也不是一片光明，它也有很多不足。比如，在这么一个漂亮的国家里仍然存在着贫民窟，里头犯罪、吸毒的人比比皆是，一般人都不敢轻易走进去。这是它应该大力整治的地方。

如今今非昔比，在我们的国家超市早已司空见惯了，并且售卖的货品更加物美价廉；私人轿车的持有量每年都有着飞跃式的增长，我也早已不会因为这些而惊叹不已了。

不到两年的武官生涯，大大地开拓了我的视野，让我认识到尺有所短，寸有所长，从而能够更加客观地看待世界上每一个国家。并且我发现，只要真心去和其他国家交往，他们的人民就会以诚相待。因此，也许"武官"这个词可以衍生出无数种不同的含义，但在我看来，武官实际上搞的是和平外交工作，是"止戈为武"，更多的是作为友好的使者，与驻在国进行合作交流。而对我个人而言，这段经历之所以如此重要，是因为它向我打开了通往世界的大门，让我拥有了一种全球的视角，能够更好地认识世界，从而更好地感悟中国。

（《纵横》，2014 年第 10 期）

鹰胆鸽魂——罗援将军论国防

爱国无罪，卖国必惩

十八大四中全会提出，全面推进依法治国，总目标是建设中国特色社会主义法治体系，建设社会主义法治国家。要建设法治国家，必须要完善法制体系，用法律的手段来维护国体、政体的安全与稳定，维护国家宪法的权威性，维护公民的爱国权利和义务，坚决打击和惩治出卖国家利益的犯罪行为。

爱国主义在中国有着深厚的历史渊源和文化底蕴，从古至今，无数仁人志士为中华民族的存亡绝续和祖国的独立解放、繁荣自由，抛头颅洒热血，"我以我血荐轩辕"，他们以生命和鲜血为代价培育出来的爱国主义精神和传统，是中华民族生生不息的灵魂和命脉，是维护祖国统一和民族团结的纽带，是实现中华民族伟大复兴的强大动力。

但是，现在居然有人向爱国主义兴师问罪，编造种种罪名，给爱国者安上"爱国贼"的骂名。这不仅严重背离中国的道德传统，在世界文明史上也罕见。"爱国"都能成为贼，那么，"卖国"是英雄吗？无怪乎，动辄给人戴上"爱国贼"帽子的人在为汉奸汪精卫鸣冤叫屈，说什么"这样的汉奸非但没有错，而且是真正的英雄"。也无怪乎，一伙人极力给中华民族的英烈们抹黑、泼脏水。他们想颠覆的不是历史，而是这个国家，想釜底抽薪，斩断共和国延续的根基。

不要简单地认为这些人只是为了博人眼球，一时心血来潮，他们有一定的文化传承和社会基础。在中华文化中有一个毒瘤，叫"汉奸文化"，与以爱国主义为核心的中华主流文化如影相随，使中国人民在抵御外侮时，经常要侧着身子战斗。最明显的例子，就是在抗战期间，国内"皇协军"、"伪军"的数量几乎抵得上日本侵华部队。现在依然有些人大言不惭地管自己叫做"带路党",他们要给谁带路?他们自我解释说,要给入侵者带路。这也太超出底线了吧!你对这个国家再有意见,也不至于对生于斯长于斯的国家捅刀子吧,你就不怕遭到子孙后代的唾骂?

还有人在媒体上公然煽动对国家政府的仇视和敌对情绪,以极端的思维,暴力的语言,卑劣的手段,甚至不惜造谣污蔑诽谤国家领导人,围攻爱国人士,简直到了肆无忌惮的地步,似乎网络成了法外之地,这些人成了法外之人,没人能管得了他们。要知道法律是平等的,爱国者不是你们发泄不满、随意谩骂、恶意围攻的对象,爱国者的权利和尊严也需要得到法律的保护。

更有甚者,还有极少数的人拿着境外敌对势力的钱,出卖国家利益,充当间谍,或者"第五纵队",试图颠覆我们的政权。一些人与境外势力遥相呼应,给自己的祖国抹黑,丧心病狂地刨自己的"祖坟"。

在此形势下,我们应该大声疾呼"爱国无罪,卖国必惩"。古今中外,概莫能外。对于那些出卖国家利益的败类,我们绝对不能手软,必须将他们绳之以法;对于那些卖国的言行,我们也绝对不能束手无策,必须要以法律加以约束、加以规诫。

《中华人民共和国宪法》中有明确的爱国条款,同时,我国还有《反分裂国家法》《国防法》和《国家安全法》以及"两高"出台的相关司法解释等,这些法律和法规构成了中国特色的爱国法律体系,精准地界定了什么是爱国,什么是狭隘的民族主义,什么是思想认识问题,什么是犯罪行为。我们必须把自己的言行严格规范到爱国法律体系中。同时,要高举起法律的武器稳准狠地打击卖国罪犯,最大限度地保护爱国国民,并为加强爱国主义教育、弘扬爱国主义精神提供法律保障。

(2014 年 10 月 28 日)

向往光明的扑焰者

——纪念刘善本将军、学习刘善本将军

最近，在网上偶尔看到一篇诬陷原空军学院副教育长刘善本将军的文章，怒从胆边生，不得不拍案怒喝：这么好的人都有人敢来诬陷，也不怕遭报应！刘善本将军招着谁，惹着谁了？就是有些人想为自己和某些人"漂白"，也不至于对刘将军下黑手、泼脏水吧？这些人除了别有用心，找不出任何一条其他的理由。

刘将军一生向往光明。1935 年，年轻的刘善本满怀"航空救国"的一腔热血，考入了杭州笕桥航空学校，开始了他的空军生涯。抗战期间，他一心想杀敌立功。无奈，国民党政府为保存空军实力，将其所在的空军八大队撤至河西走廊、兰州一线，使其报国之志无以施展。但他勤学苦练飞行技术，坚信有一天会报效祖国。后经赴美学习，本想可以回国参加对日最后一战，上峰又以"就地待命"为由，将他和所驾美制 B-24 型轰炸机搁置在境外。抗战胜利以后，刘善本看到中国陷入内战，痛心疾首。 1946 年 6 月 22日，毛泽东发表严正声明，反对美国政府军事援蒋，挑起中国内战。第二天，在南京发生了 10 万群众向国民党政府请愿，要求停止内战、民主建国，却遭到残酷镇压，时称"下关惨案"。出于对全国人民正义愿望的支持和对国民党政府倒行逆施的抗议，6 月 26 日，刘善本利用由昆明往成都运送军火的机会，巧妙地摆脱了地面控制，在同机组人员张受益、唐世耀、唐玉文等的配合下，冒着生命危险，驾驶 530 号 B-24 型轰炸机飞抵延安，完成了"标志着全国人民争取和平、民主、独立的新高潮"（朱德总司令语）的伟大

义举。毛泽东、朱德亲临欢迎大会，朱总司令还把他请到自己的窑洞里做客，一住一个多月。 在刘善本的影响下，国民党空军先后有 100 余人驾驶 42 架飞机起义。周恩来总理多次称，"刘善本同志是国民党空军起义的带头人"。当时国民党空军人员被称为"天之骄子"，刘善本又是其中的佼佼者，生活优裕，仕途通达。但刘善本人若其名，从善、向本，毅然投身人民解放事业，宁肯同当时还处于弱小一方的解放区军民一道，钻山沟、住窑洞，而义无反顾。

1946 年 9 月 22 日，毛泽东主席在其办公室接见了刘善本，让他到东北筹建第一所航空学校，并与他合影留念。1946 年 9 月，他赴东北参加创办全国第一所航空学校（老航校）的工作，被任命为副校长。参与开创了中国人民解放军空军事业，并为空军培养了第一批飞行员。

1949 年 10 月 1 日开国大典，刘善本驾机领航，接受检阅。在抗美援朝战争中，作为中国人民志愿军航空兵某师师长率部参战，曾经组织过人民空军的首例夜袭作战，并首次使用了电子对抗和照明轰炸的作战法。

刘善本于 1949 年 2 月加入中国共产党。9 月 24 日，毛泽东主席宴请傅作义、刘善本、邓兆祥等国民党起义人员。指出："由于国民党军中一部分爱国军人举行起义，不但加速了国民党残余军事力量的瓦解，而且使我们有了迅速增强的空军和海军。"建国以后，刘善本一直在空军作战部队、训练部门和院校工作。1955 年，他被授予大校军衔，并荣获一级解放勋章。1964 年，毛泽东主席特意向空军领导申请要一个指标，授予刘善本空军少将军衔。刘善本曾当选第一、二、三届全国人民代表大会代表，第一届中国人民政治协商会议委员，第一、二、三届国防委员会委员。

就是这么一位功勋卓著、向善、向本的"飞将军"，"文革"中却被残酷迫害致死，这是多么令人扼腕痛惜之事！而现在却有一些人，为了给自己开脱，恶意给刘善本将军抹黑，说他是"畏罪自杀"。谁不珍惜生命，活得好好的，谁想自杀？"文革"中，刘善本按照中央要求，"领导干部不介入派性斗争"，但他看到空军学院部系领导都被打倒，有些受到迫害，一生"向善"的刘善本将军，忍无可忍，以"我不下地狱，谁下地狱"的党性担当，主动向当时的中央写信反映情况，没想到"四人帮"将信转到造反派手里，于是，刘善本将军受到残酷迫害，直到身亡，许多当事人都提供了证据和线索，证明刘善本将军是被迫害致死。而造反派竟给刘善本将军扣上了"畏罪自杀"的恶名，企图掩盖罪责。对死因，刘善本将军家属提出严重质疑，但造反派不让验尸，草草结案。对于刘善本冤案，中央高度重视，毛泽东指示要一查到底，周恩来一直督办为刘善本昭雪平反，邓小平主持军委工作后，于改组空军党委的当月，即下达给刘善本平反的决定。公审林彪、"四人帮"反党集团时，其主犯也对迫害刘善本将军的罪行供认不讳。现在，居然有人要翻历史旧案，往刘善本将军家属的心灵创伤上撒盐，其用心何其毒也！

刘善本将军一生崇尚光明，向善、向本，他曾经以飞蛾扑火的勇气，飞向光明；最终，又以飞蛾扑火的决绝，投身于光明。其生，光明正大，无愧天地；其死，正大光明，虽死犹荣！

我们应该向刘善本将军致敬！

（2014 年 11 月 18 日）

"红二代"是历史光荣的印记，但也有值得反思之处

核心提示："红二代"只是一个时代符号，将留下历史的痕迹，但也将成为历史的过去。干部子弟搞特殊化是不对的，歧视干部子弟也是不对的。当前，社会上有些人出于种种原因，"仇官仇富"并波及"仇红二代"，这是由一些主客观因素所造成的。我们应该从主观上、从用人制度上寻找原因。但也不可否认，还有一些人刻意用"红二代"来说事，故意挑拨干部子弟和平民百姓之间的关系，对一些德才兼备的优秀的干部子弟进入党政军高层进行阻击、设障、施压。

"干部子弟搞特殊化"与"歧视干部子弟"都不对

我对"红二代"这种提法并不认同。这实际上是把干部子弟变成一个特殊群体，变成既得利益的代表，这是不公的。工人、农民、知识分子、文艺工作者、工商业者等社会各个阶层，都有自己的后代，为什么偏偏制造出"红二代"这种提法？这是要把革命干部的后代和一般民众进行隔离，不利于营造团结稳定的政治局面。

首先，这些干部子弟的父辈大部分是农民出身，正像一首军歌中所唱的，"我是一个兵，来自老百姓"，若不是跟着共产党闹革命，他们就是生活在社会最底层的"泥腿子"。其次，在战争年代中，许多干部子弟被寄养在老百姓家里，很多人在解放后才被他们的父母接到身边，将军后代合唱团

有一个节目叫《乳娘》，反映的就是他们与老区人民的深情厚谊。此外，在"文革"期间，很多干部子弟家庭受到冲击，上山下乡，是老百姓抚育、收留了他们，他们和老百姓有着水乳交融的联系。

我的父亲罗青长出生于四川革命老区一个贫苦农民家庭，16岁参加红军，爬雪山，过草地，长期在隐蔽战线工作，建国后历任中共中央对台工作领导小组办公室主任、总理办公室副主任、中共中央调查部部长等职。父亲对我要求十分严格，当时就不愿意我到干部子弟聚集的学校上学，我就在西苑小学和十九中上学，发小都是西苑大队、六郎庄、海淀街这些农民和平民的孩子，还有机关大院的子弟以及附近高校老师家的孩子，我从他们身上学到了许多劳动人民和知识分子的优秀品格。上中学期间有两个暑假一个寒假，父亲让我和我的哥哥先后到时传祥清洁队掏大粪，到公安总队和战士们一起摸爬滚打，到东北旺大队和农民同吃同住同劳动。

当年的101中学，党中央高级领导干部子弟比较集中。他们从不炫耀家庭背景，不以父辈身份地位为荣，而是以艰苦朴素为荣，他们比的是谁身上衣服的补丁多，谁能德智体全面发展。如果谁家里以公车来接送孩子上学，同学们会觉得是一种耻辱。

父辈的希望就是让我们和人民群众融为一体，要让我们不忘本，牢记自己是从哪里来的，准备到哪里去。现在却将干部子弟和人民群众完全割裂开来，这是有问题的。干部子弟搞特殊化是不对的，歧视干部子弟也是不对的。干部子弟也是普通公民的一分子。

很多"红二代"的生活都很普通

现在，人们关注的，和媒体渲染的是一些名声显赫的开国元勋的"明星"后代们。事实上，许多老一辈革命家，包括毛（泽东）刘（少奇）周（恩来）朱（德）任（弼时）建国初期五大书记的一些亲属现在都是和普通百姓一样居家过日子。我去过周恩来总理的侄女周秉宜的家，就是两室一厅。我的许多朋友都在将军后代合唱团，我也是该团的忠实观众。我做过一个初步了解，团里近一半以上成员主要靠退休金生活，月退休金在3000元左右，居住条件、生活待遇和老百姓一样。2009 年 6 月合唱团第一次外出演出时，有些人很兴奋，因为这是他们第一次坐飞机。我觉得很吃惊，可见，他们的父母生前对他们要求有多严格，他们现在的生活也并不富裕。当然，合唱团成员中确实也有一些将军后代的生活条件要优越一些。

不可否认，"红二代"中间有些害群之马，影响了"红二代"的整体形象。社会上流传"红二代"中有"新三种人"：公子哥，驸马，师爷。这些人可以拿到批文、拿到项目，接触到高级领导，可以进行权钱交易。中央三令五申，中央领导干部的子女不能经商。可是你看，现在一些大的楼盘，一些大的项目，一些大的公司，动不动就流传背后有谁谁的背景，这些权力是谁给的？！

这种现象的发生，首先是用人制度和监督机制上出现了问题。现在把公权力引入官场，引入市场，所以可以进行权钱交易。如果从制度上掐断这种可能性，将权力和金钱都关入制度的笼子里，一切按章办事，不徇私情，那么，不管是高级领导干部还是基层老百姓都可以自食其力，凭本事上台，按规矩下台。

老一辈革命家为人民打江山，因此政府给了他们一些特殊的待遇。毋庸讳言，也惠及他们的子女。虽然少部分民众对此是有意见的，但更多人是可以理解的。可是如果把这个待遇一代代传下去，人民群众无论如何也是不能接受的。现在的一些"新贵"，何功之有？他们的后代凭什么'大树底下好乘凉'？以后用人制度要走向公平公正、任人唯贤的新常态。我们一代代薪火相传，传承的应是革命精神和优良传统，而不应是特权。

干部子弟脱离群众曾经历几个阶段

现在社会上有些人刻意挑拨干部子弟和百姓的关系，动辄就说军队高层有多少"红二代"，中央领导层有多少"红二代"，但实际上，按照高级领导干部的划分标准，他们的后代在中央和军队高层任职的并不多，也就是5% ~ 10%，不能因此刻意渲染、放大，施加压力，企图对干部子弟中一些德才兼备的优秀人才进入高层进行阻击。即便在那些"民主标杆"的国家，在用人的时候，家庭背景也是一个非常重要的加分因素。

当前，一些领导干部子弟被贴上"红二代"的标签，并不能因此就表明"红二代"是一种负资产。老一辈抛头颅洒热血，打下红色江山，他们的后代以他们为荣，"红二代"是历史光荣的印记。"红二代"并不等同于"官二代"，毕竟在他们身上还传承着红色基因，这种基因的传承不是指"血统"的传承，而是指"传统"的延续。

除个别贪腐、变节分子外，总体来讲，干部子弟有集体忠诚度。但除集体忠诚度外，他们更应该有集体自觉度，"父辈打下的江山，我们有责任来保卫父辈的成果，不能给父辈脸上抹黑"。干部子弟中不乏德才兼备的优秀人才，在父辈的影响下，视野也比较开阔。但不可否认，干部子弟也有自己的先天不足，应该有自知之明，如有优越感、容易脱离群众、脱离实际、好高骛远、不接地气等，在这些方面都应该好好向平民子弟学习，互补。

造成干部子弟脱离群众的现象，可以分为几个阶段：一是"文革"初期宣扬"血统论"；二是改革初期一些人利用父辈权力谋私利；三是最近一段时间一些手中有权的干部子弟腐败堕落。这引起人民群众对部分"红二代"的反感。这些现象虽然有其历史成因，而且不是"红二代"的整体面貌，但作为那个时代的过来人，我们还是有许多值得检讨反省的地方。可喜的是，现在一些"红二代"已开始集体反思，例如，孔丹、陈小鲁等人从不同角度反思干部子弟在"文革"中的表现，这就是负责任的一代人对历史的一个交代。

"红二代"是历史的符号，也将成为历史的过去

我不赞成"红二代"这个提法，"红二代"只是一个时代符号，在留下历史痕迹的同时，也将成为历史的过去。历史将记录下他们的坎坷人生，将记录下他们在战场上的拼杀，在穷乡僻壤的耕耘，在改革前沿的弄潮，在传承革命精神方面的执著，在为人民服务实践中的奉献……历史将会去评说他们的功过是非，他们还会去继续奋斗，但毕竟他们当中的大部分人已经进入花甲、古稀之年，他们将逐渐从历史舞台淡出。

"红二代"起始于人民群众，最终又会回归到人民群众当中去。这是一段风卷的历史烟云，更是一段难以尘封的历史记忆。如果说再有"红二代"的话，那将是一个"泛红二代"的概念，即所有创立、建设、拥护红色政权的爱国人士的后代都是"红二代""红三代"……代代传续。

注：本文据《环球时报》2015年1月8日同名文章编辑而成。

鹰胆鸽魂——罗援将军论国防

551

送战友，踏征程

今晨 6 点，我的老首长、老战友、原十一军高炮营政委（当时十一军直属队独立营都配置的是政委）陈景贤的女儿来电话，告知陈政委因病医治无效去世，为了不惊动战友们，临终遗嘱不搞告别仪式。他的爱人考虑到陈政委和我特殊的感情，还是决定告知我一下。我听后不胜哀痛，和陈政委朝夕相处的日日夜夜又浮现在眼前。火化定在 7 点钟开始，他们家人有意在 6 点钟才通知我，意思就是劝我不要去了。但我还是匆匆穿上军装赶到八宝山殡仪馆，去向自己的老首长、老战友做最后的告别。

陈政委的女儿陈莉告诉我，他爸爸这次是为了声援我来到北京。他在网上看到有人给我造谣，说我没有上过战场，甚至诬陷我是"逃兵"，非常气愤。他说，"我和罗援是一起参加过抗美援老（挝）作战的战友，我们一起经历过血与火的生死考验，我当时是高炮营政委，罗援是军作训处参谋，都在军工作组工作过。我不站出来证明，谁再出来证明？"陈政委到北京后一定要见我，并让我带他去看看与我同时调到军事院校的原十一军作训处长李凡。他说，"我可以证明，你们调到北京的时间离中越反击作战开始的时间相距一年多，你们是经组织选拔集体调到军队院校的。那时候根本就没有要参战的消息，如果真有准备参战的消息，调谁走，也不会把作训处长调走吧？"他还让他的女儿在网上发帖子，质问那些给我造谣的人，"当我们为祖国上战场的时候，你们在哪里？"陈政委和我们见面不久，感到身体不适，到医院检查，竟是肾癌转骨癌。他是以生命的最后一丝力量，发出了最后的吼声，为自己的战友仗义执言。

正好前两天一家隶属最高法院麾下的杂志要对我进行采访，让我谈谈秦火火案件对我的伤害，我婉拒了。我认为这件事已经过去很久了，秦火火已经为此付出了沉重的代价，而且他已经公开在法庭上对我赔礼道歉，就不要再旧事重提了。我想起来，北京市司法部门在审理案件时，曾经询问过我，是否要求秦火火给予我精神补偿。我说他出身平民，北漂北京，活得也不容易。不管出于什么原因出来造谣诽谤，已经受到了法律应有的制裁，我放弃对他索要名誉损失费的权利。但作为被害人，我还是希望他能赔偿我一分钱，以此来象征性地买一个教训。但今天，面对着同样来自平民的陈景贤，我想告诉秦火火，你应该好好向他学习怎样做人，怎样待人！你可能有种种原因，或者政见不同，或者为了博人眼球，但你不可以侮辱军人的名誉，因为军人"士可杀不可辱"！

最后告别的时刻到了，我轻轻揭开陈政委脸上的白布，向他致以最后的军礼！泪水潸然而下，工作人员提醒我不要把泪珠滴在逝者的脸颊上，其实泪水早已浸透了我的心扉。谢谢你了，老首长、老战友！当祖国需要你的时候，你挺身而出，率部奔赴战场，在抗美援越、抗美援老战争中取得击落敌机二架、击伤敌机三架的战绩；当你的战友名誉受到诬陷时，你又带病前来声援。我为有你这样的好战友感到骄傲，感到荣耀。虽然，你要求丧事从简，但我今天代表我们十一军的战友们，代表高炮营的指战员们前来为你送行，祝你一路走好！

这时在我耳边响起了我们共同吟唱过的那首歌，"送战友，踏征程。默默无语两眼泪，耳边响起驼铃声。路漫漫，雾茫茫。革命生涯常分手，一样分别两样情……战友啊，战友！"

（2015 年 1 月 22 日）

·附录篇·

诗言志　词抒怀
SHI YAN ZHI　CI SHU HUAI

题记

　　平日所作诗词完全是性情所致，有感而发。虽尽量追求合辙押韵、平仄对仗，但又不追求那么严谨，不拘泥于旧律，以辞害意，算是旧词新填吧。

国殇

四川地震，心情沉重，同时为我军民抗震壮举所感动。遂填词一首，献给灾区人民、救灾子弟兵和各条战线奋勇救灾者。

哀乐低回，旗半悬，五月飞雪。

悲笛鸣，心撕肺裂，哭声切切。

夕阳残照巴山夜，寒风吹彻岷江月。

拭泪眼，万千生灵去，泣血咽。

撼山易，试军否？天地摇，雄狮吼。

看神州大地，中华昂首。

任凭山崩狂肆虐，国有砥柱坚如铁。

不气馁，揩干血与泪，从头越。

（2008 年 5 月 23 日）

八一抒怀

今年 4 月，我回老家四川省苍溪县寻觅父辈足迹，谒拜红军英灵，有感而发，填了几首诗词，追忆于后，以为中国人民解放军建军八十一周年抒怀。

其一，凭吊红四方面军长征出发地苍溪红军渡，作《卜算子·红军渡》。
群峰凸自起，大江蜿蜒西。
丰碑高耸彩云低，犹闻炮声激。
满坡花飞雪，一路草缠蹊。
鄂豫川陕梦依稀，镰斧长相倚。

其二，参观父亲参加革命的启蒙之地苍溪中学，作《卜算子·苍溪中学》。
少怀凌云志，报国书牵桥。
弱冠从戎气自豪，鲲鹏越九霄。
军旅从此始，一生追周毛。
故地重温当年勇，遍地尽舜尧。

其三，返回老家途中，遥想父辈艰辛，感慨万分，作《浪淘沙·故乡行》。
驱车向青天，蜀道何难？
满目碧翠艳阳天，莺飞燕舞春意暖，换了人间。
遥忆长征路，烽火流年。
少年不惧征途险，一蹴两万五千里，掀却三山！

　　注："驱车向青天，蜀道何难？"对应李白"蜀道难，难于上青天"。我沿途参观古栈道，联想父辈赤脚打天下，如今高速公路四通八达，遂有此感。没想到，四川大地震，一夜之间蜀道再次成为人类天险。"少年不惧征途险，一蹶两万五千里，掀却三山！"指我父亲十六岁参加长征，最后和他的战友们推翻了三座大山。

　　其四，父亲出身贫寒，少小离家，如今祖屋几近坍塌，但仍割舍不断我辈思乡恋土之情，作《卜算子·故乡情》。

　　故土久相违，今朝含泪归。

　　老屋依依前堂危，轻拂案上灰。

　　天外闻祖语，茔前祭世悲。

　　酹酒高擎塔山顶，喜看彩云飞。

　　注：祖屋在塔山脚下，塔山顶上建有红军烈士碑。

（2008 年 8 月 1 日）

奥运夜

躬逢奥运盛事，举国欢庆，遂填词一首，以表兴奋之情。

百年逢盛事，神州万民欢。

一扫病夫阴霾，黄龙跃九天。

堂堂炎黄子孙，再现大唐盛世，豪气胜当年。

极目清风夜，歌舞盛空前。

开国门，设华筵，迎宾朋。

大国气度，恢弘恭谦谁堪比？

立方能容四海，鸟巢难栖鲲鹏，志在五洲同。

但愿运长久，中华定飞腾！

（2008 年 8 月 9 日）

念奴娇·惜别奥运

画卷览阅，大幕谢，难舍人间别绪。

今夜和风，飘四海，赢得举世瞩目。

烈火圣焰，祥云飞渡，再把华章续。

弹指一瞬，便留传奇无数。

犹闻赛场风云，扛鼎举山河，龙腾虎跃。

球闪雷鸣，剑出鞘，雏鹰凌空腾越。

巅峰对决，神枪定乾坤，一飚绝尘。

争雄夺冠，（待）明朝登天揽月。

（2008 年 8 月 25 日）

满江红·贺神七升天

"神七"发射成功，兴奋无比，填《满江红》一阕，以示祝贺。

神箭冲天，绕环宇，九州同贺。

高擎酒，豪情万丈，威壮行色。

百年卧薪图破壁，一朝雄起谁能克？

倒计时，待揽月登天，风雷掣。

一腔血，周身彻。千里马，扬鞭策。

驾雄鹰，直上太空做客。

大幕方谢举世赞，国歌又奏万民乐。

展宏图大略，志凌云，朝天射。

（2008 年 9 月 26 日）

贺老兵方队

　　昨天各大报证实，老兵方队将出现在国庆游行的行列中，我非常高兴！连夜步辛弃疾《京口北固亭怀古》原韵，填一首《贺老兵方队》，献给敬爱的革命老前辈。

　　大好河山，英雄开拓，疾风劲草，红旗指处。

　　板荡忠良，井冈炮台，岂容豺狼伺顾。

　　湘江血染，六十华年，铁流奔腾去。

　　贺中牢记，罗霄旧部，烽火硝烟路。

　　太行劲旅，策鞭昂首，中华雄魂永驻。

　　堂堂华夏，正当年，一片神州乐土。

　　金戈铁马，何须问，气吞万里如虎。

　　廉颇尚在，谁敢犯我！

（2009 年 9 月 23 日）

鹰胆鸽魂——罗援将军论国防

565

满江红·贺人民海军建军六十周年

寥廓海天，东流水，浪花飞雪。

点兵场，惊涛拍岸，战船横列。

炮指苍穹天外域，箭瞄碧海疆边月。

放眼量，百舸弄潮头，真豪杰。

悬满帜，奏军乐，鸣礼炮，一腔血。

看英姿飒爽，威武受阅。

潜水蛟龙慑敌胆，中华神盾卫天阙。

待来年，巨舰镇狂澜，鲲鹏跃。

（2009 年 10 月 18 日）

满江红·国庆六十周年大阅兵现场观感

观看国庆阅兵，兴奋无比，为祖国骄傲，为军队自豪！填《满江红·国庆六十周年大阅兵现场观感》以为纪念。

钢铁洪流，排空去，军旗猎猎。

壮士吼，利剑出鞘，威武受阅。

拼打江山生与死，保护疆土泪和血。

慑敌胆，有砥柱中流，谁能灭！

百年耻，今朝雪。忠魂舞，豪情烈。

展文韬武略，续写伟业。

富国惠民社稷固，强军劲旅神州跃。

唱大风，听虎啸龙吟，掀新页。

（2009 年 10 月 18 日）

忆秦娥·悼海地地震遇难维和警官

闻我维和警官八人在海地地震中不幸罹难，不胜哀痛，填《忆秦娥》以致哀思。

哭声咽，海地梦断天涯夜。

天涯夜，娇妻心碎，战友肝裂。

和平金盾坚如铁，蓝盔赤胆昭日月。

昭日月，西风残照，警徽滴血。

（2010年1月19日）

满江红·钓鱼岛

怒火冲天，凭栏眺，惊涛飞泻。

舒望眼，倚天拔剑，宇崩石裂。

万里海疆孤岛咽，铜墙铁壁谁能越。

待号令，收复旧河山，奏军乐。

甲午耻，终将雪；失土恨，今朝灭。

驾长风横扫，帝国残月。

壮士岂容完璧碎，男儿拼洒一腔血。

剑指向，虎啸大风扬，旌旗猎。

（2013 年 2 月 10 日）

满江红·中国梦

一代豪杰，持帅印，旌旗猎猎。

抒壮志，睡狮雄起，巨龙腾跃。

昔日饱尝屈辱泪，今朝热沸英雄血。

擎大旗，闯险道雄关，齐心越。

开新宇，承伟业。除腐败，全民悦。

看三军威武，护航持钺。

断臂为公昭日月，亲民廉政书新页。

待圆梦，酹酒祭先贤，花飞雪。

（2013 年 3 月 18 日）

军旗猎猎

　　八一前夕，我参访了南昌起义纪念馆，在军旗升起的地方，感慨万千，以诗抒怀，并向诸战友祝贺节日快乐！

　　南昌追思忆当年，一枪震惊半边天。
　　峥嵘岁月惟肝胆，雄关险道敢为先。
　　拭泪遥望太行雪，引吭再唱罗霄山。
　　盛世不忘多秋日，后辈牢记百战艰。

（2013 年 8 月 1 日）

鹰胆鸽魂——罗援将军论国防

571

国庆抒怀

　　国庆节翻阅《陈毅诗词选集》，感慨万千。老帅五十四年前赋诗《十年大庆》抒怀，欢呼"世界面临大改革，神州手转莽昆仑"，前瞻"革命长征第二步，会当宇宙泛仙槎"。如今，五个十年过去了，星移斗转，国泰民安，遥望下一轮五个十年，中国将是何等壮观！

　　今日，习近平等七常委冒雨向人民英雄纪念碑敬献花篮，更表达了党中央继往开来的决心和意志。网友们，大家一起努力，来实现我们的中国梦！

　　　　血染英雄墓，泪洒万重山。
　　　　开天立神宇，辟地创新颜。
　　　　豪情仍犹在，气贯天地间。
　　　　蛰龙腾空起，一啸撼百川。

（2013 年 10 月 1 日）

周总理逝世三十八周年纪念

自从 1976 年以来，每年 1 月 8 日，周恩来总理身边的工作人员和他们的子女们以及周恩来总理的亲属，都要自发到毛主席纪念堂的周恩来纪念室去向这位人民的好总理献上他们的缅怀和敬仰，三十七年来（除逝世当年外）不管是冰天雪地，还是寒风凛冽，从来没有间断过，他们当中的许多人已经进入耄耋之年，许多人已经重病缠身，仍然由子女甚至孙辈搀扶着去看望他们心中的伟人、亲人。

此情此景，感人至深，赋词一阕，以表敬意。

情揉碎，思揉碎，生死相隔悲之最，思君花滴泪。
身憔悴，心憔悴，为国为民甘尽瘁，青松万年翠。

（2014 年 1 月 9 日）

醉花阴·春节

祝诸位网友新春快乐，"马上"如愿，马到成功！

赋词一阕，敬贺佳节！

流云银蛇腾空去，骏马飞啸至。

佳曲溢满堂，凯歌飞扬，好友屏前聚。

亲朋把酒多欢叙，听九州霹雳。

赋韵祝国强，再创辉煌，鸿运齐天地。

（2014 年 1 月 30 日）

"七七事变"纪念日有感

今天是"七七事变"七十七周年纪念日，习总书记发表重要讲话，振奋人心。我有感而发，赋诗一首：

卢沟晓月太行刀，金陵碧血延水谣。
哀歌悲饮千滴泪，狂飙怒掀万重涛。
倭寇再拾武士道，打鬼重吹集结号。
立马横枪今又现，弯弓备箭射邪妖。

（2014 年 7 月 7 日）

庆祝抗日战争胜利六十九周年

今天是抗日战争胜利六十九周年纪念日，也是我国第一个法定的抗日战争胜利纪念日。昨晚，读《抗日战争史》至深夜，有感而发，赋诗一首。

夜半披襟抚吴钩，雨歇秉灯阅春秋。
犹闻鼙鼓惊天地，再现旌旗映九州。
芷江空巷唾降将，举国狂欢庆自由。
小鬼再敢呈肆虐，钟馗在此候敌酋。

（2014 年 9 月 3 日）

中秋寄情

天高星烁映华章，明月秋光。
长歌一曲忠魂舞，风淡菊香。
烹茶代酒，与君饮，叙衷肠。
设案摆席素点汤，夜沸晨霜。
海晏河清现荣光，漫步小康。
把盏邀月，祝国运，万年长。

（2014 年 9 月 8 日）